中国人民大学中国管理学系列教材

总主编 易靖韬

中国市场学

郭国庆——著

中国人民大学出版社
·北京·

图书在版编目（CIP）数据

中国市场学/郭国庆著．--北京：中国人民大学出版社，2024.10．--（中国人民大学中国管理学系列教材/易靖韬总主编）．-- ISBN 978-7-300-33181-2

Ⅰ．F723

中国国家版本馆CIP数据核字第2024NC4136号

中国人民大学中国管理学系列教材

总主编　易靖韬

中国市场学

郭国庆　著

Zhongguo Shichangxue

出版发行	中国人民大学出版社		
社　　址	北京中关村大街31号	**邮政编码**	100080
电　　话	010－62511242（总编室）		010－62511770（质管部）
	010－82501766（邮购部）		010－62514148（门市部）
	010－62515195（发行公司）		010－62515275（盗版举报）
网　　址	http://www.crup.com.cn		
经　　销	新华书店		
印　　刷	北京昌联印刷有限公司		
开　　本	787 mm×1092 mm　1/16	**版　　次**	2024年10月第1版
印　　张	22.25 插页1	**印　　次**	2024年10月第1次印刷
字　　数	511 000	**定　　价**	68.00元

总　序

为深入贯彻习近平总书记 2016 年 5 月 17 日在哲学社会科学工作座谈会和 2022 年 4 月 25 日在中国人民大学考察时的重要讲话精神，着力建构中国自主的知识体系，中国人民大学商学院在多年教学和科研成果积累的基础上，启动了中国人民大学中国管理学系列教材建设工程。

一、建设中国管理学系列教材的必要性

随着社会经济的快速发展，我国现行高等学校工商管理教材的局限性逐渐显露，不能适应新时代新形势的要求。一是工商管理教材中的基本理念不够完善。不少教材参照英美流行教材，更多关注股东利益，将“股东财富最大化”“公司价值最大化”等财务目标直接作为企业的目标，缺少社会主义核心价值观的融入，其局限性逐步凸显。二是党和国家大政方针、我国法律体系的内容不够突出。现有不少教材注重引进美国、日本等管理理论，较少提及我国制度背景和相关法律法规，结果可能削弱学生对我国制度背景、相关法律和经济实践的理解和认识，进而影响其专业胜任能力，不利于增强“四个自信”。三是与我国企业实践和传统文化的结合不够紧密。在吸收借鉴西方管理理论和实践的同时，本土教材对中国企业管理实践和经验的总结提炼不够，对我国社会主义经济建设所取得的伟大成就体现不足，也未能深入挖掘中国优秀传统文化中的管理思想。四是缺乏基于学科史的辩证分析。许多教材缺乏学科理论、学科史的梳理与总结，不利于学

生理清学科发展脉络，培养创新思维。

面对新时代新发展理念和中国企业管理实践提出的新要求，有必要对我国工商管理教育的现状进行反思，着力建设面向未来的工商管理系列教材。

二、中国管理学系列教材的主要特点

中国人民大学中国管理学系列教材以习近平新时代中国特色社会主义思想为指导，面向鲜活的工商管理实践的挑战，基于中国的发展理念、法律制度、文化传统和原创学术成果与管理实践，融汇东西方管理思想、方法和案例，打造面向未来的管理学科体系和教材体系，力求使教材品质符合“建构中国自主的知识体系”的要求。

1．用习近平新时代中国特色社会主义思想铸魂育人

系列教材全面贯彻习近平新时代中国特色社会主义思想，结合工商管理学科独特优势和资源，突出原著原文，注重引导学生在学习学科专业知识过程中加深对习近平新时代中国特色社会主义思想的理解和认识，力求实现有机融合。

2．贯彻理论逻辑、历史逻辑和实践逻辑三个逻辑相统一的马克思主义方法论

习近平总书记指出，“只有坚持不忘本来、吸收外来、面向未来，坚定文化自信，才能提出体现中国立场、中国智慧、中国价值的理念、主张、方案”。系列教材不仅系统阐述学科基础理论，而且注重从中国传统文化和学科发展史中汲取养料，帮助学生弄清楚知识点的来龙去脉，建立交叉贯通的知识结构网络。同时，基于中国优秀企业的管理实践，系列教材力求提炼总结具有中国特色的管理规律，向世界贡献中国的管理智慧和管理理论。

3．体现党和国家的大政方针及宪法法治教育

系列教材注重把宪法法治意识的培养放在突出位置，尽可能明确学科知识点与法律法规的对应关系，帮助学生建立学法、用法的学习惯性。系列教材秉持“法律是道德的底线”的理念，在涉及法律知识的管理学课程中，注重结合相关法律法规开展理论分析和案例研讨，培养学生的底线意识、合规意识。

4．注重多种教学方法的创新和运用

系列教材倡导交叉学科教学，将经济学、管理学、政治学、法学等学科的知识和方法贯通起来，同时强调案例教学和思辨教学，设计了大量鲜活的企业管理案例和研究问题，引导学生进行批判性思考，提升学生的专业学习效果和实际管理能力。

三、着力建构中国自主的知识体系

立德树人是教育的根本任务。教材应该是科研成果的重要载体。中国人民大学商学院以“成为最懂中国管理的世界一流商学院”为愿景，一贯主张管理研究要面向中国共产党治国理政需要、面向中国真实管理问题，研究成果要力争服务国家重大战略、服务立德树人根本任务、服务中国式现代化伟大实践，教学成果多次荣获高等教育国家级教

学成果奖。习近平总书记“把论文写在祖国的大地上”的重要讲话精神，更是激励着我们加倍努力投身于建构中国自主的知识体系。

中国人民大学中国管理学系列教材建设是中国人民大学商学院贯彻落实新时代党中央、国务院一系列教育教学改革指导精神，在教材建设领域推动的又一重大创新举措。真诚地欢迎理论界和实务界同人继续与我们一道集思广益，共同投身于建构中国自主的知识体系的伟大事业。

中国人民大学中国管理学系列教材

总主编　易靖韬

于中国人民大学明德楼

前　言

党的二十届三中全会科学谋划了围绕中国式现代化进一步全面深化改革的总体部署，强调“高水平社会主义市场经济体制是中国式现代化的重要保障。必须更好发挥市场机制作用，创造更加公平、更有活力的市场环境”，“要构建全国统一大市场，完善市场经济基础制度”。党中央始终坚持以人民为中心的发展思想，把人民对美好生活的向往作为奋斗目标，致力于构建高效规范、公平竞争、充分开放的全国统一大市场，提高市场运行效率，促进生产与需求紧密结合，增强社会活力和市场活力。为了推进中国式现代化，让改革发展成果更多更公平惠及全体人民，不断增强人民群众获得感幸福感安全感，必须扎实推进市场学课程创新。

市场学课程与意识形态、价值引领和文化传承密切相关，关乎消费者利益和人民美好生活。例如，市场细分涉及“按什么标准细分”问题；市场选择涉及“为谁服务、如何服务、满足谁的需求、聚焦哪些目标客户”问题；市场定位涉及“用什么价值观、审美观彰显服务特色优势”问题；市场竞争涉及“联合谁、排斥谁、与谁竞争、跟谁合作”问题；品牌广告策略等也会涉及价值观、世界观、审美观等意识形态问题。因此，必须强调市场学课程的政治性、人民性，立足中国实际，解决中国市场实践问题，加快建构中国自主的市场学知识体系。正是在这一时代背景下，中国人民大学商学院推出中国人民大学中国管理学系列教材，这本《中国市场学》得以与读者见面。

中国市场学力求在赓续文明和吸收借鉴的基础上，运用经济学、管理学、社会学、哲学和历史学等多学科理论和方法，以体系化的知识结构和范式，总结、提炼中国近现代企业家的市场与营销思想，阐释在党的创新理论引领下中国人民不断实现美好生活向往的内在规律、机理，讲好中国营销故事，打造融通中外的市场学新概念、新范畴、新表述，更加充分、更加鲜明地展现中国故事及其背后的思想力量和精神力量，为以中国式现代化全面推进强国建设、民族复兴伟业作出新的更大贡献。

中国市场学坚持以中国传统、中国实践、中国问题作为学术话语体系建构的出发点和落脚点，提炼出具有中国特色、世界影响的标识性学术概念，注重发掘中华优秀传统文化中蕴含的哲学思想、人文精神、价值理念、道德规范，结合新时代的要求，进行创造性转化和创新性发展。扎根中国大地，发展出从中国解释世界、从中国走向世界、从中国服务世界的世界观、实践观和方法论。发挥市场学在融通中外文化、增进文明交流中的独特作用，总结提炼中国经验，充分展现中国企业营销的成功经验和案例，彰显中华优秀传统文化的独特魅力，让世界更好读懂中国，为推动构建人类命运共同体、创造人类文明新形态贡献中国智慧。

本教材致力于创造性地把握中国特色市场学的本土视野、世界视野、历史视野、当代视野和未来视野，从理论逻辑、实践逻辑和历史逻辑探索中国营销思想的发展、演变、创新的全过程，揭示中国营销思想对于社会经济发展、人民福祉改善、综合国力提升等多维度的贡献，展望在新发展阶段和新发展格局下市场学应作出的新贡献。

自接受教材编写任务以来，我们坚持以党的二十大精神为指导，全面贯彻习近平新时代中国特色社会主义思想，致力于编写具备课程思政、中国背景、中国模式、中国案例等特色元素的创新型教材。结合市场学学科独特优势和资源，注重介绍和阐释与市场学专业知识有关的习近平总书记重要讲话、文章与思想，引导学生在学习专业知识过程中加深对习近平新时代中国特色社会主义思想的理解与认同。

我们致力于将党和国家大政方针、法治教育、中国实践有机融入中国市场学教材。坚持把法治意识的培养放在突出位置，尽可能明确市场学知识点与法律法规的对应关系，帮助学生建立学法、用法的良好习惯，结合相关法律法规开展理论分析和案例研讨，培养学生的底线思维、合规意识，推动营销高质量发展，建设营销强国，积极培育中国特色营销文化。

在教材编写过程中，我们注重对市场学学科发展史的阐述，让学生通过学习，掌握事物发展规律，通晓道理，丰富学识，增长见识，塑造品格。本教材力求把知识点的来龙去脉讲清楚，帮助学生建立交叉贯通的网状知识结构。

书名定为“中国市场学”是因为：marketing 作为课程名称、教材名称、专业名称早在 20 世纪 30 年代传入中国时，采用的就是“市场学”这一术语。在新时代新形势下，作为实践的 marketing 应更多地体现在认识市场、分析市场、识别市场、选择市场、满足市场需求、实现人民美好生活向往等活动中。市场学学科必须突出对市场规模、市场容量、市场空间、市场环境、市场质量、市场活力、市场秩序、市场竞争、市场细分、市场选择、市场定位、市场渠道、市场道德等基本概念、原理的阐述，强调该学科的宏观性、社会性、人民性、政治性和专业性，为数字时代的市场创新服务，为以中国式现代化全面推进强国建设、民族复兴伟业服务，为实现人民美好生活向往服务，而不应该局限于微观营销层面。同时，将书名定为“中国市场学”也是为了体现中国特色，彰显中国的市场智慧、营销思想和理论贡献。

习近平总书记在中国人民大学考察时指出：建设中国特色、世界一流大学不能跟在别人后面依样画葫芦，简单以国外大学作为标准和模式，而是要扎根中国大地，走出一条建设中国特色、世界一流大学的新路。还指出，加快构建中国特色哲学社会科学，归根结底是建构中国自主的知识体系。与 marketing 学科的发源地相比，中国有独特的历史、独特的文化、独特的国情，在政治制度、社会环境、法律规定、发展道路、市场规模等方面存在着明显差异。

本教材的体系结构、概念界定、理论阐述等，不是简单延续以往市场学教材的母版，不是简单套用经典作家设想的模板，不是作者编写的其他教材的再版，也不是国外现代市场学的翻版。本教材致力于把现代市场学基本原理同中国市场实践、历史文化传统、时代要求紧密结合起来，努力拓宽理论视野，以海纳百川的开放胸襟学习和借鉴人类社会一切优秀文明成果，在“人类知识的总和”中汲取优秀思想文化资源来创新和发展中国市场学理论，形成兼容并蓄、博采众长的理论大格局大气象。①

教材是教学内容的主要载体。它不仅是教学过程和教学结构的基本要素，也是教学中师生交流的重要媒介，具有贯穿教学过程始终的独特地位。教材建设是育人育才的重要依托。习近平总书记指出，要“紧紧围绕立德树人根本任务，坚持正确政治方向，弘扬优良传统，推进改革创新，用心打造培根铸魂、启智增慧的精品教材”②。我们力求用优秀的课程和教材传播中国声音、传递中国价值、彰显中国精神、体现中国特色。

本书作为中国人民大学中国管理学系列教材，被立项为中国人民大学“十四五”规划教材。在编写过程中采用了中国人民大学重大规划项目“中国市场营销思想史”（22XNLG08）、中国人民大学中华民族现代文明研究专项“中华传统营销理念创造性转化与创新性发展研究”、2024 年度中国人民大学亚洲研究中心项目“中华传统营销文化对亚洲国家的影响及其现实价值研究”和中国人民大学教育教学改革研究项目“市场营销学科教材体系和知识体系互构机制研究”（JYXM202263）及“品牌经典教材建设的历程、路径和管理制度研究”（JYXM2024005）的最新研究成果。在此，谨向中国人民大学有关部门表示衷心感谢。

在教材编写过程中，王雨卿、张梓琪、林雪娇、李瑞芹、冯嘉俊、王紫依、张真荣、金子牛、吴玼灿等许多同行还提供了案例遴选、数据查验、译文校正等帮助，在此表示衷心感谢。

中国人民大学李先国、中国社会科学院刘彦平、北京师范大学张平淡、对外经济贸

① 习近平．开辟马克思主义中国化时代化新境界．求是，2023（20）．

② 习近平给人民教育出版社老同志回信强调 紧紧围绕立德树人根本任务 用心打造培根铸魂启智增慧的精品教材．人民日报，2020－12－01．

易大学郭晓凌、北京林业大学陈凯等教授专家参与了教材论证、书稿审定，提出了大量富于前瞻性和思想性的意见建议。中国人民大学商学院市场营销系张泽林、韩冀东、张恩忠、丁瑛、庞隽、蒋晶、高海兵、牛海鹏、陈智勇、周强、楚燕来、王雪等审读了书稿，为完善教材提出了宝贵意见。中国人民大学出版社管理分社各位编辑为教材编写付出了大量智慧和辛劳。在此，一并表示衷心感谢。

由于本人水平所限，疏漏之处在所难免，敬请有识之士批评指正。

郭国庆

目　录

第 9 章

切合需求的产品

第 10 章

赋能增长的品牌

第 11 章

公平理性的价格

第 12 章

便捷畅通的渠道

第 13 章

双向互动的传播

第14章

市场道德与企业社会责任

第1章
导　论

本章要点

- 市场与市场营销对满足人民美好生活需要的重要意义
- 市场营销的职能、作用与地位
- 新时代营销人才的 CHINAMKT 特质

中国市场学是研究通过市场和营销活动满足人民美好生活需要的学问。党的二十大报告指出，“构建全国统一大市场，深化要素市场化改革，建设高标准市场体系”①。在推动高质量发展过程中，必须努力把握新时代市场发展规律，充分发挥市场营销的职能和作用。借助市场营销推进技术创新，促进经济社会进步，有效地消除生产者与消费者之间七大差异矛盾，着力提升供给体系对市场需求的适配性，形成需求牵引供给、供给创造需求的更高水平动态平衡。中国市场学的实践和理念始于商朝，为了建构中国自主的市场学知识体系，增强新时代营销人才的 CHINAMKT 特质，让市场营销在提升企业核心竞争力方面作出贡献，必须坚持民族性与世界性、继承性与原创性的辩证统一，注重营销思想史的研究和思政建设。

第 1 节　市场、市场营销与人民美好生活

一、市场

（一）市场的内涵

“市场”一词，最早是指买主和卖主聚集在一起进行交换的场所。经济学家则将市

① 习近平．高举中国特色社会主义伟大旗帜 为全面建设社会主义现代化国家而团结奋斗：在中国共产党第二十次全国代表大会上的报告．北京：人民出版社，2022：29.

场这一术语表述为卖主、买主及双方交易规则的集合。而在市场学者看来，卖主构成行业，买主则构成市场（如图 1－1 所示）。每一个国家的经济乃至整个世界经济都是由各种市场构成的复杂体系，而这些市场之间则由交换过程所形成的流程来连接。完善的市场体系可以推动资源配置实现效益最大化和效率最优化，高效的流通体系能够在更大范围更深程度地把生产和消费有机联系起来。

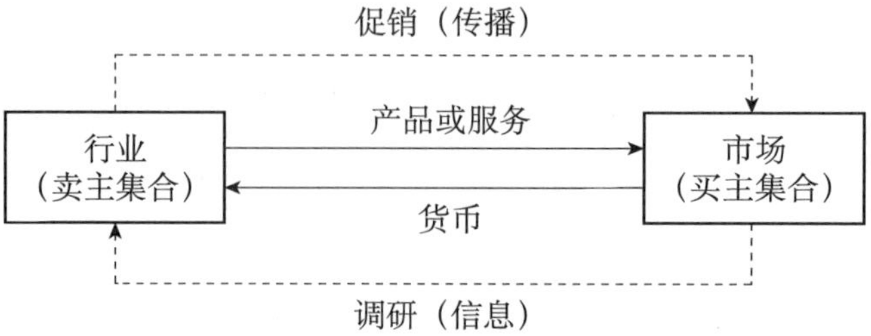

图 1－1　市场的内涵

与封闭的自给自足的自然经济不同，市场经济是一种开放型经济。社会分工的深化、商品交换的发展，都必然要求市场扩大。市场扩大表现为市场容量扩大和市场空间扩大，它要求打破地区的封闭性、割据性，形成全国性的统一市场。并且，社会分工也必然扩大为国际分工，形成世界市场，从而使现代市场体系变成世界性的。

党的二十大报告指出，“构建全国统一大市场，深化要素市场化改革，建设高标准市场体系”。我国正积极推动形成全国统一大市场，加快健全市场体系基础制度，建设现代流通体系，优化生产要素配置，有效提高市场运行和流通效率，促进生产与需求紧密结合。习近平多次强调，要“充分发挥市场在资源配置中的决定性作用，更好发挥政府作用。构建全国统一大市场，深化要素市场化改革，建设高标准市场体系，营造市场化、法治化、国际化营商环境”①。企业管理必须完整、准确、全面贯彻新发展理念，深刻把握市场营销的人民性，以加快建设质量强国、品牌强国、贸易强国为目标，以推进市场营销高质量发展为主题，不断满足经济社会发展和人民群众日益增长的需求，不断开创新时代市场营销新局面。

由图 1－1 可知，买卖双方由四种流程相连：卖主通过调研获得买主的需求信息，并将买主需要的产品或服务投放市场，进而开展促销传播活动，买主将货币支付给卖主以获得自己所需要的产品或服务。在图 1－1 中，内环表示货币与产品或服务的交换，外环则表示信息的沟通、传播和交流。

由于存在劳动分工，生产者之间的各类交换活动使市场形成相互连接的复杂体系。图 1－2 描述的是基本的市场类型及其交换关系。其中，生产者市场从资源市场购买原材料、劳动力等资源，生产出产品或服务之后，销售给中间商市场，再由中间商市场转卖给消费者市场。消费者市场为资源市场提供劳动力赚取金钱，再换取所需的产品或服务。政府市场为公众提供各种服务，对各市场征税，同时也从资源市场、生产者市场和中间商市场采购产品或服务。

---

① 习近平．推进中国式现代化需要处理好若干重大关系．求是，2023（19）．

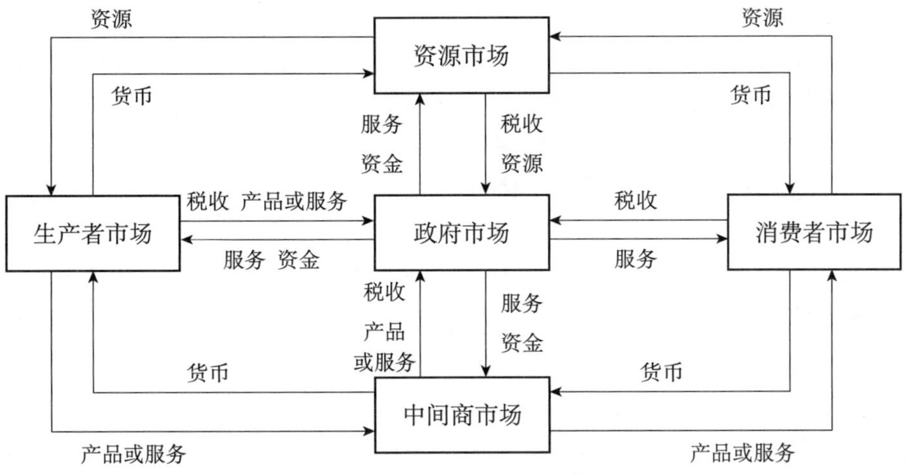

图1-2 基本的市场类型及其交换关系

中国市场学主要研究政府、企业和各种组织的市场营销活动，即研究组织如何通过市场调研、市场预测、市场规划、市场细分、市场选择、市场定位和市场组合活动有效适应并满足人民日益增长的美好生活需要，从而实现社会目标。因此，这里的市场是指某种产品的现实购买者与潜在购买者需求的总和。

（二）市场的构成要素

市场包含三个要素：有某种需要的人、满足这种需要的购买能力和购买意愿。这三个要素是相互制约、缺一不可的，只有三者结合起来才能构成现实的市场，才能决定市场的规模和容量。习近平总书记指出，“要加快构建新发展格局，实现内部可循环，并依托我国超大规模市场优势吸引全球资源要素，增强国内国际两个市场两种资源联动效应”①。我们致力于以中国新发展为世界提供新机遇，“让中国大市场成为世界共享的大市场”②。

近年来，以习近平同志为核心的党中央着力扩大国内需求，把恢复和扩大消费摆在优先位置，提出要“多渠道增加城乡居民收入”，“增强消费能力，改善消费条件，创新消费场景”。③ 统筹扩大内需和深化供给侧结构性改革，形成消费和投资相互促进的良性循环。

（三）中国市场的容量

中国的人口数量超过全球发达经济体的总和。只要生产者牢牢把握居民消费升级大趋势，努力增加高品质产品和服务供给，持续提升传统消费，大力培育新兴消费，不断激发潜在消费，就能极大地开拓和升级国内消费市场。诚如习近平指出的，中国市场规

---

① 习近平．推进中国式现代化需要处理好若干重大关系．求是，2023（19）．

② 习近平向第六届中国国际进口博览会致信．人民日报，2023-11-06．

③ 中央经济工作会议在北京举行．人民日报，2022-12-17．

模巨大、潜力巨大，前景不可限量。①

当前，中国人民致力于以中国式现代化全面推进中华民族伟大复兴。中国式现代化的主要特征是人口规模巨大、全体人民共同富裕、物质文明和精神文明相协调、人与自然和谐共生、走和平发展道路。中国式现代化创造了人类文明新形态，展现出现代化的新图景。中国具有社会主义市场经济的体制优势、超大规模市场的需求优势、产业体系配套完整的供给优势、大量高素质劳动者和企业家的人才优势。中国经济韧性强、潜力大、活力足，长期向好的基本面不会改变，中国经济大船将乘风破浪持续前行。② 当前和今后一个时期，我国将深刻把握市场营销的人民性，坚持以人民为中心的价值取向，强化市场规则，打造规则统一、监管协同的国内市场。

二、市场营销

市场营销是指以满足人民日益增长的美好生活需要为目的，通过市场变潜在交换为现实交换的一系列活动和过程。营销就是企业为顾客创造价值并且建立牢固的顾客关系，进而从顾客那里获得价值回报的过程。③ 营销要对市场进行调节和管理，以形成有价值的顾客关系。人们通常认为只有卖者才开展营销活动，其实买者也是如此，当有支付能力的消费者寻求所需产品时，就是在营销；同样，采购员在寻求货源并与供应商讨价还价时，也是在营销。图 1－3 展示了营销过程的主要步骤。在前四个步骤中，企业努力去了解顾客，为顾客创造和传递价值，并建立牢固的顾客关系。在最后一步，企业从所创造的卓越价值中收获回报。通过为顾客创造价值，企业以销售量、利润和长期顾客资产的形式从顾客身上获取回报。

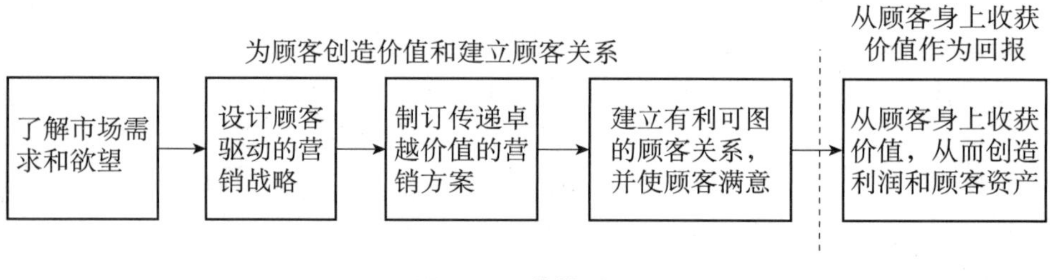

图 1－3 营销过程

图 1－4 展示了现代营销系统的主要参与者。供应商为企业和竞争者提供生产性资源，企业和竞争者将产品信息直接地或借助营销中介间接地传递给最终用户。所有的系统参与者都受人口、经济、自然、技术、政治、法律、社会、文化等环境因素的影响。

自从人类诞生以来，交换活动就成为人类赖以生存的最基本活动之一。人类交换活动最基本的动机在于通过交换扩大个体的选择空间、福祉和能力体系。交换使人们得以享受自己所不能或不擅长生产的产品或服务，可以实现对消费品的分配，从而提高社会

① 习近平在第二届中国国际进口博览会开幕式上的主旨演讲．(2019－11－05)．新华网．

② 习近平在 2023 年金砖国家工商论坛闭幕式上的致辞．(2023－08－23)．新华网．

③ Kotler P，Armstrong G. Principles of marketing. 17th ed. Harlow：Pearson Education Limited，2017：33.

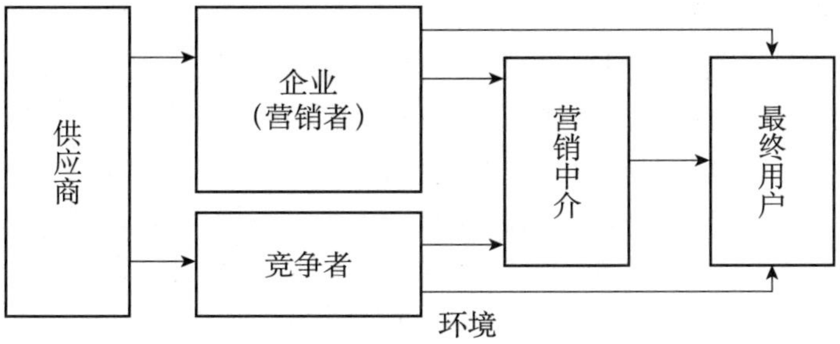

图 1－4　现代营销系统的主要参与者

福利；交换还可以改善生产活动的资源分配，促进劳动分工和专业化，提高生产率，增加社会产品总量。因而，交换能够最大限度地满足人类不断增长的基本物质需求，具有明显的长期激励效果。

数字时代是一个洗牌、颠覆、“弯道超车”的时代。菲利普·科特勒指出“市场变得比营销更快”。营销 1.0 是工业化时代以产品为中心的营销。营销 2.0 是以顾客为导向的营销。营销 3.0 是以价值观驱动的营销，是以人为本的营销。营销 4.0 则是以大数据、社群、价值观营销为基础的营销，企业将营销的中心转移到与顾客的积极互动上，尊重顾客作为主体的价值观，让顾客更多地参与营销价值的创造。营销 5.0 是重视顾客体验的营销，从数字化到智能化，从单点营销到顾客 5A 全链营销，从单一认知穿透到行为、心智、媒体、衡量和策略的“五链合一”，企业产品与服务越来越一体化，企业与顾客之间形成了越来越长期的关系，顾客体验变得十分重要，企业借助人工智能、自然语言处理、传感器、机器人、增强现实、虚拟现实、物联网和区块链等类人技术，在消费体验中创造、传播、交付和提高价值。

三、人民美好生活

（一）人民美好生活需要市场营销

什么是美好生活？不同时代、不同个体或许会有不同的回答。美好生活，或是在金碧辉煌的厅堂里享用一餐盛宴，或是小憩之后轻啜一口咖啡，或是远眺青山绿水，呼吸带着芳草清香的空气。对于个体或者家庭来说，这样的幸福时光或许就是美好生活。

产生于日常生活的个体内心体验和情感沟通是感受到幸福美好的感性基础。感性欲望的适度满足和一定程度的物质生活保障，是实现美好生活向往的前提。因此，从个体角度讲，能够通过奋斗为自己和家人提供良好生活条件，并且具有持续改进生活的希望和动力，就会提升获得感、幸福感、安全感。从国家和社会的角度讲，切实关注百姓需求，努力让人民群众收入更高、住得更宽敞、出行更便捷，享受到更好的教育、医疗、社会保障，吃得更放心，呼吸到更清新的空气，就会使人民的获得感、幸福感、安全感更加充实、更有保障、更可持续。正如习近平指出的，人民群众期盼有更好的教育、更稳定的工作、更满意的收入、更可靠的社会保障、更高水平的医疗卫生服务、更舒适的居住条件、更优美的环境、更丰富的精神文化生活。这八个方面体现了人民群众对美好生活更加强烈的向往。

追求美好生活是人类的天性。关于营销创造美好生活的观点，最先见于美国《财富》（*Fortune*）杂志的一篇文章，作者是经济学者保罗·马苏尔（Paul M. Mazur）。他认为，营销是为社会传递生活标准。① 他的独到见解得到了菲利普·科特勒、尤金·凯利、本·伊内斯和迈克尔·贝克等市场学学者的一致认同。② 哈佛商学院教授马尔科姆·麦克奈尔（Malcolm McNair）对此非常赞同，只是增加了“创造”一词，即营销是为社会创造并传递生活标准。营销就是研究、预测、发掘尚未得到满足的需要（即对更加美好生活的向往），进而不断满足需要的过程。换言之，营销就是致力于提高人类福祉、改善生活质量、创造和提高生活标准的过程。③

（二）以市场营销创造人民美好生活

我国长期所处的短缺经济和供给不足的状况已经发生根本性改变，人民对美好生活的向往总体上已经从“有没有”转向“好不好”，呈现多样化、多层次、多方面的特点。其中，有很多需求在过去并不是紧迫的问题，现在人民群众要求高了，管理者对这些问题的认识和工作水平也要相应提高。首先，以市场营销创造人民美好生活，需要营销管理者由关注人民物质产品需求满足转向关注生活与自然的协调以及生活质量的提升，使人们在智力、情感、意志、审美、个性等各方面协调发展，追求精神需求与物质需求的平衡。其次，企业应该由关注人类生活方式转向更多地关心社会生活系统的运行，时常检查评估企业营销理念是否落实在日常经营管理实践中，是否有偏离营销初心的倾向，不断推进营销理念创新和社会经济发展。最后，企业应从生活者而不是消费者的立场出发，积极开展旨在增进社会福祉的营销活动，在履行社会责任的实际行动中实现企业营销目标。致力于实现人民美好生活向往，应成为企业上下共同的理念和价值观。营销管理者应致力于化解企业与消费者之间的各种矛盾，为提升人民生活质量作出独特贡献。总而言之，企业营销应在加强沟通协调、促进和谐统一、弘扬正能量、倡导向上向善文化、推动社会进步创新中发挥更大作用，高效率地协同联动上下游，精准对接产供需。

第 2 节　市场营销的职能、作用与地位

一、市场营销的职能

营销职能在营销思想史上是一个备受重视的理论问题，职能学派曾概括总结出数十

---

① Mazur P M. Does distribution cost enough? Fortune，1947，XXXVI（5）：138－9，192－200.

② Kotler P. Principles of marketing. New Jersey：Prentice-Hall，Inc.，1980：9－10；Kelly E J. Marketing planning and competitive strategy. New Jersey：Prentice-Hall，Inc.，1972：3－12；Enis B M. Marketing principles：the management process. Santa Monica：Goodyear Publishing Company，Inc.，1974：2－4，21－23；Baker M J. Marketing. London：Macmillan Publishing Co.，Inc. 1980：3－7.

③ Chandy R K，Johar G V，Moorman C，et al. Better marketing for a better world. Journal of Marketing，2021，85（3）：1－9.

种职能。现在，学术界公认的营销职能一般包括交换、物流、便利这三种。

（一）交换

交换是指通过提供某种东西作为回报，从别人那里取得所需物品的行为。交换的发生必须具备五个条件：(1) 至少有两方；(2) 每一方都有被其他方认为有价值的东西；(3) 每一方都能沟通信息和传送物品；(4) 每一方都可以自由接受或拒绝其他方的产品；(5) 每一方都认为与其他方进行交换是适当的或称心如意的。具备了上述条件，就有可能发生交换行为。但交换能否真正发生，取决于各方能否找到交换条件，即交换以后各方都比交换以前好（至少不比以前差）。

作为市场营销职能的交换，是指为了转卖或加工后转卖而采购产品，进而售出产品的行为。

马克思主义政治经济学认为，交换与生产的关系是：生产决定交换；交换对生产起反作用，并在一定条件下对生产的发展起决定作用。由于社会分工，每个生产者生产的单一性和需要的多样性之间形成了矛盾，由此才出现了各个生产者之间相互交换产品的必要性。并且，分工越细，交换越频繁，交换的数量也越大，交换就越重要。为了进行生产，生产企业必须购入相应的生产资料和雇用一定的劳动力，这种表现为购入的交换行为，使得货币转化为商品，实际上成了生产的前提条件。在生产过程完成以后，生产者生产的商品能否销售出去，即商品的价值能否实现，对于生产者来说是至关重要的。一旦商品销售不出去，商品的价值就无法实现，进而就会造成再生产过程的中断和企业的破产，交换就是这样制约生产的。

（二）物流

物流是指企业为了满足顾客需求，取得利润收入而规划、实施和控制产品、服务以及其他相关信息从起运点到达消费地的实体流程，即将正确的产品在适当的时间和地点配送给正确的顾客的过程，包括产品的运输、储存、配送。无论是线上还是线下服务，物流的准时性、速度和对产品的保护程度等都是顾客所关注的因素。

我国已经成为全球需求规模最大的物流市场，现代物流在国民经济中的产业地位持续提升。据统计，2023年全社会物流总额达352.4万亿元，同比增长5.2%。在实体经济运行中，物流成本是企业成本体系中的重要部分。目前我国物流总费用与GDP的比率达14.4%，即每产生100元GDP，就需要14.4元的物流成本支撑。降低我国物流成本水平，对于推动经济增长具有广阔的潜力和巨大的战略价值。①

降低全社会物流成本是提高经济运行效率的重要举措。物流降成本的出发点和落脚点是服务实体经济和人民群众，基本前提是保持制造业比重基本稳定，主要途径是调结构、促改革，有效降低运输成本、仓储成本、管理成本。优化运输结构，强化“公转铁”“公转水”，深化综合交通运输体系改革，形成统一高效、竞争有序的物流市场。优化主干线大通道，打通堵点卡点，完善现代商贸流通体系，鼓励发展与平台经济、低空

① 经济运行底盘持续稳固 物流降本提效新举措出炉．(2024-05-30)．中华网．

经济、无人驾驶等结合的物流新模式。统筹规划物流枢纽，优化交通基础设施建设和重大生产力布局，大力发展临空经济、临港经济。

（三）便利

便利是指为了提升产品交换和物流的便利化水平而进行的各种活动，包括产品分类、分等、包装、装卸、运送、仓储保管、居间行纪，以及市场调研、预测等活动。专门从事该类营销职能的企业一般称为便利商或辅助商。换言之，便利商或辅助商是指辅助执行中间商的某些职能，为商品交换和物流提供便利，但不直接经营商品的企业或机构，如运输公司、仓储公司、快递公司、物流公司、电商平台、银行、保险公司、广告公司、营销调研公司、营销咨询公司等。辅助商虽然不直接参与产品交换，但为交换提供了必要的支持、辅助和服务等各种便利。

二、对市场营销作用的理解

市场营销的作用可以从五个方面来理解。

（一）营销主体

营销主体是指为顾客提供产品或服务的个人或组织，是营销活动的担当者。制造商、批发商、电商平台、零售商、服务商、非营利组织乃至政府有关部门（如文旅部门）等，都在从事营销活动。甚至一些城市或国家以及个人也在通过营销手段来获取关注与支持。

（二）营销供给

消费者的需要和欲望借助营销供给得以满足。营销供给是提供给某个市场来满足某种需要和欲望的产品、服务、体验信息和创意的组合。产品是指有形的物体，如手机、电脑等。服务是无形的东西，如售后维修、理财建议等。创意是指关于某个行为或者事情的无形的想法。总之，营销供给并不限于实体产品，还包括服务、活动、利益、人物、地点、组织和思想（计策）等。其中，组织营销是指营销者为建立、维护或改变目标市场对组织的态度而开展的一系列活动；人物营销是指营销者为建立目标市场对一个人有有利的反应、印象、认同、回报等所开展的一系列营销活动；地点营销是指营销者为了建立、维持或改变目标市场对具体某个地方的感知、观感或行为而进行的一系列活动，包括建立明晰的、具有吸引力的定位与形象，为现有和潜在的客户提供激励机制，通过适宜的渠道向目标客户传递该地点能提供的价值与优势，开展高效的宣传推广活动等。

（三）营销客体

营销客体是指在市场上购买产品和服务的个人与组织，是营销活动的服务对象，包括最终用户和组织购买者。最终用户指那些因个人或者家庭使用而购买产品和服务的人。组织购买者是那些为了自用或者转售而购买产品和服务的制造商、批发商、零售商及政府机构、非营利组织等。

(四)营销获益者

在营销活动中，有三个特定的群体会从有效的营销活动中受益：进行购买的消费者、从事销售的企业以及整个社会。有效的营销强化了竞争，提高了产品和服务的质量，降低了它们的价格，进一步增强了国家在全球市场上的竞争力，同时也提高了人们的生活水平。

(五)营销创造效用

营销能够创造新的价值和效用，具体来说，营销活动能在适当的空间（空间效用)、时间（时间效用）为顾客提供恰当的产品或服务（形式效用)，以便消费者最终能使用或者消费（占有效用)。因此营销通过适时地提供产品与服务，为消费者带来空间效用、时间效用和占有效用，让生活更美好。

三、市场营销的作用

(一)市场营销在推动高质量发展中的重要作用

党的二十大报告指出，加快构建新发展格局，着力推动高质量发展，必须构建高水平社会主义市场经济体制，建设现代化产业体系，全面推进乡村振兴，促进区域协调发展，推进高水平对外开放。

1. 构建高水平社会主义市场经济体制，构建全国统一大市场，提高市场运行效率，加快培育完整内需体系，着力扩大内需，增强消费对经济发展的基础性作用，这就需要加强市场需求调研预测，持续优化物流和供应链管理，全面提高市场营销能力，以便更好发挥统一大市场对扩大内需的支撑作用。近年来，我国市场消费呈现高品质、多元化、个性化的特点，健康消费、银发消费、育幼消费等新消费行为类型不断涌现，必须要优化消费供给能力，为“愿消费”提供消费场景，培育壮大新型消费。

2. 建设现代化产业体系，建设制造强国、质量强国、数字中国、品牌中国，利用大数据、人工智能等新一代信息技术，推动新型工业化发展，培育和打造一批具有综合效益以及成长潜力的战略性新兴产业，比如新一代信息技术、新能源、新材料、高端装备、新能源汽车、生物制造、商业航天以及低空经济等，塑造经济发展新优势。聚焦量子信息、类脑智能、基因技术等前沿技术，开辟元宇宙、脑机接口、人形机器人、生成式人工智能、未来显示、未来网络、新型储能、生命科学等未来产业新赛道，将这些科技成果转化为实际的生产力，实现智能化、精细化管理，提高产品质量，以科技赋能成果转化。这就需要建设高效顺畅的流通体系，加强服务营销管理，拓宽营销渠道，实施产品创新、品牌创新、市场创新和营销创新。

3. 全面推进乡村振兴，需要加强农产品营销，加强农产品产后分级、包装、仓储、物流、营销，特别是要加快补上冷链物流等短板，推进农产品流通现代化，提高产品和服务质量，适应人民群众需求变化，让老百姓的日子越过越好。乡村振兴是营销发挥作用的大舞台。要以新型农村集体组织促进乡村振兴、共同富裕为主题，支持农村集体经济组织发起镇级经营主体，通过培养一支懂市场、会经营、善管理、有情怀的经营管理团队，搭建起服务农村集体经济组织成员生产、生活、生态、金融的社会化助农服务体系，助力品牌强农、营销富民。

4. 促进区域协调发展，需要畅通区域经济循环。要以各地资源禀赋和独特的历史文化为基础，有序开发优势特色资源，做大做强优势特色产业，创建特色鲜明、优势集聚、市场竞争力强的特色产品优势区，建设标准化生产基地、加工基地、仓储物流基地，完善科技支撑体系、品牌传播与市场营销体系、质量控制体系，建立利益联结紧密的建设运行机制，形成特色产业集群，并畅通区域集群间的交流交往。借助区域营销技术和方法，加强宣传推广和服务营销，打造区域特色品牌项目。

5. 推进高水平对外开放，增强国内国际两个市场两种资源联动效应，必须加强营销。通过高质量营销，充分挖掘内需潜力，使国内市场和国际市场更好地联通，利用国内国际两个市场、两种资源，实现更加强劲可持续的发展。习近平总书记指出，“要加快建设贸易强国，升级货物贸易，创新服务贸易，发展数字贸易，以数字化绿色化为方向，进一步提升国际分工地位，向全球价值链中高端迈进”①。营销在建设贸易强国、品牌中国历史进程中的重要作用不言而喻。

总之，构建新发展格局，推动高质量发展，需要一大批擅长市场调研、需求预测、捕捉信息，精于市场细分、市场选择和市场定位，善于产品创新、品牌创新、渠道创新和宣传推广等的中国自主培养的优秀营销人才。②

（二）市场营销在消除生产者与消费者之间七大差异矛盾中的重要作用

市场营销是为社会创造并传递生活标准而开展的各种活动，对于推动科学技术创新、经济社会高质量发展、综合国力提升、人民美好生活创造等发挥着十分重要的作用。在市场经济条件下，生产者和消费者之间客观上存在着七大差异矛盾，而市场营销能在消除这些差异矛盾中发挥重要作用。

1. 市场营销可以消除生产者与消费者在供需数量方面的差异矛盾。一般来讲，生产者往往是大批量生产，而消费者常常是小批量购买，因此生产者与消费者在供需数量方面客观存在着差异矛盾。市场营销者可以通过向生产者大量采购，然后以小批量转卖给人数众多的消费者，消除生产者与消费者在供需数量方面的差异矛盾。

2. 市场营销可以消除生产者与消费者在供需结构方面的差异矛盾。通常情况下，

---

① 习近平在中共中央政治局第八次集体学习时强调 积极参与世界贸易组织改革 提高驾驭高水平对外开放能力．人民日报，2023-09-28.

② 郭国庆，李建州．全面提高市场营销人才自主培养质量：使命、路径与着力点．河北经贸大学学报（综合版），2023，23（1）：47-52.

生产者无论规模多大，所生产的产品种类都往往是有限的。而消费者对品种、花色、式样的需求却是形形色色的。因此，生产者与消费者在供需结构方面客观存在着差异矛盾。市场营销者可以通过从多家生产者采购不同型号、规格、式样的产品，通过配货形成不同的品种、花色、式样的组合，供广大消费者选择，从而消除生产者与消费者在供需结构方面的差异矛盾。

3. 市场营销可以消除生产者与消费者在供需时间方面的差异矛盾。在很多情况下，生产者的生产活动如农产品等的生产是有季节性的，而消费者却是常年连续消费。因此，生产者与消费者在供需时间方面存在着差异矛盾。市场营销者通过从生产者那里采购产品之后储存起来，按照市场需要均衡上市，就可以满足消费者在不同时间的需求，从而解决生产者与消费者在供需时间方面存在的差异矛盾。

4. 市场营销可以消除生产者与消费者在供需空间方面的差异矛盾。在很多情况下生产者在生产方面存在地域性，例如，农产品大多在农村生产，但是，城市消费者也需要这些农产品。因此，生产者与消费者在供需空间方面存在着差异矛盾。这一差异矛盾可以通过市场营销者的运输物流活动得以解决。

5. 市场营销可以消除生产者与消费者在所有权方面的差异矛盾。生产者对自己所生产的产品拥有所有权，但是生产者并不需要，那是为市场消费者生产的。消费者需要这些产品，但是没有所有权。市场营销者通过从生产者处购进产品，分割大批量、分等、分级、包装之后，再向消费者售出，使得需要这些产品的消费者取得了产品所有权。

6. 市场营销可以消除生产者与消费者在供需品价值评估方面的差异矛盾。生产者往往从生产成本、竞争者产品价值等方面看待和评估自己产品的价值和价格，而消费者多从自己的收入水平、支付能力和产品效用等方面评估产品的价值和价格。市场营销者向生产者采购进产品，通过灵活多样的定价和宣传促销，使得消费者认同产品价格，从而消除生产者与消费者在供需品价值评估方面的差异矛盾。

7. 市场营销可以消除生产者与消费者在供需信息方面的差异矛盾。生产者往往对自己的产品“谁需要、需要多少、能接受多高的价格”等信息了解有限。消费者也往往对自己所需要的产品“谁能提供、在哪里提供、价格多高”等信息缺乏了解。市场营销者通过开展广告促销、宣传推广、沟通传播等活动，可以消除生产者与消费者在供需信息方面的差异矛盾。

四、市场营销的地位演变

市场营销在企业中的地位演变如图 1－5 所示。最初，营销职能与其他职能同等重要，处于平等的地位，见图 1－5（a）。随着供过于求，企业高层管理人员意识到营销职能比其他职能更重要，见图 1－5（b）。之后，一些高度重视营销的企业高层管理人员提出，没有顾客也就意味着企业的消亡，所以营销应是企业的主要职能。他们将营销置于核心，而将其他职能当作营销的辅助职能，见图 1－5（c）。这激起了其他职能部门经理的不满。此后，一些重视顾客服务的高层管理人员主张，企业关注的核心应当是顾客，而不是营销，见图1-5（d）。他们认为，必须采取顾客导向，而且所有职能部门都必须协同配合，以更好地为顾客服务，使顾客需要得到满足。最后，随着营销实践的发展和市场竞争的加剧，越来越多的企业高层管理人员达成共识：营销部门与其他职能部门不同，它是连接市场需求与企业反应的桥梁、纽带，要想有效地满足顾客需要，就必须将营销置于企业的中心地位，见图1-5（e）。

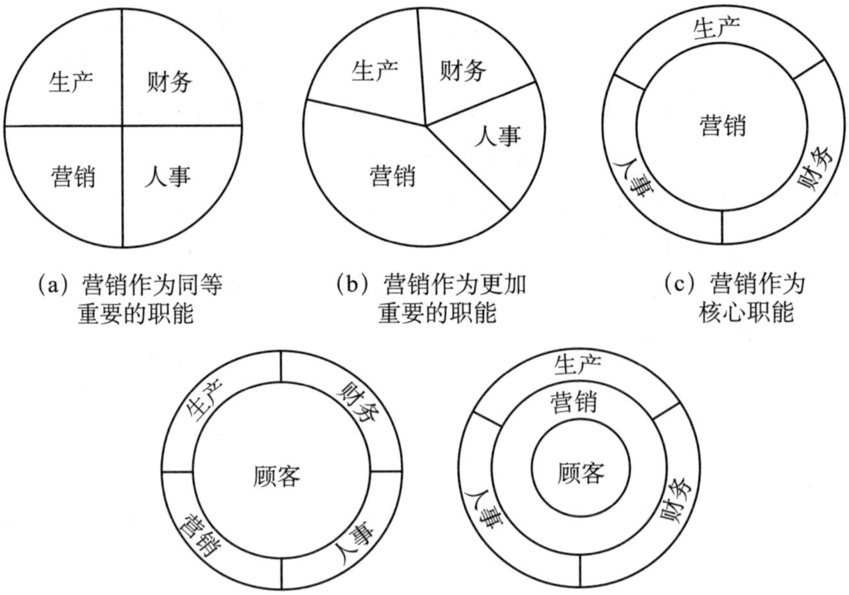

（a）营销作为同等重要的职能
（b）营销作为更加重要的职能
（c）营销作为核心职能
（d）顾客导向，营销协同配合
（e）顾客为核心，营销处于中心地位

图1-5　市场营销在企业中的地位演变

第3节　市场学的性质、研究方法与发展历程

一、市场学与中国市场学的性质

市场学是一门以经济学、行为学、管理学和现代科学技术为基础，研究以满足人民日益增长的美好生活需要为中心的市场活动及其规律的综合性应用科学。

中国市场学具有明显的宏观性、人民性、文化性、社会性和政治性等更多的中国特色。从事市场活动的主体不仅仅限于企业，还包括政府部门、事业单位等，所有主体都致力于为人民创造美好幸福生活，为客户创造价值。从事市场活动的主体坚持以人民为中心导向，真正贯彻为人民服务理念，切实维护人民利益，坚持国家利益至上，致力于让群众有更多、更直接、更实在的获得感、幸福感、安全感。

中国市场学注重推动中华优秀传统文化创造性转化、创新性发展，更有力地推进中国特色社会主义文化建设，建设中华民族现代文明；积极倡导社会责任意识，推动社会进步和发展，维护社会利益，创造社会价值。

市场学理论本来就发源于经济学。中国市场学注重市场活动对经济发展的贡献，善于用经济学理论和方法分析市场活动的质量、效益。

二、市场学的研究对象与研究方法

（一）市场学的研究对象

市场学的研究对象是以满足人民日益增长的美好生活需要为中心的市场活动过程及其发展规律。具体来讲，市场学要研究作为卖主的企业如何在动态的市场上有效地管理其与买主的交换过程和交换关系及相关营销活动过程，其终极目标是增进人类社会的福祉，让生活更美好，让世界更美好。

（二）市场学的研究方法

市场学的主要研究方法是马克思主义辩证唯物主义和历史唯物主义方法，强调对市场交换、营销、流通等的全面分析和矛盾的辩证思考，从历史的角度来分析和理解市场交换、营销、流通等的发展演变，揭示市场学理论发展的规律和趋势。此外，还有商品研究法、机构研究法、职能研究法、系统研究法、历史研究法等。

商品研究法是指通过研究商品分类，探究在某一类商品从生产者经由中间商分销到最终用户的过程中存在的各种问题及其解决方案，以此为基础总结归纳市场学理论的研究方法。

机构研究法是指通过研究在产品从生产者到最终用户的过程中对产品拥有所有权或推进所有权转移的各种机构的行为特征、运营管理及其市场活动规律性来创新发展市场学理论的方法。

职能研究法是指通过研究在产品从生产者到最终用户的过程中各种市场中介、代理商、经销商、便利商等机构所承担和执行的营销职能及其规律性来创新发展市场学理论的方法。

系统研究法是指从系统的观点出发，将生产者、中间商、最终用户、营销环境、营销决策等视为相互影响、相互制约、相互促进的系统，在系统与要素、要素与要素、系统与外部环境的相互关系中揭示营销活动的系统特性和市场运动规律的研究方法。这是一种满足整体、统筹全局、把整体与部分辩证地统一起来，推进市场学理论发展创新的研究方法。它要求通过历史看现实、透过现象看本质，把握好全局和局部、当前和长远、宏观和微观、主要矛盾和次要矛盾、特殊和一般的关系。因为“万事万物是相互联系、相互依存的。只有用普遍联系的、全面系统的、发展变化的观点观察事物，才能把握事物发展规律”①。

---

① 习近平．高举中国特色社会主义伟大旗帜 为全面建设社会主义现代化国家而团结奋斗：在中国共产党第二十次全国代表大会上的报告．北京：人民出版社，2022：20.

历史研究法是指运用宏观视野分析看待营销思想、学说、学科、理论和实践的产生、发展及变化历史，全面系统洞察把握市场营销历史演变规律，深入研究各个历史时期具有代表性的营销观点、营销思想与市场学说及其产生发展的背景、历史地位和对后世的影响，科学总结评价历史上各种市场学说的基本特征、主要内容、思想渊源，揭示营销思想产生和发展的规律性，以及著名人物、各个学派之间的承袭、更替、对立的关系等，从而推进市场学理论创新发展的研究方法。

三、市场学的发展历程

（一）市场学在西方的发展

20 世纪初系统的市场学起源于西方，至今已有百余年的历史。市场学在西方大体经历了四个发展阶段。

1. 市场学萌芽时期（1900—1920 年）。20 世纪初，流通分销体系在商业实践中快速发展，逐渐引起学术界的关注。当时，传统经济学家特别关注具有经济价值的产品、土地、劳动力以及资本等，而忽略了流通分销提供的服务。当市场范围局限于国内时，这个问题尚可回避。然而，随着外来移民涌向美国各大城市，产品以及技术、交通、物流的进步等使得市场形势急剧变化，生产者所面对的是更大范围的市场，甚至是国外市场。此时，迫切需要经济学家研究并解释分销、流通、营销等新情况和新问题。

于是，美国高校承担大学商科教学的教师开始关注流通领域的定价、分销和广告等问题的研究，开设了一些与现代市场学有关的新课程，如密歇根大学开设的“产业分销”、纽约大学开设的“商业制度”等。

此后，经济学刊物对处于萌芽状态的市场学理念、思想、理论等给予了重要的支持，促使市场学形成了一些独特的研究方法。比如商品研究法、机构研究法和职能研究法就是在这一时期发展起来的。同时，市场学特有的新概念被陆续提出，初始的学科体系逐渐形成，那些热衷于该领域研究的经济学家就转变为市场学家。

2. 市场学规范时期（1920—1950 年）。这是一个极不平凡的时期，美国社会经历了快速发展和繁荣的 20 年代、大萧条的 30 年代、大动荡的第二次世界大战以及战后恢复的 40 年代。当时，市场体系与人们的日常生活密不可分，并随着外部环境的变化不断发展。这些机会和挑战都要求进一步明晰市场学的边界范围，使其成为一个规范的研究领域。为此，学术界开始对各相关学科研究成果加以融合提炼、博采众长，形成了较为系统的市场学理论。市场学由一个初创的、尚未完全成形的学科发展成为一个朝气蓬勃、欣欣向荣、具有广泛影响力的学科。而且，该学科的独立性、系统性和完整性日趋明显。这一时期市场学的研究主要聚焦于对营销实践的描述而较少考虑管理方面的问题。

3. 市场学整合拓展时期（1950—1980 年）。这是一个伟大变革的时期，营销思想的创新与发展受到普遍欢迎，管理学、社会学、行为科学、心理学、数学等相关学科的概念、理论陆续整合应用于市场学教学和研究中，丰富了市场学思想体系，对学科发展起到了主要的促进作用。市场学发展呈现出如下主要特征：

（1）善于从管理角度观察市场行为、研究产品流通和分销，更加强调营销管理，提出了许多具有重要意义的概念，如品牌形象（Burleigh Gardner & Sidney Levy，1955）、营销观念（John McKitterick，1957）、4P理论（Eugene Jerome McCarthy，1960）、营销近视（Theodore Levitt，1960）以及营销管理（Philip Kotler，1967）等。

（2）广泛吸收其他学科（包括自然科学和社会科学）的概念、原理，市场学理论体系更具有整体性，并注重营销决策模型研究以及新产品扩散、品牌转换、广告预算等多方面的定量研究。

（3）市场学理论的阐述更加准确、科学、严谨和系统化，市场学界积极倡导营销活动必须适应消费者需求的变化，强调目标营销、营销信息和营销系统的重要作用。

（4）市场学从原来的总论性研究转变为区别不同研究对象的具体性研究，拓展出许多子学科，譬如消费者行为、服务营销、营销调研、销售管理、渠道管理以及非营利组织营销等。

（5）市场学开始强调企业营销活动所关联的社会责任、社会义务和商业道德，强调借助市场学原理和方法来增进社会福祉、提升生活质量、发展社会公益、创造美好生活。

4. 市场学分化重构时期（1980—2000年）。1980年以来，营销内外部环境发生了巨大的变化，例如，和平与发展成为世界主题、经济全球化的趋势愈加明显、知识经济快速发展、现代科学技术日新月异等。这些变化促进了市场学的分支科学——全球市场学的理论化、系统化，使市场学理论在国际范围内迅速传播，被广为采纳，并促进了市场学的分化和重构。市场学研究分化出消费者行为、营销决策模型、营销战略三大领域。学术界开始借助建模方法模拟市场活动，总结归纳相应的研究成果和最新发现，重构营销洞见和思想体系。在此期间，市场学界特别关注市场导向、关系营销、国际营销、市场份额、客户满意度、消费者行为与态度、客户感知和品牌选择等论题，同时十分重视联盟、并购等市场活动对营销绩效的影响研究。

5. 市场学多元综合时期（2000年至今）。首先，进入21世纪以来，西方市场学研究逐渐由采用传统的定性分析方式，逐渐转变为运用数理统计方法、计算机科学和数据科学等多种先进技术手段，进行定量的模型化分析研究，经济学、社会学、数据科学等多领域多学科的概念、方法陆续融入市场学体系，研究方法呈现出多元化、整体化和综合化特征，涵盖微观、宏观领域的科学理论架构逐渐形成。在经历了2008年全球金融危机之后，各国亟须重振消费信心，扩大消费需求。于是，品牌选择、品牌形象、品牌管理等品牌营销问题成为市场学研究重点。其次，市场学研究的多元综合特征日趋明显。合约、市场价值、公平交易、转换成本等经济学相关概念与市场学研究深度融合。再次，学术界将关注的重点转向电子商务、全渠道管理、大数据、金融机构、公司创业、人力资源管理等综合性新课题，进一步拓展了市场学研究的深度和广度。最后，随着数字时代的来临、气候环境的不断恶化和生态保护意识的崛起，学术界围绕大数据营销、低碳营销、环境保护、企业社会责任、绿色营销、宏观营销、数字营销、人工智能等课题开展综合性研究，积极为社会经济发展服务，有力提升了市场学的科学性、交叉性、致用性和社会影响力。

（二）市场学在中国的发展历程

1890 年，晚清洋务派代表人物张之洞创建两湖书院，1896 年其在课程体系中增设了经济、工商、商务等新课程。其中，不少课程内容与营销密切相关，例如，传播需求牵引供给、供给创造需求的营销理念（访新地，创新货，察人国之好恶；商先谋之，工后作之；商为主，工为使）；阐明营销管理中成本、价格和销售的辩证关系（本贵则价难减，价昂则销愈滞）；探寻发现市场供求规律（一哄之市必有平），适应市场需求的新产品“销流必广”；展现国际营销的渠道模式，诸如自销、带售等。①

论述市场问题的商学典籍早在 1895 年之前就已存在于中国。这些商学论著将中华优秀传统文化中的商学理念、经商哲学与从国外学习借鉴得来的感悟有机结合，用于指导中国的市场实践。文明的繁盛、人类的进步，离不开文明交流、互学互鉴。诚如习近平总书记所指出的：“人类历史就是一幅不同文明相互交流、互鉴、融合的宏伟画卷。”② 在众多商学典籍中，张之洞所著《劝学篇》所涉及的市场需求、市场竞争、出口营销、产品定价、分销渠道等营销思想尤为突出。该著作于 1898 年刊行，先后译成英文和法文出版。1900 年在纽约出版的英文版本更名为《中国的唯一的希望》。30 多年之后，书名中含有“市场学”的两本教材在中国出版，一本是丁馨伯编译的《市场学原理》（1934 年由世界书局出版），另一本是侯厚吉编写的《市场学》（1935 年由黎明书局出版）。③

系统的市场学于 20 世纪世纪初诞生于西方，20 世纪 30 年代进入中国。在引入初期，学科几经曲折也未得到确立和发展。在改革开放政策的催化和激励下，学科蓬勃发展，并陆续衍生出一系列新的研究方向或分支学科。然而随着学科范畴、体系规模以及成果产出的不断增多，也越来越难以全面了解该学科的发展过程。为此，不断有学者对市场学发展历程进行梳理。李飞提出了学习引进（1978—1990 年）、消化吸收（1991—2000 年）、模仿创新（2001—2008 年）的市场学发展三阶段论。④ 王永贵认为，市场学在中国的发展经历了基于计划经济下的供销安排（1949—1977 年）、市场启蒙与营销导入（1978—1983 年）、快速发展（1984—2001 年）、高水平实践（2002—2012 年）与创新发展（2013 年至今）五个阶段。⑤ 本书综合多方观点，将市场学在中国的发展历程划分为以下阶段。

1. 引进启蒙阶段（1979—1983 年）。1949 年之前，曾经有零星的市场营销译著和思想引入中国。中国最早的市场学教材，就是丁馨伯先生 1934 年编译并由世界书局出版的《市场学原理》和 1935 年侯厚吉编写、由黎明书局出版的《市场学》。直到 1978 年党的十一届三中全会召开，国家作出了把全党工作的重点转移到经济建设上来和实行改革开放的重大战略决策，倡导引进学习国外先进的技术和管理经验，学术界才真正开

---

① 张之洞．劝学篇．北京：朝华出版社，2017：139－147.

② 习近平．习近平谈治国理政：第二卷．北京：外文出版社，2017：524－525.

③ 李飞．中国营销学史．北京：经济科学出版社，2013：53.

④ 李飞．中国营销科学 30 年发展历史回顾．市场营销导刊，2009（2）：4－15.

⑤ 王永贵，王帅，胡宇．中国市场营销研究 70 年：回顾与展望．经济管理，2019，41（9）：191－208.

始将西方营销理论引入中国。具体表现在以下方面：

(1) 聘请市场学专家来华讲学。从1979年起，部分大专院校和外贸部、一机部等，多次聘请外国专家来华讲授市场学，香港中文大学闵建蜀教授等学者也多次到内地讲学。1980年，外贸部与设在日内瓦的国际贸易中心（ITC）合作在北京举办了市场学培训班。国家经委、国家计委和教育部与美国政府合作创办大连培训中心，聘请纽约大学、加利福尼亚大学等高校教授讲授市场学等课程。1981年夏，中国人民银行在陕西财经学院举办市场学师资班，为综合大学和财经院校培训了第一批师资。

(2) 引进市场学教材。除高校图书馆从国外购买外文原版教科书外，学术界还翻印和翻译了多种市场学教材。流传较广的中文版本有：王德馨、江显新合著的《市场学》；拉里·罗森伯格（Larry L. Rosenberg）著、石衍长编译的《行销管理学》；威廉·舒尔茨（William J. Shultz）著、朱仁安译的《市场学》；等等。这些教材发挥了重要的启蒙作用。

(3) 组织编写市场学教材。随着改革开放的深入，一些企业的产品取消统购包销，企业不得不关注市场，选派厂长、经理和所属院校教师到大连培训中心学习。在此基础上，一些院校的市场学教师于1981年初编写了《市场学》讲义，同年5月印出讨论稿，1982年2月由机械工业出版社出版。

(4) 开设市场学课程。1979年起，中国人民大学贸易经济系邝鸿教授开始招收商业经济专业西方市场理论研究方向研究生，开设西方市场学课程。暨南大学、哈尔滨工业大学、广西商业高等专科学校、湖南财经学院等高校也先后开设市场学课程或讲座。

2. 广泛传播阶段（1984—1994年）。这一阶段，中国市场处于转型的关键时期，市场学理论、策略和方法逐渐得到推广和应用，企业界开始认可市场学。

(1) 市场学专业的发展。1984年以后的十多年间，开设市场学课程的院校日渐增多，普通高校包括综合大学、财经院校，以及设有经济类专业的农、林、理、工、医科类院校甚至军事院校，几乎都开设了市场学课程。中央广播电视大学、自学考试机构、中专和干部学校等开设市场学课程的也为数众多。不少院校在商业经济、企业管理或其他专业开始设立市场学方向。暨南大学商学系较早设立市场学专业。广西商业高等专科学校于1984年开设大专层次市场营销专业，1986年又增设国际市场营销专业。1988年，国家教委批准山东大学试办市场营销专业，同年招收本科生。

(2) 市场营销学术组织的贡献。1984年1月，由湖南财经学院承办，在长沙召开了“全国高等财经院校、综合大学市场学教学研究会”成立大会。1987年哈尔滨年会期间修订学会章程，研究会改名为“中国高等院校市场学研究会”，为市场学在中国的传播推广作出了重要贡献。

1991年3月，中国市场学会在北京召开成立大会，高等院校和科研机构、经济主管部门、企业的代表共138人参加会议，著名经济学家孙尚清当选为会长。中国市场学会成立后，积极开展学术和咨询活动，建立对外交流渠道，培训市场营销人才，为我国研究和应用市场学原理，提高企业营销素质，做了大量有益的工作。

(3) 国外市场营销教材的编译出版。菲利普·科特勒的《市场营销学原理》成为市场营销入门读物，对传播营销理论和概念起到了重要的科普作用。其后出版和不断修订的《市场营销管理》、《营销管理》（亚洲版）、《市场营销》等系列著作对中国营销理论界和实业界产生了深远的影响。此外，库纳尔·巴苏、唐·舒尔茨、大卫·奥格威、杰克·特劳特、克里斯廷·格罗鲁斯等一批西方知名营销学者的著作也对中国营销的发展起到了巨大的推动作用。

3. 应用深化阶段（1995—2007 年）。1995 年开始的宏观调控使得企业间的竞争加剧，为市场学的成长发展提供了有利的环境条件。沃尔玛、家乐福、麦德龙等外资零售企业大举进入中国市场，客观上推进了中国企业营销意识的增强。2001 年中国加入 WTO，更加有力地推进了中国市场学与世界接轨。

（1）国内营销教学与交流广泛开展。中国高等院校市场学研究会密切关注营销教学与营销理论的创新发展，注重探讨营销理论前沿问题。1995 年，教育部开启了"高等教育面向 21 世纪教学内容和课程体系改革计划"，市场学在"九五"后期被列为"工商管理类核心课程"，不少院校也把市场学列为重点课程。教育部组编的核心课教材——《市场营销学》于 2000 年 7 月由高等教育出版社出版。在各种层次学历教育和培训教育发展的同时，市场学还发展成为 MBA 教育的重要内容。此外，《经济管理》《企业管理》《商业经济与管理》《中国流通经济》《市场营销导刊》《销售与市场》等期刊为中国市场学研究与推广作出了重要贡献。

（2）全方位开展国际学术交流。1995 年 6 月 22—25 日，由中国人民大学、加拿大麦吉尔大学、康科迪亚大学联合主办的"第五届市场营销与社会发展国际会议"在北京成功举行。来自 46 个国家和地区的 135 名外国学者和 142 名国内学者出席了会议，25 名国内学者的论文被收入论文集（英文版），郭国庆等 6 名中国学者的论文荣获国际优秀论文奖。在该次国际学术会议上，中国人民大学营销学教授郭国庆作为亚太地区的代表，当选为国际学术组织国际营销与发展学会（International Society for Marketing and Development，ISMD）的常务理事。这也是中国学者首次在国际营销学术组织任职。从此，中国学者开始全方位、大团队地登上国际舞台，与国际学术界、企业界的合作进一步加强。外国市场营销学教授陆续来中国讲学，菲利普·科特勒、库纳尔·巴苏、唐·舒尔茨、克里斯廷·格罗鲁斯等市场学权威陆续应邀到中国巡讲，中国学者到国外学习、讲学和交流也逐渐增多。1995 年以来由中国人民大学出版社、清华大学出版社、东北财经大学出版社、机械工业出版社、华夏出版社、中国财政经济出版社等多家出版社组织翻译出版了多种西方市场学系列优秀教材。

（3）科研水平得到很大提高。在科研方面，国家自然科学基金委员会（NSFC）管理科学部自 2000 年开始，陆续将市场营销、客户关系管理、物流管理等列为重点研究或鼓励研究的领域，仅 2000—2003 年期间国家自然科学基金委员会批准立项的营销课题就达 36 项，2004—2007 年期间更是达到 100 项，且呈现迅速增长之势。这一阶段中国特色的市场理论著作开始涌现，如甘碧群教授的《宏观市场营销研究》，郭国庆教授的《市场营销管理：理论与模型》和《市场营销理论》（与刘凤军、王晓东合著），卢泰宏教授的《消费者行为学：中国消费者行为透视》和《解读中国营销》等。经过近 30 年的辛勤耕耘，中国营销理论学派也呈现雏形，形成八大营销学派：基础理论派（郭国庆）、顾客满意派（赵平）、品牌营销派（范秀成）、营销道德派

(甘碧群)、营销实务派(卢泰宏)、营销安全派(李蔚)、精准营销派(吕巍)、顾客价值派(董大海)。① 同时,各地高校纷纷成立营销研究中心(所),旨在推进市场营销理论创新,例如,中山大学的中国营销研究中心(简称CMC,卢泰宏教授任主任)和中国人民大学的中国市场营销研究中心(简称MRCC,郭国庆教授任主任),它们通过编译出版理论专著、研究中国营销理论、提供企业咨询策划服务、举办营销学术会议等方式传播西方市场学思想,为中国市场学的深化发展作出了杰出的贡献。

(4)政府开始重视市场营销。1996年3月"两会"期间,文件起草部门采纳了全国政协委员、中国人民大学郭国庆教授的建议,在文件中以"市场营销"取代了以往常用的"经营""销售"等用语,这是政府开始重视市场营销的一个标志。全国人大八届四次会议通过的《中华人民共和国国民经济和社会发展"九五"计划和2010年远景目标纲要》明确指出,国有企业要按照市场需求组织生产,搞好市场营销,提高经济效益;还指出,要积极发展代理制、连锁经营等新的营销方式,建立科研、开发、生产、营销紧密结合的机制。这是市场营销首次见诸中央文件。国家经贸委于1997年初发布了《关于加强国有企业市场营销工作的意见》,国家人事部出台营销师职称系列,表明国家相关部门对市场营销工作高度重视。"市场营销"被写入政府文件,列入政府机构职能,拓展到了政治经济领域。

(5)中国营销实践稳步推进。20世纪90年代以来,市场学界积极开展与企业界的合作,走向企业,为企业提供咨询、策划与培训服务,将市场学理论有效运用于管理实践。中国高等院校市场学研究会以及各地区和行业营销组织成为政府与企业、理论界与实业界联系的桥梁纽带,共同推动中国营销理论研究、实践水平的提高。海尔、联想、TCL、娃哈哈、万科、格兰仕等一批中国标杆企业,积极开展整合营销、国际营销与品牌经营,对中国营销理论的发展起到了重要的推动作用。

4. 创新拓展阶段(2008—2012年)。以2008年北京奥运会为契机,市场学开启了全球化与本土化相结合的营销理念创新。奥运会是全球的体育聚会,也是全球经济的一次大展示、大比拼,中国企业借助体育营销走向世界,全球营销的研究和实践开始成为热点。信息技术的兴起推动信息经济、知识经济的发展,在这种经济环境下,网络营销无疑成为营销领域的关注点。在经历了产品经济、商品经济、服务经济之后,体验经济悄然来临。体验经济的特点决定了体验营销模式是未来方向。在此期间,市场学不断创新拓展,主要体现在以下方面。

(1)学位制度全面构建。在硕士培养层面上,国家批准30所高校开始试办高级工商管理硕士(EMBA)教育,市场学研究生教育正式完成了普通硕士学位研究生和专业学位硕士研究生培养类型的划分。在博士培养层面上,经教育部备案,中国人民大学等三所高校首批自主设立了市场学博士点,之后,上海交通大学、西南财经大学等一批高校经教育部批准陆续设立了博士点。至此,市场学的学士、硕士、博士学位制度建设全面完成,说明市场学学科的完备性、独立性和科学性得到了普遍认同。

(2)师资质量不断提升。市场学学科的师资队伍结构合理、实力雄厚,不仅博士

---

① 郑锐洪.中国营销理论与学派.北京:首都经济贸易大学出版社,2010:187-194.

生导师、教授数不胜数，而且相当一批老中青骨干教师在教学方面获得了重要成果和奖励。他们不仅在市场学的专业学术造诣上取得了较为丰硕的创新成果，而且积极运用市场学知识推动教学、科研以及社会服务方面的创新发展。

（3）教材体系全面深化。20世纪80年代初期，我国出版的教材名称各异且研究对象模糊、体系结构不甚完整。在市场学的创新拓展时期，教材中有关市场学科性质、研究对象、研究方法、理论体系和概念界定等基本问题已经完全廓清。并且，一大批青年学者编著的教材获得了许多国家级奖项。全国各地的市场学教学在课程体系、人才培养、教材建设、教学改革等方面持续创新，学术成果丰硕。

5．自信自强阶段（2012年至今）。2012年11月8日，中国共产党第十八次全国代表大会在北京胜利召开。从此，中国特色社会主义进入新时代。市场学学者重任在肩，在习近平新时代中国特色社会主义思想引领下，踔厉奋发，笃行不怠，赓续前行，奋楫争先，以优异的教学科研成绩回报新时代。他们从我国独特的历史、独特的文化、独特的国情出发，致力于建设中国特色市场学学科，努力建构中国自主的市场学知识体系，不断增强历史自觉、坚定文化自信，推进市场学学科自信自强、守正创新。

（1）学科平台逐步完善。为加快建构中国自主的市场学知识体系，各专业协会形成了系统化、规模化、丰富化交流模式。与此同时，各高校先后设立市场学学科交流的平台阵地。中国人民大学、清华大学、厦门大学、同济大学等一批高校陆续设立了市场学博士后流动站，中国人民大学、复旦大学、华南理工大学等一批高校还独立或联合设立了市场营销研究中心。其中，中国人民大学中国市场营销研究中心于2016年参与起草了首个国家品牌战略文件《国务院办公厅关于发挥品牌引领作用推动供需结构升级的意见》，并做了文件政策解读，近年来，又与中国社会科学院合作推出中国城市品牌发展指数报告，产生了良好的社会影响。

（2）市场学研究论文质量不断提高。越来越多的市场学教师获得国家自然科学基金或者国家社会科学基金的资助，发表了大量CSSCI期刊来源论文。研究主题聚焦于电子商务、品牌、创新等研究热点，以及大数据营销、社交媒体营销、精准营销等前沿话题。广大市场学学者自信自强，致力于在国际顶级核心期刊发表论文，提升中国市场学研究的国际影响力。截至2024年9月30日，在*Journal of Marketing*、*Journal of Marketing Research*、*Journal of Consumer Research* 和 *Marketing Science* 等顶级学术期刊发表的学术论文中，有将近10%的文章都有中国学者的参与，中国学者为市场学的创新发展作出了贡献。

（3）建构中国自主的市场学知识体系。2022年4月，习近平总书记视察中国人民大学，提出建构中国自主的知识体系的重要指示。广大市场学教师立足我国国情，界定营销概念，阐述市场学原理，突出市场学知识在共同富裕、数字中国、乡村振兴、生态文明等方面的新贡献，展示人工智能、大数据、云计算、区块链等新质生产力推动营销创新的成功案例。出版的市场学教材充分展现新时代以来市场学领域的伟大成就，有机融入党的二十大精神和习近平总书记重要论述，起到了培根铸魂、润物无声的作用。

（4）积极服务国家战略。进入新时代以来，广大市场学学者积极带领团队申报各项国家级科研项目，踊跃参与央企或大型国企的营销调研策划活动，运用市场学知识投身西部大开发、支持精准扶贫和农村电商事业，全力支持国家重大发展战略，在支持国有企业改革发展、致力乡村振兴、促进共同富裕、推动绿色发展等方面作出了重要贡献。

第4节 建构中国自主的市场学知识体系

一、建构中国自主的知识体系的提出

习近平总书记在中国人民大学考察调研时发表重要讲话，指出："加快构建中国特色哲学社会科学，归根结底是建构中国自主的知识体系。"在这里，"中国"意味着这种知识体系是具备了一种独特的民族性和主体性的，与其他国家或民族的有所不同；"自主"不仅强调这种知识体系是由中国人民创造的主体性，而且包含着不跟随他人，提出具有原创性和时代性的理论观点的深刻内涵；"知识"是人在运用理性对外部世界理解、把握的过程中形成的概念、范畴、术语、原理等要素；"知识体系"是对特定专业知识总和的概括，是人对自然、社会和历史发展规律认知的反映，意味着涵盖经济、政治、文化、社会、生态等多个领域，是一个全方位、全领域、全要素的知识系统，包括传统学科和新兴学科的多个学科；"建构"强调要在原有知识体系及其成就的基础上，创造出新的理论观点和知识体系，以切实回答和解决中国实际问题，满足时代发展的需要。中国自主的知识体系，基础在"知识"、关键在"体系"、特色在"中国自主"。[①] 中国自主的知识体系是经过总结概括、凝练升华等环节而最终沉淀的成熟、科学、完备的知识体系，是以当代中国发展实际为研究主题，融合借鉴中西方研究传统而形成的中国特色哲学社会科学的知识集成，通过学科体系、学术体系和话语体系等予以呈现。中国自主的知识体系必须以回答中国问题为逻辑起点，以运用中国素材为内容支撑，以表达中国立场为方向指引。[②]

面对中华民族伟大复兴战略全局和世界百年未有之大变局所带来的机会和挑战，中国市场学学者应从国情出发，努力建构符合中国实际、具有中国特色的完全自主的市场学知识体系。西方市场学有其科学、有益的一面，但是，中国市场学面对的市场和营销实践，与西方市场学至少有六个方面的不同：一是市场条件不同，中国市场处于新发展阶段，发展迅速；二是市场规模不同，中国市场是一个超大规模的市场，潜量巨大；三是市场发展理念不同，中国强调绿色发展、绿色营销和低碳绿色生活方式，坚持人民至上、国家利益至上，以人民为中心，切实保护消费者利益；四是市场规则不同，中国企业开展营销活动比西方企业更关注政府与市场的关系，在中国，有

---

① 张东刚，林尚立．自信自立建构中国自主的知识体系．中国高等教育，2024（12）．

② 张东刚．建构中国自主的知识体系的若干思考．中国社会科学，2024（5）．

为政府和有效市场同时发挥重要作用；五是市场特征不同，中国数字经济发展趋势明显，移动支付、直播带货、餐饮外卖、快递物流等领域的发展已经超越美国，由此带来的市场需求、营销理念和营销实践也与西方存在明显差异；六是市场主体不同，中国的营销主体涵盖了各级政府、大量中小企业、国有企业等，主体更加多元化，而且，中国政府在满足人民美好生活向往，开展国家营销、城市营销、区域营销，推进共同富裕和乡村振兴等各方面，肩负重任，不懈努力，成效显著。此外，值得注意的是，西方市场学研究出现了逐渐偏离学科中心问题的趋势。例如，从 *Journal of Marketing* 等期刊论文看，明显存在着“种了人家的地，荒了自己的田”的现象，属于市场学科自身的大量问题不去深入探讨，而本属于心理学、行为科学及其他学科的论文反倒占了很大比例。因此，我们的学科发展不能任由西方来引领，中国市场学科不能总是用别人的昨天来装扮自己的明天，不能总是指望依赖他人的研究成果和市场学知识来提高自己的营销实践能力和营销创新水平，更不能做其他国家的学术附庸。必须强化市场学的中国元素、中国立场和中国主张，加快建构中国自主的市场学知识体系。

习近平总书记在中国人民大学考察调研时指出，“我国有独特的历史、独特的文化、独特的国情，建设中国特色、世界一流大学不能跟在别人后面依样画葫芦，简单以国外大学作为标准和模式，而是要扎根中国大地，走出一条建设中国特色、世界一流大学的新路。”我们在建设中国特色、世界一流市场学科的具体实践中，必须深入学习贯彻习近平总书记的重要论述和科学思想。经过长期努力，我国的市场实践和营销理念在某些领域已接近或达到世界先进水平，某些领域正由“跟跑者”向“并行者”“领跑者”转变，完全有能力在新的起点上实现更大跨越。提升市场学科的社会地位，让市场学在满足人民日益增长的美好生活需要方面更好地发挥作用，需要不断开拓创新。

二、坚持民族性与世界性的有机统一

中国自主的市场学知识体系，应该既具有民族性又具有世界性，是民族性与世界性的有机统一。

第一，中国自主的市场学知识体系的首要属性是“中国特色”。建构中国自主的市场学知识体系应该大力弘扬中华优秀传统文化，并从中吸取至今仍具有重要价值和现实意义的中华文明成果。要适应世情、国情的新变化，进一步健全和完善既成的思想理论体系，将中华优秀传统文化中的“诚信为本”“立己达人”“义利兼顾、以义为先”等营销理念赋予时代新特色，使市场学知识体系具有更多的民族特色和优势。

第二，要明确，最早的营销实践和营销理念诞生于中国，至少在商朝就有，而不是像德鲁克和科特勒所讲的最早产生于日本17世纪70年代三井家族的越后屋。研究表明，以商学、商业、经商理念等形式呈现世人的营销理念、营销实践、营销知识等，早在我国商朝就已客观存在。在北宋时期，就曾出现济南刘家功夫针铺的印刷广告，内含品牌标识和广告语。该广告比西方世界最早出现的印刷广告领先了300

多年。

第三，建构中国自主市场学知识体系，迫切需要认真落实习近平总书记重要指示精神，“深入挖掘古籍蕴含的哲学思想、人文精神、价值理念、道德规范，推动中华优秀传统文化创造性转化、创新性发展”。中国古籍中蕴含丰富的营销思想，是对民族性的突出体现，值得深入挖掘。

第四，建构中国自主的市场学知识体系要坚持民族性与世界性的有机统一。强调民族性并不是要排斥其他国家的学术研究成果，而是要在比较、对照、批判、吸收、升华的基础上，推动中西方知识对话，促进知识碰撞融合，使民族性更加符合当代中国和当今世界的发展要求，越是民族的越是世界的。解决中国的问题，提出解决人类问题的中国方案，要坚持中国人的世界观、方法论和整体思维方式，善于运用战略思维、历史思维、辩证思维、系统思维、创新思维、法治思维、底线思维等科学思维方法，在更高起点、更高层次、更高目标上建构中国自主的市场学知识体系。

人类历史是一幅不同文明相互交流、互鉴、融合的宏伟画卷。市场学知识发展到今天，也是不同文明交流对话、和谐共生的结晶。因此，建构中国自主的市场学知识体系要主动促进国内与国际双向学术交流。在中外学术交流中，应该理直气壮地宣传中国市场营销知识创新、理论创新和实践创新的最新成果，并勇于坚持自己的基本立场，客观公正地评判国外市场学知识体系的新发展。在此基础上，去其糟粕，取其精华，不断拓展世界眼光，为世界市场学理论作出中国贡献。

三、秉持继承性与原创性的辩证统一

建构中国自主的市场学知识体系必须坚持继往开来、守正创新，坚持继承性与原创性的辩证统一。

首先，建构中国自主的市场学知识体系具有明显的继承性，即在总体上是沿着市场学发展的既定方向和目标前进的，包括对市场营销概念界定、营销环境分析、市场调研预测、目标市场营销、市场购买行为、市场竞争战略、营销组合策略等已有成果的保留和肯定。但同时也要看到这种保留和肯定不是机械的全盘继承，而需要坚持创新和变革，特别要鼓励原创性的研究和探索，包括赋予市场营销新内涵、创新营销组合内容、使营销策略的运用更符合中国法律法规、将中国独创的营销方法和实践充实进教材体系和课程内容等，推动中国市场学建设不断跃上新的台阶。例如，应高度重视中国数字经济时代电商平台、移动支付、智慧物流、网络分销等渠道管理的创新实践对世界市场学界的贡献，要及时调整诸如差别定价、折扣定价、地理定价和心理定价等背离社会主义核心价值观，以及与新时代市场营销实践主流不符或有害的知识内容。

其次，建构中国自主的市场学知识体系的性质是变革，是在继承基础上的修正、补充、健全和完善，而不是要根本推翻已经建立起来的思想体系、知识体系或理论体系，不能完全“另起炉灶”。特别要注意肯定和继承现有知识体系的特色及优势，如市场营销知识的系统性、完整性、操作性、开放性等。以此为基础，致力于突显市场学知识体系的中国特色或民族特色。“要坚持守正创新，以守正创新的正气和锐气，赓续历史文脉、谱写当代华章。”① 讲求中国风格、中国气派，体现中国的世界观和方法论，弘扬中国的优良传统，为解决人类面临的市场营销问题作出贡献。

最后，建构中国自主的市场学知识体系必须以创新为引领，并特别鼓励原创性的探讨，以提升中国自主的市场学知识体系的水平和成效。企业营销实践进入新阶段，面临着新课题，需要新理论来引领。数字经济时代的到来，给市场学理论和营销实践带来了新机会、新挑战、新问题。建构中国自主的市场学知识体系要坚持问题导向、系统观念和创新意识。在具体操作上，可以有选择地继承既有成果，但不能机械地全盘照搬，要突出强调创造性的传承，一定要有鲜明的创新意识，善于提炼有学理性的新理论，概括有规律性的新实践，推出一系列标识性概念。建构中国自主的市场学知识体系，推动话语体系建设，要从传统中找元素、从实践中找经验、从问题中找方法、从比较中找创新，把中国传统、中国实践、中国问题作为出发点和落脚点，把我国的制度优势、发展优势、文化优势转化为理论优势、学术优势和话语优势。话语体系是思想理论体系和知识体系的外在表达形式，是受思想理论体系和知识体系制约的，有什么样的思想理论体系和知识体系，就有什么样的话语体系。例如，不能以何时最早出现 marketing 这个词来断定中国何时开始有营销实践和营销理念。再如，我们要以党的创新理论为指导，提出市场学是关于美好生活的学问。

中国的市场营销实践和理念有其他国家不可比拟的特殊性和复杂性，既有优秀传统文化的滋养，也有我们自己长期积累的经验和优势，更有在即时零售、智慧超市、电商平台、移动支付等方面领先世界的成功实践，所以，在自主知识体系建构上要有底气、有自信。要用中国道理总结好中国经验，把中国经验提升为中国理论，实现精神上的独立自主。

习近平总书记指出，“中华文明具有突出的创新性，从根本上决定了中华民族守正不守旧、尊古不复古的进取精神，决定了中华民族不惧新挑战、勇于接受新事物的无畏品格”②。讲求创新特别是原创性，应该成为建构中国自主的市场学知识体系的主题和目标。对于业已形成的市场营销思想、理论、课程及其体系，既要不忘初心，又要继续前进，增强问题意识，努力补齐短板，努力建构起一个具有原创性的、属于中国人自己的、能够向世人昭示中华民族智慧的市场学知识体系。例如，营销管理哲学的演变一般沿用国外说法，分别是生产观念、产品观念、推销观念、营销理念、社会营销理念。而在中国情境下论述营销管理哲学演变，应充分体现党中央提出的新发展理念，即创新、协调、绿色、开放、共享的发展理念。

四、注重营销思想史的研究

建构中国自主的市场学知识体系必须注重营销思想史的研究，深入了解现代营销

---

① 习近平在文化传承发展座谈会上强调 担负起新的文化使命 努力建设中华民族现代文明．人民日报，2023-06-03.

② 同①.

思想的起源、发展和演进过程，理解营销思想体系的理论来源和整体架构，熟悉各主要营销学派的代表人物、学术观点及其理论贡献，掌握营销思想创新、理论创新和实践创新的基本概念与一般规律。要努力探索市场学前沿，发现和解决新的科学问题，提出新的概念、理论、方法，开辟新的学科领域和方向，形成新的前沿学派。尤其要致力于探究中国市场学有别于西方市场学的若干特点，例如，将市场营销从狭隘的工商管理学科视角中解脱出来，赋予其宏观性、人民性、文化性、社会性和经济性等更多的中国特色。

市场学是作为经济学的分支学科问世的。在其演变发展的历史进程中，逐渐呈现出两个发展方向：一个是在制度经济学的影响下形成的宏观视角的市场营销，例如，有学者提出市场营销是为社会创建并传递生活标准的过程，市场营销是增进消费者福祉的社会交换过程等类似观点；另一个是在新古典微观经济学的影响下形成的营销管理，认为市场学是建立在经济学、行为科学、管理学理论基础之上的一门应用科学，涉及营销环境分析、市场细分、市场选择、市场定位、产品组合、品牌管理、新产品开发、定价、分销、促销传播等具体内容，属于管理学范畴。从不同方向研究营销思想史，有利于更好地理顺其发展脉络和发展特点，为其未来发展提供借鉴。

五、加强思政建设

建构中国自主的市场学知识体系，必须加强课程教材思政建设，这是由市场学专业特点决定的。专业的高素质的营销人才队伍，能够弘扬优秀文化和道德主旋律，增进社会责任和品质诚信的正能量，矢志追求更有高度、更有境界、更有品位的人生，实现造福社会、满足人民美好生活需要的营销使命，有效抑制和驱逐各种歪门邪道、坑蒙拐骗、危害社会的市场行为。假如思想政治教育不到位，培养出来的学生就可能脱离中国的市场实践，并且很难适应党和国家对经济社会发展的战略要求，也很难符合企业、社会对营销人才的期待和需求。这不仅有违市场学的教学宗旨，更可能败坏市场营销专业的形象。因此，必须加强思政建设，探索完善中国特色 CHINAMKT 营销人才培养体系，为以进一步全面深化改革开辟中国式现代化的广阔前景贡献市场学力量。①

六、培养新时代营销人才的 CHINAMKT 特质

虽然系统的市场学发轫于西方，但是建构中国自主的市场学知识体系必须扎根于中国实践，同时兼具全球视野。在符合教育主管部门人才培养要求的前提下，一流的营销人才需不断强化以下素质（简称 CHINAMKT）：

1. 沟通传播（communication）。营销与沟通传播在市场学学科发展史上有着千丝

---

① 郭国庆，林雪娇，张梓琪，等．提升专业课教材思政建设质量研究：以市场营销专业为例．河北工程大学学报（社会科学版），2023，40（2）：94－101.

万缕的联系。营销工作离不开沟通、传播。传播促销、营销传播、整合营销传播（IMC）都属于营销理论的基本概念。优秀的营销人才不仅要能够传播产品或服务的信息，还应善于借助营销传播理论知识讲好中国故事，传播好中国声音，具备国家营销、政府营销和社会营销的知识素养与实践能力。

2. 诚实可靠（honesty）。诚信和友善是中华民族传统美德，也是社会主义核心价值观的重要内容。人们对营销专业的误解大多源于营销实践中的不规范、不诚信、不可靠现象，许多人对“营销”一词产生了如“忽悠”“以次充好”“假冒伪劣”“价格欺诈”等不良印象。因此，扭转专业形象、培养一流营销人才必须加强法律、诚信和营销道德教育。

3. 开拓创新（innovation）。营销理念源于实践，必须与时俱进，营销战略必须紧跟营销环境和市场需求新变化及时调整，营销方式必须拥抱数字经济时代不断创新。创新必须瞄准国家需要、人民要求、市场需求，借助营销工具将新科学、新技术、新理念、新方法应用于实践。

4. 领航主导（navigation）。营销人才必须深刻理解时代潮流和国家需要，具备引领担当、开路先锋、主导掌控的意识和能力，具有战略眼光和过人本领。只有这样，才能担当大任。

5. 积极上进（activeness）。营销是充满挑战和困难的工作岗位，随时可能遭遇艰难险阻与突变境况。因此，营销人才必须具备极强的抗压能力，以积极乐观的心态不断进取、奋力开拓。

6. 多才善能（multi-skills）。营销目标的实现最终需要营销人员去贯彻实施。有效的营销管理过程，需要营销人员具备多种才干，有综合应对能力和坚忍不拔的品格。

7. 知识渊博（knowledgeability）。营销人员经常会面临各种不确定的现实，要具备应对各种现实问题的知识、才干、能力。知识渊博是营销人员应具备的基本素养。

8. 团队合作（teamwork）。营销不是单枪匹马就能干好的工作。营销绩效靠的是集体智慧和团队合作。①

改革开放以来，中国市场学在推动技术创新和经济社会发展、满足人民美好生活需要、提升国家竞争实力等方面发挥了重要作用。实现经济运行持续好转，推动人民生活持续改善，需要市场营销人员继续作出新的贡献。大道至简，实干为要。新征程是充满光荣和梦想的远征，没有捷径，唯有实干。为者常成，行者常至，历史不会辜负实干者。我们靠实干创造了辉煌的过去，还要靠实干开创更加美好的未来。

重要概念

市场　　市场经济　　市场营销　　营销主体　　营销供给
营销客体　　中国市场学　　商品研究法　　机构研究法　　职能研究法
系统研究法　　历史研究法

① 郭国庆．中国特色市场营销人才培养体系的探索实践．宁夏大学学报（人文社会科学版），2023，45（1）：141－149.

复习题

1. 如何理解市场学的发展历程？
2. 如何理解市场学的研究对象与研究方法？
3. 建构中国自主的市场学知识体系需要作出哪些努力？

案例分析

王老吉的营销创新

“吉”字带有非常美好的寓意，象征着人们对幸福生活的追求，是对美好未来的向往。“吉文化”是中国传统文化长河中一条十分重要的支流，当代年轻人对“吉”的追求相比老一辈分毫不输，每逢新年，各种转发锦鲤、祈愿新年好运的话题从不缺席。为了向消费者传递出具象化的“吉文化”，引发消费者共鸣，王老吉不断从形式和内容上丰富“吉文化”，成功实现了“吉文化”多层次、多角度、多种形式的传播，使产品走入更多人的心中。

王老吉2024龙年新春广告片蕴含着浓浓的年味儿，祝福话“举罐有吉，新年大吉，过吉祥年喝红罐王老吉”刷屏。从近年王老吉的营销活动和推出的新产品中不难发现，王老吉在不断迎合年轻人的喜好，整体的营销创新更多地围绕年轻人，试图在年轻人的市场中站稳脚跟。

从长远的市场表现来看，王老吉在积极探索新的营销方式，实现线上产品差异化，快速实现线上产品销售，给年轻消费者带来不一样的惊喜。王老吉持续为品牌发展注入更多活力，紧跟时代的潮流，有紧贴人们饮食文化风潮的能力。王老吉还致力于以百年品牌赋能乡村振兴事业，推动贵州刺梨产业、广东荔枝产业振兴，履行企业社会责任。

始创于1828年的王老吉，至今已有近200年历史。为保护珍贵的民族品牌，广药集团于2012年2月28日设立广州王老吉大健康产业有限公司，并于同年依法收回了红罐王老吉商标。王老吉年销售额超过百亿元，占据凉茶行业70%的市场份额。王老吉已在全国布局50多家加工厂、四大自有生产基地、六大创新产业基地，形成了完善的生产管理、质量管理、供应链管理三大体系，构建了全渠道营销体系，形成了传统渠道、餐饮渠道、礼品渠道、特通渠道、电商渠道等全国性、全渠道营销网络。通过实施单品多元化和品类多元化策略，推出了“0糖”凉茶、黑凉茶等，形成“王老吉+”效应，开创了健康植物饮料消费潮流。

广州王老吉大健康产业有限公司以“让世界更吉祥”为使命，以“打造全球一流饮料企业”为目标，坚持时尚王老吉、数字王老吉、创新王老吉、责任王老吉“四位一体”战略举措，推动更高质量发展。时尚王老吉，即推进年轻化路线，从品牌、营销、产品、渠道、文化五个方面创新升级，以时尚活力引领健康饮料的消费潮流；数字王老吉，即在数字经济浪潮之下，加大力度推进公司数字化转型，全面推进营销数字化，打造一体化数字生态系统，让数字化全面融入企业经营；创新王老吉，即提速多元化发展，继续打造功能性饮料单品与创新品类单品，并在市场、产业、科技人才等方面寻求突破；责任王老吉，即继续承担企业社会责任，以党建引领，接续在社会公益、乡村振兴、绿色发展上发力。

王老吉还与京东、阿里巴巴、微信、快手、小红书、巨量引擎等平台进行了广东荔枝产业合作平台签约仪式，将在这些平台入驻“荔小吉”品牌，围绕渠道、营销等方面开展深度合作，全面推进广东荔枝产业振兴。王老吉通过线上线下多领域、多维度触达新生代，把凉茶、消费者、平台融合在一起，打造王老吉超级凉茶生态圈，做最懂年轻人的凉茶品牌。

资料来源：与年轻人达成同频共调，王老吉龙年新春广告片首发上线．(2024-01-11)．中国经济新闻网；王老吉：两张文化牌，让中国凉茶成为世界凉茶．(2024-01-12)．千龙网.

思考题

王老吉营销创新实践体现了市场营销在推动社会经济发展中的哪些作用？

第2章

中国市场学的理论基础

本章要点

- 马克思主义政治经济学对中国市场学的贡献
- 习近平经济思想对中国市场学创新发展的指引
- 习近平经济思想对市场营销的启示
- 中华优秀传统文化对中国市场学的影响

习近平总书记在中国人民大学考察时的讲话为建构中国自主的市场学知识体系提供了根本遵循。建构中国自主的市场学知识体系，必须坚持马克思主义政治经济学基本原理，贯彻落实习近平经济思想，传承中华优秀传统商业文化和市场文化，合理借鉴和运用西方市场学的内核。

第1节　马克思主义政治经济学对中国市场学的贡献

在五千多年中华文明深厚基础上开辟和发展中国特色社会主义，把马克思主义基本原理同中国具体实际、同中华优秀传统文化相结合是必由之路。这是我们在探索中国特色社会主义道路中得出的规律性认识。党的二十大报告指出，“我们要以科学的态度对待科学、以真理的精神追求真理，坚持马克思主义基本原理不动摇”①。建构中国自主的市场学知识体系，需要继承和发展马克思主义政治经济学。马克思主义政治经济学对于中国市场学的引领，至少体现在重视市场流通、强调卖比买更重要、关注产品质量、

---

①　习近平．高举中国特色社会主义伟大旗帜 为全面建设社会主义现代化国家而团结奋斗：在中国共产党第二十次全国代表大会上的报告．北京：人民出版社，2022：20.

主张价格符合价值、直面市场竞争等方面。

一、重视市场流通

市场流通是以货币为媒介的商品转手运动和由此产生的货币转手运动，包括商品流通与货币流通。在商品经济条件下，流通是社会再生产过程中连接生产和消费的必不可少的中间环节，是同商品经济相联系的历史范畴。市场流通最初采取物物交换的形式，即商品—商品，这时的买和卖在空间和时间上都是统一的。随着货币的出现，物物交换转变为以货币为媒介的流通，把原来的物物交换的一次运动，分解为卖和买的两次运动，即商品—货币—商品。到了现代社会，随着商品经济的充分发展，市场流通的内容与形式也越来越丰富。

商品流通是指物质产品通过买卖行为由生产领域向消费领域转移的过程。其主要特征一是物质产品的转移；二是通过买卖行为，即通过商品—货币的交换方式来完成。既然商品是为满足市场需要而生产的，就必须把购买者所追求的利益和价值放在首位。马克思指出："产品不同于单纯的自然对象，它在消费中才证实自己是产品，才成为产品。"① 消费使产品最后完成，从而成为现实产品，产品处在消费以前的任何一个环节，都只是可能产品。

马克思认为，"资本主义生产过程都受流通、商业制约。货币资本的循环不仅是商品生产；这种循环本身只有通过流通才能进行，它是以流通为前提的"②，"资本作为建立在雇佣劳动基础上的生产，它的前提是把流通当作整个运动的必要条件和要素"③。可见，马克思认为，流通发展到一定时期必然会制约生产，从而揭示了生产和流通的关系以及商品流通的本质规定性。从当今的经济现实看，流通的先导性力量在引导生产、引导消费、引导经济运行等方面发挥着重要作用。

二、强调卖比买更重要

在市场经济条件下，可能产品向现实产品的转化是一个受多重因素制约的矛盾发展过程，其中产品是否符合市场需要是这一转化的基本制约因素。在存在社会分工的条件下，交换是可能产品向现实产品转化的基本途径。而适应市场需要的交换活动，也正是市场营销的重要内容。商品销售即卖，不仅是价值的实现，而且是剩余价值的实现（在社会主义条件下，是劳动者为社会创造的剩余产品的价值的实现）。正如马克思所指出的："W'—G' 同时是 W' 所包含的剩余价值的实现。G—W 则不是这样。因此，卖比买更为重要。G—W，在正常条件下，对于表现为 G 的价值的增值来说，是必要的行为，但它不是剩余价值的实现；它是剩余价值生产的导论，而不是它的补遗。"④

说卖比买更重要，是就商品交换过程的销售和购买两种行为相比较而言的。商品销

① 马克思，恩格斯．马克思恩格斯选集：第 2 卷．2 版．北京：人民出版社，1995：9.

② 马克思，恩格斯．马克思恩格斯全集：第 45 卷．2 版．北京：人民出版社，2003：70.

③ 马克思，恩格斯．马克思恩格斯全集：第 30 卷．2 版．北京：人民出版社，1995：385.

④ 同②144.

售不仅关系到企业的简单再生产和扩大再生产能否顺利进行，还关系到企业的生死存亡。马克思曾经用十分诙谐的笔调写道：“W—G。商品的第一形态变化或卖。商品价值从商品体跳到金体上，……是商品的惊险的跳跃。这个跳跃如果不成功，摔坏的不是商品，但一定是商品占有者。”①

三、关注产品质量

产品质量是指产品满足规定需要与潜在需要的特征和特性的总和。马克思主义政治经济学指出，产品质量的提高在增加价值量、取胜市场竞争等方面能发挥积极作用，进而阐述了提高产品质量可以通过实现成本最小化带来最大化的经济效益。马克思认为，商品生产者、卖者必须具备质量意识，才能通过有效满足消费者需要而在激烈的市场竞争中占据优势，因为“如果他不想被同种商品的另一些卖者所排挤，他就得像每个商品卖者一样要对自己提供的商品负责，并且必须提供一定质量的商品”②。但这个质量意识不是由生产者和卖者决定的，也不是由消费者决定的，而是在商品经济条件下由整个社会交换需要决定的。

四、主张价格符合价值

马克思主义政治经济学认为，商品的价格由价值决定，受供求关系影响，这就是著名的价值规律。价值是凝结在商品中的一般的无差异的人类劳动。价格是商品价值的货币表现。商品的价值是凝结在商品中的抽象人类劳动。商品的价值量是由生产商品的社会必要劳动时间决定的。商品按照价值量进行等价交换。按照等价交换的原则，要求价格符合价值。然而，在每一次具体交换过程中，两者并非都能达到一致。商品价格受到多种因素影响，特别是受到供求关系的影响。价格符合价值，是以商品的供求平衡为条件的。在竞争规律支配下，商品的供求关系处于经常的变化中。因而，价格与价值是经常不一致的。供过于求时，价格低于价值，求过于供时，价格又高于价值。价格以价值为中心而上下波动，价格波动受价值规律的支配，马克思说：“不同商品的价格不管最初用什么方式来互相确定或调节，它们的变动总是受价值规律的支配。”③

五、直面市场竞争

市场竞争是指在市场经济条件下，同类经济行为主体为了取得较好的产销条件，获得更多的市场资源，增强自己的经济实力，从而排斥同类经济行为主体的相同行为的各种活动表现。价值规律在生产领域表现为社会必要劳动时间决定商品的价值即社会价

---

① 马克思，恩格斯．马克思恩格斯全集：第 42 卷．2 版．北京：人民出版社，2016：87.
② 马克思，恩格斯．马克思恩格斯全集：第 38 卷．2 版．北京：人民出版社，2019：116.
③ 马克思，恩格斯．马克思恩格斯全集：第 46 卷．2 版．北京：人民出版社，2003：197.

值，在流通领域则要求等价交换。同一种产品有多家企业在从事生产，管理者要努力使本企业生产产品的个别劳动时间低于社会必要劳动时间，即使本企业产品的个别价值低于社会价值，而在交换过程中获得超额利润（即高于行业的平均利润），这样，由于利润丰厚，就可以加快企业的发展；反之，如果本企业生产产品的个别劳动时间高于社会必要劳动时间，即使产品的个别价值高于社会价值，那么，它在交换过程中也只能得到低于行业的平均利润，甚至可能由于亏本而被社会淘汰。

对剩余价值的追求构成了企业间开展竞争的永恒动力。正因如此，资本家一方面会强化企业生产剩余价值的能力，推动产品生产的个别劳动时间低于社会必要劳动时间；另一方面则会介入剩余价值的分配过程，尽可能地在利润率高的部门中获得市场。于是，大机器时代的企业中产生了两种最基础和常见的竞争策略。第一，不断强化技术创新能力，以提高劳动生产率，获得超额剩余价值。马克思指出："价值由劳动时间决定这同一规律，既会使采用新方法的资本家感觉到，他必须低于商品的社会价值来出售自己的商品，又会作为竞争的强制规律，迫使他的竞争者也采用新的生产方式。"① 可以看到，为了获得超额剩余价值，资本家会自觉地改进生产方式，推动技术进步，"孜孜不倦地采用价钱较贵但能更便宜地进行生产的新机器，实行新分工"②。随着技术创新能力和劳动生产率的提升，产品的个别价值会低于社会价值，企业在产品出售时便更容易获得有利价格。同时，这也意味着企业在单位时间内会拥有更高的产出量，可以帮助企业扩大自己在整个行业市场中的份额，从而形成优于同部门其他企业的竞争优势。

企业与企业、资本与资本的竞争将会走向何方呢？早在《哲学的贫困》中，马克思就引用并肯定了蒲鲁东（Proudhon）的观点："垄断是竞争的必然结局，竞争在不断的自我否定中产生出垄断"③。可见，在自由资本主义还未向垄断资本主义过渡时，马克思就看到了市场由竞争走向垄断的趋势。马克思认为："竞争迫使他不断扩大自己的资本来维持自己的资本，而他扩大资本只能靠累进的积累。"④ 也就是说，资本家对于剩余价值的狂热追求与竞争带来的外在压力，促使他们不得不努力扩大自己的生产规模，并把大量剩余价值转化为资本。因为"竞争的结果总是许多较小的资本家垮台，他们的资本一部分转入胜利者手中，一部分归于消灭"⑤，资本家如果无法通过资本积累扩大自己的实力，就会被竞争对手击败和吞并。于是，激烈的企业竞争推动着资本家不断扩大资本积累的规模，促使市场越来越向垄断趋势发展。

第 2 节　习近平经济思想指引中国市场学创新发展

以习近平同志为核心的党中央坚持观大势、谋全局、干实事，成功驾驭了我国经济

---

① 马克思，恩格斯．马克思恩格斯文集：第 5 卷，北京：人民出版社，2009：370－371.

② 马克思，恩格斯．马克思恩格斯文集：第 1 卷，北京：人民出版社，2009：738.

③ 同②635.

④ 同①683.

⑤ 同①722.

发展大局，在实践中形成了以新发展理念为主要内容的习近平新时代中国特色社会主义经济思想。习近平经济思想深刻总结我国经济发展的实践经验，系统回答了我国经济发展怎么看、怎么干等一系列重大问题，为做好新时代新征程经济工作指明了正确方向、提供了根本遵循。

一、国内国际双循环需要加强市场营销

习近平总书记洞察国际国内大势，根据我国发展阶段、环境、条件的新变化，提出以畅通国民经济循环为主构建新发展格局，并多次强调要推动形成以国内大循环为主体、国内国际双循环相互促进的新发展格局。这是重塑我国国际合作和竞争新优势的战略抉择。

近年来，经济全球化遭遇逆流，国际经济循环格局发生深度调整。新冠疫情也加剧了逆全球化趋势，各国内顾倾向上升。随着外部环境和我国发展所具有的要素禀赋的变化，市场和资源两头在外的国际大循环动能明显减弱，而我国内需潜力不断释放，国内大循环活力日益强劲。展望未来，国内市场主导国民经济循环的特征将会更加明显，经济增长的内需潜力会不断释放。我们要坚持供给侧结构性改革这个战略方向，扭住扩大内需这个战略基点，使生产、分配、流通、消费更多依托国内市场，提升供给体系对国内需求的适配性，形成需求牵引供给、供给创造需求的更高水平动态平衡。

习近平总书记指出，新发展格局决不是封闭的国内循环，而是开放的国内国际双循环。我国在世界经济中的地位将持续上升，同世界经济的联系会更加紧密，为其他国家提供的市场机会将更加广阔，成为吸引国际商品和要素资源的巨大引力场。在此过程中，市场营销将发挥十分重要的作用。正如习近平总书记在企业家座谈会上所指出的，“企业营销无国界”①。企业是我国经济活动的主要参与者、就业机会的主要提供者、技术进步的主要推动者，在形成以国内大循环为主体、国内国际双循环相互促进的新发展格局过程中必将发挥重要作用。加强市场营销，充分挖掘内需潜力，可以使国内市场和国际市场更好地联通，利用国内国际两个市场、两种资源，实现更加强劲可持续的发展。

二、习近平经济思想对于市场营销的启示

习近平在陕北的知青生活经历，使他树立了全心全意为人民服务的信念，奠定了以人民为中心、人民利益至上的思想基础。习近平在福建工作时七下晋江，提出“六个始终坚持”，包括始终坚持以市场为导向发展经济等思想。其在浙江和上海主政期间，上述实践智慧得到进一步深化，“八八战略”和“绿水青山就是金山银山”等都是在此期间提出的。长期的基层历练，使习近平积累了丰富的经济工作经验，他对市场需求、市场竞争、营销战略、绿色营销、营销流通环境、品牌建设、销售渠道等问题有了切身感

① 习近平在企业家座谈会上的讲话．人民日报，2020－07－22．

受和深度思考。

在正定工作期间，习近平对发展商品生产、运用市场规律、加强市场营销倾注了极大精力。他高瞻远瞩地提出，城市需要什么我们就种什么，城市需要什么我们就加工什么，进而总结概括出“投其所好，供其所需，取其所长，补其所短，应其所变”的市场营销“二十字”，形成了“通过多种渠道，扩大和争取市场，主攻石市，挤入京津，咬住晋蒙，冲向全国，有条件的要力争打入港澳和国际市场”的市场营销战略，这些充分体现了习近平善于观大势、谋大局、抓大事的战略思维。①

党的十八大以来，中国特色社会主义进入新的发展阶段，市场形势呈现出许多新机遇新挑战新变革，对市场营销提出了新要求和新任务。习近平总书记于 2014 年 5 月提出了“三个转变”的重要思想，即“推动中国制造向中国创造转变、中国速度向中国质量转变、中国产品向中国品牌转变”。这是对中国品牌未来发展方向的科学指引，也是对品牌强国战略的高度肯定。之后，习近平总书记又明确提出，高质量发展应做到“创新力、需求捕捉力、品牌影响力、核心竞争力强，产品和服务质量高”② 等。

2015 年 10 月，习近平指出：“同世界上老牌的大公司对比，中国企业走出去还缺乏经验，在适应各国法律制度、技术标准、市场营销、人员管理、当地文化等方面的能力需要不断提高。在激烈的国际竞争中，中国企业会学到很多，会越做越好。”③ 这是习近平面对新的世情国情做出的时代思索，充分体现了习近平总书记对市场营销的高度重视及对营销理论工作者和实践者、管理者所寄予的殷切期望。在新发展格局中，走出去的中国企业要努力提高市场营销能力和水平，增强国际话语权和全球市场定价权，就更加迫切需要科学理论引领，在实践中不断探索、不断创新、不断学习。

企业是现代市场经济主要参与者。实力雄厚的企业、享誉全球的品牌，是彰显一个国家发展成就、创新环境、综合实力的重要标志。从微观视角看，市场营销是企业适应市场需求变化，通过满足市场需求赢得长远发展的过程，是一种企业行为、市场行为。但是，企业营销要行稳致远，客观上也需要政府有所作为，创造有利的市场环境，便于企业制定长期战略决策，利于市场购买者自主选择所需要的产品和服务。2017 年 7 月习近平总书记指出：“要创造公平竞争的国内市场环境，在关税、进口检验、市场营销等方面创造机会平等的条件，让消费者自主选择，让市场发挥作用。”④ 既要有效的市场，也要有为的政府。

进入新发展阶段，习近平总书记着眼长远、把握大势，统筹中华民族伟大复兴战略全局和世界百年未有之大变局，高屋建瓴地提出以畅通国民经济循环为主构建新发展格局。这就为企业加强市场营销提出了新目标新任务新要求，也为市场营销提供了新用武之地、新发展机遇、新拓展空间。

---

① 梁言顺．不断提高对市场规律的认识和驾驭能力：系统学习习近平总书记十八大前后关于社会主义市场经济的重要论述．学习时报，2015－02－09.

② 习近平．习近平谈治国理政：第三卷．北京：外文出版社，2020：238.

③ 习近平：共同开启中英全面战略伙伴关系的“黄金时代”为中欧关系全面推进注入新动力．人民日报，2015－10－19.

④ 习近平：营造稳定公平透明的营商环境 加快建设开放型经济新体制．(2017－07－17)．新华网．

综上所述，习近平经济思想中有关市场营销的表述具有鲜明的时代内容和思想内涵，体现了理论逻辑、历史逻辑与实践逻辑的辩证统一。其中也体现了中华民族优秀传统文化的思想传承。例如，2017 年 11 月，习近平引用思想家谭嗣同《仁学》中的名句“通商者，相仁之道也，两利之道也”①，由此道出了市场营销的真谛：贸易通商，商品交换，市场营销重在讲仁重义、互利互惠，力求对各方都有利。

三、习近平重要讲话中有关市场营销的表述

（一）市场规模方面：坚定双循环的底气和信心

市场规模指在不考虑产品价格或供应商的前提下，市场在一定时期内能够吸纳某种产品或服务的单位数目。市场学认为，市场规模是由人口、购买力和购买需求决定的。面对前来参加第二届中国国际进口博览会的各国友人，习近平总书记深情豪迈地指出：“中国有近 14 亿人口，中等收入群体规模全球最大，市场规模巨大、潜力巨大，前景不可限量。中国老百姓有一句话，叫作‘世界那么大，我想去看看’。在这里我要说，中国市场这么大，欢迎大家都来看看。”② 我们要立足国内大循环，借助市场调查、市场细分、市场选择、市场定位等市场营销手段，进一步挖掘内需潜力，促进国内消费提质升级。国内需求的有效满足，国内市场的进一步活跃，必将为中国经济发展提供支撑，为世界经济增长扩大空间。关于市场规模的表述，为构建新发展格局指明了方向，也进一步坚定了我们在新发展格局中必胜的底气、勇气和信心。

（二）需求反应方面：关注市场需求，满足美好生活需要

市场营销不是推销、促销、销售，而是要真正满足市场需求，为购买者创造价值，不断满足人民日益增长的美好生活需要。因此，增强企业对市场需求变化的反应和调整能力就成为市场营销的关键环节。有关需求反应的内容主要包括如下几点：一是明确提出企业不仅要致力于满足现实的有效需求，还要善于捕捉并满足尚未被发现的潜在需求；二是特别强调为了提高消费者的满意度和忠诚度，必须妥善管理好市场预期；三是用发展的眼光看待市场营销问题，强调在对市场需求的变化做出反应和调整时，要特别注意供需匹配和动态均衡发展③，强调提升供给体系对国内需求的适配性，形成需求牵引供给、供给创造需求的更高水平动态平衡；四是强调市场和消费心理分析，及时发现市场消费者的新需求和消费心理的新变化，更好地满足人民对美好生活的向往。④

（三）创新营销方面：正确处理科技创新与市场营销的关系

彼得・德鲁克指出，企业最重要的职能只有两个——市场营销和创新，其余都是成

---

① 中美元首共同出席中美企业家对话会闭幕式．人民日报，2017-11-10.

② 习近平．习近平谈治国理政：第三卷．北京：外文出版社，2020：211.

③ 同②247.

④ 十八大以来重要文献选编：中．北京：中央文献出版社，2016：246.

本。[①] 习近平基于其丰富的治国理政经验和渊博的科学理论知识，面对国内国际市场竞争新环境新趋势，明确提出大力提升自主创新能力，尽快突破关键核心技术。这是关系我国发展全局的重大问题，也是形成以国内大循环为主体的关键。他特别强调，“科技成果只有同国家需要、人民要求、市场需求相结合，完成从科学研究、实验开发、推广应用的三级跳，才能真正实现创新价值”[②]。

2014 年 5 月 24 日上午，习近平在考察上海汽车集团股份有限公司时，听介绍，看产品，进车间，问市场，重点了解了企业自主创新情况。他强调指出，汽车行业是市场很大、技术含量和管理精细化程度很高的行业，发展新能源汽车是我国从汽车大国迈向汽车强国的必由之路，要加大研发力度，认真研究市场，用好用活政策，开发适应各种需求的产品，使之成为一个强劲的增长点。[③]

习近平在高度重视以科技创新催生新发展动能的同时，特别强调要适应竞争环境和市场需求的变化，积极推进组织创新、市场创新、品牌创新、商业模式创新等。他还指出，“技术是难点，但更难的是对市场需求的理解，这是一个需要探索和试错的过程”[④]。美国铱星公司虽技术创新领先但忽视了市场需求和市场营销，以致陨落。企业要在激烈的市场竞争中得以生存和发展，就必须在积极推进科技创新的过程中重视和加强市场营销。这对于迎接双循环机遇和挑战的中国企业来说，尤其具有重要的启迪意义。

(四) 营销环境方面：优化环境，充分发挥市场决定性作用

营销环境是指影响企业市场营销活动及其绩效的内部和外部因素的集合。全面实施乡村振兴战略的深度、广度、难度极大，要加快农业农村现代化步伐，促进农业高质高效、乡村宜居宜业、农民富裕富足，依然需要加强市场营销，重视发挥市场营销的作用，不断优化市场环境。

对于生产者来说，营销环境可分为宏观营销环境和营销微观环境。宏观营销环境是必须接受的，微观营销环境才是可以有所作为的地方。宏观营销环境只能承受，而微观营销环境则是可以努力改变的。对于政府部门来说，优化营销环境就是要在影响企业活动的社会因素、经济因素、政治因素和法律因素等方面为企业服务，完善市场环境，激发企业活力和消费潜能，在制度政策上营造宽松的市场经营和投资环境，营造商品自由流动、平等交换的市场环境，给生产者市场营销和产品流通给予最大限度的支持和便利。

2021 年 3 月，习近平来到地处武夷山的星村镇燕子窠生态茶园。他强调指出，要统筹做好茶文化、茶产业、茶科技这篇大文章，坚持绿色发展方向，强化品牌意识，优化营销流通环境，打牢乡村振兴的产业基础。[⑤] 营销流通环境是指影响市场营销活动和

---

① 菲利普・科特勒．菲利普・科特勒传：世界皆营销．北京：机械工业出版社，2019：88－89.

② 习近平．习近平谈治国理政：第一卷．北京：外文出版社，2014：124.

③ 习近平：当好全国改革开放排头兵 不断提高城市核心竞争力．人民日报，2014－05－25.

④ 习近平：推进供给侧结构性改革是一场硬仗．(2017－06－21)．人民网．

⑤ 习近平在福建考察时强调 在服务和融入新发展格局上展现更大作为 奋力谱写全面建设社会主义现代化国家福建篇章．(2021－03－25)．新华网．

产品流通过程的各种因素。

在营造良好的营销环境方面，习近平指出，必须加快形成企业自主经营、公平竞争，消费者自由选择、自主消费，商品和要素自由流动、平等交换的现代市场体系，着力清除市场壁垒，提高资源配置效率和公平性。要建立公平开放透明的市场规则，完善主要由市场决定价格的机制。建设统一开放、竞争有序的市场体系，是使市场在资源配置中起决定性作用的基础。

（五）供给质量方面：重视质量建设，提高产品和服务质量

在提出推动中国制造向中国创造转变、中国速度向中国质量转变、中国产品向中国品牌转变“三个转变”重要思想之后，习近平针对产品服务质量等问题作出了一系列重要指示，指出，“质量体现着人类的劳动创造和智慧结晶，体现着人们对美好生活的向往。中华民族历来重视质量。千百年前，精美的丝绸、精制的瓷器等中国优质产品就走向世界，促进了文明交流互鉴。今天，中国高度重视质量建设，不断提高产品和服务质量，努力为世界提供更加优良的中国产品、中国服务”①。

习近平还多次指出，“要树立质量第一的强烈意识，下最大气力抓全面提高质量，用质量优势对冲成本上升劣势。要开展质量提升行动，提高质量标准，加强全面质量管理，促进公平竞争，加强知识产权保护和管理，遏制以降低质量为代价的恶性竞争”②。鉴于科技创新是提高供给质量和水平最重要的发力点③，要着力增强创新驱动发展新动力，注重发挥企业家才能，加快科技创新，加强产品创新、品牌创新、产业组织创新、商业模式创新。

（六）农产品营销方面：加强营销宣传，推进流通现代化

习近平早在河北、福建、浙江等地方工作时，就对农产品营销问题进行了深入探索。例如，1998 年 2 月 10 日习近平在福建省农村工作会议上的总结讲话中指出，“必须懂得市场，特别是要懂得市场经济条件下的农产品市场。各级政府和农村基层组织不能只抓生产、不抓市场”④。

在谈到“三农”问题和乡村振兴战略时，习近平指出：要做好“特”字文章，加快培育优势特色农业，打造高品质、有口碑的农业“金字招牌”。实现质量兴农，既要产得出、产得优，也要卖得出、卖得好。现在，许多优质农产品还是在田头卖、在马路边卖，还是“提篮小卖”，还是“披头散发”在卖，好东西卖不出好价钱。酒好也怕巷子深。要学会给农产品梳妆打扮和营销宣传，加强农产品产后分级、包装、仓储、物流、营销，特别是要加快补上冷链物流等短板，推进农产品流通现代化，在提高农业综合效益上做足文章。⑤

---

① 习近平向第二届中国质量（上海）大会致贺信．人民日报，2017－09－16.

② 习近平：推进供给侧结构性改革是一场硬仗．（2017－06－21）．人民网．

③ 情牵黄土地 心系老区人：习近平总书记在山西考察工作纪实．山西日报，2017－06－26.

④ 习近平总书记“三农”思想在福建的探索与实践．人民日报，2018－01－19.

⑤ 习近平．论把握新发展阶段、贯彻新发展理念、构建新发展格局．北京：中央文献出版社，2021：225.

2019年9月16日至18日，习近平视察河南省，察看了糍粑、月饼、咸麻鸭蛋、黑猪腊肉、红薯粉条、甜米酒等“光山十宝”和光山羽绒服等特色产品，详细询问产品的市场销路和带动村民脱贫的作用。他强调，要积极发展农村电子商务和快递业务，拓宽农产品销售渠道，增加农民收入。要注意节约环保，杜绝过度包装，避免浪费和污染环境。①

（七）品牌建设方面：培育更多“百年老店”，增强产品竞争力

2013年11月4日上午，习近平在长沙考察了蓝思科技股份有限公司、威胜集团有限公司。他仔细观看产品展示，到车间了解生产和工艺流程，同职工和劳模代表交流，对两家企业不断开发产品、拓展市场所取得的成绩表示肯定，勉励他们更有抱负、更有作为。

习近平指出，加快转变经济发展方式，重点在于优化产业结构、消化过剩产能，最终要落实到一家家企业上。新一轮科技革命和产业革命正在孕育兴起，企业要抓住机遇，不断推进科技创新、管理创新、产品创新、市场创新、品牌创新。② “要着力以科技创新为核心，全方位推进产品创新、品牌创新、产业组织创新、商业模式创新，把创新驱动发展战略落实到现代化建设整个进程和各个方面。”③

2014年5月24日上午，习近平考察了上海联影医疗科技有限公司和上海汽车集团股份有限公司，重点了解了企业自主创新情况。他指出，要加快现代医疗设备国产化步伐，使我们自己的先进产品能推得开、用得上、有效益，让我们的民族品牌大放光彩。④

2015年1月19日，习近平总书记视察云南白药集团和红云集团，对企业拥有自主知识产权，不断加强科技创新，注重品牌建设，牢牢占据主动地位给予充分肯定。看到力帆骏马有限公司生产的多种载货汽车畅销东南亚时，他高兴地说：“汽车市场竞争激烈，希望你们加大创新力度，提高制造水平，扩大产品出口，优化市场服务，牢牢占领产业发展制高点。”⑤

2020年5月11日下午，习近平来到大同市云州区，考察有机黄花标准化种植基地。大同黄花种植有600多年历史，是当地主导产业。近年来，在龙头企业、合作社引领下，黄花产量品质稳定，销路和价格也有保障。习近平步入田间，察看黄花长势，向村民们了解黄花的田间管理、市场价格、产品销路等。他指出，“乡亲们脱贫后，我最关心的是如何巩固脱贫、防止返贫，确保乡亲们持续增收致富。希望把黄花产业保护好、发展好，做成大产业，做成全国知名品牌，让黄花成为乡亲们的‘致富花’”⑥。

---

① 习近平在河南考察时强调 坚定信心埋头苦干奋勇争先 谱写新时代中原更加出彩的绚丽篇章．（2019-09-18）．新华网．

② 习近平在湖南考察时强调：深化改革开放推进创新驱动 实现全年经济社会发展目标．（2013-11-05）．新华网．

③ 习近平在中国科学院第十七次院士大会、中国工程院第十二次院士大会上的讲话．（2014-06-09）．新华网．

④ 习近平：当好全国改革开放排头兵 不断提高城市核心竞争力．人民日报，2014-05-25．

⑤ 总书记的云南情．云南日报，2016-01-20．

⑥ 习近平在山西考察时强调 全面建成小康社会 乘势而上书写新时代中国特色社会主义新篇章．（2020-05-12）．新华社．

习近平总书记高度重视品牌建设，多次强调，要引导企业形成自己独有的比较优势，发扬“工匠精神”，加强品牌建设，培育更多“百年老店”，增强产品竞争力。①

（八）销售渠道方面：拓宽渠道，产销对接

无论是决战决胜脱贫攻坚，还是实施乡村振兴战略，习近平总是善于从市场营销的角度看问题，注重发挥市场营销的作用。2020 年 3 月 6 日，习近平在决战决胜脱贫攻坚座谈会上的讲话中指出：“要切实解决扶贫农畜牧产品滞销问题，组织好产销对接，开展消费扶贫行动，利用互联网拓宽销售渠道，多渠道解决农产品卖难问题。”②

2020 年 4 月 20 日下午，习近平在陕西考察时，了解到陕南几乎每个市县都有电商协会，便非常高兴地予以高度肯定。在商洛市柞水县小岭镇金米村，总书记来到直播平台前，成了“最强带货员”。他强调，电商不仅可以帮助群众脱贫，而且还能助推乡村振兴，大有可为。通过电商平台的助力，柞水“小木耳”这个曾经名不见经传的特色农产品，发展成了“大产业”，让金米村走上了致富路。一方面是藏在深山人未识的优质农产品滞销，另一方面是庞大的国内消费市场，电商平台拓宽了销售渠道，将产需双方紧密联系在一起，从而确保消费扶贫行稳致远。

2020 年 12 月 3 日，中共中央政治局常务委员会召开会议，听取脱贫攻坚总结评估汇报。习近平主持会议，指出：要持续发展壮大扶贫产业，继续加强脱贫地区产业发展基础设施建设，拓展销售渠道，创新流通方式，促进稳定销售。③

（九）广告宣传方面：广告宣传也要讲导向

2016 年 2 月 19 日，习近平在北京主持召开党的新闻舆论工作座谈会并发表重要讲话。他指出，新闻报道要讲导向，副刊、专题节目、广告宣传也要讲导向。④

广告宣传不仅是企业市场营销的微观行为，也是媒体宣传的重要组成部分，因而也有导向问题。好的广告能够传播正能量，弘扬社会正气，倡导正确的价值观，引导健康的消费观。不良的广告甚至虚假广告，可能误导消费者，助长奢靡之风，败坏社会风气，甚至给消费者带来财产损失，最终也会损害媒体的公信力。

广告宣传要讲导向，首先要求企业讲求市场营销道德，坚持客观真实原则。广告宣传要讲导向，还要依法合规经营，守住《中华人民共和国广告法》（简称《广告法》）这个底线。2021 年 4 月，全国人大常委会通过了新修正的《广告法》，这是广告宣传的一个基本遵循。《广告法》要求，广告应当真实、合法，以健康的形式表达广告内容，符合社会主义精神文明建设和弘扬中华民族优秀传统文化的要求。所有的广告活动都必须符合《广告法》的要求，违反《广告法》，必然会在导向上出问题。

---

① 中央经济工作会议在北京举行 习近平作重要讲话．（2016－12－16）．新华社．

② 习近平：在决战决胜脱贫攻坚座谈会上的讲话．（2020－03－06）．新华网．

③ 中共中央政治局常务委员会召开会议 听取脱贫攻坚总结评估汇报 中共中央总书记习近平主持会议．人民日报，2020－12－04.

④ 习近平在党的新闻舆论工作座谈会上强调：坚持正确方向创新方法手段 提高新闻舆论传播力引导力．人民日报，2016－02－20.

广告宣传要讲导向，还要处理好媒体的自身利益与公众利益的关系，要下功夫做好公益广告宣传，用优秀的公益广告作品传播社会主义核心价值观，传播正能量。好的公益广告，也能成风化人，凝心聚力。注意广告的时度效，不能只追求媒体自身利益的最大化而放弃了社会责任。

伴随着信息技术的迅速发展，媒体格局、舆论环境、话语主体、传播方式等都在发生巨变，报刊、广播、电视等传统媒体与微博、微信、网站等新兴媒体相互融合。可视化程度高、沉浸感强是媒体的特有优势。习近平总书记多次强调要利用新技术、新应用创新媒体传播方式。大数据、人工智能、4K/8K、AR/VR/MR 等融媒体技术都可以灵活运用于市场营销传播和促销活动中，创造出虚拟式、互动式、仿真式、沉浸式等各种融媒体新体验，通过内容、形式、方法的创新，提升市场营销传播绩效。

（十）国际市场方面：充分利用和有效联通国际国内两个市场

市场营销是致力于通过拓展市场，满足需求者美好生活需要的重要企业活动。国际市场营销是跨越国界的市场营销。国际市场营销要面对更加复杂多变的市场营销环境和需求各异、形形色色的国外需求者，在应对全球市场竞争、配置全球市场资源方面需要付出更大的努力。在此过程中，企业家要做创新发展的探索者、组织者、引领者，勇于推动生产组织创新、技术创新、市场创新。就市场创新而言，它是指企业通过引入并实现各种新市场要素的商品化和市场化，以开辟新的市场，促进企业生存与发展的新市场研究、开发、组织与管理等一系列相关活动。而开拓国际市场，开展国际市场营销则是市场创新的重要形式。国际市场营销可以使国内市场和国际市场更好联通，使企业更好利用国际国内两个市场、两种资源。企业在全球市场开展市场营销的同时，还要牢记以多种形式服务祖国、回报祖国。

关于了解国际市场需求特点、适应国际市场营销环境、开展卓有成效的市场营销活动，习近平有着高瞻远瞩的精辟阐述。他指出："企业家要立足中国，放眼世界，提高把握国际市场动向和需求特点的能力，提高把握国际规则能力，提高国际市场开拓能力，提高防范国际市场风险能力，带动企业在更高水平的对外开放中实现更好发展，促进国内国际双循环。"① 这为我国市场学科建设和国际市场营销教学研究提供了科学指引和理论依循。

第 3 节　中华优秀传统文化对中国市场学的影响

营销的历史究竟有多久？学术界众说纷纭。有人认为，自人类出现时就有了营销；也有人认为，营销是从人类最初的交换活动开始的，即当双方开始物物交换时，营销就产生了；还有人认为，早期文明的突出表现就是由物物交换发展成推销这种绝妙的艺术。营销作为人类活动不断发展的结果，首先是一种人类活动，其核心观念是交换，但

① 习近平在企业家座谈会上的讲话．人民日报，2020-07-22.

是，它又不同于一般意义上的交换。营销是一种高层次的交换，它强调需要和欲望的满足，致力于潜在交换的实现，其无论活动领域还是观念意识都不同于一般意义上的交换，更不同于销售。

营销是与市场密切相关的概念。人们到市场上从事交换（即使是物物交换），首先要考虑以别人所需换得自己所需，否则便不能实现交换。而市场是历史的范畴。列宁曾经指出，哪里有社会分工和商品生产，哪里就有“市场”。[①] 恩格斯也说过，价值规律已经在长达 5 000 年至 7 000 年的时期内起支配作用。[②] 而营销正是从市场需要出发，策划产品、价格、渠道和促销，通过满足市场需要实现其经营目标的活动。因此，当商品交换得以存在、市场开始萌芽时，营销的活动就产生了。虽然市场学成为一门规范性的学科是在 20 世纪以后，但在漫漫历史长河中，不少思想家和学者很早就注意到了市场中的营销问题，对此进行了有益的思考。

在悠久的历史中，中华文明以独树一帜的创新创造、一脉相承的坚持坚守，树立起一座座文明高峰。中华文明开放包容、兼收并蓄，不断丰富发展、历久弥新，不断吸取世界不同文明的精华，极大丰富了世界文明百花园。作为四大文明古国之一，中国很早就有了进行商品交易的市场，而作为致力于在市场中促进交易实现的营销活动在中国的历史上也源远流长。党的二十届三中全会指出，“中国式现代化是物质文明和精神文明相协调的现代化。必须增强文化自信，发展社会主义先进文化，弘扬革命文化，传承中华优秀传统文化”[③]。

在中国古代，人们已经感受到营销对于满足其需要和欲望的重要性，交换使人们各得所需，尽管当时的营销思想尚处于萌芽阶段，尚未得到人们的普遍重视。中华优秀传统文化中蕴含着丰富的市场思想，对于中国市场学的发展具有重要影响。

一、先秦典籍中的营销思想

从《周易》《尚书》《诗经》《春秋三传》等古籍中，可以整理挖掘出我国有成文史以来流传于社会的许多基本的营销思想和原则，如天地乾坤、吉凶祸福、天道人道、阴阳五行、理财聚人等。《易传·系辞传下·第二章》中有言，“日中为市，致天下之民，聚天下之货，交易而退，各得其所”。当时所谓“天下”只能以日中为市，在数小时之内便能完成交易，各人满意而去，可见“天下”之小。

西周时期，周文王遇到大荒旱，曾通过改善营销环境、促进市场交换来解决困难。在《周书·大匡》中，他告四方游旅，要给四方游商在交通上以便利，如认为这里的货币轻，可以另发重币；货物随到随卖，不耽误，早晚均可进行贸易等。固定设在王城中的市，每日三次。朝市在早上进行，以商贾间的买卖为主；大市在日中进行，以一般消费者为主；夕市在傍晚进行，以贩夫贩妇为主。此外，西周在满足市场需求方面还有一

① 列宁．列宁全集：第 1 卷．北京：人民出版社，1955：83.

② 马克思．资本论：第 3 卷．北京：人民出版社，2004：1019.

③ 中共中央关于进一步全面深化改革 推进中国式现代化的决定．(2024－07－21)．新华社.

些基本原则：凡治市之货贿六畜珍异，亡者使有，利者使阜，害者使之，靡者使微。意思是，若干重要商品，没有的要使其有，有利的要使其推广，有害的要加以排除，奢侈的要使其减少。对于不同类型的商品，采取不同的营销对策，如“五谷不时，果实未熟，不粥于市。木不中伐，不粥于市。禽兽鱼鳖不中杀，不粥于市”。这些原则尽管有其阶级虚伪性，代表着统治阶级的利益，但就这些营销思想的自然属性而言，与当代营销大师菲利普·科特勒提出的“适应不同需求情况采取不同营销对策”的学说有异曲同工之妙。

《诗经》和《周易》中的某些论述，对于我们研究古代营销思想也具有重要意义。例如，《诗经·卫风·氓》曾有这样的描述：“氓之蚩蚩，抱布贸丝。匪来贸丝，来即我谋。”就是说，青年人以从事商品交换为由，来交换场所会见心上人，在推销产品的同时，还推销自我。这一方面说明交换与人们的日常生活有着密切联系，另一方面也说明当时的人们已有对广义营销的初步认识。

《周易》则探究了天道与人道的关系，是概括天理与人道结合的“天人合一”的哲学，即“天人之学”。纵观历史，诸子百家的学术思想，无不源于《周易》的“天人合一”“天人同德”思想（即人与自然相亲相爱，万物皆有情）。这一思想对当今学术思想及管理科学的发展仍有着重要的影响。进入 20 世纪 90 年代以来，日益为世人所重视的“绿色营销”观念与“天人合一”思想可以说是一脉相承的。

二、儒家的义利观与诚信为本

在中国的营销实践中，义利之辩，古已有之。孔子曾说：“义者宜也”。宜即合理之意，人的行为必须合理，要有义的自觉，君子以义为上。义和仁、礼、智合起来被儒家视为人的“四端”（端是为人的起点）。孟子也称：“义，人之正路也”。做人要讲义，而营销活动具有牟利性，这就是义利之争在市场营销活动上的具体化。如何对待义与利之间的矛盾，儒家的态度是：见利思义、见得思义、义然后取以及“义，利之本也；利，义之和也”，把义放在首位，义为利的前提。

孔子还有一句至理名言：己所不欲，勿施于人。这条准则对于现代市场营销思想的发展仍具有重要意义。经济利益的互补性和互存性，决定了人们必须为他人的利益着想。用现代市场营销理论的说法，就是通过满足目标市场的需要和欲望，来取得利润收入，求得企业的生存与发展。谈到欲望问题，孔子的高徒子产认为：无欲实难，如果人们皆得其欲，便可以从其事而要其成。

儒家在强调义利观的同时也强调信。孔子认为，活政必须有“足食、足兵、民信”三条，在不得已的情况下可以去掉“兵”和“食”，但“信”必须坚持。“自古皆有死，民无信不立”。荀子提出“诚为政本”的观点：“君子养心莫善于诚，致诚则无它事矣。”“不诚……民犹若未从也，虽从必疑……不诚则不能化万民，不诚是疏……不诚则卑。夫诚者，君子之所守，而政事之本也。”（《荀子·不苟》）诚信才能取得人民的拥护，去建功立业，并且可以“化万民”而建立和谐的治理秩序。诚信不仅是立国为政之本，也是一切事业的治理通则。

三、“待乏”学说满足未来市场需求

范蠡是春秋时期越王勾践的重要谋士，在越国灭吴的过程中起到了重要作用。此外，范蠡还是位著名的大商人，他的经济思想在我国历史上占有十分重要的地位。其中，他所提出的经济循环理论可以被看作现代市场营销理论中市场预测学说的雏形。他认为，自然气候的好坏一定会影响到农业劳动生产率，谷物的收获量就会有多有少，因此，谷物价格必然会随天时的变化而涨落，“八谷亦一贱一贵，极而复反”（《越绝书·枕中第十六》）。要想取得市场营销的成功，就必须顺应自然规律，根据自然规律掌握商情的变动。

他还提出著名的“待乏”学说，即所谓“夏则资皮，冬则资絺，旱则资舟，水则资车”（《史记·货殖列传》）。这句话的意思是，夏天要考虑皮毛商品的销售，冬天要准备葛麻商品的销售，在大旱时购买船只，在天涝时准备车辆。也就是说，市场营销的产品，不仅要考虑到满足目前的市场需要，更重要的是，应从市场需求的未来发展趋势出发，制订营销计划，安排适应未来需要的商品供应上市。上述市场营销原则在《越绝书·第四卷》中还有比较具体的提法：“阴且尽之岁，亟卖六畜货财，以益收五谷，以应阳之至也。阳且尽之岁，亟发籴，以收田宅、牛马、积敛货财，聚棺木，以应阴之至也。此皆十倍者也。”在这里，范蠡将所有商品分为两大类：一类是五谷，即粮食商品；一类是田宅、牛马等，即非粮食商品。他认为，这两类商品的价格动向是相反的，进而片面地从商品供求关系对市场商品价格的影响出发，认定在丰年五谷收成好、谷价贱时，人民对非粮食商品的需要增多，其价格必然上涨。如年景不好，谷价上升，人民对非粮食商品的需要就会减少，所以，要在适当的时候抛出和购进商品，这便是获利十倍的秘诀。

范蠡还主张在所存商品价格已贵时，把它当作粪土一样立即抛售，毫不吝惜；在物价便宜时，将便宜商品当作珠玉一样大胆收购。此即所谓“贵出如粪土，贱取如珠玉”（《史记·货殖列传》）。同时，他还提出要“无敢居贵”，不主张贪求过分的高价，要从商品周转次数的增多中增加利润收入。

四、《管子》中的市场观

《管子》是我国古代的一部伟大经济巨著，在现存《管子》76 篇中有 2/3 以上涉及经济问题；有近 1/2 是研究经济的。《管子》中的基本经济概念的奠基者是管仲。管仲曾担任齐国的国相，辅佐齐桓公成为春秋霸主。

《管子》一书中提出了许多关于市场的新颖独到的看法，主要包括：（1）市可以济民乏，应普遍设立。其中提到，“方六里命之曰暴，五暴命之曰部，五部命之曰聚。聚者有市，无市则民乏。五聚命之曰某乡”。每一乡都必须设五个市。如无市则不能使人民互通有无，人民就会感到物资匮乏，供不应求。在此之前，人们理解市的作用是“以有易无”，而《管子》提出“无市则民乏”，从解决人民的物资缺乏问题着眼，这意味着小商品生产有很大的发展。人们卷入交换的范围越广泛，对市场的依赖也就越大，越来越多的生活用品必须从市场取得，这些客观事实是形成“无市则民乏”这一新观点的条件。同时，市的设立必须普遍，才能真正解决物资缺乏问题。(2) 市是决定商品贵贱的场所。《管子》中写道：“市者，货之准也。”万物之贵贱，必须通过市场活动才能得到最后的确定。尽管《管子》的作者不懂得商品有自己的价值，交换只不过是价值的实现，但在生产为私有者所掌握的条件下，只有在市场上看到价格的自我波动，商品生产者才知道与有支付能力的需求相比到底什么生产太多、什么生产太少，此时“市者，货之准也”这句话才有其道理。(3) 市场可以刺激生产发展。“市者，……可以知多寡，而不能为多寡。”通过市场的动态可以了解哪些商品生产太多、哪些商品数量太少，但市场本身不能生产商品，所以不能直接决定商品数量的多少。然而，市场能够起到刺激生产的作用。“市也者，劝也。劝者，所以起。”即市场能起观摩、鼓励的作用，通过市场可以推动生产事业。在这里，《管子》实际上是在说明“生产决定交换，交换反作用于生产”的道理。

五、苏轼的营销方式论

苏轼是北宋著名的文学家、诗人和思想家。他曾就订购和赊卖等营销方式做过论述：“夫商贾之事，曲折难行。其买也先期而与钱，其卖也后期而取值。多方相济，委曲相通。倍称之息，由此而得。”(《苏东坡集·奏议集·上皇帝书》) 在此之前的思想家甚至那些代表商人阶层观点的思想家都不曾提及私人商业往来中的订购与赊卖等方式，可见宋初商品经济的发展已达到相当高的水平，所以才在一些思想家头脑中得到反映，而苏轼则是明确提到这一问题的思想家。

关于市场领导者以巨额货币资金在竞争中压倒小商小贩的情况，他也有所论述：“譬如千金之家，日出其财，以罔市利。而贩夫小民终莫能与之竞者，非智不若，其财少也。是故贩夫小民，虽有桀黠之才，过人之智，而其势不得不折而入于千金之家者，何则，其所长者不可以与较也。”(《苏东坡集·应诏集·策断》) 他还提倡批发与零售相辅而行的市场营销方式，指出：“且平时大商所苦以盐迟而无人买，小民之病以避远而难得盐。今小商人不出税钱，则所在争来分买。大商既不积滞，则轮流贩卖，收税必多。”(《苏东坡集·应诏集·策别》)

总而言之，中国很早就有了营销思想的萌芽，这些思想萌芽是中国源远流长的营销实践活动的反映和总结，这些营销思想对于中国甚至全球的营销实践和理论发展具有重要的启示意义。“中华文明的博大气象，就得益于中华文化自古以来开放的姿态、包容的胸怀。秉持开放包容，就是要更加积极主动地学习借鉴人类创造的一切优秀文明成果。”① 因此，现在发展中国市场学仍有必要钻研中华传统文化，从中汲取智慧。当然，也很有必要了解西方市场学的起源、发展，为中国市场学提供有价值的借鉴。

---

① 习近平．在文化传承发展座谈会上的讲话．求是，2023 (17)．

第 4 节　西方市场学对中国市场学的影响

一、西方市场学源于经济学

第 1 章述及，在西方国家，市场学是作为经济学的分支学科问世的。之后，其在演变发展的历史进程中，逐渐呈现出两个发展方向：一个是在制度经济学的影响下形成的宏观视角的市场营销；另一个是在新古典微观经济学的影响下形成的营销管理，认为市场学是建立在经济学、行为科学、管理学理论基础之上的一门应用科学。

罗伯特·巴特尔斯（Robert Bartels）指出，“较之其他诸多社会学科，经济理论为市场营销思想提供了更多的概念。不论对于个体组织的营销管理还是更宏观经济视角的市场营销，经济学概念原理对于分析和解释市场营销现象都是不可或缺的”[①]。希利（A. L. Seelye）则提出：“如果我们想要展示一门真正具有理论价值的市场学课程，教会市场学专业的学生去思考，那么我们就必须把经济学理论写进市场学教科书中。”[②] 因此，从科学意义上讲，市场学尽管吸纳了管理学、数学、哲学、心理学、社会学、行为科学等其他诸多学科的理论，其主干仍是经济学的延续。

西方有学者认为，尽管市场营销思想的产生可以追溯到苏格拉底、柏拉图时期，但对于市场学的建立具有实质性意义的还是“客户至上”理念的出现。也有人认为，“客户至上”也不是什么新思想，早在亚当·斯密的《国富论》中就有所表达。总之，西方学者在探求市场营销思想的渊源时，往往诉诸经济学，例如，迪克森（D. F. Dixon）从 18 世纪的古典经济学著作中发现了大量的营销思想。[③] 可以肯定地说，经济学原本就是市场营销思想的一个重要源泉。

二、西方市场学学派林立，善于博采众长

习近平总书记指出，要“发现和解决新的科学问题，提出新的概念、理论、方法，开辟新的领域和方向，形成新的前沿学派”[④]。学派是由于学说师承不同、学者地域不同以及关注问题不同而形成的群体和派别，是科学理论发展中的普遍存在。学派的形成有赖于三种因缘：师承、地域、问题。因而大体上学派可分为师承性学派、地域性学派和问题性学派三种类型。三者互有联系，它们之间的划分界限绝非泾渭分明。

---

① Bartels R. The history of marketing thought. Ohio：Grid，1976：29 - 30.

② Seelye A L. The importance of economic theory in marketing courses. Journal of Marketing，1947（11）：223 - 227.

③ Dixon D F. Marketing as production：the development of a concept. Journal of the Academy of Marketing Science，1990（18）：337 - 343.

④ 习近平．在中国科学院第二十次院士大会、中国工程院第十五次院士大会、中国科协第十次全国代表大会上的讲话．人民日报，2021 - 05 - 29.

一般说来，一个学派的形成应具备三项条件：(1) 有一个或几个有威望的学术领头人或宗师；(2) 有一部或数部反映该派观点的传世之作，并保持该学派的研究方法和学术风格；(3) 有一大批跟随宗师的弟子，他们本身也必须是具有一定学术水平的科学人才。

作为一个市场学派，还需要具备如下特征：(1) 主体知识体系内容丰富；(2) 该理论体系由多位学者贡献、参与、创新、发展而成；(3) 该学者群体所研究的问题涉及营销活动的内容、方式、人员、原因、时间和地点等。

西方市场学发展史证明，形成各种不同学派，百家争鸣，对于学科发展不仅必要而且颇有益处。不同学派之间要相互尊重，取长补短，聚力学术交流。任何一项科研成果，都不可能是一个人努力的结果，而是吸收了前人和今人的研究成果。一个新的科学理论的提出，是总结、概括实践经验的结果。

早期的西方市场学界存在三个主要学派，即商品学派、职能学派和机构学派，它们构成了古典学派。此外，如果从空间和个人层面进行划分，根据西方市场学的发源地以及学者之间的师承关系，美国早期的市场学界存在四个学派，即威斯康星学派、哈佛学派、中西部学派和纽约学派。

到了 20 世纪五六十年代，由于西方市场环境急剧变革，消费者成为商业世界的中心，管理科学在市场学研究中的引入，以及企业对商科教育需求的转变等因素的推动，微观市场个体的行为日益成为学术界关注的重点，传统的古典学派已经无法适应市场营销学科发展的需要。在这个思想大变革的时代，许多崭新的思想流派涌现出来，呈现出百家争鸣、博采众长的局面，共同促进了市场学的成熟和繁荣。① 在此期间新出现的学派包括营销管理学派、营销系统学派、消费者行为学派、宏观营销学派和社会交换学派等。

进入 21 世纪以来，市场学有了突飞猛进的发展，新概念、新理论、新方法不断涌现，但是，作为其母学科的经济学（如信息经济学、行为经济学、福利经济学等）仍对其有新的贡献。例如，品牌价值、品牌资产、成本导向定价、需求导向定价、心理定价、中间商关系、心理账户、消费者福祉等相关概念的提出和完善，都与经济学理论的支撑密不可分。

西方市场学在其发展的历史进程中，充分吸收了相关学科的概念、原理和方法，博采众长，理论体系日趋充实、完善。总而言之，西方营销思想的发展是一个博采众长、兼容并蓄的过程。

三、借鉴西方市场学发展中国市场学

习近平总书记指出，“我们坚持马克思主义政治经济学基本原理和方法论，并不排斥国外经济理论的合理成分。西方经济学关于金融、价格、货币、市场、竞争、贸易、汇率、产业、企业、增长、管理等方面的知识，有反映社会化大生产和市场经济一般规

---

① 郭国庆．西方市场营销学界职能学派的兴衰．经济师，1998 (1)．

律的一面，要注意借鉴。同时，对国外特别是西方经济学，我们要坚持去粗取精、去伪存真，坚持以我为主、为我所用，对其中反映资本主义制度属性、价值观念的内容，对其中具有西方意识形态色彩的内容，不能照抄照搬”①。我们要拓宽理论视野，以海纳百川的开放胸襟学习和借鉴人类社会一切优秀文明成果，在“人类知识的总和”中汲取优秀思想文化资源来建构中国自主的市场学知识体系，形成兼容并蓄、博采众长的理论大格局大气象。

西方市场学是对百余年来西方工商企业市场营销实践经验的概括和总结，有反映社会化大生产和市场经济一般规律的一面。从教育教学需要和营销管理实践出发，中国市场学的建立和发展，应该坚持以我为主、为我所用，适当沿用西方市场学的一些知识，包括市场营销概念界定、营销环境分析、市场调研预测、目标市场营销、市场购买行为、市场竞争战略、营销组合策略等。同时，更需要在此基础上坚持创新和变革，特别要鼓励原创性的研究和探索，包括赋予市场营销新内涵、创新营销组合内容、使营销策略的运用更符合中国法律法规、将中国独创的营销知识充实进教材和课程内容等，推动中国市场学学科建设不断跃上新台阶。要注重研究古代及近现代民族企业家的营销思想，推动中华优秀传统文化中的营销思想在新的时代条件下创造性转化、创新性发展，“以古人之规矩，开自己之生面”。要高度重视中国数字经济时代电商平台、网络分销等创新实践对世界市场学界的贡献，深入研究营销数字化引领中国企业做强做优做大的科学机制。要全面调整有违中国法律法规、背离社会主义核心价值观、与新时代市场营销实践主流不符或有害的知识内容。

知识是人们对于自身和身外世界的确定性、规律性、程式化认知和探索。知识体系是指在特定领域或学科中，各种概念、理论、原则、规则、技能和实践经验等组成的有机整体，由该领域或学科中各种知识元素之间相互联系和相互依存形成。中国自主的知识体系是指以中国场域为基本范围，以中华民族的思维活动、生产活动和生活活动实践为基本内容，以中华文明的价值目标、丰富内涵、深刻思想、内在机理、制度载体和行为模式等为基本内容建构的知识体系。

习近平总书记指出：“不忘本来才能开辟未来，善于继承才能更好创新。”建构中国自主的知识体系，推动话语体系建设，要从传统中找元素、从实践中找经验，在问题中找方法、在比较中找创新，把中国传统、中国实践、中国问题作为出发点和落脚点，把我们的制度优势、发展优势、文化优势转化为理论优势、学术优势和话语优势。建构中国自主的市场学知识体系，尤其是在主体性知识生产过程中，我们需要坚持融通中外的理念，产生可被理解、可形成共识的内涵，形成中国核心术语。

我们要以中国问题、中国实践、中国经验为导向，要善于用中国道理总结好中国经验，把中国经验提升为中国理论，实现精神上的独立自主，在新时代建构中国自主的市场学知识体系。例如，传授营销管理哲学演变的相关知识，应充分体现党中央提出的新发展理念，即创新发展、协调发展、绿色发展、开放发展、共享发展。

① 习近平．不断开拓当代中国马克思主义政治经济学新境界．求是，2020（16）．

重要概念

市场流通　商品流通　产品质量　市场竞争　市场规模
营销环境　营销流通环境　知识　学派　知识体系
话语体系　中国自主的知识体系

复习题

1. 习近平经济思想对市场和营销有哪些重要论述？
2. 如何理解中华优秀传统文化对中国市场学的影响？
3. 如何建构中国自主的市场学知识体系？

案例分析

袁家村旅游营销

不靠山不近水，关中平原上一个只有 60 多户人的小村子——袁家村，在新发展理念引领下，通过发展乡村旅游，探索出了一条旅游营销、乡村振兴的新路子。袁家村先后荣获“国家 4A 级旅游景区”“全国文明村镇”“中国十大最美乡村”“中国十佳小康村”等 20 多项国家级荣誉。截至 2022 年，袁家村吸纳就业 3 000 多人，带动周边万余农民增收，年接待游客超 660 万人次，年旅游收入超过 10 亿元，村民人均纯收入超过 15 万元。

袁家村党支部书记、袁家村关中印象体验地创始人和设计者郭占武将袁家村的成功归结于“村干部带领村民共同致富的典型”，其模式可以归结为“以村集体领导为核心，村集体平台为载体，构建产业共融、产权共有、村民共治、发展共享的村庄集体经济”发展模式。

2007 年，袁家村还是“空心村”，大多数人在外打工。出于建设自己村庄的责任感，郭占武提出要发展乡村旅游。当时乡村旅游基本上就是农家乐，但由于袁家村距离西安客源市场太远，且周边没有引流的旅游景区，做不了农家乐。如何赢得游客的青睐，靠什么能吸引游客前来？郭占武想到了在农家乐的基础上做出特色、做出主题，用特色旅游的服务产品吸引客户，于是有了“关中民俗文化”的旅游定位。后来，袁家村的村干部动员全体村民募集 300 万元启动资金，启动了旅游事业，把关中传统的生产生活方式转化为特色旅游资源，致力于开展体验营销，让游客体验文化、感受美食和民俗。

郭占武构建的机制在其中发挥了关键作用，全员持股、产业合作社模式、调节收入差距、新村民引进等一系列创新机制，充分发动全体村民，形成了合理利益共享机制，使村民真心热爱这份集体的事业，有钱出钱、有地出地、有技术出技术。最终，袁家村这个热门旅游目的地以极低的成本实现了高效的管理。例如，整个景区专职的运营人员数量只有个位数，投资开发的资金由老村民、新村民、合作社等共同承担，村干部带头组织发展各项商业、协调村内村外各种工作，这些人不从袁家村领工资，主要靠分红。由此，袁家村大量的运营工作和管理成本被村集体内部消化，并且依托村集体的治理，避免了公司化架构中常见的低效、烦琐、监督成本高等诸多问题。

在产业方面，袁家村的做法可以总结为“一个品牌，两个产业”。一个品牌是指“袁家村”品牌，“袁家村”的品牌价值估值已经超过 20 亿元，并且仍然在快速的增值中。“袁家村”的品牌可以形象地解读为“袁汁袁味的精神原乡”，是以农业、农村和农民为内涵的“农”字号品牌，其产业与三农紧密相连、息息相关。郭占武提出的“袁家村品牌＋创新团队＋资本＋互联网”的新思路、新模式将为袁家村的发展提供更为广阔的空间和前景。两个产业，一是指以传统民俗和创意文化为核心的个性化、高端化和系列化关中文化产品产业；二是指以特色农副和健康餐饮为核心的农副产品的种养殖、加工包装及销售产业。

资料来源：陕西“第一村”，靠旅游业获益超 10 亿，连星巴克都想要入驻于此．(2020－04－10)．腾讯网；陕西礼泉县袁家村经验在全国产业发展推进会上推广．(2023－06－03)．澎湃新闻.

思考题

市场营销在促进乡村振兴、共同富裕的过程中能发挥哪些重要作用？

第3章

中国市场与营销实践

本章要点

- 中国古代的市场、交换与营销
- 中国近代的市场与营销实践
- 新民主主义革命时期的市场与营销实践
- 社会主义革命和建设时期的市场与营销实践
- 改革开放时期的市场与营销实践
- 新时代的新发展理念和市场主体营销理念

习近平总书记指出，“中华民族具有百万年的人类史、一万年的文化史、五千多年的文明史”，“只有全面深入了解中华文明的历史，才能更有效地推动中华优秀传统文化创造性转化、创新性发展，更有力地推进中国特色社会主义文化建设，建设中华民族现代文明”①。研究表明，中国古代就有商品交换、市场开拓和市场营销的实践及理念。近代商科教育倡导重视市场需求、坚持按需生产、强调市场引领、科学制定价格、开拓国外市场等市场学理念。革命时期，党领导人民在注重市场调研，加强市场交换、市场流通、市场管理和市场渠道建设等方面取得了成功探索。建设时期和改革开放时期，党中央重视质量管理和品牌创新，充分发挥市场机制作用，不断完善市场规则。进入新时代以来，党和国家贯彻新发展理念，企业的市场理念创新和社会责任意识持续强化，市场与营销实践得到高质量发展。

---

① 习近平．在文化传承发展座谈会上的讲话．求是，2023（17）．

第 1 节　中国古代的市场、交换与营销

在历史长河中，中华民族形成了伟大民族精神和优秀传统文化，这是中华民族生生不息、长盛不衰的文化基因。我国《周易》《尚书》《诗经》《春秋三传》《史记》等古代典籍就有许多市场营销实践记载和论述。《论语・雍也》道出了市场营销的真谛："己欲立而立人，己欲达而达人。"《史记・货殖列传》从市场供求规律出发，倡导满足未来市场需求。总之，中国很早就有了从事商品交换的市场，而且促进交换达成的市场营销实践和市场营销思想在中国更是源远流长。"我们必须坚定历史自信、文化自信，坚持古为今用、推陈出新，把马克思主义思想精髓同中华优秀传统文化精华贯通起来、同人民群众日用而不觉的共同价值观念融通起来，不断赋予科学理论鲜明的中国特色"①。

一、中国古代的市场和交换

我们现在所说的"市"，一般指城市，即人口密集、工商业及文化发达的城镇。它是一个整体的地域概念。古代的"市"，是集中进行交易的场所，即市场、集市的"市"。

在古代，一座城池中，住宅区一般称作"里"或"坊"，商业区则称为"市"。秦、汉时代，城池中的住宅区与商业区是严格区分、界限分明的。里、市的四面都是墙，有一个总门可以出入，派人看守着，里面的住户或者商户不得擅自在墙上开"门"。城池里通常会有一个"市"，所有的商业交换活动都在此进行，类似于今天的农贸大市场。在长安、洛阳等许多超大城市中，这样的"市"往往还不止一个。

史书记载，秦汉时期，首都长安至少有九个"市"，《三辅黄图》中说"长安市有九，各方二百六十六步。六市在道西，三市在道东，凡四里为一市"。至于当时的住宅区，"长安闾里，一百六十，室居栉比，门巷修直"。由这些简略的描述可以看出，当时的市政区划相当规范整齐，多长多宽都有具体数据，居住区与商业区比例适中，而不是随心所欲地设置。

中国古代市场的发展，从市场交换活动场所的变化看，先主要在城市中进行，后来农村的集市贸易也由少到多，一步一步发展起来。到了唐代，城乡市场发展迅速。明清时期，出现了专业性的市集，进而逐渐形成了越来越多的新兴市镇。从市场交换内容的变化看，起初，以贩运、交流地区间的土特产品以及经营统治者所需要的奢侈品为主要内容。随着商品经济的繁荣发展和生产效率的提高，市场交换的商品种类逐渐增多，行业逐渐细化，用于满足一般人民需要的农副产品所占份额不断提高。从市场交换媒介物

---

① 习近平．高举中国特色社会主义伟大旗帜 为全面建设社会主义现代化国家而团结奋斗：在中国共产党第二十次全国代表大会上的报告．北京：人民出版社，2022：18.

看，最原始的交换形态是物物交换，不存在便利交换的媒介物。随着市场交换的内容和地域的扩增，出现了以贝壳、布帛、牲畜等为代表的一般等价物。后来，为了满足市场营销、贸易交换、商业流通的发展需要，一般等价物开始固定下来，即出现了货币。

二、中国古代的营销

中国古代的市场理念和营销实践一直作为商学的重要组成部分呈现世人。毛泽东评点二十四史时说：为什么商朝称为商朝？因为那时商品经济已很发达。在一定程度上可以说，商朝（约公元前 1600 年—约公元前 1046 年）正因为重视商品交换和营销，才成为我国历史上第一个延续 500 余年的大朝代。

商的先世商族原本是黄河下游的一个部落。该部落一个叫作契的祖先，因为辅佐大禹治水立下了汗马功劳，被封赏于商地。由于商地水草丰美，饲料充足，其畜牧业比较发达。牲畜是部落从事对外交换的主要物品。从事牲畜营销，给购买者带来便利和美好就成为商部落的主要业务之一。

事实上，在夏朝，商部落就以精通交换、擅长营销出名。营销的核心概念是交换，商部落从事交换的高明之处就在于善于捕捉市场需求，将需求偏好等信息告知生产加工者，以便改进质量、花色、图案、形状等，更好地满足市场需求。不仅如此，商部落的人还勤于开拓有购买潜力的市场。契的一个担任部落首领的六世孙王亥，经常亲力亲为，长途跋涉克服重重困难，带着牲畜等其他物品远赴他乡，与其他部落开展贸易。在贸易交换过程中，研究预测对方需求，就成为商族首领必做的功课。否则，舟车劳顿，兴师动众，不能通过满足对方需要实现自己的战略目标，如何彰显自己的领导力和超人本领？如何让本部落的人心服口服？如何满足部落生存、发展、壮大的客观需要？

到了王亥七世孙汤的时候，夏朝贵族阶层骄奢淫逸，挥霍无度，醉生梦死，不思进取。商汤立意高远，审时度势，为了实现战略目标，命令本部落的妇女研发生产高端纺织品、华丽服装，满足夏朝妃嫔媵嫱、王子皇孙穿着打扮高消费的需要，用以换取夏朝作为战略物资的粮食，温水煮青蛙一般逐渐削弱夏朝的力量。就这样，商族人充分利用自己擅长的营销手段和已经比较发达的手工业，作为政治斗争的有力武器，最终建立了商朝。

随着商朝的发展壮大，其高层的腐败堕落也初露端倪，之后愈演愈烈，最终走向了与夏朝同样的下场。

商朝灭亡之后，商遗民凭着经商这一技之长，纷纷投身于做生意、跑贩运。这样，做买卖、搞营销就成了商遗民的主要职业。

在商朝的鼎盛时期，一部分商族人就乐此不疲地四处贸易，经常到毗邻的周族人所居地区去做生意。因此，在周族人心目中，善做买卖的人就是商族人。商灭亡之后，随着时间的推移和社会的变迁，非商族的买卖人也逐渐多了起来。此时，买卖人虽已不再以商族人为主体，但被习惯性地统称为“商人”。

第 2 节　中国近代的市场与营销实践

1890 年 4 月，洋务派代表人物张之洞作为“中体西用”理论的集大成者，在武昌营坊口都司湖畔创建了两湖书院。经费主要来自湘、鄂两省茶商捐赀，故名“两湖书院”，专门招收两湖士子，每省员额 200 名，另为报答茶商资助，专录商籍学生 40 人。他既注重继承中国传统儒学，又积极学习引进西学，倡导借鉴西方的文化和技术。1896 年，两湖书院课程体系中增设了包括经济、工商、商务等在内的新课程。其中，不少课程内容与市场营销密切相关。

中国论述市场营销问题的商学典籍，早在 1895 年之前就已存在。这些商学论著将中华优秀传统文化中的商学理念、经商哲学与从国外学习借鉴得来的感悟有机结合，用于指导中国的市场营销实践。在众多商学典籍中，张之洞所著《劝学篇》所涉及的市场需求、市场竞争、出口营销、产品定价、分销渠道等市场营销思想尤为突出。张之洞积极倡导重视市场需求、坚持按需生产、强调市场引领、科学制定价格、研究市场供求规律、开拓国际市场等营销思想。这些也是中国近代市场营销的重要思想。

一、重视市场需求

张之洞积极倡导根据市场需求调研预测，及时掌握国人消费需求，并推出创新产品的市场营销思想。他指出，既然产品是为市场生产的，而不是生产者为生产而生产、自我欣赏、自我满足的，那么就必须时刻注意调查各个地方、各个市场的新动向，及时了解消费者需求偏好的新趋势，据此不断开发新产品，占领新高地，开拓新市场，形成需求牵引供给、供给创造需求的良性循环。

二、坚持按需生产

张之洞认为，“商先谋之，工后作之”，生产者不能漫无目的地开工生产，必须让市场营销先行一步，深入细致全面地调研预测未来市场前景之后，再考虑做哪些项目、购置哪些设备、生产哪些产品，按需生产。用当代著名企业家张瑞敏的话来说，就是先建市场，后建工厂。①

三、强调市场引领

在商品生产中，流通和商品生产本身一样必要。既然商品是为满足市场需要而生产的，就必须把购买者所追求的利益和价值放在首位。市场营销人员或市场营销部门对市

---

① 郭国庆．市场营销学通论．9 版．北京：中国人民大学出版社，2022：7.

场需求的感知和反应最为直接和迅速。因此，在解决生产制造和市场营销两者之间谁更重要的问题时，张之洞明确提出“商为主，工为使”。也就是说，企业要取得经营成功，市场营销必须发挥引领作用，生产制造部门要配合市场营销部门的工作，听从市场营销部门的建议。

四、科学制定价格

张之洞还精辟阐述了市场营销管理中成本、价格和销售的辩证关系，指出“本贵则价难减，价昂则销愈滞”，强调了成本影响价格，而价格又影响销售的营销规律。经营者要赢得竞争优势，不断提高市场份额，就必须致力于降低成本，实施低成本领先战略。否则，没有低成本的强力支撑和保障，在市场竞争中产品价格就很难降下来，更谈不上应对“价格战”。价格居高不下，产品的销售增长就会越来越迟缓，企业就难免失去市场份额。

五、研究市场供求规律

张之洞认为“一哄之市必有平”，适应市场需求的新产品“销流必广”。这与现代经济学中对供求与价格相互作用关系的认识异曲同工。现代经济学认为，供求对价格的作用表现在：供求决定价格，供给不变，需求增加，价格将会上涨；需求不变，供给增加，价格将会下降。价格对供求的作用表现在：价格对供求行为有反馈作用，既有负反馈作用，也有正反馈作用，作用结果是不确定的。被普遍看好的产品或项目，在一定时期可能很畅销、很抢手、盈利很多，但是产品供应量到达一定程度、盈利水平达到一定高度之后，价格终会回落，销售和利润归于正常。①

六、开拓国际市场

张之洞在《劝学篇》论述了茶叶产品在英国、美国、俄国、印度、锡兰（今斯里兰卡）等国的种植、生产、加工、销售及市场竞争情况，尤其谈到了不同国家茶叶所含“胆念”（即现在所说的“单宁”）含量的比较及竞争优势。此外，还谈到了丝、棉、麻、洋纱、夏布等产品的国际市场需求、供应情况，尤其是对国际市场分销渠道如自销、带售等成功模式进行了探索、总结。

第 3 节　新民主主义革命时期的市场与营销实践

1921 年 7 月，中国共产党第一次全国代表大会在上海法租界望志路 106 号（今兴

---

① 郭国庆．浅谈供求规律．经济探索，1985（7）．

业路 76 号）开幕。党的一大宣告中国共产党正式成立。中国共产党的成立，是近代中国历史发展的必然产物，是中华民族史上开天辟地的大事变，深刻改变了近代以后中华民族发展的方向和进程，深刻改变了中国人民和中华民族的前途和命运，深刻改变了世界发展的趋势和格局。①

中国共产党成立后最重要的任务之一是学习运用科学理论来观察和分析中国面对的实际问题。为了巩固革命成果、促进社会经济发展、改善人民生活质量，党领导人民致力于市场建设和营销创新。

一、关注市场交换和市场营销

1933 年，党中央在制定革命时期的商业政策时，非常注重市场建设、市场交换和市场营销，指出“革命战争的环境不应该进行经济建设的意见，是极端错误的”②。要取得反围剿的胜利，必须要有足够的食品、服装、弹药、军需品等。为此，必须进行经济建设，发展生产，搞活流通，加强市场营销。用根据地生产的产品，提供卓有成效的市场营销，交换取得革命战争所需要的物品。当时，不但需要解决最重要的粮食问题，而且需要解决衣服、砂糖、纸张等日常用品的原料的供给问题。为此，党的高层领导同志多次强调“尽一切努力降低成本，增加生产，便利推销”③。因为敌人的封锁，红色区域的货物出口发生困难，许多手工业生产呈现出衰落趋势，以烟、纸等产品最为突出。为了斗争的需要，必须有计划地组织人民的对外贸易，红色区域的生产者必须“以尽可能节省的成本（原料、工具及其他开支），制造尽可能多与尽可能好的产品，并在尽可能快与尽可能有利的条件下推销出去”④。

党中央于 1934 年针对红色区域的贸易和商品流通问题做出部署，揭示了市场营销的交易本质与主要营销对象，指出“市场交易，买者如果不丧失金钱，就不能取得货物；卖者如果不丧失货物，也不能取得金钱”⑤。在市场营销实践中，产品销售者只有提供货真价实的产品，才能赢得购买者即客户。产品购买者只有精挑细选，科学制定购买决策，才能购得称心如意的产品。

这一时期的市场实践深刻揭示了生产成本、产品质量、产品数量对市场营销的重要影响。只有努力降低成本，才能以比较低的价格售出，以低价取胜。只有确保产品质量，才能拥有稳定的购买者即客户。只有保证充足的产品货源，才不至于缺货断档，失去客户。

二、重视市场流通

在新民主主义革命时期，市场问题关系根据地人民的衣食住行等日常生活，也影响

---

① 在庆祝中国共产党成立 100 周年大会上的讲话．人民日报，2021－07－02.

② 毛泽东．毛泽东选集：第一卷．北京：人民出版社，1991：120.

③ 毛泽东．毛泽东选集：第四卷．北京：人民出版社，1991：1285.

④ 毛泽东．毛泽东文集：第二卷．北京：人民出版社，1993：464.

⑤ 同②211.

革命者的士气和革命工作。如果不大力发展经济、加强市场建设和流通管理，革命战争的物质条件就得不到保障，人民在长期的战争中就会感觉疲惫。

在 20 世纪 30 年代的革命红区，盐很贵，有时买不到。谷子秋冬便宜，春夏又贵得厉害。党中央意识到这些情形会直接影响工农的生活，使工农生活不能改良。毛泽东同志指出：这不是要影响到工农联盟这一个基本路线吗？工农群众如果对于他们的生活发生不满意，这不是要影响到我们的扩大红军、动员群众参加革命战争的工作吗？只有开展经济战线方面的工作，发展红色区域的经济，才能使革命战争得到相当的物质基础，才能顺利地开展我们军事上的进攻，给敌人的“围剿”以有力的打击；才能使我们有力量去扩大红军，把我们的战线开展到几千里路的地方去，使我们的红军毫无顾虑地在将来顺利的条件下去打南昌，打九江，使我们的红军减少自己找给养的这一部分工作，专心一意去打敌人；也才能使我们的广大群众都得到生活上的相当的满足，而更加高兴地去当红军，去做各项革命工作。而开展市场营销，加强市场流通正是当时经济战线方面的重要内容。

1936 年 7 月初，党中央迁到了陕北保安。那里山高沟深，地冻天寒，交通不便，经济落后，加上历次战争的破坏，城里竟然没有一家商店，日用品奇缺，老百姓购买日常生活用品十分困难。毛泽东建议办一个供销社，中央贸易部和保安县政府的负责人都表示赞同。毛泽东说：“我们共产党的政府是为人民服务的，你们做什么事情，都要走群众路线，一切都要从实际出发，一切都要同群众商量。比如办供销合作社，就是群众目前最迫切需要解决的问题。你们要到群众中调查研究，看群众迫切需要哪些东西，比如布匹、火柴、食盐。你们要注意工作方法，关心群众生活。”接下来，毛泽东又和他们一起研究如何组织力量运输货物等问题。不久，保安的供销社开办起来了，市场流通问题得到了改善，这极大地方便了群众，解决了群众生活中的实际困难。

三、加强市场交换管理

革命战争时期，党中央非常重视对市场交换活动的管理，指出：一方面要使我们的粮食，在红色区域内由有余的地方流通到不足的地方，不使有的地方成了堆，有的地方买不到，有的地方价格过低，有的地方价格又过高；一方面要把我区多余的粮食，有计划地（不是无限制地）运输出口，不受奸商的中间剥削，从白区购买必需品进来。①

党中央领导同志还运用定量分析的方法，指出加强市场交换活动管理的重要性。“每年大约有三百万担谷子出口，三百万群众中每人平均输出一担谷交换必需品进来，不会是更少的吧。这笔生意是什么人做的？全是商人在做，商人在这中间进行了残酷的剥削。去年万安、泰和两县的农民五角钱一担谷卖给商人，而商人运到赣州卖四块钱一担，赚去了七倍。又看三百万群众每年要吃差不多九百万块钱的盐，要穿差不多六百万块钱的布。这一千五百万元盐、布的进口，过去不消说都是商人在那里做的，我们没有去管过。商人在这中间的剥削真是大得很。比如商人到梅县买盐，一块钱七斤，运到我

---

① 毛泽东．毛泽东选集：第一卷．北京：人民出版社，1991：121.

区，一块钱卖十二两。这不是吓死人的剥削吗？像这样的事情，我们再不能不管了，以后是一定要管起来。”①

四、以需求视角看待市场

党中央领导同志指出，“农民——这是中国工业市场的主体。只有他们能够供给最丰富的粮食和原料，并吸收最大量的工业品。”② 按照现代市场学的观点，市场可以理解为具有特定需要和欲望，愿意并能够通过交换来满足其需要或欲望的全部潜在购买者。这里，不仅指出了农民作为工业品需求方、购买者即中国工业市场主体的本质特征，还阐明了他们可以用来交换的东西，即最丰富的粮食和原料。事实上，早在 1927 年建党初期，党中央领导同志就指出了要从需求角度看待市场，强调“因为广大群众的需要，我们自己即有广泛的市场”③。也就是说，有无市场以及市场规模大小，要由市场需求说了算。没有需求，即不能构成市场。考察市场规模，必须注重调查购买者人数、购买力状况以及购买意愿等。为此，党中央领导同志提出了调研市场需求的方式方法。尽管有些观点不是直接针对市场需求，而更多地是阐述社会调查，但这些重要观点和方法同样对开展市场营销及市场营销调研工作具有重要的指导意义。

五、寻乌调查：市场调研的经典范例

1930 年 5 月，红四军攻克寻乌县城。毛泽东为解决当时中国革命中遇到的一些实际问题，在寻乌地区进行了一次规模大、覆盖面广、十分深入的经济社会调查，形成了著名的《寻乌调查》，在此基础上毛泽东深入思考，撰写了《调查工作》（后改名为《反对本本主义》）。卓有成效的寻乌调查，为解决当时中国革命的实际问题提供了可靠的决策依据，堪称市场调研的优秀范本。其主要特征如下：

一是注重亲力亲为。在寻乌调查中，从拟定调研提纲、召开座谈会，到实地走访、分析思考，再到撰写报告，毛泽东都事无巨细，认真对待，亲力亲为。他亲自记笔记，形成了几十万字的调查笔录。

二是科学选取调研样本。毛泽东之所以选择寻乌县作为样本，一方面是考虑寻乌县地处赣南，东接福建，南连广州，与南昌等政治中心区域较远，具备南方农村社会、经济、政治的一般特点；另一方面，寻乌还是客家人比较集中的地区，在土地革命过程中出现了复杂的社情民意，所以，在寻乌能找到充足的供给材料的人。找准问题，找对调研样本，基本就找到了解决问题的钥匙。

三是全面掌握真实情况。例如，在记载当地市场营销和物流状况时，除了记载卖主货物的名目、品牌、特点、出自何时何地、销往何方等基本信息，还记载了不同时期该

---

① 毛泽东．毛泽东选集：第一卷．北京：人民出版社，1991：121－122.
② 毛泽东．毛泽东选集：第三卷．北京：人民出版社，1991：1077.
③ 同①132.

货物品种、销量、购买者的变化，以及经营该货物商家的店号、店主信息、资本状况、经营范围与经营方式等，甚至还有店主的家庭、起家历史等内容。

四是善于总结提炼。毛泽东通过寻乌调查进一步弄清楚了城市商业状况，明确了城市和乡村的关系，清晰把握了当地社会结构和社会变迁状况，进而将调查的切身体会和深刻思考实现了由具体到抽象的理论升华，写成《反对本本主义》一文，系统论述了调查研究的原理、对象、目的、方法以及调查的技术，提出了“没有调查，就没有发言权”“调查就是解决问题”等著名论断。

1934 年，毛泽东同志在《我们的经济政策》一文中，强调要切实做好社会经济调查，并重点说明了调查内容和调查方法。他指出，要“确切地计算原料的生产，计算到敌区和我区的销场”①。这里的销场，大概就是销路、市场营销状况，产品销售数量和产品组合（品种结构）的意思。② 他特别指出“不但要知道粮食业、衣服业、药材业等行业的人数各有多少，尤其要调查小商人、中等商人、大商人各有多少。……要调查各个行业之间的关系”③。既要详细了解市场供给者的数量、规模，更要关注行业之间的互补、替代关系，这会有效地提升市场调研结果的准确性，对加强市场营销管理发挥更有力的支撑作用。

毛泽东同志在《长冈乡调查》和《才溪乡调查》等文章中，也系统阐述了开展社会调查的重要性及其实施要点。例如，他强调要开调查会作讨论式的调查、要定调查纲目、要亲身出马、要深入。④ 他还在多个场合指出，对经过充分研究、比较成熟的调研成果，要及时上升为决策部署，转化为具体措施；对尚未研究透彻的调研成果，要更深入的听取意见，完善后再付诸实施；对已经形成举措落实落地的要及时跟踪评估，视情况调整优化。对于调研来的大量情况和材料，要善于总结、概括、理论升华，进行一番交换、比较、反复，把零散的认识系统化，把粗浅的认识深刻化，进行深入理性思考，透过小现象发现大道理，努力探究事物的内在联系和本质规律，努力增强调查研究工作的前瞻性、预见性和科学性。

六、市场渠道建设

1945 年初，各解放区军民通过大生产运动，在经济上取得了很大成就，给抗日战争的最后胜利奠定了物质基础。1945 年 1 月毛泽东同志在陕甘宁边区劳动英雄和模范工作者会议上发表讲话，论述了中国解放区经济工作的重要方针。他高瞻远瞩地预见到，要满足农民生产和消费需要，就必须加强市场营销渠道建设。他提出，要用合作社的形式将产品供应者和作为最终购买者的农民紧密联系起来，使得物尽其用、货畅其

---

① 毛泽东．毛泽东选集：第一卷．北京：人民出版社，1991：133.

② 参见马建忠《复李伯相札议中外官交涉仪式洋货入内地免厘禀》中的“使许英之呢布运入法国而轻征之，则销场必大”；鲁迅《书信集・致李小峰》中的“北新也不是因我的书销场好而来要稿的”；吴组缃《山洪》中的“因为战事蔓延，丝茧没有销场”。

③ 同①113.

④ 同①116－117.

流。“合作社，特别是消费、贩卖、信用三种合作社，确是农民所需要的”①，消费者合作社、贩卖合作社和信用合作社作为市场渠道，为提高市场效率、及时满足市场需要发挥了不可或缺的重要作用。

七、重视产品质量

产品质量体现着人类的劳动创造和智慧结晶，体现着人们对美好生活的向往，对于满足购买者需求具有十分重要的意义。毛泽东同志非常重视产品质量问题。在如何看待产品质量和产品数量的关系问题上，毛泽东同志有着独到而创新的思维。质量和数量是一对相互依存的概念，存在着辩证统一关系。数量的增加可以带来更多的利润，但是如果产品的质量不好，那么赢得的利润也会很快消失。只追求数量而忽视质量，那么产品的市场竞争力就会受到影响，甚至可能导致产品被淘汰。只有在保证产品质量的前提下，才能增加产品数量。如果只追求质量而忽视了产品的市场份额，也会受到影响，从而无法满足市场需求。因此，他在陕甘宁边区劳动英雄和模范工作者会议上指出，“一切产品，不但求数量多，而且求质量好，耐穿耐用”②。这就为在资源有限的约束条件下最大限度地满足市场需要指明了方向。

第 4 节　社会主义革命和建设时期的市场与营销实践

中华人民共和国的成立，实现了民族独立、人民解放，实现了中国从封建专制制度向人民民主制度的伟大跨越，实现了中国的高度统一和各民族的空前团结，彻底结束了旧中国半殖民地半封建社会的历史，彻底结束了极少数剥削者统治广大劳动人民的历史，彻底结束了旧中国一盘散沙的局面，彻底废除了帝国主义列强强加给中国的不平等条约及在中国的一切特权。

为了创造人民美好生活，党和政府在调研预测市场需求、保障市场商品供应、稳定市场价格、畅通分销渠道等市场营销问题上进行了一系列卓有成效的探索实践，尤其在产品质量管理、品牌建设、政府市场营销、宏观市场营销、社会市场营销等方面形成了一系列具有创新特色的市场营销思想。在此期间，为了满足生产生活的需要，党和政府担负起市场营销组织者的重任，依据现实情况对产品进行高效精准的购、销、调、存。在宏观层面，市场营销力求实现市场供给与市场需求的相对平衡。在供应保障、成本核算、价格制定、产品分销等市场营销环节，强调社会整体利益和全体人民福祉。

一、重视质量管理

任何产品都是为满足消费者或用户的需要而生产制造的。产品质量是指产品满足规

---

① 毛泽东．毛泽东选集：第一卷．北京：人民出版社，1991：40.

② 毛泽东．毛泽东选集：第三卷，北京：人民出版社，1991：1020.

定需要与潜在需要的特征和特性的总和，是品牌建设和名牌战略的基础。党和政府积极推进产品质量管理工作，为国家深化质量强国战略以满足人民群众美好生活的需要奠定了基础。1949 年，中央技术管理局成立并专设部门以执行质量标准化管理工作。1960 年，党中央强调指出，“数量不可不讲，把质量提到第一位”，“要着重搞规格、品种、质量。品种、质量放在第一位，数量放在第二位”。[①] 从马克思辩证唯物主义基本观点看，质和量是一切事物都具有的密切不可分割的两个重要属性，是对立统一的矛盾关系。事物的质是通过量来体现的。一个事物若没有数量，质量也就无从说起。但是，任何一个物品，只有数量，而质量不合格则不行。换句话说，质量不好，数量再多不仅没有用，甚至会造成极大的浪费和危害。

二、辩证看待市场供求

供给与需求是市场内在关系的两个基本面，没有需求，供给无从实现；没有供给，需求也无法满足。1956 年 12 月，党中央针对社会主义改造后期出现的“地下工厂”情况指出，“社会有需要，就发展起来。要使它成为地上，合法化”[②]。供给与需求是一个矛盾体，这个矛盾体是一个问题的两个方面。需求和供给彼此相互适应才能使市场有序运、正常运转，如果某一个方面出了问题，那么另一个方面也会受到影响，即需求出了问题会影响供给，反之亦然。

1959 年底 1960 年初，党中央再次强调要正确认识市场供求关系，指出“人们生活的需要，是不断增长的。需要刺激生产的不断发展，生产也不断创造新的需要”[③]。1962 年召开的党的八届十中全会再次提出，要以“为人民生活服务”为方针，根据“发展生产，保证供给”的原则，供应城乡人民更多的生活必需品。[④]

三、加强品牌建设

党中央在新中国成立初期就充分认识到品牌的市场力量，致力于保护民族品牌。在 1956 年对手工业和资本主义工商业进行社会主义改造的关键时期，就以“王麻子”“张小泉”等老字号品牌为例，强调了民族品牌对于企业可持续发展的重要价值，并指出“内容是社会主义的，名称是封建时代的也可以”，“内容改变，名称保存，东来顺、全聚德等老字号品牌要永远保存下去”。在党和政府的领导下，全国人民艰苦努力，创造出了三角牌烙铁、凤凰牌自行车、飞人牌缝纫机、灯塔牌肥皂、北京牌电视机（天津产）、回力牌球鞋、上海牌手表、手牌蛤蜊油、海鸥牌相机、工字牌气枪十大名牌产品。

四、倡导学习西方企业管理经验

1956 年，党中央明确指出，应当承认西方在企业管理方面的先进思想，要引进适

---

① 建国以来重要文献选编：第 15 册. 北京：中央文献出版社，1997：659.

② 毛泽东. 毛泽东文集：第七卷. 北京：人民出版社，1999：170.

③ 毛泽东. 毛泽东文集：第八卷. 北京：人民出版社，1999：137.

④ 同①655.

合中国文化情境的西方管理实践和理论观点，以有效提升中国企业管理效率，降低企业管理成本。“要学习资本主义国家先进的科学技术和企业管理方法中合乎科学的方面，但也要抵制和批判资产阶级的一切腐败制度和思想作风。”①

第 5 节　改革开放时期的市场与营销实践

改革开放是党领导人民大踏步赶上时代的重要法宝。改革开放激发了各行各业的活力，中国的生产力不断发展，综合国力不断增强，国际影响力明显提升。随着改革开放不断深化，人民生活水平迅速提高。这一时期的市场与营销实践致力于服务国家战略、满足市场需求、创造人民美好幸福生活。

一、重视市场机制的作用

党中央一直着力构建市场机制有效、微观主体有活力、宏观调控有度的经济体制，不断增强我国经济创新力和竞争力。市场机制是市场运行的实现机制，是通过市场价格的波动、市场主体对利益的追求、市场供求的变化来调节经济运行的机制，是市场经济体系内供求、竞争、价格等要素之间有机联系、发挥功能的机制。市场机制的构成要素主要有供求机制、竞争机制、价格机制和风险机制等。

供求机制是指通过商品、服务及各种社会资源的供给和需求的矛盾运动来影响各种生产要素组合的一种机制。它通过供给与需求之间的不平衡状态形成各种商品的市场价格，并通过价格、市场供给量及需求量等市场信号来调节社会生产和需求，使供给与需求相互适应、相对一致，消除供求差异，实现供求基本平衡。供求机制在竞争性市场和垄断性市场中发挥作用的方式是不同的。

竞争机制是指在市场经济中，各个经济行为主体之间为了自身的利益而相互展开竞争，由此形成经济内部的必然联系和影响的机制。它通过价格竞争或非价格竞争，实现优胜劣汰，调节市场运行。竞争应该使企业具有活力和发展的动力，促进生产，便利流通，使消费者获得更大的实惠。

价格机制是指在市场竞争过程中，市场上某种商品市场价格的变动与市场上该商品供求关系变动之间有机联系的价格形成和运行机制。它通过市场价格信息来反映供求关系，以此来调节生产、流通和消费，从而优化资源配置。价格机制还可以促进市场竞争，激励产品和服务创新、品牌创新及市场创新，提高企业市场决策水平等。

风险机制是市场活动同企业盈利、亏损及破产之间相互联系和作用的机制。在产权清晰的条件下，风险机制对经济发展发挥至关重要的作用。企业在开展市场工作的过程中，既要注意防范风险，加强风险管理，又要敢闯、敢担风险，积极创造市场。

---

① 中国共产党简史．北京：人民出版社，2021：187.

二、不断完善市场规则

市场规则是国家为了引导、监督、管理市场主体的经济行为，规范、约束政府监管行为，保证市场有序运行，由立法机构制定的各种规章制度和行为规范，如法律、法规和契约等。市场规则主要包括市场准入规则、市场竞争规则和市场交易规则。市场准入规则规定哪些企业、商品可以进入市场，市场竞争规则维护市场的公平竞争，市场交易规则主要对交易方式和行为作出规定。市场规则可以有效地约束和规范市场主体的市场行为，有效地反对垄断，制止不正当竞争，保障市场秩序，优化资源配置，从而保护消费者合法权益。政府是市场规则的制定者，也是市场公平的维护者，要更多提供优质公共服务。要支持企业家心无旁骛、长远打算，以恒心办恒业，扎根中国市场，深耕中国市场。

没有一个好的市场规则，市场秩序就无从建立，市场就难以发挥它在资源配置中的基础作用。因此，构建高水平社会主义市场经济实践，建立和规范社会主义市场秩序，必须建立健全社会主义市场规则，建立公平开放透明的市场规则和法治化营商环境，促进正向激励和优胜劣汰，发展更多优质企业，不断强化市场规则，打造规则统一、监管协同的市场。

三、运用市场学原理改进经营

改革开放初期，在当时商品经济发展较快的地区，尤其是深圳、珠海等经济特区，政府和企业应用市场营销原理的自觉性、积极性、主动性较强，政府部门组织的企业营销培训所取得的成效具有示范价值。大多数企业应用市场营销原理的分销策略、促销策略、定价策略、市场细分和市场调研等技术、方法，赢得了更高的利润收入和更大的市场份额。不少企业开始重视顾客满意、顾客忠诚、顾客口碑等，在日常例行会议、内部学习培训、企业文化建设等场合反复强调，对部门经理和一线员工提出具体要求。

四、应用市场营销推动国民经济和社会发展

1995 年 9 月党的十四届五中全会通过《中共中央关于制定国民经济和社会发展“九五”计划和 2010 年远景目标的建议》，强调实现奋斗目标的关键是实行两个具有全局意义的根本性转变，一是经济体制从传统的计划经济体制向社会主义市场经济体制转变，二是经济增长方式从粗放型向集约型转变。

加强市场营销是实现“两个根本性转变”的需要。因为实现“两个根本性转变”，归根结底是要解决好市场问题，根据市场需求合理配置资源，即经济体制要加快向市场化转变，经济增长方式要以市场为导向。而经济体制改革和经济增长方式的转变都涉及企业。在市场机制不断完备的环境条件下，企业只有面向市场组织生产和经营活动，其产品才能实现市场价值，提高市场份额，进而提高企业整体效益，将“两个根本性转

变”真正落到实处。毫无疑问，在此过程中，市场营销的重要地位将日益突出。

加强市场营销是确保社会再生产顺利进行的需要。市场营销是社会再生产的中介环节，社会再生产过程表现为生产过程和营销过程的统一。商品生产以市场营销为前提，即通过满足市场需求来实现价值，取得货币这一转化形式。生产要素的获取、商品价值的实现，都必须通过市场营销，否则生产就会停滞。无数事实证明，生产越发展，社会分工越细，生产专业化程度越高，生产对市场营销的依赖程度也就越大，市场营销的领域范围和效率制约着生产的领域范围和效率。市场营销又是各种商品制造商、分销商实现各自利益的过程和领域。在市场经济条件下，市场营销在社会经济发展中起着指导生产、引导消费、满足需求的重要作用。

在 1996 年发布的《中华人民共和国国民经济和社会发展“九五”计划和 2010 年远景目标纲要》中，“市场营销”这一术语首次正式见于国家文件。① 此后，党和国家对市场营销更加重视，出台了一系列重要文件和举措。党中央领导同志在视察国有企业改革与发展时多次强调市场营销的重要作用，中共中央组织部和国家经济贸易委员会在发布文件加强企业管理人员培训时强调设立市场营销这门课程，国家国内贸易局设立了营销改革司，劳动和社会保障部设立营销师、营销员、推销员职称系列和职业技术鉴定标准等。

五、市场营销创新助力构建和谐社会

党的十六大提出了构建社会主义和谐社会的重大战略任务。党的十六届六中全会通过了《中共中央关于构建社会主义和谐社会若干重大问题的决定》（以下简称《决定》），明确提出了构建社会主义和谐社会的指导思想、目标任务、工作原则和重大部署。《决定》指出，以人为本是构建社会主义和谐社会的根本出发点和落脚点。必须实现好、维护好、发展好最广大人民的根本利益，不断满足人民日益增长的物质文化需要。以人为本落实到市场营销实践中，就是顾客为本、消费者至上、人民利益至上。

2007 年 10 月召开的党的十七大进一步明确了构建和谐社会与科学发展观的关系。党的十七大报告指出，社会和谐是中国特色社会主义的本质属性。科学发展和社会和谐是内在统一的。没有科学发展就没有社会和谐，没有社会和谐也难以实现科学发展。构建社会主义和谐社会是贯穿中国特色社会主义事业全过程的长期历史任务，是在发展的基础上正确处理各种社会矛盾的历史过程和社会结果。要通过发展增加社会物质财富、不断改善人民生活，又要通过发展保障社会公平正义、不断促进社会和谐。而市场营销是以满足人民美好生活需要为目的，通过市场变潜在交换为现实交换的一系列活动和过程。因此，市场营销的基本思想与构建社会主义和谐社会的要求是相吻合的，不断加强营销创新，可以使市场营销在构建社会主义和谐社会的过程中发挥显著的功效。

市场营销创新从营销理念、营销组织、营销技术三个方面助力构建和谐社会。

营销理念创新是充分发挥营销对于构建和谐社会积极作用的前提。营销理念持续不

---

① 史慧玲，王强．郭国庆：营销人生．中国统一战线，2004（5）．

断的创新，使得政府、营利性组织和非营利组织三大部门在建设和谐社会的过程中，更好地适应国内外环境变化的新趋势，营造出更加丰富的和谐社会文化氛围。

营销组织创新是充分发挥营销对于构建和谐社会积极作用的保障。政府、营利性组织和非营利组织是构建和谐社会的组织主体，这些机构应用现代营销理念来改善组织绩效，对原来不适应当前构建和谐社会总体环境变化的组织结构进行必要的调整。持续的营销组织创新，使得这些构建和谐社会的主体不断完善。

营销技术创新是充分发挥营销对于构建和谐社会积极作用的关键。为提高组织营销工作的效率，政府、营利性组织及非营利组织等构建和谐社会的主体树立正确的营销理念，调整营销组织的结构，吸收和利用世界先进的科学技术来创新组织的营销技术，提高了营销工作的效率，使市场营销在构建和谐社会中发挥了更大的作用。

第 6 节　新时代的市场营销新发展

一、市场营销贯彻新发展理念

党的十八届五中全会科学总结了我国的经济发展经验，创造性地提出具有紧密内在联系的五大发展理念，作为指引今后改革和发展的纲领性指导思想。“新发展理念是一个系统的理论体系，回答了关于发展的目的、动力、方式、路径等一系列理论和实践问题，阐明了我们党关于发展的政治立场、价值导向、发展模式、发展道路等重大政治问题”①，全面反映了社会主义经济的本质要求，是对社会主义经济规律内涵的深化、拓宽和高度概括，极大丰富了马克思主义的科学发展观。立足新发展阶段，保障社会经济持续健康发展，必须全面、认真地践行新发展理念，结合新发展理念推动市场理念在新时代下的新发展。下面从五大发展理念出发介绍市场理念的新发展以及市场营销在其中的作用。

（一）创新发展理念

创新是生产力发展的首要推动力，是社会主义基本经济规律在生产方面的要求，也是这一规律发挥作用的物质保证。“创新是一个复杂的社会系统工程，涉及经济社会各个领域。坚持创新发展，既要坚持全面系统的观点，又要抓住关键，以重要领域和关键环节的突破带动全局。”② 社会主义国家必须坚持创新在现代化建设全局中的核心地位，在科学技术、生产方法、管理体制、产业组织、市场营销等方面进行创新。“坚持创新发展，是我们分析近代以来世界发展历程特别是总结我国改革开放成功实践得出的结论，是我们应对发展环境变化、增强发展动力、把握发展主动权，更好引领新

---

① 习近平．全党必须完整、准确、全面贯彻新发展理念．求是，2022（16）．
② 习近平：深入理解新发展理念．求是，2019（10）．

常态的根本之策。”① 全面创新将有力支撑经济高质量发展，社会主义制度又能为创新提供各种有利条件，两者互相促进，形成良性循环，必然有力地提高社会生产力水平。产品创新、品牌创新、市场创新、渠道创新等将有利于更好满足人民的美好生活需要。

（二）协调发展理念

协调是社会经济发展必不可少的社会条件，也是社会主义制度的特有优势。协调发展要求着力增强发展的整体性协调性。唯物辩证法认为，事物是普遍联系的，事物及事物各要素相互影响、相互制约，整个世界是相互联系的整体，也是相互作用的系统。在任何一种社会形态下，社会再生产要迅速发展，都必须按一定比例分配社会劳动，使生产、流通、分配的各个方面有序运行、协调发展。

不同于追求最大剩余价值、彼此分隔、经常发生经济震荡和危机的资本主义社会，在社会主义社会中，劳动者的生产目的和美好追求高度一致，不存在根本利益对立，在生产和交换过程中容易结成互助协作关系，便于实现信息共享，做到有意识的社会调节，根据社会发展需要配置物质和人力资源、组织社会生产、安排市场供应、加强市场营销。

为了实现社会经济的高质量发展，必须坚持落实协调发展理念。协调是发展平衡和不平衡的统一，由平衡到不平衡再到新的平衡是事物发展的基本规律。这就要求对社会再生产的各个领域、产业和部门结构、城乡结构、区域结构、就业结构、收入分配结构、供需结构进行全面协调，扎实推进部门协同、区域协同、政策协同。管理者要学会运用辩证法，善于“弹钢琴”，处理好局部和全局、当前和长远、重点和非重点的关系，在权衡利弊中趋利避害、作出最为有利的战略抉择。近年来，党和政府着力推动区域协调发展、城乡协调发展、物质文明和精神文明协调发展，推动经济建设和国防建设融合发展。只有实现了城乡、区域协调发展，国内大循环的空间才能更广阔、成色才能更足。乡村既是巨大的消费市场，又是巨大的要素市场，是国内大循环的重要组成部分。② 要推动区域协调发展战略、区域重大战略、主体功能区战略等深度融合，优化重大生产力布局，促进各类要素合理流动和高效集聚，清除区域壁垒，畅通国内大循环，真正形成全国统一大市场。在此过程中，市场交换、商贸物流和市场营销将发挥重要作用。

（三）绿色发展理念

绿色发展是人与自然之间协调发展的基本要求，也是社会主义基本经济规律在“天人关系”方面的延伸和深化。“中国坚持走生态优先、绿色发展之路，积极稳妥推进碳达峰碳中和，加快发展方式绿色转型”③。坚持绿色发展理念，就是坚持人与自然和谐

---

① 习近平：深入理解新发展理念．求是，2019（10）．

② 习近平．加快构建新发展格局 把握未来发展主动权．求是，2023（8）．

③ 坚守初心 团结合作 携手共促亚太高质量增长：在亚太经合组织第三十次领导人非正式会议上的讲话．人民日报，2023－11－19.

共生，强调以发达的生态文明促进社会、经济、政治、思想意识多方面的发展，既满足人民在生态环境方面的美好生活需要，又要保障社会经济发展的可持续性。诚如党的二十届三中全会所指出的，要“聚焦建设美丽中国，加快经济社会发展全面绿色转型，健全生态环境治理体系，推进生态优先、节约集约、绿色低碳发展，促进人与自然和谐共生”。

《吕氏春秋》中说：“竭泽而渔，岂不获得？而明年无鱼；焚薮而田，岂不获得？而明年无兽。”这些关于对自然要取之以时、取之有度的思想，有十分重要的现实意义。要站在人与自然和谐共生的高度谋划发展，把资源环境承载力作为前提和基础，自觉把经济活动、人的行为限制在自然资源和生态环境能够承受的限度内，在绿色转型中推动发展实现质的有效提升和量的合理增长，处理好人类对自然界的使用与补偿、取与还的关系，建立起与自然界之间物质变换的协调关系，搞好两者之间的合理循环，实现经济社会和生态环境全面协调可持续发展。[①] 近年来，中国新能源汽车、锂电池、光伏产品“新三样”出口快速增长，全国温室气体自愿减排交易市场于 2024 年 1 月 22 日开启，所有这些都将创造巨大的绿色市场机遇。

企业开展市场活动要贯彻绿色营销、社会营销和宏观营销理念，积极回应人民群众所想、所盼、所急，“既要创造更多的物质财富和精神财富以满足人民日益增长的美好生活需要，也要提供更多优质生态产品以满足人民日益增长的优美生态环境需要”[②]。要强化消费者节约意识、环保意识、生态意识，培育生态道德和行为准则，倡导简约适度、绿色低碳的生活方式，反对奢侈浪费和不合理消费。

（四）开放发展理念

开放是社会发展规律在国际范围的拓展。经济全球化符合扩大市场、深化分工、发挥各国优势、推动世界经济发展的规律的要求，是生产关系要适合生产力要求的社会发展规律在世界范围的体现。“经济全球化”这一概念虽然是冷战结束以后才流行起来的，但早在 19 世纪，马克思、恩格斯在《德意志意识形态》《共产党宣言》《1857—1858 年经济学手稿》《资本论》等著作中就详细论述了世界贸易、世界市场、世界历史等问题。《共产党宣言》指出：“资产阶级，由于开拓了世界市场，使一切国家的生产和消费都成为世界性的了。”[③] 马克思、恩格斯的这些科学论述，深刻揭示了经济全球化的本质、逻辑、过程，奠定了我们今天认识经济全球化的理论基础。

在进入 21 世纪之前，经济全球化的主要推手是美国等西方国家，今天，中国被认为是世界上推动贸易和投资自由化便利化的最大旗手。这说明，主动顺应世界发展潮流，不但能发展壮大自己，而且可以引领世界发展潮流。经过几十年迅速发展，我国在世界经济和全球治理中的地位迅速上升，但是，我国经济大而不强的问题依然突出，人均收入和人民生活水平仍有待提高，我国经济实力转化为国际制度性权力依然需要付出艰苦努力。

---

① 习近平．推进生态文明建设需要处理好几个重大关系．求是，2023（22）．

② 习近平：推动我国生态文明建设迈上新台阶．求是，2019（3）．

③ 马克思，恩格斯．共产党宣言．北京：人民出版社，2018：31.

为了更好实现高质量发展，必须考虑国内发展和国际发展的联动性，积极参与国际经济事务，充分发挥国内既有的比较优势，“加快建设贸易强国，升级货物贸易，创新服务贸易，发展数字贸易，以数字化绿色化为方向，进一步提升国际分工地位，向全球价值链中高端迈进”①。同时，也要从国外争取发展所必需的资金、人才、资源和市场，创造更多社会财富，为增进我国人民的利益和各国人民的利益作出更大贡献，更好发挥在全球经济治理中的重要作用。企业开展市场营销活动，要致力于依托我国超大规模市场优势吸引全球资源要素，灵活运用全球市场标准化和本土化战略，增强国内国际两个市场两种资源联动效应。

（五）共享发展理念

治国有常，利民为本。要坚持人民主体地位，顺应人民群众对美好生活的向往，不断实现好、维护好、发展好最广大人民根本利益，做到发展为了人民、发展依靠人民、发展成果由人民共享，坚持人民有所呼、改革有所应。要通过深化改革、创新驱动、需求引领，提高经济发展质量和效益，生产出更多更好的物质精神产品，不断满足人民日益增长的美好生活需要。

共享发展是社会主义社会生产的目的，是社会主义的本质要求，也是五大发展理念的核心。与资产阶级按照资本份额共同瓜分剩余价值不同，社会主义的共享是全体劳动者人人参与、人人尽力、人人享有的全方位、全覆盖的共建共享。共享理念的实质就是坚持以人民为中心的发展思想，体现的是逐步实现共同富裕的要求。习近平总书记指出，我们追求的发展是造福人民的发展，我们追求的富裕是全体人民共同富裕。“改革发展搞得成功不成功，最终的判断标准是人民是不是共同享受到了改革发展成果。”②共同富裕的成效最终要看劳动人民的收入能否随着他们的贡献不断增加，他们创造的巨额财富能否被充分消费，新的社会再生产周期能否顺利进行。加强市场营销，发挥供销系统为农服务优势，拓宽“线下＋线上”销售渠道，围绕农特产品滞销卖难问题，以服务农民、促进农民增收为目的，提升农特产品供销流通能力，把线上线下、农村城市连接在一起。在线上，开展社区团购、直播带货、厂货直销、短视频宣传等促销活动。在线下，建设统一布局、统一形象、统一设备、统一服务、统一管理的数字化门店，拓宽农特产品走出农村、走进城市的分销渠道，助力实现共同富裕。

五大发展理念紧紧围绕满足人民美好生活需要这一社会主义根本目的，高度概括社会主义经济规律的内涵。必须切实贯彻实施五大发展理念，实现创新成为第一动力、协调成为内生特点、绿色成为普遍形态、开放成为必由之路、共享成为根本目的的高质量发展，推动经济发展质量变革、效率变革、动力变革。市场营销也必须顺应新时代发展新要求，作出新贡献。

---

① 习近平在中共中央政治局第八次集体学习时强调 积极参与世界贸易组织改革 提高驾驭高水平对外开放能力．人民日报，2023-09-28.

② 中共中央召开党外人士座谈会 习近平主持并发表重要讲话．人民日报，2015-10-31.

二、市场营销助力构建新发展格局

构建以国内大循环为主体、国内国际双循环相互促进的新发展格局，是以习近平同志为核心的党中央根据我国发展阶段、环境、条件变化，特别是基于我国比较优势变化，审时度势作出的重大决策。构建新发展格局是事关全局的系统性、深层次变革，是立足当前、着眼长远的战略谋划。市场营销可以而且应当在其中发挥重要作用。

从根本上说，构建新发展格局是适应我国发展新阶段要求、塑造国际合作和竞争新优势的必然选择。加入世界贸易组织后，我国深度参与国际分工，融入国际大循环，形成市场和资源“两头在外”的发展格局，抓住经济全球化机遇快速提升经济实力，改善人民生活。

未来一个时期，我国国内市场主导经济循环的特征会更加明显，经济增长的内需潜力会不断释放。从需求和供给两个方面来看，市场营销在助力构建新发展格局上都能大有作为。从需求看，我国拥有 14 亿多人口，其中有 4 亿多中等收入人群，2021 年我国商品零售额超过美国，位居世界首位，今后还有稳步增长空间。从供给看，我国基于国内大市场形成的强大生产能力，能够促进全球要素资源整合创新，最大化发挥规模效应和集聚效应。市场营销应顺势而为，引领企业重塑新竞争优势，推动产品创新和市场创新。

具体来说，市场营销可以从以下方面助力构建新发展格局。

第一，市场营销有利于把握发展主动权的先手棋。从国际比较看，大国经济的特征是内需为主导、内部可循环。我国作为全球第二大经济体和制造业第一大国，国内经济循环同国际经济循环的关系客观上早有调整的要求。在当前国际形势充满不稳定性的背景下，立足国内、依托国内大市场优势，充分挖掘内需潜力，有利于化解外部冲击和外需下降带来的影响，也有利于在极端情况下保证我国经济基本正常运行和社会大局总体稳定。

第二，市场营销有利于推动国内国际双循环。我国经济已经深度融入世界经济，同全球很多国家的产业关联和相互依赖程度都比较高。以国内大循环为主体，绝不是关起门来封闭运行，而是通过发挥内需潜力，使国内市场和国际市场更好联通，以国内大循环吸引全球资源要素，更好利用国内国际两个市场两种资源，提高全球资源配置能力。要科学认识国内大循环和国内国际双循环的关系，积极开拓市场，满足市场需求，实施更大范围、更宽领域、更深层次的对外开放。

第三，市场营销有利于找准在国内、国际循环中的定位。党中央作出构建新发展格局的战略安排，提出以国内大循环为主体，是针对全国而言的，不是要求各地都搞省内、市内、县内的自我小循环。各地区要找准自己在国内大循环和国内国际双循环中的位置及比较优势，把构建新发展格局同实施区域重大战略、区域协调发展战略、主体功能区战略、建设自由贸易试验区等有机衔接起来，打造改革开放新高地，不能搞“小而全”，更不能以“内循环”的名义搞地区封锁。有条件的地区可以率先探索有利于促进全国构建新发展格局的有效路径，发挥引领和带动作用。

构建新发展格局必须坚定不移贯彻新发展理念。贯彻新发展理念，必然要求构建新发展格局，这是历史逻辑和现实逻辑共同作用使然。市场营销的新发展必须完整、准确、全面贯彻新发展理念，助力构建新发展格局，着力推动高质量发展，促进解决发展中的不平衡不充分问题，提高发展质量和效益。

三、共建“一带一路”倡议为市场营销带来更广阔空间

2023 年是习近平主席提出共建“一带一路”倡议 10 周年。“一带一路”是“丝绸之路经济带”和“21 世纪海上丝绸之路”的简称，依靠中国与有关国家既有的双多边机制，借助既有的、行之有效的区域合作平台，高举和平发展的旗帜，积极发展与沿线国家的经济合作伙伴关系，共同打造政治互信、经济融合、文化包容的利益共同体、命运共同体和责任共同体。

习近平指出，“我们顺应市场规律，抓住经济全球化、区域经济一体化机遇，领风气之先，走在了世界经济增长的前列”①。提出共建“一带一路”倡议的初心，是借鉴古丝绸之路，以互联互通为主线，同各国加强政策沟通、设施联通、贸易畅通、资金融通、民心相通，为世界经济增长注入新动能，为全球发展开辟新空间，为国际经济合作打造新平台。“一带一路”倡议为市场营销带来了更广阔的发展空间，体现在以下方面。在市场开拓方面，“一带一路”合作从亚欧大陆延伸到非洲和拉美，150 多个国家、30 多个国际组织签署了共建“一带一路”合作文件，成立了 20 多个专业领域多边合作平台；在发展机遇方面，一大批标志性项目和惠民生的“小而美”项目落地生根；在市场环境方面，共商共建共享、开放绿色廉洁、高标准惠民生可持续，成为高质量共建“一带一路”的重要指导原则；在市场畅通方面，以经济走廊为引领，以大通道和信息高速公路为骨架，以铁路、公路、机场、港口、管网为依托，构建了涵盖陆、海、天、网的全球互联互通网络，有效促进了各国商品、资金、技术、人员的大流通，推动绵亘千年的古丝绸之路在新时代焕发新活力。共建“一带一路”坚持共商共建共享，跨越不同文明、文化、社会制度、发展阶段差异，开辟了各国交往的新路径，搭建起国际合作的新框架，汇集着人类共同发展的最大公约数。

2023 年 10 月 18 日，习近平出席第三届“一带一路”国际合作高峰论坛开幕式并发表主旨演讲，指出：通过共建“一带一路”，中国对外开放的大门越开越大，中国市场同世界市场的联系更加紧密。只要各国有合作的愿望、协调的行动，天堑可以变通途，“陆锁国”可以变成“陆联国”，发展的洼地可以变成繁荣的高地。我们深刻认识到，和平合作、开放包容、互学互鉴、互利共赢的丝路精神是共建“一带一路”最重要的力量源泉。共建“一带一路”注重的是众人拾柴火焰高、互帮互助走得远，崇尚的是自己过得好、也让别人过得好，践行的是互联互通、互利互惠，谋求的是共同发展、合作共赢。

习近平主席宣布中国支持高质量共建“一带一路”的八项行动：（1）构建“一带一

---

① 习近平在亚太经合组织工商领导人对话会上的主旨演讲．（2020－11－19）．新华网．

路”立体互联互通网络；（2）支持建设开放型世界经济；（3）开展务实合作；（4）促进绿色发展；（5）推动科技创新；（6）支持民间交往；（7）建设廉洁之路；（8）完善“一带一路”国际合作机制。① 这些行动必将为新时代市场营销的发展提供更好的环境、更多的机遇和更大的动力。

四、内外贸一体化为市场营销提供支持

长期以来，我国内外贸经营处于相对分割的局面。内贸是在紧缺经济背景下搞活市场，外贸是为了开拓国际市场赚外汇，具有较强的计划经济导向。值得注意的是，进入新时代以来，企业先生产后贸易的传统营销模式面临严重的局限性。从消费结构看，国内很多制造企业生产的产品供应外贸，国内反而难以直接消费这些产品，制造的优势难以转为对消费需求的满足，这就说明客观上存在着内外贸不接轨的问题。企业内外贸融合发展需要彻底解决内外贸税收政策与结算模式不同、标准认证体系不同、业务模式不同、监管标准与执行不同等难题。

内外贸一体化的根本目的是提高企业的市场营销、贸易流通、品牌传播的能力。一个不容忽视的现实情况是，面向复杂的国际市场，内贸企业缺乏国际营销能力。面向不断提质增效的国内市场，中国企业也缺乏借助全球供应链有效满足国内市场需求的能力。内外贸一体化就是要改变弱外贸、弱营销的内贸体系，增强内生的能级和动力。在内外贸一体化新格局下，中国企业可以把国内市场视为全球营销战略中的中国子市场，经营主体可以面向更加整合的市场，持续拓展产品销路。

在促进内外贸市场渠道对接方面，国家支持外贸企业拓展国内市场，组织开展外贸优品拓内销系列活动，鼓励开展集中采购，支持优质外贸产品进电商平台、进商场超市、进商圈步行街、进工厂折扣店、进商品交易市场；同时，支持内贸企业拓展国际市场，支持内贸企业借助跨境电商、市场采购贸易等方式开拓国际市场。

2023 年 12 月 11 日，国务院办公厅印发《关于加快内外贸一体化发展的若干措施》，提出优化同线同标同质产品认定方式等具体措施。“同线同标同质”指内外贸产品在相同生产线以相同标准来生产，针对国内市场的产品质量要求对标面向国外市场的产品质量要求。通过推进内外贸产品同线同标同质，消费者在国内市场就能买到与国际市场同样品质的产品，这将提升国内消费的质量和水平，满足消费者对高品质、多样化商品的需求，为市场营销提供支持。②

五、重视市场主体的营销理念

市场主体是指在市场上从事经济活动，享有权利和承担义务的个人与组织，包括投资者和经营者。2022 年 3 月 1 日，《中华人民共和国市场主体登记管理条例》（以下简

---

① 习近平出席第三届“一带一路”国际合作高峰论坛开幕式并发表主旨演讲．人民日报，2023－10－19.

② 加快内外贸一体化 推动高质量发展．光明日报，2023－12－20.

称《条例》）正式施行。这是我国制定出台的第一部统一规范各类市场主体登记管理的行政法规。为确保《条例》各项规定的落地实施，国家市场监督管理总局发布了《中华人民共和国市场主体登记管理条例实施细则》，于 2022 年 3 月 1 日起施行。《条例》规定，在中国境内以营利为目的从事经营活动的下列自然人、法人及非法人组织属于市场主体：（1）公司、非公司企业法人及其分支机构；（2）个人独资企业、合伙企业及其分支机构；（3）农民专业合作社（联合社）及其分支机构；（4）个体工商户；（5）外国公司分支机构；（6）法律、行政法规规定的其他市场主体。

在构建高水平社会主义市场经济体制的时代背景下，市场主体是我国经济活动的主要参与者、就业机会的主要提供者、技术进步的主要推动者。市场主体处于经济社会的中心，是社会经济的分散决策主体，是社会经济发展的根本动力，在国家发展中发挥着十分重要的作用。以市场主体为本位，要求将政府干预减少到最适当的限度，并且依法进行。推动完善现代市场经济体系，最根本的是要处理好政府和市场的关系。市场在资源配置中起决定作用，要求尊重市场、敬畏市场、充分利用市场。更好发挥政府作用，要求政府切实转变职能，有效弥补市场失灵，做到职能不越位，服务不缺位，管理不错位。党中央提出，要继续面向市场主体实施新的减税降费，帮助它们特别是中小微企业、个体工商户减负纾困、恢复发展。加大对实体经济融资支持力度，促进中小微企业融资增量、扩面、降价。

市场主体的营销理念，是指企业在开展营销活动的过程中，在处理企业、客户和社会三者利益方面所持的态度、思想和观念。理念是行动的先导，一定的发展实践都是由一定的发展理念来引领的。发展理念从根本上决定着发展成效乃至成败。实践告诉我们，发展是一个不断变化的进程，发展环境不会一成不变，发展条件不会一成不变，发展理念自然也不会一成不变。企业营销管理者要不断实施理念创新，自觉适应快速变化的市场新形势，准确识变、科学应变、主动求变，在危机中育先机、于变局中开新局，全面提升营销管理水平。下面介绍几种营销理念。

（一）企业利益方面的营销理念

1. 产品质量理念。产品质量理念认为，消费者喜欢高质量、多功能和具有某种特色的产品，企业应致力于生产高附加值产品，并不断加以改进。正如习近平所指出的，质量体现着人类的劳动创造和智慧结晶，体现着人们对美好生活的向往。中华民族历来重视质量。千百年前，精美的丝绸、精制的瓷器等中国优质产品就走向世界，促进了文明交流互鉴。今天，中国高度重视质量建设，不断提高产品和服务质量，努力为世界提供更加优良的中国产品、中国服务。[①] 需要注意的是，企业在发明一项新产品时，容易产生“市场近视”，即把注意力不恰当地放在产品上，而不是放在市场需求上，在营销管理中缺乏远见，这可能致使企业经营陷入困境。

2. 市场营销理念。市场营销理念是一种新型市场哲学理念，为提升营销管理绩效

---

① 习近平向第二届中国质量（上海）大会致贺信．（2017－09－15）．新华网．

提供了方向性的引领和根本性的准则。它主张，企业实现目标的关键在于正确确定目标市场的需要和欲望，并且比竞争者更有效地提供目标市场所期望的产品或服务，进而比竞争者更有效地满足目标市场的需要和欲望。① 市场营销理念侧重考虑如何通过制造、传送产品以及与最终消费产品有关的所有事物来满足客户的需要。

为了满足人民日益增长的美好生活需要，企业应奉行市场营销理念，密切关注人民群众需要和期盼，致力于保障优质的市场供给。

（二）客户利益方面的营销理念

随着现代市场战略由产品导向转变为客户导向，客户需求及其满意度逐渐成为市场战略成功的关键。事实上，不同子市场的客户存在不同的需求，甚至同属一个子市场的客户的个别需求也会经常变化。为了适应不断变化的市场需求，企业的市场战略必须及时调整。在此背景下，越来越多的企业开始由奉行市场营销理念转变为奉行客户理念。

客户理念是指企业注重收集客户的历史交易信息、人口统计信息、心理活动信息、媒体习惯信息以及分销偏好信息等，由此确认客户终身价值，分别为客户提供不同的产品或服务，传播不同的信息；通过提高客户忠诚度，增加客户的购买量，从而确保企业的利润增长。市场营销理念与客户理念的一个显著区别在于，前者强调的是满足每一个细分市场的需求，而后者则强调满足每一位客户的特殊需求。

坚持客户理念、重视客户关系管理可为企业带来高额的客户资产。客户资产是比销售额和市场份额更精准的绩效测量指标。销售额和市场份额反映的是过去，而客户资产反映的是未来。

需要注意的是，客户理念并不适用于所有企业。一对一营销需要以工厂定制化、运营电脑化、沟通网络化为前提，因此，贯彻客户理念要求企业在信息收集、数据库建设、电脑软件和硬件购置等方面大量投资，而这并不是每一个企业都能够做到的，有些企业可能会出现投资大于由此带来的收益的局面。客户理念最适用于那些善于收集单个客户信息的企业，这些企业能够借助客户数据库的运用实现所经营产品的交叉销售，其产品或者需要周期性地重购或升级，或者价值很高，采用客户理念往往会获得很大的收益。

随着数字经济的发展，大规模定制的应用日趋广泛，再加上现代移动通信技术引致的数字营销的发展，为企业应用客户理念开展营销提供了更多可能性。

（三）社会利益方面的营销理念

杰拉尔德·扎特曼（Gerald Zaltman）和菲利普·科特勒最早提出了“社会营销”（social marketing）的概念，促使人们将营销原理运用于保护环境、改善营养、使用安全带等具有重大意义的社会目标。社会营销是指为了增进社会福祉、提升社会利益、实现社会目标而开展的营销活动。

---

① Kotler P，Armstrong G. Principles of marketing. 18th ed. Harlow：Pearson Education Limited，2021：32.

鉴于营销观念回避了消费者需要、消费者利益和社会福祉之间隐含冲突的现实，社会市场营销理念（societal marketing concept）提出，企业的任务是确定各个目标市场的需要、欲望和利益，并以保护消费者或增进社会福祉的方式，比竞争者更有效、更有利地向目标市场提供能够满足其需要、欲望和利益的产品或服务。社会市场营销理念要求企业在制定市场策略时统筹兼顾企业、消费者、社会三方面的利益（如图 3－1 所示）。① 为此，营销人员应坚持为民服务、创新发展、艰苦奋斗，为增进社会福祉作出不懈努力。

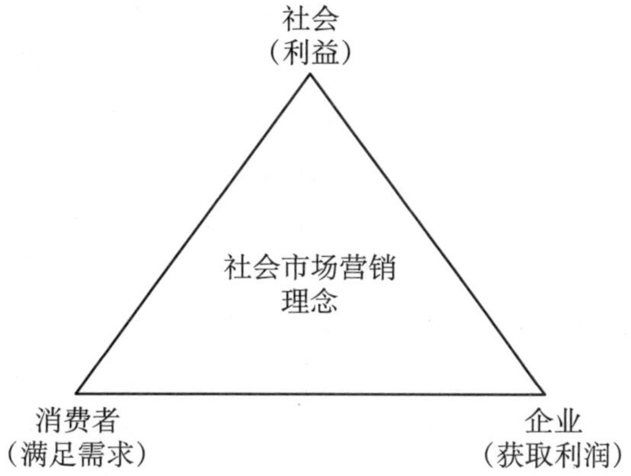

图3－1　社会市场营销理念

(四) 企业社会责任方面的营销理念

1. 企业社会责任。企业社会责任（corporate social responsibility，CSR）是指企业在创造利润、对股东和员工承担法律责任的同时，还要承担对消费者、社会和环境的责任，它要求企业超越把利润作为唯一目标的传统理念，强调要在生产过程中关注人的价值，强调对消费者、社会和环境的贡献。任何企业存在于社会之中，都是社会的企业，需要处理好经济责任和社会责任的关系。企业只有真诚回报社会、造福人民、切实履行社会责任，才能真正得到社会认可，才能符合时代要求。企业应积极履行社会责任，贯彻新发展理念，实现高质量发展。

2. 宏观营销。随着对消费者权益保护和生态环境保护等社会问题的关注，学术界日益重视营销的宏观效果，更加强调宏观营销问题。宏观营销与微观营销的差异在于：前者是指引导经济物品从生产者流转到消费者，有效地使供给与需求相适应，以促进社会目标实现的社会经济过程；后者是指一个企业或组织为实现其目标而预测消费者需要，并引导满足其需要的经济物品从生产者流转到消费者的企业活动过程。宏观营销强调社会福利和人类生活质量，微观营销强调企业或组织福利。

3. 绿色营销。习近平总书记指出，“建设美丽中国是全面建设社会主义现代化国家的重要目标，要锚定 2035 年美丽中国目标基本实现，持续深入推进污染防治攻坚，

① Kotler P，Armstrong G. Principles of marketing. 18th ed. Harlow：Pearson Education Limited，2021：32－33.

加快发展方式绿色转型，提升生态系统多样性、稳定性、持续性，守牢安全底线，健全保障体系，推动实现生态环境根本好转”①。绿色营销是指以促进可持续发展为目标，为实现经济利益、消费者需求和环境利益的统一，企业根据科学性和规范性的原则，通过有目的、有计划地开发及同其他市场主体交换产品来满足市场需求的一种管理过程。

绿色营销的实质是强调企业营销要努力把经济效益与环境效益结合起来，尽量保持人与环境的和谐，不断改善人类的生存环境。绿水青山既是自然财富、生态财富，又是社会财富、经济财富。保护生态环境就是保护自然价值和增值自然资本，既要创造更多的物质财富和精神财富以满足人民日益增长的美好生活需要，也要提供更多优质生态产品以满足人民日益增长的优美生态环境需要。② 与传统营销相比，绿色营销强调营销组合中的“绿色”因素，例如，注重绿色消费需求的调查与引导，开发和经营符合绿色标准的绿色产品等。

为了完整、准确、全面贯彻新发展理念，加快构建新发展格局，有效满足市场需求，必须推动构建市场机制有效、政府保障到位的市场化营商环境，全力保护和培育市场主体，更大力度激发市场主体活力，推动市场营销高质量发展。在营销管理实践中，企业需要对可控制因素进行有效的营销组合从而实现市场目标，提高营销绩效。

重要概念

市场机制	供求机制	竞争机制	价格机制
风险机制	市场规则	市场营销	市场主体
市场近视	客户理念	市场营销理念	社会市场营销理念
企业社会责任	宏观营销	绿色营销	

复习题

1. 构建新发展格局是在什么时代背景下提出的？
2. 新发展理念给企业市场营销带来了哪些影响？
3. 共建“一带一路”倡议对市场营销有哪些影响？
4. 中国企业拓展国际市场需要提升哪些方面的能力？

案例分析

民航业发展新理念

根据国际航空运输协会（IATA）的数据，2023 年全球航空业的总收入达到 8 960 亿美元，实现 9.7%的年增长。从宏观环境来看，尽管存在诸多的地缘政治不确定性，

① 习近平主持召开中央全面深化改革委员会第三次会议强调 全面推进美丽中国建设 健全自然垄断环节监管体制机制．人民日报，2023－11－08.

② 习近平．努力建设人与自然和谐共生的现代化．求是，2022（11）．

2024年全球GDP仍保持在3%左右的增速，而且随着美元加息步伐的放缓、通货膨胀压力的减缓以及中国经济的进一步复苏，客用和货运的商业航班将会持续增加，2024年航空业的韧性将进一步体现，复苏势头将进一步加强。

“可持续发展”成为常态话题。根据IATA的估计，到2050年，可持续航空燃料（SAF）有望贡献约65%的减排量，以实现航空业零排放的目标。2024年，尽管可持续航空燃料的产量将增至18.75亿升，但是仍远不能满足航空业需求。要实现2030年二氧化碳减排5%的目标，全球需要生产约175亿升的可持续航空燃料。为实现航空业2050年的零排放目标，多个国家和航空公司积极探索扩大可持续航空燃料的应用，推动航空业绿色发展。2023年4月，空中客车与中国航空油料集团有限公司签署合作备忘录，加强中欧双方在可持续航空燃料的生产、应用及通行标准制定等方面的合作。这一合作将提高可持续航空燃料产量，并优化供应链，力争到2030年将可持续航空燃料使用量占比提高到10%。

科技创新应用不断深化。很多历时多年的科技成果将结出果实，科技创新在航空业的应用也将不断深化。2023年10月13日，亿航智能控股有限公司宣布，由亿航智能自主研发的EH216-S无人驾驶载人航空器系统获得中国民用航空局正式颁发的型号合格证，标志着EH216-S的型号设计充分符合中国民用航空局的安全标准与适航要求，具备了无人驾驶航空器载人商业运营的资格。

由于人工智能（AI）和数字化的快速发展，全球的航空公司也将这些技术深度结合到航空公司的运营当中，比如中东的阿联酋联合航空公司开发了订座应用BOTIM，客户只需输入基本的信息，就可以在BOTIM的帮助下完成所有的订座服务。此外，印度航空公司表示将在运营当中深度引入人工智能，阿姆斯特丹史基浦机场则利用人工智能增强安检程序。在国内，东方航空已经实现100多架宽体机的机上无线网络覆盖，乘客可以在旅程中体验首个亚太6D卫星高速网络。除此之外，“智慧民航”的概念成为热词，其在很多实际的应用场景如机场安检、托运、零售等中将会逐步落地。

总而言之，民航业虽然还会面临很多遗留问题，但是增长将成为主题，其在科技和可持续发展这两股力量的影响下进行深度重构，为更健康和更具韧性的明天做好准备。

资料来源：破晓之翼：2024民航业趋势浅谈．（2024-01-13）．澎湃政务网.

思考题

假如你是中国某民航企业的营销高管，你打算如何改进企业的市场工作？

第4章

中国市场战略规划与管理

本章要点

- 战略与策略的不同视角诠释
- 战略计划过程的主要步骤
- 高标准市场体系的主要内容
- 中国的市场规则与市场监管
- 不同需求情况下营销管理的任务

党的二十大报告指出，“我们要善于通过历史看现实、透过现象看本质，把握好全局和局部、当前和长远、宏观和微观、主要矛盾和次要矛盾、特殊和一般的关系，不断提高战略思维、历史思维、辩证思维、系统思维、创新思维、法治思维、底线思维能力”①。加强市场战略规划，提升市场营销质量，必须提升战略思维能力。为建设高水平社会主义市场经济体制，还需要持续完善市场机制，建设高标准市场体系，创新市场监管方式，健全市场规则体系。

第1节　中国特色的战略策略思维

随着5G时代的到来，市场购买行为的数据量迅速扩大，数据维度拓宽。数据技术和人工智能技术的不断升级将实现对客户更全面、更深刻的洞察，对购买者行为和市场需求更加精准的预测。企业必须适应不断变化的市场，制订战略计划，开展营销管理。

---

① 习近平．高举中国特色社会主义伟大旗帜 为全面建设社会主义现代化国家而团结奋斗：在中国共产党第二十次全国代表大会上的报告．北京：人民出版社，2022：21.

战略计划过程为营销管理过程勾画出基本的活动框架，营销管理则为战略计划导向以及战略计划的实施奠定坚实的基础，进而促进和确保战略计划的实现。市场导向的战略计划是现代企业在动态的市场环境中成功经营的重要基础。市场信息系统及现代统计技术则为了解市场信息、满足市场需求提供了便利条件。

一、不同视角对战略与策略的诠释

战略指政党、国家或组织做出的在一定历史时期内具有全局性的谋划，策略指为实现战略任务而采取的手段。“战略”（strategy）一词源于希腊语，原指军事方面事关全局的重大部署，或对战争全局的谋划和指导。苏格拉底曾观察到，类似于一个军队的将军，商人也必须有效地分配资源和有效地组织活动，即运用战略，以实现他的目标，无论是竞争胜利还是获得利润。这是最早关于“战略”一词进入商业领域的记录。

在英语中，strategy 是指利用一个国家或许多国家的政治、经济、心理和军事力量以提供接受和平或战争政策的最大限度的支持的科学和艺术。也有人将战略解释为：在有利条件下，在与敌人对抗中所实施的军事指挥的科学和艺术。在英语中，还有 tactic 一词，一般译为策略或战术。

德国军事战略家卡尔·冯·克劳塞维茨（Karl von Clausewitz）曾这样定义战略：为了达到战争目的而对战斗的运用。从管理学角度讲，战略是指企业为了实现预定目标所作的全盘考虑和统筹安排。加拿大麦吉尔大学教授亨利·明茨伯格（Henry Mintzberg）指出，战略由 5P 即计划（plan）、政策（policy）、模式（pattern）、定位（position）和观念（perspective）组成。

在中国，战争讲究方略，战争方略的简称就是“战略”。《孙子兵法》是我国历史上最早专门研究军事战略的一部巨著，讲的就是战略。如果说战略明确了企业努力的方向，策略则决定由何人在何时以何种方式通过何种步骤将战略付诸实施，即为实现目标而采取的具体行动。

在汉语中，“策”与“略”开始是单独使用的。“策”有鞭打、督促、计谋、策划、谋划等意思，“略”则表示巡视、疆界、侵夺、法度、谋划、谋略、智略等。由于二者都有谋略策划之意，所以后来合成为“策略”一词。《人物志·接识》曰：“术谋之人，以思谟为度，故能成策略之奇。”这可能是我国最早使用“策略”一词的文献。

二、战略与策略的关系

战略和策略的关系反映全局和局部、长远利益和当前利益之间的辩证关系，既有区别，又有一致性。策略是战略的一部分，它服从于战略，并为达到战略目标服务。而战略任务则必须通过策略手段来完成。战略在一定历史时期内具有相对稳定性，在达到这一历史时期所规定的主要目标以前基本是不变的；而策略具有较大的灵活性，在战略原则许可的范围内，它随着革命形势、阶段力量对比的变化而相应变化。

按范围大小来说，战略和策略的区分是相对的。在一定范围内的战略任务，在另一范围内可以是策略任务，反之亦然。但在同一个范围内，战略和策略之间的区分又是确定的。除此之外，策略还被具体解释为：一是根据形势发展而制定的行动方针和斗争方法；二是有斗争艺术，能注意方式方法。

战略谈的是如何赢得一场战争，策略谈的则是如何打赢一场战役；策略是一种单一的主意或谋略，战略则包含很多因素，但其重点是策略；策略具有某种竞争优势，战略则用以保持这种优势；策略相对于产品或企业具有外在性，甚至不是企业自己制定的，战略则是内在的，通常需要进行大量的内部组织工作；策略是沟通导向的，战略则是产品导向或企业导向的。

三、习近平总书记论战略策略

习近平总书记指出：战略是从全局、长远、大势上作出判断和决策。要善于进行战略思维，善于从战略上看问题、想问题。战略上判断得准确，战略上谋划得科学，战略上赢得主动，党和人民事业就大有希望。① 要增强战略的前瞻性，准确把握事物发展的必然趋势，敏锐洞悉前进道路上可能出现的机遇和挑战，以科学的战略预见未来、引领未来。增强战略的全局性，谋划战略目标、制定战略举措、作出战略部署，都要着眼于解决事关党和国家事业兴衰成败、牵一发而动全身的重大问题。增强战略的稳定性，战略一经形成，就要长期坚持、一抓到底、善作善成，不要随意改变。把战略的原则性和策略的灵活性有机结合起来，灵活机动、随机应变、临机决断，在因地制宜、因势而动、顺势而为中把握战略主动。② 正确的战略需要正确的策略来落实。策略是在战略指导下为战略服务的。战略和策略是辩证统一的关系，要把战略的坚定性和策略的灵活性结合起来。③ 习近平的科学论断对于正确理解战略与策略的关系，制订既高瞻远瞩又务实管用的营销计划，取得营销管理的成功，具有十分重要的指导意义。

四、营销战略与战略计划

（一）营销战略

营销战略是指企业根据自己的营销目标，在特定的环境中，按照总体计划所拟定的一系列行动方案和业务流程。总体计划是一种事先的安排，用以正确地指导企业实现自己的目标。业务流程是由与客户价值的满足相联系的过程节点及执行方式有序组成的工作过程。价值创造、价值递送和业务流程都需要周密而有效的战略计划。

（二）战略计划

战略计划是企业根据外部营销环境和内部资源条件制订的涉及企业管理各方面（包

---

① 习近平．更好把握和运用党的百年奋斗历史经验．求是，2020（13）．

② 习近平．推进中国式现代化需要处理好若干重大关系．求是，2023（19）．

③ 继续把党史总结学习教育宣传引向深入 更好把握和运用党的百年奋斗历史经验．人民日报，2022－01－12．

括生产管理、营销管理、财务管理、人力资源管理等）的全局性的重大计划。放眼全局谋一域，把握形势谋大事，才能够从全局角度以长远眼光看问题，从整体上把握事物发展趋势和方向，才能够确保制订科学可行的战略计划，并根据环境变化及时调整实施的方案。战略计划强调企业或组织的整体性，而不仅限于营销一个方面。尽管如此，营销部门在战略计划制订中仍起着重要作用。

第 2 节　战略计划过程

战略计划过程是指企业高层通过制订企业的任务、目标、业务组合计划和新业务计划，在企业的目标、资源、能力与迅速变化的经营环境之间发展和保持一种切实可行的适应战略的管理过程。换言之，战略计划过程是企业及其各业务单元为生存和发展而制定长期总战略所采取的一系列重大步骤，包括规定企业使命、确定企业目标、安排业务组合、制定新业务计划或增长战略。

一、规定企业使命

面对有利的市场环境，企业需要切实担负起新时代新征程赋予的使命任务。企业在规定使命时，可向股东、客户、经销商等有关方面广泛征求意见，并且需考虑企业历史的突出特征、业主和高层管理者的意图、企业周围环境的发展变化、企业的资源情况、企业的特有能力等因素。

通常，企业要通过使命陈述或使命宣言具体阐述企业的使命。有效的使命宣言应具备市场导向、切实可行、富鼓动性、具体明确等特点。

（一）市场导向

企业的任务或目的是回答本企业的业务是什么，那么在使命宣言中如何表述企业经营的业务范围呢？表述企业业务的传统方式是以所生产的产品来描述，如“本企业制造化妆品”；或者以所处行业来表示，如“本企业是化学工业企业”。现在，企业在市场营销理念指导下，通过满足目标顾客的需要来扩大销售，取得利润，实现目标，因此，企业的使命宣言需要具备市场导向。企业在使命宣言中要按照其目标顾客的需要来规定和表述企业任务，如“本化妆品企业的任务是满足顾客的美容需要”。

（二）切实可行

使命宣言要根据企业的资源特长来规定和表述业务范围，业务范围不能太窄或者太宽，也不能太笼统，因为这样不具备可行性，而且会使企业的工作人员感到方向不明。例如，美国假日酒店就曾把它的业务范围规定得太宽，原来规定为“旅馆业务”，后来扩大为“旅行业务”。为此，假日酒店收购了一家公共汽车公司和一家轮船公司，但是又没有能力经营管理好这些企业，到 1978 年不得不放弃这些业务。

（三）富鼓动性

使命宣言要富鼓动性和感召力。例如，一家真空吸尘器生产企业可以这样规定和表述其任务："本企业的任务是提供物美价廉的真空吸尘器，创造清洁卫生的环境，保证用户身体健康，满足用户美好生活向往。"再如，一家现代通信投资管理企业将其任务表述为："在通信和信息产业领域里，有效组合资源，推动制度创新和技术进步，扩展国内外经济合作，在企业自我成长的同时，推动社会的进步和繁荣。"这样的使命宣言可以使全体工作人员感到其工作有利于增进社会福祉并很重要，因而能提高士气，鼓励全体工作人员为实现企业使命而奋斗。

（四）具体明确

企业在使命宣言中要明确规定方向和指导路线，以缩小工作人员的自由处理权限和范围。例如，在使命宣言中要明确规定有关工作人员如何对待供应商、顾客、经销商和竞争者，使全体工作人员在处理一些重大问题上有统一的准则可以遵循。

企业使命一旦确定，在未来的一二十年内就成为企业努力的焦点。一般地，企业使命不能随着环境变化或无关的新机会出现而每隔两三年就变更一次。然而，在使命宣言不再有效或者不能为企业规定一个最好的行动方向时，也可能需要在短短几年之内就改写使命宣言。环境变化越快，企业就越需要经常检查其使命宣言的规定和表述是否适当。

二、确定企业目标

企业使命需要具体化为一系列组织各层级的目标，如贡献目标、市场目标、竞争目标和发展目标等。各级经理应当对其目标心中有数，并对其目标的实现完全负责，即遵循目标管理制度。企业目标必须符合层次化、数量化、现实性和一致性等要求。

（一）层次化

一个企业（尤其是大企业）通常有许多目标，但是这些目标的重要性不一样，应当按照重要性来排列各种目标，显示出哪些是主要目标，哪些是派生目标。以某电信公司为例加以说明。假设该企业的任务是"提供良好的设备和服务，满足顾客的通信需要"。为了实现这个任务，该企业规定主要目标之一是到2025年底企业的投资收益率提高到8%。根据企业的这个主要目标派生出一系列目标。提高投资收益率的方法有两种：第一种方法是增加总收益；第二种方法是减少投资。假设该企业只采取第一种方法。企业能通过以下方法来增加总收益：增加营业额，或者降低成本，或者既增加营业额又降低成本。为了增加营业额，该企业可以销售更多的设备，以提高租金和使用率；在不致减少顾客使用的前提下，提高收费率。为了降低成本，企业可以采取适当措施，使出售的设备适应顾客需要，以延长设备的使用年限。企业除了把增加营业额作为市场营销的目标，还在销售人员、广告、宣传等方面设定具体的派生目标。例如，企业把增加营业额分配给各个销售区；各个销售区再把本地区的销售配额分配给各个推销员。这样，企业的任务和目标就具体化为一系列的各级目标，层次分明，环环相扣，而且落实到个人，以加强目标管理，确保企业任务和目标的实现。

（二）数量化

假设某电信公司的主要目标之一是“到 2025 年底企业的投资收益率提高到 8%”，这就是数量化的企业目标。企业目标数量化能便于企业管理计划、执行和控制过程。

（三）现实性

现实性是指企业不能根据其主观愿望来规定目标水平，而应当根据对市场机会与资源条件的调查研究和分析来规定适当的目标水平。这样规定的目标水平才具有可行性。

（四）一致性

有些企业提出的各种目标往往是互相矛盾的，如“最大限度地增加销售额和利润”。实际上，企业很难既最大限度地增加销售额又最大限度地增加利润。因为企业可能通过降低价格、提高产品质量、加强广告促销等途径来增加销售额，但是这些市场营销措施可能降低利润。所以，各种企业目标必须是一致的，否则就会失去指导作用。

三、安排业务组合

大企业一般有各种产品、产品品类、品牌等，也有许多业务部门。由于企业的资金有限，各个业务部门的增长机会、经营效益大不相同，必须对现有的业务加以分析、评价，确定哪些业务应当发展、维持、减少、淘汰。企业必须合理安排业务组合，既要谋划长远，又要聚焦当下，把企业有限的资金用于经营效益最高的业务。

企业在安排业务组合时，首先要把所有业务分成若干战略业务单元（strategic business unit，SBU）。战略业务单元是指企业内部具有特定的战略目标、使命和竞争对手，掌握一定资源，由专人负责经营，能从企业战略中获益，可以单独规划、独立核算的业务单元（如部门、产品线、品牌等）。

企业在安排业务组合的过程中还要对各个 SBU 的经营效益加以分析、评价，以便确定哪些单元应当发展、维持、减少或淘汰。常用的分类和评价方法有以下两种：一是波士顿矩阵法。波士顿矩阵法是指由波士顿咨询公司创始人布鲁斯·亨德森（Bruce D. Henderson）首次提出的，用市场增长率和相对市场份额对企业 SBU 进行分类、评价的方法。二是通用电气矩阵法。通用电气矩阵法是指由通用电气公司首次提出的，用行业吸引力和业务力量对企业 SBU 进行分类、评价的方法。

（一）波士顿矩阵法

波士顿矩阵法的示意图见图 4－1。图 4－1 中的纵坐标表示企业的各 SBU 的市场增长率（即特定地域及时间内销售额的增长速度）。市场增长率越高意味着市场越具有吸引力，因而就越需要投入更多的资源，以应对竞争者的挑战。假设以 10%为分界线，10%以上为高市场增长率，10%以下为低市场增长率。

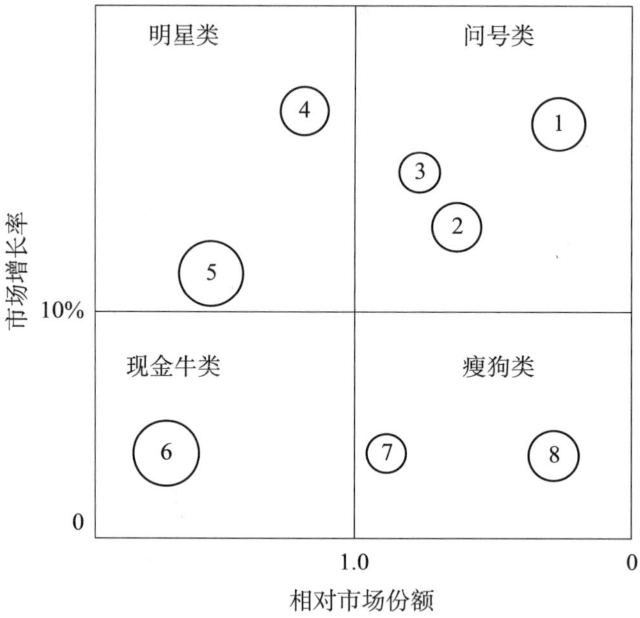

图 4-1　波士顿矩阵法

图 4-1 中的横坐标代表相对市场份额。市场份额也叫市场占有率，是指企业某产品的销售量或销售额在市场同类产品销售总量或销售总额中所占的比重，通常以百分比来表示。而相对市场份额则是指企业各 SBU 的市场份额与同行业最大的竞争者的市场份额之比。相对市场份额越高，意味着企业 SBU 的实力越雄厚，市场地位越稳固。假设以 1.0 为分界线，1.0 以上为高相对市场份额，1.0 以下为低相对市场份额。

图 4-1 中的 8 个圆圈代表企业的 8 个 SBU。这些圆圈的位置代表各 SBU 的市场增长率和相对市场份额的高低，各个圆圈的面积大小表示各 SBU 销售额的大小。波士顿矩阵法把企业所有的 SBU 分为 4 种不同类型，每类 SBU 应采取不同的投资战略。

1. 问号类。这类 SBU 是高市场增长率和低相对市场份额的，大多数 SBU 最初都属于问号类，能否在市场上取得成功还是个问题。这类 SBU 需要大量现金，因为需提高相对市场份额，以赶上市场上的“大头”，而且必须增添一些工厂、设备和人员，才能适应迅速增长的市场。因此，企业要慎重考虑经营这类 SBU 是否合算；如果不合算，就应对其精简或淘汰。从图 4-1 来看，企业有 3 个问号类 SBU：企业与其把有限的资金分散用于全部 3 个问号类 SBU，不如集中力量于其中一两个，或许能够提高经营效益。

2. 明星类。问号类 SBU 如果经营成功，就会转入明星类。这类 SBU 是高市场增长率和高相对市场份额的，宛若冉冉升起的璀璨耀眼的明星。这类 SBU 增长迅速，同时要击退竞争对手，需要投入大量现金，因而是使用现金较多的单元。由于任何产品都有生命周期，明星类 SBU 的增长速度会逐渐放缓，最后会转入现金牛类。

3. 现金牛类。明星类 SBU 的市场增长率下降到 10%以下后，就会转入现金牛类。

现金牛类 SBU 是低市场增长率和高相对市场份额的，因为相对市场份额高，需要投入的现金少，但取得的现金收入多，所以能够源源不断地给企业带来生存发展所必需的现金，如同成熟的奶牛吃草产奶。企业可以用这些现金来支付账单，支援问号类、明星类和瘦狗类 SBU。从图 4－1 来看，企业只有一个大现金牛 SBU，说明其财务状况是很脆弱的。如果该现金牛 SBU 的市场份额突然下降，企业就不得不从其他 SBU 收回现金来维持其市场领导地位；如果企业把这个现金牛 SBU 所带来的现金都用来支援其他单元，则这个强现金牛就会成为弱现金牛。

4. 瘦狗类。这类 SBU 是低市场增长率和低相对市场份额的，盈利少或有亏损，如同处于饥饿或病痛状态的瘦狗，气息奄奄。从图 4－1 来看，企业有 2 个瘦狗类 SBU，说明情况不妙。

上述 4 类 SBU 在矩阵图中的位置不是固定不变的。任何产品都有生命周期，随着时间推移，这 4 类 SBU 在矩阵图中的位置会发生变化。例如，起初属于问号类的 SBU 如果经营成功，就会转入明星类；随着市场增长率降到 10％以下，又会从明星类转入现金牛类；最后，在产品的衰退期，产品销售量下降，又会从现金牛类转入瘦狗类。

波士顿矩阵法的局限性在于执行难度大、耗时长、成本高。管理层会发现很难界定 SBU 并衡量其相对市场份额与市场增长率。此外，这一方法专注于对现有业务单元的分类，对未来的规划没什么帮助。基于这些问题，很多企业放弃了这种规范的方法，转而选择更契合自己具体情况、更个性化的方法。以前的战略规划工作一般由总部高层管理人员亲自处理，今天的战略规划工作已经下放。越来越多的公司把战略规划的责任交给由各部门经理组成的跨职能团队，因为这些人员更靠近市场，能够更好地洞悉快速变化环境中的机遇与风险。①

（二）通用电气矩阵法

通用电气矩阵法的示意图如图 4－2 所示。矩阵图中的 7 个圆圈代表企业的 7 个 SBU。圆圈大小表示各个单元所在行业的市场规模，圆圈内的阴影部分表示各个单元的市场份额。例如，圆圈 D 表示该 SBU 所在行业市场规模相当大，其市场份额也较高（37.5％）；圆圈 B 表示该 SBU 所在行业市场规模中等，其市场份额为 25％。

图 4－2 中的纵坐标代表行业吸引力，以大、中、小概括表示。行业吸引力涉及企业外部的环境因素、所在行业因素以及市场因素等，包括市场规模、市场年增长率、历史利润率、竞争强度、技术要求、数字化程度、抵御通货膨胀的能力、能源要求、环境影响以及社会、政治、法律等因素。

图 4－2 中的横坐标代表 SBU 的业务力量或竞争力，以强、中、弱概括表示。业务力量即企业的 SBU 在本行业中的竞争力，包括市场份额、市场增长率、产品质量、品牌信誉、分销网络、社会网络、信息基础设施、数字化转型、促销力、生产能力、生产效率、单位成本、原料供应、研究与开发成绩以及管理人员等方面。行业吸引力大、业务力量强的 SBU 是最好的。

---

① Schilling M. What's your best innovation bet？. Harvard Business Review，2017：86－93.

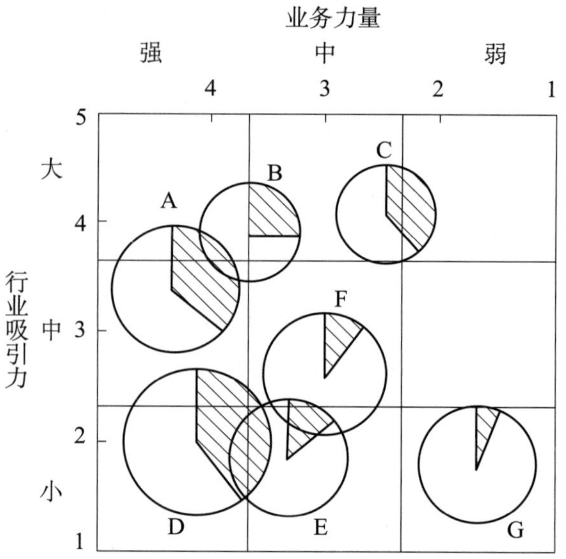

图 4-2　通用电气矩阵法

企业要对上述行业吸引力和业务力量两大变量中的各个因素给出分数（最高为 5 分），并赋予各个因素一定权重，求出各个变量的加权平均分数，据此将矩阵图划分为 3 个地带。

1. 左上角的“绿色地带”（包括“大强”“中强”“大中”三个小格）。这个地带的行业吸引力较大，SBU 的业务力量较强。因此，企业对这个地带的 SBU 要“开绿灯”，采取增加投资和发展的战略。

2. 从左下角到右上角对角线的“黄色地带”（包括“小强”“中中”“大弱”三个小格）。这个地带的行业吸引力和 SBU 的业务力量总的来说较为平庸。因此，企业对这个地带的 SBU 要“亮黄灯”，采取维持原来的投资水平和市场份额的战略。

3. 右下角的“红色地带”（包括“小弱”“小中”“中弱”三个小格）。总的来说，这个地带的行业吸引力偏小，SBU 的业务力量偏弱。因此，企业对这个地带的 SBU 要“亮红灯”，采取收割或放弃的战略。

根据上述分类、评价，企业最高管理层还要绘制出各个 SBU 的计划位置图，并据此决定各 SBU 的目标和资源分配预算。各个 SBU 的最高管理层和营销人员的任务就是贯彻执行好企业最高管理层的决定和计划。

四、制定新业务计划或增长战略

企业在安排好业务组合之后，还应对未来的业务发展方向做出战略计划，即制定企业的新业务计划或增长战略。企业有以下三种增长战略。

（一）密集增长战略

密集增长战略是指企业在现有业务领域内寻找未来业务发展机会的一种增长战略。企业如果尚未完全开发潜伏在现有产品和市场中的机会，则可采取密集增长战略。根据产品与市场的对应关系，可将这一战略分为以下三种：

1. 市场渗透。市场渗透是指企业通过改进广告、宣传和推销工作，在某些地区增设商业网点，借助多渠道将同一产品送达同一市场以及短期降价等措施，在现有市场上扩大现有产品的销售。包括：千方百计使现有客户多购买本企业的现有产品；把竞争者的客户吸引过来，使之购买本企业的现有产品；想办法在现有市场上把产品卖给从未购买过本企业产品的客户。

2. 市场开发。市场开发是指企业通过在新地区增设新商业网点或利用新分销渠道、加强广告促销等措施，在新市场上扩大现有产品的销售。

3. 产品开发。产品开发是指企业通过增加花色、品种、规格、型号等，向现有市场提供新产品或改进产品。

（二）一体化增长战略

一体化增长战略是指企业利用产业链中的直接关系在供产、产销方面实行纵向或横向联合的一种增长战略。如果企业所处行业很有发展前途，而且企业在供产销等方面实行一体化能提高效率、加强控制、扩大销售，则企业可实行一体化增长战略。这种战略包括以下三种：(1) 后向一体化，即企业通过收购或兼并若干供应商，或者拥有和控制其供应系统，实行供产一体化。(2) 前向一体化，即企业通过收购或兼并若干中间商，或者拥有和控制其分销系统，实行产销一体化。(3) 水平一体化，即企业收购、兼并同类产品生产经营企业，或者在国内外与其他同类企业合资生产经营等。

（三）多元化增长战略

多元化增长战略是指企业有选择地增加产品种类，跨行业生产经营多种产品和服务，扩大企业的生产范围和市场范围，使企业的优势得到充分发挥，人力、物力、财力等资源得到充分利用，从而提高经营效益的一种增长战略。多元化增长战略包括如下主要方式：(1) 同心多元化，即企业利用原有的技术、特长、经验等发展新产品，增加产品种类，从同一圆心向外扩大业务经营范围。(2) 水平多元化，即企业利用原有市场，采用不同的技术来发展新产品，增加产品种类。(3) 复合多元化，即大企业收购、兼并其他行业的企业，或者在其他行业投资，把业务扩展到其他行业，新产品、新业务与企业的现有产品、技术、市场等几乎没有关系。

第 3 节　中国市场体系

一、市场经济、市场机制与市场体系

市场经济的有序运行是以系统完整的市场体系为基础的。在市场经济体制下，社会经济资源的配置主要由市场来决定。所谓社会经济资源，主要是指生产过程中必不可少的生产要素，如土地、劳动力、资本、技术、数据等。资源的多样性决定了各种各样的生产要素市场存在的客观必要性，而资源配置的过程又将各种生产要素市场有机联系起来。现代市场经济一方面要求将各种生产要素细分为不同的专业市场，以利于市场交换；另一方面又要求各种专业市场相互联结，形成系统完整的有机统一体。例如，只有商品市场，而没有生产要素市场，市场主体就无法从市场中获得商品生产所需的劳动力、技术、数据等。因此，配置社会经济资源的市场必须是系统完整的整体。

市场经济是借助市场机制实施资源配置的经济，而市场体系则是市场机制发挥作用的必要条件。在社会主义市场经济体制下，市场机制借助供求与价格的持续互动来配置资源，其作用的发挥必然体现于相互依存、相互制约、相互影响的各类市场的互动之中。商品市场价格随着供求变化而变化，作为市场主体的商品生产者则根据市场价格信号制定相应的营销战略和管理决策。如果市场价格上涨，那么商品生产者往往会作出扩大生产、增加投资的决策，与此相适应的，必须有可供其融资的资本市场和可获得新增劳动力的劳动力市场。这是最基本的条件，否则价格将无法发挥调节市场供求的作用。因此，必须“构建全国统一大市场，深化要素市场化改革，建设高标准市场体系，营造市场化、法治化、国际化营商环境，持续优化劳动、资本、土地、资源等生产要素配置，着力提高全要素生产率”①。

二、不同视角下的市场体系

市场体系是在社会化大生产高度发展的基础上，由各类相互联系、相互制约的市场组成的有机统一整体。培育和发展统一、开放、竞争、有序的市场体系，是构建高水平社会主义市场经济体制的必要条件。“党的十八大以来，党中央坚持社会主义市场经济改革方向，从广度和深度上推进市场化改革，减少政府对资源的直接配置，减少政府对微观经济活动的直接干预，不断完善产权保护、市场准入、公平竞争等制度，推进价格改革和土地、资本、劳动力、技术、知识、数据等重要生产要素市场化改革，加强反垄断、反不正当竞争，着力清除市场壁垒，提高资源配置效率和公平性，加快形成企业自主经营、公平竞争，消费者自由选择、自主消费，商品和要素自由流动、平等交换的现代市场体系。”② 只有建立和完善准入畅通、开放有序、竞争充分、秩序规范的市场体系，才能够为企业提供自主经营、公平竞争的优良环境，才能给消费者创造自由选择、自主消费的空间，才能实现商品和要素的自由流动与平等交换，才能为高质量经济发展奠定微观基础。

可以从不同的视角来考察市场体系的结构。

从市场交换的对象来看，市场体系主要包括商品市场和生产要素市场。商品市场主要包括消费品市场和生产资料市场（即产业用品市场）。生产要素市场主要包括金融市场、劳动力市场、技术市场、信息市场、数据市场、房地产市场等。

---

① 习近平．推进中国式现代化需要处理好若干重大关系．求是，2023（19）．

② 加快建设全国统一大市场提高政府监管效能 深入推进世界一流大学和一流学科建设．人民日报，2021-12-18.

从市场体系的空间结构来看，市场体系可以分为以地方分工为基础的地方市场，以经济活动地域分工为基础的区域市场，由各具特色、互为供求关系的区域市场整合形成的国内统一市场，在各国经济互相开放基础上形成的国际市场等。

从市场体系的形态结构来看，市场体系可以划分为有形商品市场和无形商品市场。有形商品市场可分为农产品市场、工业品市场、消费品市场、生产资料市场和房地产市场；无形商品市场可分为产权市场、服务市场、技术市场和数据市场等。

三、建设高标准市场体系

进入新时代以来，党中央一直把市场体系建设摆在突出位置。习近平总书记在 2018 年中央政治局集体学习时发表重要讲话，明确把建设现代市场体系作为现代化经济体系的六大体系之一，强调“建设统一开放、竞争有序的市场体系”。党的十九届五中全会明确指出建设“高标准市场体系”的目标任务，明确要求健全市场体系基础制度，坚持平等准入、公正监管、开放有序、诚信守法，形成高效规范、公平竞争的国内统一市场。建设高标准市场体系更加强调制度的完备性，更加强调公平竞争和发挥市场在资源配置中的决定性作用，更加强调发挥好政府作用，维护市场秩序、弥补市场失灵，推动有效市场和有为政府更好结合，积极对接和影响国际市场规则。

高标准市场体系是面向建设社会主义现代化国家新百年目标，面向构建高水平社会主义市场经济体制，为形成统一开放、竞争有序、制度完备、治理完善的现代市场体系而构建的一整套市场体系。它包括以下五个部分。

（一）高标准的市场基础制度

有活力的市场主体是市场体系发展和运行的动力之源。市场主体作为进入市场并按一定规则参与市场活动、发生市场交换关系的组织和个人，包括个人或家庭、企业和政府，具有自主性、追利性和能动性等基本特性。个人或家庭购买消费品和劳务，进行个人投资；企业形成市场供给和市场需求，接受市场引导，影响市场运行；政府具有资金需求和供给的双重身份，是市场的重要参与者。平等、完善、严格的产权保护制度，公平、透明的准入标准和竞争规则，是激发各类市场主体活力的基础，也是市场体系有效运行的基础。高标准的市场基础制度包括平等保护产权的法律法规体系、健全的产权执法司法保护制度、有效的知识产权保护制度，体现现代市场治理理念的竞争制度、市场准入及退出制度等。高标准的市场基础制度有利于创造良好的市场环境，促进生产要素优化配置，有利于企业科学决策，提高市场竞争力。

（二）高效率的要素市场配置机制

土地、劳动力、资本、知识、技术和数据等各类生产要素，是国民经济运行及市场主体运营必不可少的基础性资源。要素市场配置机制是在价格引导下，解决生产什么、为谁生产、生产多少、如何生产问题的一系列制度和规则，核心是价格机制。各类生产要素自由有序流动和高效配置，是提升经济效率、改善企业决策水平和实现高质量发展的关键。要加快要素市场化改革，构建稳定、安全、高效的要素市场机制、交易规则和市场体系，让市场在要素资源配置中起决定性作用。

（三）高质量的市场发展环境

营造高质量的市场发展环境，核心目标是建立有利于市场营销和消费实现的稳定规范的市场环境，使企业科学自主决策，让消费者自主消费、自主选择。这就要求加快构建并持续完善市场化法治化国际化营商环境，建设高效规范、公平竞争、充分开放的全国统一大市场，不断健全消费者权益保护制度体系。各种类型的市场在国内是一个整体，不应存在行政分割与封闭状态。部门或地区对市场的分割，会缩小市场容量，限制资源自由流动，从而降低市场效率。

（四）高水平的市场开放制度

高标准市场体系不仅要对国内开放，而且要扩大高水平对外开放，把国内市场与国外市场联系起来，让企业尽可能地参与国际分工和国际竞争，并按国际市场提供的价格信号来配置资源，以达到更合理地配置国内资源和利用国际资源的目的。这就要求既有高水平的商品要素开放，又稳步扩大规则、规制、管理、标准等制度型开放，包括不断完善的外商投资准入前国民待遇加负面清单管理制度、有序安全的产业开放政策体系以及国内外接轨的市场规则和标准。

（五）高效能的市场监管机制

高标准市场体系要求保障公平竞争、加强市场监管、维护市场秩序、推动可持续发展、促进共同富裕、弥补市场失灵。这就需要以政府为主进行监管，推动有效市场和有为政府更好结合，推进“高效办成一件事”。监管部门各司其职、紧密协作、规范有序，不断提高市场监管机制的效能。同时，还要辅以强有力的舆论监督、社会监督和行业自律，做到市场有活力、竞争有秩序、发展有质量、安全有保障。

第 4 节　中国市场管理、市场规则与营销管理

党的二十大报告指出，“构建全国统一大市场，深化要素市场化改革，建设高标准市场体系。完善产权保护、市场准入、公平竞争、社会信用等市场经济基础制度，优化营商环境”。为了提高市场活力和市场质量，需要加强市场管理、完善市场规则，为市场主体的营销管理创造有利环境条件。市场活力是指一定时期内经济中总供给和总需求的增长速度及增长潜力，从投资角度看，主要涉及国民生产总值的增长率（经济增长率）、固定投资率（资本积累率）和储蓄率及其变化等。市场质量又称为市场绩效，是市场流动性、波动性、透明度和有效性的综合反映。

一、市场管理

市场管理是指国家利用行政、法律手段和经济措施，对生产者和经营者在市场上从事的商品交换活动进行行政监督管理。习近平指出，“我们要改变市场管理模式，使市场在资源配置中起决定性作用，更好发挥政府作用”①。市场管理的主要任务是维护市场秩序，保护合法经营，取缔非法活动，做好市场服务工作，疏通商品流通渠道，活跃城乡经济。

在春秋战国时期，随着市场商品流通的发展，出现了明显的市场管理制度。《周礼》记载，当时市场设有管理的长官“司市”，下设管理出租地皮的“载师”、管理出入市场货物的“闾师”、辨别货物真伪的“胥师”、管理物价的“贾师”、维持市场秩序的“司虣”、检查服饰和物品是否合乎规格的“司稽”等官吏。但是，系统的、严密的市场管理，是随着资本主义的兴起、市场商品流通和商业的空前发展，才逐渐形成的。

在社会主义市场经济条件下，为了提升供给体系质量，推动高质量发展，必须净化消费市场、维护广大消费者权益，让人民群众买得放心、吃得安心、用得舒心，同样需要加强市场管理，保障商品生产、流通、消费规范有序运行，持续优化营商环境，不断改善消费环境。

在市场管理方面，我国尚面临如下挑战：

（一）信用体系发展滞后

目前，国家尚未制定统一的信用信息采集、归集和分类管理标准，各地区、各部门先行建设信用平台和出台相关标准，导致各地区、各行业的信用信息采集和信用平台建设标准各不相同，给地区间、行业间信用信息共享，以及国家信用平台归集地方信用信息带来困难。信息的采集、整合、共享等方面存在行业分割、区域分割现象，相关信息的共享和应用有待加强。

（二）市场治理体系尚需完善

适应市场治理要求的法律法规体系、标准体系、监管体系及诚信体系建设有待加快。一些法律法规或不适应新业态新模式发展需要，或在执行中存在配套法规不完善、与其他法律缺乏协调性等问题，部分行业市场自主制定的、快速反映需求的标准有效供给不足，还有的行业没有适应发展需要及时修订行业标准。

（三）监管体制机制有待创新

在一些地方或领域检查频次过高、多头执法、重复执法现象仍然存在。在人工智能、大数据、云计算等新技术蓬勃发展的数字经济条件下，对于新业态、新模式的有效

① 习近平：共建面向未来的亚太伙伴关系：在亚太经合组织第二十二次领导人非正式会议上的开幕辞．人民日报，2014－11－12.

监管仍在探索过程中。市场监管能力、手段和经验不足，监管体制机制改革难以适应市场融合跨界创新发展的要求。在利用互联网、大数据、云计算、人工智能、区块链等新兴技术加强事中事后监管、开展全网预警监测和风险防控、推进社会共治等方面，目前仍缺乏切实有效的政策手段。

党的十八大以来，党中央坚持社会主义市场经济改革方向，从广度和深度上推进市场化改革，减少政府对资源的直接配置，减少政府对微观经济活动的直接干预，不断完善产权保护、市场准入、公平竞争等制度，推进价格改革和土地、资本、劳动力、技术、知识、数据等重要生产要素市场化改革，加强反垄断、反不正当竞争，着力清除市场壁垒，提高资源配置效率和公平性，加快形成企业自主经营、公平竞争，消费者自由选择、自主消费，商品和要素自由流动、平等交换的现代市场体系，市场管理取得了明显成效，实现了人民群众没有后顾之忧敢消费、消费环境优获得感强愿消费。

二、市场管制与市场监管

（一）市场管制与市场监管的含义

市场管制是政府行政机构凭借法定权力对社会经济主体的经济活动所施加的某种限制和约束，其宗旨是为市场运行及企业行为建立相应的规则，以弥补市场失灵，确保微观经济的有序运行，实现社会福利的最大化。例如，新冠疫情暴发后，政府基于疫情防控的需要对口罩等防疫用品和民生用品进行价格管制。市场管制的手段主要是行政性许可、认可、控制和禁止等能够直接决定市场结果的行政性干预措施，包括准入资格限制，经营地域 、经营范围、经营规模、经营数量和销售价格的限制等。

市场监管是政府为了维护市场机制的有序运行，尊重经济主体的自主决策，改善市场功能，弥补市场失灵，仅对阻碍市场机制发挥职能的行为加以约束和限制，以避免出现危害社会的经济行为和市场结果。市场监管主要体现为审核市场准入和行为适当性、促进公平交易、防范道德风险等间接调控管理措施，包括市场主体能力审查，强制信息披露，对内幕交易、利益输送、虚假信息传播、虚假陈述、市场操纵、网络欺诈等的禁止性要求及相关处罚等。例如，为了积极稳妥推进油气行业上、中、下游体制机制改革，确保稳定可靠供应，党和国家及时作出决策，“要进一步深化石油天然气市场体系改革，加强产供储销体系建设。要加大市场监管力度，强化分领域监管和跨领域协同监管，规范油气市场秩序，促进公平竞争”①。

（二）市场管制与市场监管的关系

市场管制和市场监管既有共性又各具特色，相互区别。二者的共性主要体现在：首先，市场管制和市场监管的目的都是实现推动经济增长、提高经济效率、保护市场参与

① 建设更高水平开放型经济新体制 推动能耗双控逐步转向碳排放双控．人民日报，2023－07－12.

者合法权益、维护市场竞争秩序等社会目标。其次，市场管制和市场监管都要依赖立法、行政裁决、行政确认、行政命令、行政指导及保障其执行、实施的制度规则体系。最后，良好的市场管制或市场监管都可以在一定程度上与自由市场机制形成互补，保障公平竞争，推动高质量发展，促进共同富裕，弥补市场失灵，改善市场运行的质量和效果；不到位的市场管制或市场监管都可能破坏市场有效性，造成市场失灵。

市场管制与市场监管的区别在于：一是市场管制比市场监管更具有强制力的单向性。行政管理部门更加重视秩序、安全、稳定等目标时，可以采取行政监督检查、行政征收、行政处罚、行政强制等一系列单向管制措施，直接、迅速地实现预期目标。二是市场管制具有歧视性，而市场监管具有公平性。在市场进入方面，市场管制通常直接决定可以进入市场的主体范围，被排除在外的市场主体即使具有竞争力也没有机会进入市场。在市场行为方面，市场管制还有可能给同一市场中不同的市场主体带来机会和结果上的不公，如金融市场中金融服务供给方得到更多管制性保护，而金融消费者受到的利益保护不足。市场监管则要求不同的市场主体适用相同规则，接受监管。三是市场管制的效果通常体现为行政决定，而市场监管的效果体现为市场决定。市场管制会限制市场竞争的效率和作用，经济行为的结果主要由市场管制规则决定。而在市场监管条件下，市场竞争仍发挥主要作用，市场监管主要通过改变市场竞争条件影响经济结果。有效的市场监管将会保护和激发企业活力，维护公平竞争的市场环境，推动更多优秀企业在市场竞争中脱颖而出。

三、市场规则

市场规则可以分为市场进出规则、市场竞争规则、市场交易规则和市场仲裁规则四个方面。加快建设高效规范、公平竞争、充分开放的全国统一大市场，建立全国统一的市场制度规则，促进商品要素资源在更大范围内畅通流动，需要不断强化市场规则，打造规则统一、监管协同的市场，不断建立健全公平、开放、透明市场规则，“增强微观主体活力，发挥企业和企业家主观能动性，建立公平开放透明的市场规则和法治化营商环境”①。

（一）市场进出规则

市场进出规则是市场主体和市场客体（主要是商品）进入或退出市场的行为准则与规范。市场主体进入市场，从事生产经营活动必须具备合法的身份和资质。市场主体退出市场如破产、歇业、兼并、收购等，要符合一定的法律程序。

市场客体进出规则旨在确保市场主体和商品进出市场的行为规范化，是保证市场有序竞争、高质量运行的重要制度基础。市场客体上市交易必须合法。商品的质量、计量及包装等必须符合有关规定，凡质量低劣、假冒伪造、“三无”（无商标、厂址、厂名）、过期失效、明令淘汰、有害身心健康的商品，不能进入市场。

---

① 中央经济工作会议在北京举行．人民日报，2018－12－22.

（二）市场竞争规则

党和国家一直致力于完善产权保护、市场准入、公平竞争、社会信用等市场经济基础制度，加强反垄断和反不正当竞争，为各类经营主体投资创业营造良好环境，激发各类经营主体活力。市场竞争规则是国家为维护市场各主体之间等价交换、公平竞争，根据市场经济的内在规定和要求，依法确立的市场竞争行为准则与规范。市场竞争规则是市场主体之间地位平等、机会均等竞争关系的制度体现。它主要由三个部分组成：

1. 禁止不正当竞争行为。不正当竞争行为是指经营者采用混淆、欺骗、胁迫、利诱、诋毁、不当有奖销售以及其他违背公平竞争准则的手段，从事市场交易，损害竞争对手利益的行为。不正当竞争行为主要有：(1) 欺骗性不正当竞争行为，包括假冒注册商标，仿冒知名商品，擅自使用他人企业名称、网站名称、网页或姓名，伪造或冒用商品质量标志，虚假广告宣传，欺骗性有奖销售与巨奖销售，欺骗性价格竞争与暴利行为等。(2) 侵犯商业秘密行为，即不正当地获取、披露、使用或允许他人使用权利人商业秘密的行为。(3) 诋毁竞争对手商业信誉与商品声誉的行为，即经营者以排挤竞争对手为目的，通过捏造、散布虚伪信息，对竞争对手商业信誉和商品声誉进行恶意诋毁、贬低，以削弱其市场竞争能力的行为。(4) 商业贿赂行为，即经营者在市场交易中，以秘密支付财物或其他报偿为手段，以取得有利于自己的交易机会和交易条件的行为。(5) 干扰市场正常交易的行为，如强买强卖，利用顾客连环推销等。(6) 不当有奖销售行为，例如，所设奖的种类、兑奖条件、奖金金额或者奖品等有奖销售信息不明确，影响兑奖；采用谎称有奖或者故意让内定人员中奖的欺骗方式进行有奖销售；抽奖式有奖销售，最高奖金金额超过 5 万元等。有奖销售是经营者的一种促销手段，正当的有奖销售，是法律允许的；而不正当的有奖销售，不仅会损害同业竞争者的利益，而且会损害消费者的利益和公序良俗。(7) 网络不正当竞争行为，是指经营者利用技术手段，通过影响用户选择等方式妨碍、破坏其他经营者合法提供的网络产品或者服务正常运行的行为。例如，未经其他经营者同意，在其合法提供的网络产品或者服务中，插入链接，强制进行目标跳转；误导、欺骗、强迫用户修改、关闭、卸载其他经营者合法提供的网络产品或者服务；恶意对其他经营者合法提供的网络产品或者服务实施不兼容等。

2. 禁止限制竞争行为。限制竞争行为是指经营者滥用其拥有的市场优势地位和市场权力，单独或两个以上经营者通过协议等方式就交易价格、销售、交易条件等方面协调一致，妨碍公平竞争，排挤竞争对手或者损害消费者权益的行为。限制竞争行为主要有：(1) 附条件交易行为，即经营者利用其市场优势，违背对方交易人的意愿，在提供商品或服务时强迫他人购买其不需要、不愿购买的商品或服务，或者接受其他不合理的条件的行为。(2) 强迫交易行为，即采用胁迫或其他强制手段从事交易，强买强卖商品，强迫他人提供或者接受服务，强迫他人参与或者退出特定的经营活动以及妨碍他人从事市场交易的行为。(3) 超经济强制行为，即利用行政力量，限制和破坏正常市场竞争的行为。(4) 低价销售排挤竞争对手的行为，即经营者以低于成本的价格抛售商品，排挤竞争对手，使其利益严重受损或被迫退出市场，从而在一定市场范围内减少或消除竞争，获取非法高额利润的行为。(5) 限制竞争协议行为，即两个或两个以上的经营者以协议、决议或者其他联合方式，共同决定商品的价格、产销量、技术标准、交易客户、交易地区等，从而限制市场竞争，牟取超额利润的行为。在全球营销实践中，限制竞争协议可以分为横向限制竞争协议（horizontal agreements among competitors）和纵向限制竞争协议（vertical agreements between buyer and sellers），前者是指处于同一环节的两个或多个竞争者（如两个制造商、两个批发商、两个零售商）之间签订的限制竞争的协议，后者是指出售者和购买者（生产商与批发商、批发商与零售商）之间签订的限制竞争协议。(6) 串通投标行为，即投标者私下串通投标报价，为排挤竞争对手而恶意抬高或压低标价，损害招标者或其他投标者利益，或者投标者与招标者相互勾结、串通投标，共同损害招标者或其他投标者利益的行为。

3. 禁止垄断行为。垄断行为是指通过独占、兼并、独家交易（只允许经销商销售某一家企业的商品）、股份保有（持有其他企业的股份）、董事兼任等形式，达到完全、永久地排斥竞争对手，取得独占、控制和支配市场的行为。根据《中华人民共和国反垄断法》，垄断行为包括：(1) 经营者达成垄断协议；(2) 经营者滥用市场支配地位；(3) 具有或者可能具有排除、限制竞争效果的经营者集中。

（三）市场交易规则

市场交易规则是各市场主体在市场上进行交易活动所必须遵守的行为准则与规范，包括市场交易方式的规范和市场交易行为的规范。

（四）市场仲裁规则

市场仲裁规则是市场仲裁机构在对市场主体之间的经济纠纷、法律争议、合同异议等进行仲裁时必须遵守的行为准则和规范。市场仲裁规则的基本原则包括：(1) 自愿原则，当事人采用仲裁方式解决纠纷，应当双方自愿，达成仲裁协议；(2) 独立原则，仲裁依法独立进行，不受行政机关、社会团体和个人的干涉；(3) 合法、公平原则，仲裁应当根据事实，符合法律规定，公平合理地解决纠纷。

四、营销管理及其任务

构建新发展格局的关键在于经济循环的畅通无阻，构建新发展格局最本质的特征是实现高水平的自立自强，新发展格局为营销管理提供了用武之地。营销管理是指为了实现企业目标，创造、建立和保持与目标市场之间的互利交换关系，而对设计方案进行分析、计划、执行和控制。营销管理的实质是需求管理。企业在开展营销的过程中，一般要设定一个在目标市场上预期要实现的需求水平，然而实际需求水平可能低于、等于或高于这个预期的需求水平。换言之，在目标市场上，可能没有需求、需求很小或需求超量。营销管理者必须准确把握新发展阶段，深入贯彻新发展理念，为加快构建新发展格局、加强需求侧管理作出贡献，积极、主动、有效地应对不同的需求状态。

营销管理的任务，就是为促进企业目标的实现而调节需求的水平、时间和性质。在目标市场中，根据需求水平、时间和性质的不同，可归纳出八种不同的需求状态。在不同的需求状态下，营销管理的任务有所不同（见表 4－1）。

表 4－1　不同需求状态下营销管理的任务

序号	需求状态	营销管理的任务
1	负需求	转化营销
2	无需求	刺激营销
3	潜伏需求	开发营销
4	下降需求	重振营销
5	不规则需求	协调营销
6	充分需求	维持营销
7	过量需求	降低营销
8	有害需求	抵制营销

（一）负需求

负需求是指绝大多数人对某个产品感到厌恶，甚至愿意付费回避它的一种需求状态。在负需求的情况下，营销管理的任务是转化营销，即分析市场为什么不喜欢某个产品，以及能否通过重新设计产品、降低价格和积极促销的营销方案，来改变消费观念和客户态度，将负需求转变为正需求。

（二）无需求

无需求是指目标市场对产品毫无兴趣或漠不关心的一种需求状态。通常，市场对下列产品无需求：人们一般认为无价值的废旧物资；人们一般认为有价值，但在特定市场环境下无价值的东西；新产品或消费者平常不熟悉的物品等。在无需求的状态下，营销管理的任务是刺激营销，即通过宣传、沟通、大力促销及其他营销措施，努力将产品所能提供的利益与人的各层次需要和兴趣联系起来，刺激消费者采取购买行动。

（三）潜伏需求

潜伏需求与潜在需求不同。潜在需求是指消费者对某些产品和服务有消费需求而无购买力，或虽有购买力但并不急于购买的需求状态。而潜伏需求是指相当一部分消费者对某物有强烈的需求，而现有产品或服务又无法使之满足的一种需求状态。在潜伏需求的状态下，营销管理的任务是开发营销，即开展营销研究和潜在市场范围的测量，进而开发有效的产品和服务来满足这些需求，将潜伏需求变为现实需求。

（四）下降需求

下降需求是指由于消费行为变化、科学技术创新、竞争者营销创新等因素，市场对产品或服务的需求呈下降趋势的一种需求状态。在下降需求的状态下，营销管理的任务是重振营销，即分析需求衰退的原因，进而采取改进产品外观、增进服务特色以及开展更有效的沟通、传播等方式重新刺激需求，使老产品开启新的生命周期，并通过创造性的产品再营销来扭转需求下降的趋势，进而谋求开拓新的目标市场。

（五）不规则需求

不规则需求是指某些产品或服务的市场需求在一年的不同季节，或一周的不同日子，甚至一天的不同时间波动很大的一种需求状态。在不规则需求的状态下，营销管理的任务是协调营销，即通过灵活定价、抽奖、预售、满减、满赠、秒杀、直降、免邮、赠券促销、积分返现及其他刺激手段来调适或改变需求的时间模式，使产品或服务的市场供给与需求在时间上协调一致。

（六）充分需求

充分需求是指某种产品或服务的当前需求水平和时间与预期的需求水平和时间相同的一种需求状态。这是企业最理想的一种需求状态。但是，在现实的动态市场上，消费者偏好不断变化，竞争日益激烈。因此，在充分需求的状态下，营销管理的任务是维持营销，即努力保持及改进产品质量，经常测量消费者满意程度，以保持并改进服务质量，通过降低成本来保持合理价格，同时大力促销，努力维持目前的需求水平。

（七）过量需求

过量需求是指某种产品或服务的市场需求超过了企业所能供给或所愿供给的水平的一种需求状态。在过量需求的状态下，营销管理的任务是降低营销，即通过提高价格、合理分销、减少服务和促销等措施，暂时或永久地降低市场需求水平，或者设法降低盈利较少的市场的需求水平。需要强调的是，降低市场需求并不是杜绝需求。

（八）有害需求

有害需求是指市场对某些有害物品或服务的需求。对于有害需求，营销管理的任务是抵制营销，即劝说喜欢有害产品或服务的消费者放弃这种爱好和需求，大力宣传有害产品或服务的严重危害性，大幅度提高价格，以及停止生产供应等。降低营销与抵制营销的区别在于：前者是采取措施减少需求，后者是采取措施消灭需求。

五、营销管理过程

营销管理过程是指企业为实现其任务和目标而发现、分析、选择和利用市场机会的管理过程，包括制定营销战略和计划，获悉营销洞见，联系客户，创建强势品牌，创造价值，传递价值，传播价值，为了长期成功而负责任地开展营销等。更具体地说，营销管理过程包括如下步骤：分析市场机会、选择目标市场、设计营销组合和管理营销活动。

（一）分析市场机会

市场需求不断变化，任何产品都有生命周期，任何企业都不能永远依靠现有产品过日子，必须经常寻找、发现新的市场机会。市场机会是指有利于企业发挥竞争优势进而获得更佳市场地位的环境发展趋势和尚未得到满足的需求。营销人员可采取以下方法来寻找、发现市场机会：（1）收集市场信息。（2）分析产品/市场矩阵（见表 4-2）。

(3) 进行市场细分。(4) 进行协同分析。协同分析是指通过寻找营销效率和研发-生产效率之间的最佳平衡来发现市场机会。这种寻找市场机会的方法不仅可以用于通过兼并和收购获得的外部协同，也适用于产品开发或寻找新市场的内部协同。

表 4-2 产品/市场矩阵

	现有市场	新市场
现有产品	市场渗透	市场开发
新产品	产品开发	多元化增长

(二) 选择目标市场

在分析市场机会之后，还要进一步进行营销研究和信息收集工作，如市场测量和市场预测工作等，据此决定企业应当生产经营哪些新产品，应当以哪个或哪些市场为目标市场。企业选择目标市场可以考虑下列策略（如图 4-3 所示）。

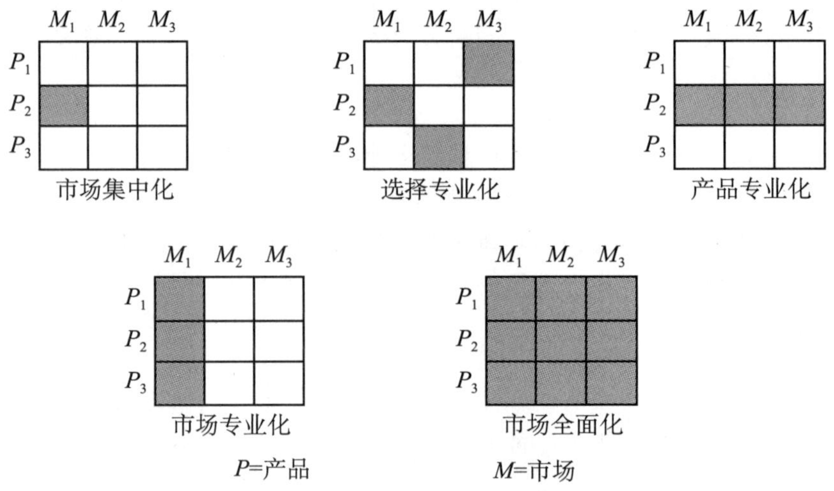

图 4-3 目标市场选择策略

1. 市场集中化。企业只选择一个目标市场，只生产一类产品，供应单一的客户群。

2. 选择专业化。企业有选择地进入几个不同的子市场。每个子市场都具有良好的盈利潜力，且与企业的目标和资源条件相符合。

3. 产品专业化。企业同时向几个子市场销售一种产品。企业通过这种策略可在特定的产品领域树立良好的形象。

4. 市场专业化。企业集中力量满足某一特定子市场的各种需要。这种策略能更好地满足客户需求，树立良好的信誉，还可以向这一子市场销售新产品。

5. 市场全面化。企业为所有子市场提供其需要的所有产品。只有实力强大的大企业才能采取这种策略。

(三) 设计营销组合

营销战略包括两个不同而又互相关联的部分：一是目标市场，即一家企业拟投其所好、为之服务而且需求偏好颇为相似的客户群；二是营销组合，即企业为了满足目标客户群的需要而加以组合搭配、灵活运用的可控变量。

尼尔·博登（Neil Borden）于 1953 年率先提出“营销组合”（marketing mix）概念。20 世纪 40 年代末，营销学科正经历转型。学术界对职能学派营销思想的兴趣逐渐弱化，因为该学派对营销者面临的问题和挑战视而不见，封闭、僵化地一味关注营销职能的阐述。与此同时，营销思想的管理学派因为关注营销实践、坚持问题导向而迅速崛起。在此背景下，詹姆斯·卡利顿（James Culliton）率先提出了营销者就是“元素组合者”的思想，博登受此启发进而提出了“营销组合”概念，在学术界赢得了广泛赞同和积极响应，人们开始纷纷讨论这一组合应包括哪些元素。当时，比较一致的看法是要想确定构成组合的元素，需要充分考虑消费者对哪些因素反应明显。博登在 20 世纪 40 年代末期提出了一个包含 12 种元素的模型。1960 年，尤金·杰罗姆·麦卡锡（Eugene Jerome McCarthy）出版了《基础市场学：管理方法》一书，创新性地提出了便于记忆而且流行至今的营销组合 4P 学说，即营销组合由产品、价格、渠道和促销（传播）构成。关于营销组合的内容会在后续章节详细介绍。

（四）管理营销活动

企业营销管理过程的第四个步骤是管理营销活动，即营销分析、营销计划、营销执行和营销控制。这是整个营销管理过程中的一个关键的、极其重要的步骤。企业制订营销计划是为了指导营销活动，实现既定的战略任务和目标。但制订营销计划仅仅是营销管理工作的开始。企业制订营销计划之后，要花很大力气执行和控制营销计划（如图 4-4 所示）。

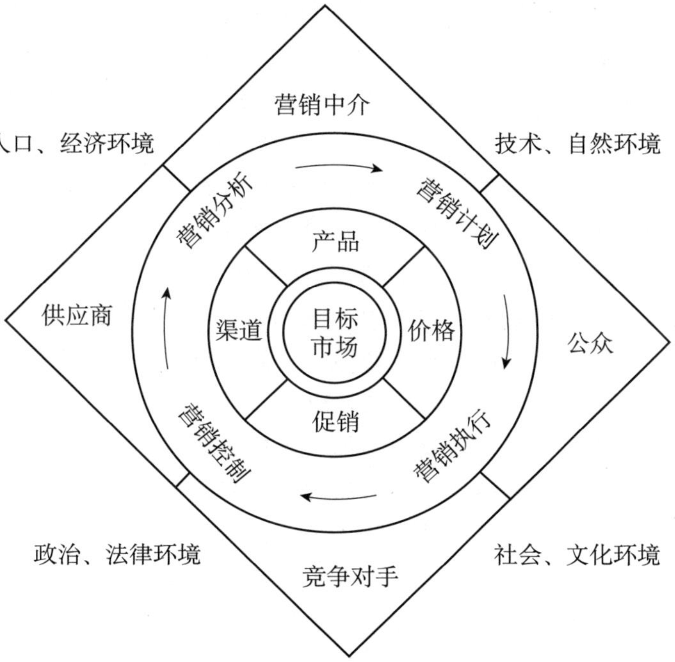

图 4-4 管理营销活动

重要概念

营销战略	战略计划	战略计划过程	战略业务单元
密集增长战略	市场渗透	市场开发	产品开发
一体化增长战略	多元化增长战略	同心多元化	水平多元化
市场经济	市场机制	市场体系	市场管理
市场规则	市场监管	营销管理	

复习题

1. 如何从不同视角理解战略与策略的关系？
2. 战略计划过程的主要步骤有哪些？
3. 如何从不同视角全面理解市场体系？
4. 如何理解中国的市场管理、市场规则与市场监管？
5. 不同需求状态下营销管理的任务有哪些？
6. 如何理解市场经济、市场机制与市场体系的关系？

案例分析

三一重工的数字化转型

三一重工是中国最大的工程机械制造商之一。公司业务和产业基地遍布全球，在国内北京、长沙、上海、乌鲁木齐等多地建有产业园，在美国、德国、印度等建有海外研发和制造基地，为全球提供产品和服务。近年来，三一重工启动数字化转型，投资近百亿元对旗下数十座工厂的制造、生产、销售和服务等环节进行优化，运用 IT 技术进行计算、存储、分析，提供 IT 信息服务。经过近 3 年的可持续 IT 运营发展，三一重工成为全球制造行业首家获认证的"灯塔工厂"，积极推进数智化转型，实现智能产品、智能制造、智能运营。到 2024 年初，三一重工数智化布局成效显著，电动化产品引领行业，为国内工业制造行业提供了一条经过实践验证的数字化转型之路。

三一重工初始做数字化转型的目的是希望通过设备连接采集动态数据，通过数据分析来提高整体运营能力，但由于找不到合适的技术提供方，三一重工只好依靠自主研发，从底层控制软件做到成熟的应用平台。企业依靠技术手段实现的大数据深度获取、分析，对企业生产经营特别是服务产生的影响可能表现在两个方面：第一，企业通过运用机器学习、数据挖掘技术对包括客户及其他核心利益相关者在内的主体行为特征进行深度分析，进而构建出更加准确的数字画像，方便企业开展更加聚焦、定向的服务；搭载了传感器、数据处理以及网络通信技术的智能产品，由于天然具备服务属性，能够更好地提供客户体验。第二，企业通过设计、工艺、制造的一体化、数字化改造，可以消除内部不同环节、部门之间的壁垒。蕴含在生产运营过程中的数据也为制造企业提高内部服务化效率创造了更大空间，数据可视化之后，企业可以依赖实时数据而非经验指导决策，这些措施的推进都将提高以员工为核心的内部服务水平。

在客户需求驱动方面，伴随着模仿型排浪式消费阶段的结束，个性化、多样化消费渐成主流，制造企业不再满足于单纯的设计、生产与交付，而是需要应对更加复杂的交互环境与资源协同场景。从客户本质需求出发，涵盖产品、服务和系统三大要素的综合解决方案正在越来越多地取代由售后、安装、维护等构成的基础服务化内容。融合了数字技术和服务化全价值链的场景式消费是当前制造企业致力发展的新方向。在提供常规服务之外，三一重工也创设了具有场景化的“生态智慧风电”、“矿山开采”、“智慧码头”以及“应急救援”等整体解决方案。在这些场景式消费中，客户关注的不仅是产品的物质性需求、功能性需求，还包括情感性需求和体验性需求。针对特定场景下客户的特殊需求，企业需要构建更细腻的客户服务方案，这进一步促使企业将产品之外的其他要素，如情感或关系等纳入设计范畴，并且能够迅速链接到服务这一过程可能用到的各种资源。从客户角色来看，单纯的消费者、使用者已不足以定义完整的客户身份。组织边界淡化以及数字技术支撑使得客户拥有更多机会通过提供知识经验以及新价值创造的方式，参与企业生产、设计、制造、营销等环节。三一重工在产品生产过程中将客户意见纳入产品设计过程，从而在设计之初就不断改进完善，形成个性化产品。在后续使用过程中，三一重工也非常重视客户满意度指标，将客户投诉处理工作搬到线上。客户的深度参与为企业获取全面客户信息提供了重要依据，也为进一步服务创新提供了市场保障。

三一重工在数字化转型过程中，主动拥抱数字变革。与优云携手共建的运维平台夯实沉淀了集团数据资产，提升了运维保障能力和自动化管理水平等，满足了集团业务支撑需求。以数字科技赋能经营，在数字产业升级的带动下，组织产能提升 70%、制造周期缩短 50%、自动化率提升至 90%。未来，三一重工将继续积极探索集团发展新模式新业态，布局智能运维平台建设，持续增强数据治理，采用大数据分析、机器学习和 AI 算法等关键技术，进一步提升数字化运营能力，科学规划，让决策更精准，为集团数字化转型和业务可持续性发展保驾护航。

资料来源：三一重工：料 2024 年国内需求将回暖，业绩拐点在即（中信证券研报）．（2024－01－01）．每日经济新闻；重磅！831 万元创作激励招募！三一正式发布灯塔计划．（2024－01－12）．https：//news. lmjx. net/2024/202401/2024011209544996. shtml.

思考题

三一重工的数字化转型对于企业提升营销绩效具有哪些战略意义？

第5章

中国市场环境分析

本章要点

- 中国优化营商环境的新举措
- 市场主体面临的新环境
- 市场环境分析应遵循的主要原则
- 宏观市场环境对市场营销的影响
- 中国市场环境的优势

党的二十大报告多处强调要优化企业发展环境，营造市场化、法治化、国际化一流营商环境。中国企业虽然受到国内外市场环境变化带来的巨大压力，但中国经济韧性强、潜力足、长期向好的基本面没有改变。中国具有超大规模市场优势和广阔的市场空间，加快建设全国统一大市场，营造促进企业家公平竞争、诚信经营的市场环境①，必将为企业市场活动提供更多的机会，进一步增强市场主体的经营活力。企业家是要素整合者、市场开拓者、创新推动者，必须密切关注市场环境带来的机会和挑战，科学评估市场环境，及时制定有效对策。

第1节　中国市场环境、市场机会与市场挑战

一、营商环境

（一）营商环境及相关概念

自2003年起，世界银行每年都会在对全球100多个经济体进行营商环境评估的基

---

① 习近平：拓展改革督察工作广度深度 提高发现问题解决问题实效．人民日报，2017-04-19.

础上，发布不同主题的营商环境报告，为各经济体创造良好营商环境提供了对比、借鉴和参考依据。

通常，一个地区或国家的自然禀赋和硬件设施，如地理位置、矿产资源、高速公路、电网、电信网络、科研机构等，可称为物质环境，又叫作投资硬环境。而除物质环境以外的诸如公民素质、社会舆论、政策、文化、制度、法律、思想观念等外部因素和条件，可称为制度环境或投资软环境，大体可分为政治环境、经济环境、社会环境、文化环境等。物质环境和制度环境共同构成了一个国家或地区整体的发展环境。

世界银行将营商环境界定为企业在申请开设、生产经营、贸易活动、纳税、关闭及执行合约等方面遵循政策法规所需要的时间和成本等条件的总和。也有学者认为，营商环境是指市场主体开展经营活动的各种环境和条件，包括影响市场主体行为的政治、经济、文化等各种因素，是一个国家或地区有效开展交流、合作以及参与竞争的基础。

（二）营商环境的特性

我们认为，营商环境是指一个国家或地区的市场主体面临的包括政治环境、市场环境、法治环境、基础设施环境、要素环境等在内的发展环境，是政府提供的各种正式制度以及已存在的各种非正式制度的外在表现。

营商环境在某种程度上也可以说是政府为社会和市场提供的一种公共产品，具有公共价值的特性。它与政府规制密切相关。政府规制是指市场经济条件下政府为实现某些公共目标，对特定产业和市场主体的进入、退出、资质及涉及国民健康、生命安全、可持续发展等的行为进行监督、管理、规范与制约等各种活动。

近年来，我国各地政府在地区间竞争日趋激烈的现实下，或以世界银行营商环境评估为模板，或借助高校院所等的智力支持，陆续开展了各种形式的营商环境评估实践探索，有力地推动了地区营商环境的优化，促进了政府改革与社会治理、市场完善的有机结合，推动了中国整体营商环境的改善。诚如习近平指出的，“要完善开放型经济新体制的顶层设计，深化贸易投资领域体制机制改革，扩大市场准入，全面优化营商环境，完善服务保障体系”①。

（三）优化营商环境的战略举措

党的二十大以来，我国持续优化营商环境，不断激发市场活力。

1. 深化“放管服”改革。持续深化行政审批制度改革，推进政务服务标准化规范化便利化，减少企业经营许可事项，改革完善生产许可制度，简化生产许可证审批程序。加快建立全方位、多层次、立体化监管体系，实现事前事中事后全链条全领域监管。提升企业开办迁移登记“一件事一次办”工作效率，简化普通注销程序，建立健全企业破产和自然人破产制度。加快推动市场数据跨部门共享，规范商业机构数据公开使用与发布。

2. 完善现代产权制度。加强产权保护和激励，健全完善以公平为原则的产权保护制度，完善产权执法司法保护制度，全面依法平等保护各类产权。强化知识产权全链条

① 建设更高水平开放型经济新体制 推动能耗双控逐步转向碳排放双控．人民日报，2023－07－12.

保护，提升知识产权保护专业化现代化智能化水平，净化消费市场，维护广大消费者利益，建立健全知识产权侵权快速反应、惩罚性赔偿等机制。加强数据、知识、环境等领域产权制度建设，延伸知识产权维权援助网络，完善自然资源资产产权制度和法律法规。完善国有产权交易制度，完善农村集体产权确权和保护制度。

3. 健全社会信用体系。社会信用体系是市场经济基础制度的重要组成部分。当前，我国社会信用体系建设在法治化、规范化等方面还存在薄弱环节。为此，国家发展改革委会同有关部门制定了《2024—2025年社会信用体系建设行动计划》，进一步推动社会信用体系建设高质量发展，致力于完善统一社会信用代码机制，健全信用修复制度，推进社会信用立法，依法依规加强信用信息归集、共享、公开、应用。加强诚信文化建设和宣传教育，营造公平诚信的市场环境和社会环境，以健全的信用机制畅通国内大循环，以良好的信用环境支撑国内国际双循环相互促进，以坚实的信用基础促进金融服务实体经济，以有效的信用监管和信用服务提升全社会诚信水平。

（四）市场主体与营商环境的关系

市场主体在中国主要表现为各种所有制形式的企业和个体工商户。党的二十大报告指出，“优化民营企业发展环境，依法保护民营企业产权和企业家权益，促进民营经济发展壮大”。目前民营经济在全国市场主体中占比已达到90%以上，它们既是营商环境的受益者，也是营商环境的塑造者。“春江水暖鸭先知”，民营经济无处不在的分布特点，使得它们与营商环境接触最多、最直接，对营商环境的感触也最真切、最全面，所以营商环境最佳的评价主体就是广大民营企业。

有学者比较了国有企业与民营企业对营商环境的反映，分析指出国有企业的运营更多得力于政府的政策支持，而民营企业所能获取的政策支持相对较少，其在经营中遇到的各种困难和阻碍才是对中国营商环境的客观反映。民间投资是反映经济活跃程度、增强经济内生动力的关键因素，也是衡量各地营商环境优劣的重要指标。

世界银行对发展中国家私人投资行为的调查显示，对投资者的法律保护、政府或各方的承诺、政府效率、法律裁定的独立性、明晰的退出规则、市场化程度、腐败等级是企业家最关注的环境因素，也是营商环境评估指标的要点。

二、市场环境带来的机会和挑战

（一）分析市场环境因素

企业必须建立适当的系统，指定一些专业人员，采取适当的措施，经常监视和预测周围市场环境的发展变化，并善于分析和识别环境变化带来的主要机会和挑战，及时采取适当的对策，使经营管理与市场环境的发展变化相适应。“要坚持具体问题具体分析，‘入山问樵、入水问渔’，一切以时间、地点、条件为转移”①。只有善于分析环境、适

① 习近平在省部级主要领导干部学习贯彻党的十八届五中全会精神专题研讨班上的讲话．人民日报，2016-05-10.

应环境，才有可能取得营销的成功。

企业所处的环境在不断地变化，企业与环境之间的关系也在不断地变化。企业必须正确认识和把握其与环境之间的关系，制定相应的市场策略。诚如习近平指出的，“我们有些做法过去有效，现在未必有效；有些过去不合时宜，现在却势在必行；有些过去不可逾越，现在则需要突破。‘不日新者必日退。’‘明者因时而变，知者随事而制’”①。事业在发展，形势在变化，过去合理的现在可能已经不适应，以前长期有效的目前可能开始失灵。正所谓“昨日是而今日非矣，今日非而后日又是矣”②。企业在营销实践中，必须随时监测市场环境的最新动向。环境变了，企业的战略策略也要随机应变。

党的二十届三中全会提出，“高水平社会主义市场经济体制是中国式现代化的重要保障。必须更好发挥市场机制作用，创造更加公平、更有活力的市场环境”。市场环境是指影响企业市场活动及其目标实现的各种因素和动向（如图 5－1 所示），由企业和影响企业营销管理能力的外部因素组成，可分为宏观市场环境和微观市场环境。③ 对于企业管理者来说，宏观市场环境是必须接受的，而微观市场环境才是可以有所作为的。宏观市场环境只能承受，微观市场环境是奋斗后可以改变的。每个企业都和市场环境的某个部分相互影响、相互作用，我们将这部分环境称为相关环境。企业的相关环境总是处于不断的变化之中。在一定时期内，经营成功的企业一般是能够适应其相关环境的企业。企业得以生存的关键，在于它在环境变化需要新的经营行为时所具有的自我调节能力。自我调节能力强的企业总是随时关注环境的发展变化，及时获取有价值的市场洞见，通过事先制订的计划来控制变化，以保证现行战略适应环境变化。市场管理能力，主要是指构建和维护与目标客户的关系的能力。市场洞见，就是有关市场现象背后的原因及其对管理者具有启示性的诊断信息。

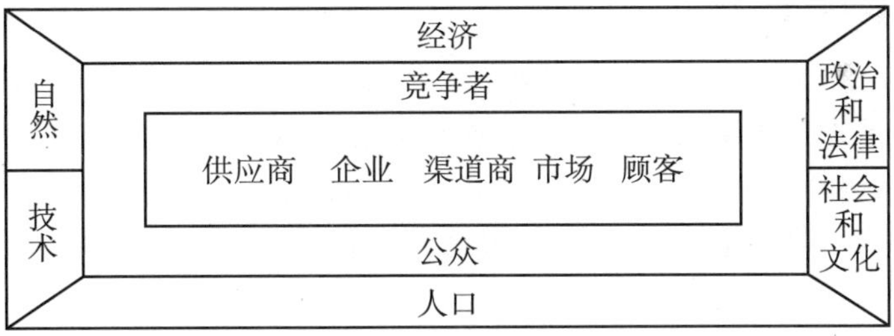

图 5－1　市场环境的构成

（二）市场环境分析的主要原则

1. 客观性原则。企业营销战略必须适应客观市场环境的发展变化。客观环境不是一成不变、静止不动的，而是在内外因素和一定条件的作用下进行转化。根据唯物辩证法，企业在分析市场环境时，必须坚持客观性原则，自觉做到实事求是、理论联系实

---

① 习近平十八大以来关于“宣传思想工作”精彩论述摘．(2014－08－19)．人民网．

② 习近平：领导好全面深化改革这场攻坚战．(2014－08－20)．人民网．

③ Kotler P，Armstrong G. Principles of marketing. 18th ed. Harlow：Pearson Education Limited，2021：84－86.

际、具体问题具体分析。只有这样，所得出的分析结论和营销对策才能真正符合客观实际，从而为营销战略的制定和实施奠定坚实基础。

2. 全面性原则。全面性是唯物辩证法的基本要求。习近平指出："唯物辩证法认为，事物是普遍联系的，事物及事物各要素相互影响、相互制约，整个世界是相互联系的整体，也是相互作用的系统。坚持唯物辩证法，就要从客观事物的内在联系去把握事物，去认识问题、处理问题。"① 要真正认识事物本质，就必须善于把握事物的内在联系，善于在矛盾的对立统一中认识和把握事物的规律性，而决不能知其一不知其二，知其然不知其所以然。市场环境分析的核心是经济环境的发展变化，但仅仅盯住经济环境是远远不够的，还应注重分析人口环境、自然环境、技术环境、政治和法律环境、社会和文化环境等宏观环境因素，以及企业、供应商、渠道商、市场、竞争者、公众等微观环境因素。各种营销宏观环境因素和微观环境因素的新发展新变化，都有可能给企业营销带来新机会或新挑战。如果在分析市场环境时忽视了某一个方面，或片面地认为某个方面不重要，就有可能影响企业营销的成功。

3. 系统性原则。任何事物都是客观存在的，世界的物质统一性在于其普遍联系性。客观存在、普遍联系的事物是一个矛盾体，矛盾双方既对立又统一，由此推动事物发展。系统性是市场环境分析必须遵循的一条重要原则。实践证明，越是营销任务艰巨、市场形势复杂，越要坚持系统性原则，它能引领企业在复杂环境中逆风前进、行稳致远。市场环境分析必须坚持系统性原则，善于从整体上、全局上、战略上认识问题、分析问题和解决问题，自觉摒弃孤立、片面、静止的观点，学会在事物发展过程中科学处理好具体营销问题。市场环境是一个由诸多领域、诸多方面构成的大系统，企业营销管理也是一个十分复杂的系统工程。市场环境分析的任何一个环节发生失误，都将影响整个营销战略的实施效果。

4. 重点论原则。习近平指出："要坚持'两点论'和'重点论'的统一，善于厘清主要矛盾和次要矛盾、矛盾的主要方面和次要方面，区分轻重缓急，在兼顾一般的同时紧紧抓住主要矛盾和矛盾的主要方面，以重点突破带动整体推进，在整体推进中实现重点突破。"② 两点论是指认识复杂事物的发展过程时，既要看到主要矛盾，又不能忽视次要矛盾；在认识某一矛盾时，既要看到矛盾的主要方面，又不能忽视次要方面。所以，两点论也就是全面论。重点论就是在认识复杂事物的发展过程时，要着重抓住它的主要矛盾；在认识某一矛盾时，要着重把握矛盾的主要方面。如果不分主次轻重、不抓重点，就会犯均衡论的错误。在分析市场环境出现的重大机会挑战或处理重大矛盾关系时，必须分清什么是重点、什么是一般，先解决什么、后解决什么。既要防止"眉毛胡子一把抓"，又要防止"捡了芝麻丢了西瓜"。要善于突出重点，抓住关键。企业为了行稳致远，在进行市场环境分析时，必须聚焦于如何满足人民日益增长的美好生活需要这个重点问题，致力于给人民群众带来更多获得感、幸福感和安全感。

5. 创新性原则。习近平指出："要遵循对立统一规律、质量互变规律、否定之否定

---

① 习近平．习近平谈治国理政：第二卷．北京：外文出版社，2017：204.

② 同①221.

规律，善于把握发展的普遍性和特殊性、渐进性和飞跃性、前进性和曲折性，坚持继承和创新相统一，既求真务实、稳扎稳打，又与时俱进、敢闯敢拼。”① 唯物辩证法认为，事物的发展过程既表现为量变质变的不断交替，也表现为肯定否定的循环往复。创新是事物发展过程不断由量变到质变、由肯定到否定这样一个通过循环往复达到不断推陈出新、新陈代谢的过程。创新是企业在复杂市场环境中生存发展的制胜法宝，是一个民族进步的灵魂，也是一个国家兴旺发达、不断进取的动力。市场环境分析的关键就在于创新，只有不断创新营销分析的方法、视角、程序，才能赢得高质量营销的主动权。唯改革者进，唯创新者强。只有坚持市场环境分析的创新性，才能提高应对策略的准确性和企业营销管理的整体效能，确保企业营销行稳致远，真正实现高质量营销和企业可持续发展。

（三）市场挑战与市场机会

市场环境发展趋势基本上分为两大类：一类是市场挑战，另一类是市场机会。

所谓市场挑战（又叫作环境威胁），是指环境中不利的发展趋势所形成的挑战，如果不采取果断的市场行动，这种不利趋势将损害企业的市场地位。企业营销人员应善于识别面临的市场挑战，综合研判、统筹谋划、有力应对，先按其严重性和出现的可能性进行分类，之后针对那些严重性大且可能性大的市场挑战制订应变计划。

所谓市场机会，是指对企业市场管理富有吸引力而且具有竞争优势的领域或动向。可以按吸引力以及成功的概率来对市场机会加以分类。企业在每一特定市场机会中成功的概率，取决于其业务实力是否与该行业所需要的成功条件相符合。“中国具有社会主义市场经济的体制优势、超大规模市场的需求优势、产业体系配套完整的供给优势、大量高素质劳动者和企业家的人才优势，经济发展具备强劲的内生动力、韧性、潜力。”②因此，企业开拓中国市场具有更加有利的环境条件和更多的市场机会。

市场机会具有随机性、时效性和潜在性等特征。市场机会的随机性是指市场机会的发现、利用没有固定模式可循。市场机会是一种偶然现象，但偶然存在于必然之中。在客观事物发展过程中，偶然和必然相互联系、相互作用，并在一定条件下相互转化，必然决定了客观事物发展方向，但它通过偶然开辟道路，经历着由可能变成现实的转化过程。市场机会的时效性是指市场机会只在一定时间内起作用，机不可失，时不再来。市场机会不是事物发生的常态现象，而是在特殊环境下出现的偶然契机，稍纵即逝。所以，企业应具有超前意识，在错综复杂、变幻莫测的环境中预测可能出现的市场机会，一旦机会到来，便立即行动，把有利的市场机会及时转变为现实的市场优势。市场机会的潜在性是指市场机会多处于隐而不露、间接迂回、蓄势待发的状态之中，要求企业管理者充分发挥主观能动性，按照认识事物的基本规律寻找机会、抓住机会、利用机会。

（四）市场环境评估

任何企业都面临若干市场挑战和市场机会。然而，并不是所有的市场挑战都一样

---

① 习近平．习近平谈治国理政：第二卷．北京：外文出版社，2017：221.

② 同心协力 共迎挑战 谱写亚太合作新篇章：在亚太经合组织工商领导人峰会上的书面演讲．人民日报，2023－11－18.

大，也不是所有的市场机会都有同样的吸引力。企业管理者可以用市场挑战矩阵和市场机会矩阵来对市场环境加以分析、评估（见图 5－2）。

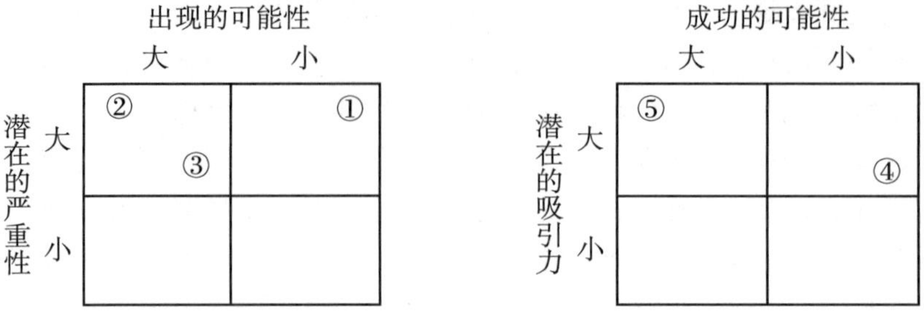

(a) 市场挑战矩阵　(b) 市场机会矩阵

图 5－2　市场环境评估

市场挑战矩阵的横向代表挑战“出现的可能性”，纵向代表挑战“潜在的严重性”，表示盈利减少程度。图 5－2 中的示例公司在市场挑战矩阵中有三个“市场挑战”，即动向①、②和③。其中挑战②和挑战③潜在的严重性大，出现的可能性也大。所以，这两个市场挑战是主要挑战，公司应十分重视这两个主要挑战。挑战①潜在的严重性大，但出现的可能性小，所以不是主要挑战。

市场机会矩阵的横向代表“成功的可能性”，纵向代表“潜在的吸引力”，表示潜在盈利能力。示例公司在市场机会矩阵中有两个“市场机会”，即动向④和⑤。其中最好的市场机会是⑤，其潜在的吸引力和成功的可能性都大；市场机会④潜在的吸引力虽然大，但成功的可能性小。

用上述方法来分析和评价企业经营的业务，可能出现四种不同的结果：

1. 理想业务，即高机会和低挑战的业务。

2. 风险业务，即高机会和高挑战的业务。

3. 成熟业务，即低机会和低挑战的业务。

4. 困难业务，即低机会和高挑战的业务。

图 5－2 中的公司共有两个主要市场挑战，以及一个最好的市场机会。所以，该公司经营的业务属风险业务。

三、应对市场机会和市场挑战

对于面临的市场机会和市场挑战，企业管理层应当做出什么反应或采取何种对策呢？

（一）应对市场机会

管理层对于企业面临的市场机会，必须慎重地评价其质量，准确认识、深入认识、全面认识，顺势而为、乘势而上。著名市场学者西奥多·莱维特（Theodore Levitt）曾告诫企业家要小心仔细地评价市场机会。他说：“这里可能是一种需要，但是没市场；或者这里可能是一个市场，但是没有顾客；或者这里可能有一些顾客，但目前实在不是一个市场。又如，这里对新技术培训是一个市场，但是没有那么多的顾客购买这种产品。那些不懂得这些道理的市场预测者对于某些领域（如闲暇产品、住房建筑等）表面上的机会曾做出惊人的错误估计。”

（二）应对市场挑战

企业对于面临的主要市场挑战有三种对策。

1. 反抗，即试图限制或扭转不利因素的发展。

2. 减轻，即通过调整营销组合等来适应环境，以减轻市场挑战的严重性。

3. 转移，即决定转向其他盈利更多的行业或市场。

第 2 节　微观市场环境与宏观市场环境

企业是在一定的市场环境下生存发展的。企业营销也要受到市场环境的影响和制约。习近平总书记非常重视优化营销流通环境，2021 年 3 月他在视察福建省星村镇燕子窠生态茶园时指出，要坚持绿色发展方向，强化品牌意识，优化营销流通环境，打牢乡村振兴的产业基础。① 在营销实践中，企业必须经常监测市场环境的发展变化，善于分析和识别影响企业发展的微观市场环境因素和宏观市场环境因素，及时采取适当的对策，使其经营管理与市场环境的发展变化相适应。

一、微观市场环境因素

微观市场环境是指对企业服务顾客的能力构成直接影响的各种力量，包括企业本身、供应商、渠道商、市场、竞争者和公众。这些都会影响企业为其目标市场服务的能力。分析微观市场环境的意义在于，明确企业在整个价值链或营销系统中的位置和角色，促使企业与各微观市场环境因素紧密配合、协调行动，力求取得“1＋1＞2”的效果。近年来，党中央多次强调，“改善企业微观环境，创造各类企业平等竞争、健康发展的市场环境”②。数字经济发展使得企业能够与不同利益相关者，包括下游的顾客和上游的供应商，建立协作关系，为企业开展市场活动创造了更为有利的微观市场环境。

（一）企业

企业本身包括营销部门、其他职能部门和管理高层（如图 5－3 所示）。企业为实现目标，必须进行生产、采购、研发、财务、营销等业务活动。而营销部门一般由营销副总裁、销售经理、推销人员、广告经理、营销调研经理、营销计划经理、定价专

---

① 在服务和融入新发展格局上展现更大作为 奋力谱写全面建设社会主义现代化国家福建篇章．人民日报，2021－03－26.

② 中共中央政治局召开会议．人民日报，2016－07－27.

家等组成。营销部门在制定决策时，不仅要考虑企业外部环境力量，而且要考虑企业内部环境力量。首先，要考虑其他职能部门（如生产部门、采购部门、研发部门、财务部门等）的情况，并与之密切协作，共同研究制订年度和长期计划。其次，要以管理高层确定的企业任务、目标、战略和政策等为依据，制订营销计划，报管理高层批准后执行。

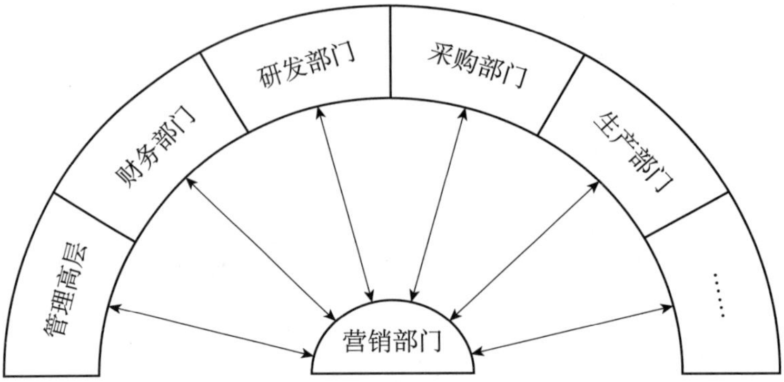

图 5－3 微观市场环境因素：企业

（二）供应商

企业越来越重视与供应链的其他成员（如供应商、经销商、代理商、最终用户等）展开深度合作，努力提升顾客价值传递网络的性能。所谓顾客价值传递网络，是指为了提升营销系统的整体绩效，由企业、供应商、经销商、代理商、最终用户等构成的相互密切合作、致力于传递顾客价值的网络系统。供应商是企业整个顾客价值传递网络中的重要环节，它是指向企业供应原材料、部件、能源、劳动力和资金等资源的企业和组织。营销经理必须关注供应品的及时性和成本变动，供应短缺或延迟会导致企业销售业绩下滑、顾客满意度和忠诚度降低。供应品的成本提高会导致企业产品售价上升，进而影响产品的市场竞争力和销售量。许多企业把供应商视为创造和传递顾客价值过程中的合作伙伴。近年来，制造业供应链面临着前所未有的挑战。新冠疫情、原材料价格上涨、西方逆全球化加剧，使供应链屡受冲击，庞大的制造体系暴露出脆弱的一面，供应链安全问题成为经济稳定和健康运行的重要挑战。为此，我国致力于完善新型举国体制，实施制造业重点产业链高质量发展行动，加强质量支撑和标准引领，提升产业链供应链的韧性和安全水平。

（三）渠道商

渠道商是指帮助企业销售、促销并将产品送达最终购买者的经销商、代理商、辅助商等机构。渠道商包括：(1) 经销商，即从事商品购销活动，并对所经营的商品拥有所有权的中间商，如批发商、零售商等。(2) 代理商，即协助买卖成交，推销商品，但对所经营的商品没有所有权的中间商，如经纪人、生产者代表等。(3) 辅助商，即辅助执行中间商的某些职能，为商品交换和物流提供便利，但不直接经营商品的企业或机构，如运输公司、仓储公司、快递公司、物流公司、电商平台、银行、保险公司、广告公司、营销调研公司、营销咨询公司等。

（四）市场

我国致力于建设全国统一大市场，主要举措包括：努力消除区域之间阻碍生产要素（资本、劳动等）流动以及商品和服务流通的区域壁垒、地方保护主义以及不合理政策，努力消除行业之间以及部门之间阻碍生产要素流动的垄断行为、行业壁垒以及不合理政策和规定。党的二十届三中全会进一步作出全面部署，指出要“构建全国统一大市场。推动市场基础制度规则统一、市场监管公平统一、市场设施高标准联通。加强公平竞争审查刚性约束，强化反垄断和反不正当竞争，清理和废除妨碍全国统一市场和公平竞争的各种规定和做法”。

市场既是企业服务的对象和目标，又是影响企业营销绩效的一个微观市场环境因素。只有更好地了解市场，才能有效地服务市场。根据购买者及其购买目的进行市场划分，市场的类型包括：（1）消费者市场，即为了个人消费而进行购买的个人和家庭所构成的市场；（2）生产者市场，即为了生产、取得利润而进行购买的个人和企业所构成的市场；（3）中间商市场，即为了转卖、取得利润而进行购买的批发商和零售商所构成的市场；（4）政府市场，即为了履行职责而进行购买的政府机构所构成的市场；（5）国际市场，即由国外的消费者、生产者、中间商、政府机构等构成的市场，如图 5－4 所示。

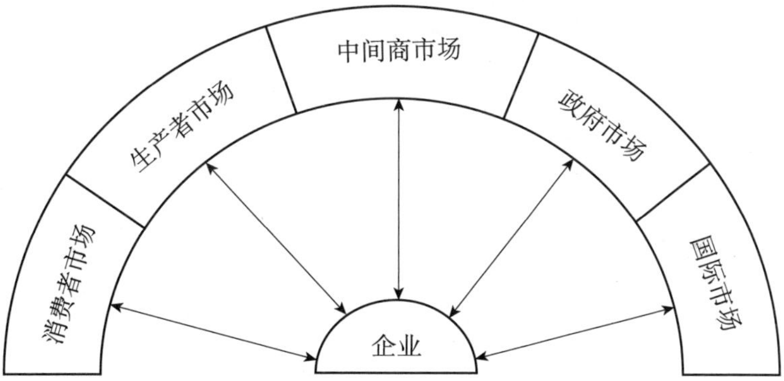

图 5－4　微观市场环境因素：市场

（五）竞争者

企业要想在市场竞争中获得成功，就必须比竞争者更有效地满足消费者的需要与欲望。因此，企业要做的不仅仅是迎合目标顾客的需要，还要通过有效的产品定位，使得企业产品与竞争者产品在顾客心目中形成明显差异，从而取得竞争优势。竞争者包括：（1）愿望竞争者，即能够满足消费者目前的各种愿望的提供者。（2）一般竞争者，即能够以各种方法满足购买者某种愿望的产品提供者。（3）产品形式竞争者，即能满足购买者某种愿望的各种型号产品提供者。（4）品牌竞争者，即能满足购买者某种愿望的同种产品的各种品牌提供者。

（六）公众

公众是指对企业实现营销目标构成实际或潜在影响的任何群体或机构，包括：（1）金融公众，即影响企业取得资金能力的任何集团，如银行、投资公司等。(2) 媒体公众，即网站、报纸、杂志、广播、电视等具有广泛影响的大众传播媒体。(3) 政府公众，即对企业生产经营活动负有服务、监管等职能的有关政府机构。(4) 民间组织公众，即各种消费者权益保护组织、环境保护组织、少数民族组织等。(5) 地方公众，即企业所在地的居民、地方官员等。(6) 一般群众。(7) 企业内部公众，如董事、经理、员工等。

二、宏观市场环境因素

宏观市场环境是指那些给企业带来市场机会和市场挑战，能够影响企业运作和绩效的自然及社会力量的总和，包括人口环境、经济环境、自然环境、技术环境、政治和法律环境以及社会和文化环境（如图 5－5 所示）。这些主要的自然及社会力量是企业不可控制的变量。近年来，党中央提出，“要坚持适度扩大总需求，继续实施积极的财政政策和稳健的货币政策，注重相机、灵活调控，把握好重点、节奏、力度，为供给侧结构性改革营造良好宏观环境”，“要坚持引导市场预期，提高政策质量和透明度，用稳定的宏观经济政策稳住市场预期，用重大改革举措落地增强发展信心”。① 这为企业开展卓有成效的市场活动创造了宽松有利的宏观市场环境。

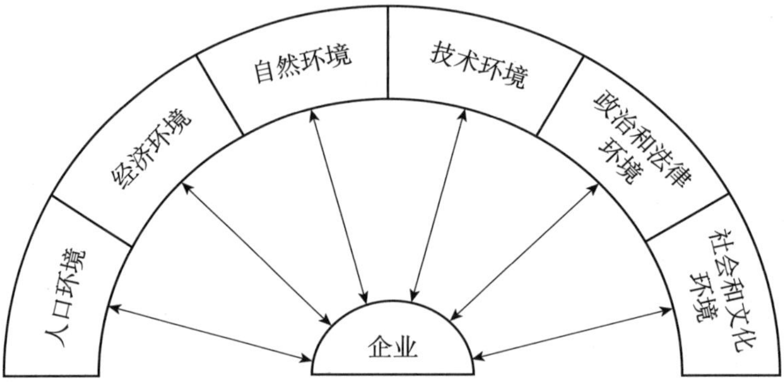

图 5－5　宏观市场环境

（一）人口环境

党中央指出，“当前我国人口发展呈现少子化、老龄化、区域人口增减分化的趋势性特征，必须全面认识、正确看待我国人口发展新形势。要着眼强国建设、民族复兴的战略安排，完善新时代人口发展战略，认识、适应、引领人口发展新常态，着力提高人口整体素质，努力保持适度生育水平和人口规模，加快塑造素质优良、总量充裕、结构优化、分布合理的现代化人力资源，以人口高质量发展支撑中国式现代化”②。企业必须密切关注人口环境的发展趋势，因为市场是由那些想买东西并且有购买力的人（即潜

---

① 中共中央政治局召开会议．人民日报，2016－07－27.

② 加快建设以实体经济为支撑的现代化产业体系 以人口高质量发展支撑中国式现代化．人民日报，2023－05－06.

在购买者）构成的，这样的人越多，市场的规模就越大。

习近平总书记在 2022 年 11 月 17 日亚太经合组织工商领导人峰会上指出："迄今为止，世界上实现工业化的国家不超过 30 个，人口总数不超过 10 亿。中国 14 亿多人口实现现代化将是人类发展史上前所未有的大事。中国经济社会的更好发展，归根结底要激发 14 亿多人民的力量。我们将坚持以人民为中心，继续提高人民生活水平，使中等收入群体在未来 15 年超过 8 亿，推动超大规模市场不断发展。"①

尽管中国逐渐步入老龄社会，劳动年龄人口处于下降趋势，但从国际比较的角度看，我国在未来较长时间内仍将拥有世界上相对规模较大的优质劳动力资源。数据统计分析，到 2030 年，我国 20～50 岁的青壮年人口数量将达到 6.12 亿，其中 20～40 岁的青年人口数量为 3.9 亿。

从全球视角看，目前人口环境方面的主要发展趋势如下。

1. 世界人口迅速增长。2030 年前，世界人口将达到 85 亿。世界人口迅速增长的主要原因是：随着科学技术进步、生产力发展和人民生活条件改善，人的平均寿命大大延长，死亡率下降；发展中国家的人口出生率上升，人口迅速增加。世界人口尤其是发展中国家的人口将继续增长，这意味着世界市场将继续扩大。

2. 人口出生率下降。一方面，人口出生率下降给儿童食品、儿童服装、儿童玩具等行业带来了市场挑战。近年来，一些经营儿童食品和用品的公司，或者到人口出生率高的国家去寻找市场，或者采取"转移"的策略，改行经营其他业务。另一方面，人口出生率下降对某些行业有利。例如，一些群体有更多的闲暇时间和收入用于旅游、外出就餐、娱乐，这给旅游业、餐饮业、体育娱乐业等提供了市场机会，促进了第三产业的发展。

3. 许多国家人口趋于老龄化。许多国家的人口死亡率下降，平均寿命延长。这对社会和企业的市场营销都有深刻影响。由于人口老龄化，一方面，市场对摩托车、体育用品等年轻人用品的需求将日益减少；另一方面，老年人的医疗和保健用品、助听器、旅游、娱乐等方面的市场需求会迅速增加，这给经营老年人用品或提供相关服务的行业如旅游业、医疗保健行业、娱乐业等提供了市场机会。

随着中国经济的崛起，中国社会正经历历史性的转型与变迁，到 2050 年，每 4 个中国人中就有 1 位银发族。人口老龄化孕育的老年消费需求及其巨大的市场规模与潜力，致使企业再也无法忽视这一消费群体的存在。

4. 许多国家的人口流动性增大。人口流动具有两个主要方向：（1）人口从农村流向城市。（2）人口从城市流向郊区。由于一些城市交通日益拥挤，污染日益严重，同时交通运输大大发展，许多人从城市迁往郊区，在大城市周围出现了郊区住宅区。城市商业中心区的百货商店为了生存和发展，纷纷在郊区开设分店。

（二）经济环境

企业还必须密切注意经济环境的变化。进行经济环境分析时，要着重分析以下经济

---

① 坚守初心共促发展 开启亚太合作新篇章：在亚太经合组织工商领导人峰会上的书面演讲．人民日报，2022-11-18.

因素。

1. 消费者收入。消费者收入包括个人工资、红利、租金、退休金、馈赠等收入。习近平总书记指出："中国已经打赢脱贫攻坚战、全面建成小康社会，现在要继续推进全体人民共同富裕。我们的共同富裕，是要更好满足人民美好生活需要，逐步实现整体富裕、普遍富裕，坚持市场和政府相结合、效率和公平相统一，在做大蛋糕的同时分好蛋糕，打造橄榄型分配结构。"① 改革开放以来，全国居民人均可支配收入由 171 元增加到 2.6 万元，中等收入群体持续扩大。② 消费者的购买力来自消费者收入，所以消费者收入是影响社会购买力、市场规模大小以及消费者支出规模和支出模式的一个重要因素。

目前，中国已成为汽车和住房消费的第一大市场、奢侈品消费的第一大市场，占全球奢侈品消费总额度的 1/3。快速增长的中等收入群体，是促使消费规模不断扩大的重要力量。我国中等收入群体已经超过 4 亿人，而欧盟、美国和日本的中等收入群体分别为 2.1 亿人、1 亿人、8 500 万人，中国中等收入群体的数量已经相当于欧美日中等收入群体的总和。预测到 2035 年，我国中等收入群体规模有望达到 8 亿人左右。

消费者并不是将其全部收入都用来购买产品或服务。消费者的购买力只是其收入的一部分。因此，要区别个人可支配收入和个人可任意支配收入。个人可支配收入是指扣除消费者个人缴纳的各种税款和交给政府的非商业性开支后可用于个人消费和储蓄的那部分个人收入。个人可支配收入是影响消费者购买力和消费者支出的决定性因素。个人可任意支配收入是指个人可支配收入减去消费者用于购买生活必需品的固定支出（如房租、保险费、分期付款、抵押借款）剩下的那部分个人收入。个人可任意支配收入一般用来购买奢侈品、汽车、大型器具及度假等，所以这部分收入是影响奢侈品、汽车、旅游等商品销售的主要因素。

在进行经济环境分析时，还要区分名义收入和实际收入，因为实际收入会影响实际购买力。企业不仅要分析研究消费者的平均收入，而且要分析研究各个消费者群体的收入。此外，由于各地区的工资水平、就业情况不同，不同地区消费者的收入水平和收入增长率也有所不同。党中央提出，要"形成扩大需求的合力。要多渠道增加城乡居民收入，改善消费环境，促进文化旅游等服务消费"③。

2. 消费者支出模式。消费者支出模式主要受消费者收入的影响。随着消费者收入的变化，消费者支出模式也会相应发生变化。除此之外，消费者支出模式还受以下因素影响。

（1）家庭生命周期的阶段。有孩子与没有孩子的家庭的支出情况有所不同。没有孩子的家庭负担较轻，往往把更多的收入用于娱乐、旅游等消费，或用于购买家具、陈设品等耐用消费品。而有孩子的家庭收支预算会发生变化。十几岁的孩子在食品、服装、娱乐、运动、教育方面的花销较多，所以在家庭生命周期的这个阶段，家庭用于购买耐

---

① 坚守初心共促发展 开启亚太合作新篇章：在亚太经合组织工商领导人峰会上的书面演讲．人民日报，2022-11-18.

② 习近平在庆祝改革开放 40 周年大会上的讲话．人民日报，2018-12-19.

③ 中共中央政治局召开会议 分析研究当前经济形势和经济工作．人民日报，2023-04-29.

用消费品的支出会减少，而用于上述方面的支出会增加。等到孩子独立生活以后，父母可任意支配收入增加，可能把更多的收入用于医疗保健、旅游、购置奢侈品或储蓄，因此在家庭生命周期的这个阶段，家庭收支预算又会发生变化。

（2）消费者家庭所在地点。所在地点不同的家庭用于住房、交通、食品等方面的支出情况也有所不同。例如，住在城市中心的消费者家庭和住在城郊的消费者家庭相比，前者用于交通方面的支出较少，用于住房方面的支出较多；后者用于交通方面的支出较多，用于住房方面的支出较少。

3. 消费者储蓄和信贷情况。社会购买力、消费者支出不仅受消费者收入的影响，还受消费者储蓄和信贷情况的影响。

大多数家庭都有一些流动资产，即现金及其他能迅速变现的资产，包括银行储蓄存款、理财产品、基金、保险、债券、股票等。储蓄来源于消费者的货币收入，其最终目的还是消费。但是在一定时期内，储蓄多少会影响社会购买力和消费者支出。在一定时期内货币收入不变的情况下，如果储蓄增加，那么社会购买力会降低，消费者支出会减少；相反，如果储蓄减少，那么社会购买力会提高，消费者支出会增加。

消费者不仅以货币收入购买所需要的商品，而且可以用贷款来购买房产、汽车等商品。所谓消费者信贷，就是指消费者凭借信用先取得商品使用权，然后按期偿还贷款。

（三）自然环境

自然环境的发展变化也会给企业带来市场挑战和市场机会，所以，企业还要结合对自然环境的影响来分析自身发展（如图 5－6 所示）。习近平总书记指出，要站在人与自然和谐共生的高度谋划发展，把资源环境承载力作为前提和基础，自觉把经济活动、人的行为限制在自然资源和生态环境能够承受的限度内，在绿色转型中推动发展实现质的有效提升和量的合理增长。要通过高水平保护，不断塑造发展的新动能、新优势，着力构建绿色低碳循环经济体系，加快形成科技含量高、资源消耗低、环境污染少的产业结构，大幅提高经济绿色化程度，有效降低发展的资源环境代价，持续增强发展的潜力和后劲。①

值得关注的自然环境方面的主要变化如下。

1. 某些自然资源短缺或即将短缺。地球上三大类自然资源都不同程度地存在短缺或趋于短缺：（1）取之不尽、用之不竭的资源，如水资源等。现代化城市用水量增加很快（估计世界用水量每 20 年增加 1 倍）；与此同时，世界各地水资源分布不均，而且每年和各个季节的情况也不相同，世界上许多国家面临缺水的困境。这种情况不仅会影响人民生活，而且对于企业是一种市场挑战。（2）有限但可以更新的资源，如森林、粮食等。（3）有限但不能更新的资源，如煤、铀、锡、锌和石油等矿物。这类资源供不应求或在一段时期内供不应求，可能造成资源的过度开发。需要这类资源的企业曾面临或正面临挑战，必须寻找替代品。在这种情况下，就需要研究与开发新的资源和原料，这给某些企业创造了新的市场机会。

---

① 习近平．推进生态文明建设需要处理好几个重大关系．求是，2023（22）．

新的环保技术	可持续发展理念
产品环保绩效是否受制于现有技术？ 新技术是否有潜力使企业绩效获得明显改进？	企业现行理念是否有利于解决社会问题和环境问题？ 现行理念是否有利于企业在技术、市场、产品和流程等方面的创新？
消除污染	**产品功效**
现有生产过程是否会产生废气、废水、废渣？ 企业能否从根源上消除废弃物或通过循环利用来降低成本和风险？	假如企业在整个产品生命周期都要负责任，那么在产品设计和开发阶段应重视哪些问题？ 企业能否在消除污染的同时创造价值并降低成本？

图 5-6　宏观市场环境因素：自然环境

2. 公众对环境污染越来越重视。随着工业化和城镇化的发展，环境污染日益严重，公众越来越关心环境污染的危害性。一方面，这给那些造成污染的行业和企业带来了市场挑战，它们在社会舆论的压力和政府的干预下，不得不采取措施控制污染；另一方面，这也给控制及消除污染的包装行业和企业带来了新的市场机会。

3. 政府对自然资源管理的干预日益加强。我国能源发展和改革的战略导向，主要集中在能源消费总量控制、煤炭清洁高效利用、大力发展清洁能源以及能源体制改革方面，通过加快建设水电、核电项目，推进风能、太阳能、生物质能等可再生能源的转化利用来推进能源结构的优化调整。保障能源安全、提高能源利用效率、致力于实现碳达峰碳中和是《"十四五"现代能源体系规划》的核心内容，而环境资源问题和节能减排压力迫使传统能源产业加快转型升级。

中国将坚定不移推进生态文明建设。发展经济不能对资源和生态环境竭泽而渔，生态环境保护也不是舍弃经济发展而缘木求鱼。中国坚持绿水青山就是金山银山的理念，推动山水林田湖草沙一体化保护和系统治理，建设全世界最大的国家公园体系，全力以赴推进生态文明建设，全力以赴加强污染防治，全力以赴改善人民生产生活环境。2021年，中国成功承办联合国《生物多样性公约》第 15 次缔约方大会，为推动建设清洁美丽的世界作出了贡献。

"实现碳达峰碳中和是一场广泛而深刻的经济社会系统性变革"①，是中国高质量发展的内在要求，也是中国对国际社会的庄严承诺。中国践信守诺、坚定推进，已发布《2030 年前碳达峰行动方案》，还将陆续发布能源、工业、建筑等领域具体实施方案。中国已建成全球规模最大的碳市场和清洁发电体系，可再生能源装机容量超 10 亿千瓦，1 亿千瓦大型风电光伏基地已有序开工建设。中国将在推进新能源可靠替代过程中逐步有序减少使用传统能源，确保经济社会平稳发展，积极开展应对气候变化国际合作，共同推进经济社会发展全面绿色转型。

---

① 习近平．高举中国特色社会主义伟大旗帜 为全面建设社会主义现代化国家而团结奋斗：在中国共产党第二十次全国代表大会上的报告．北京：人民出版社，2022：51.

（四）技术环境

企业必须密切关注技术环境的发展变化，了解技术环境和互联网经济的发展对企业营销的影响，以便及时采取适当的对策。习近平总书记指出："新质生产力是创新起主导作用，摆脱传统经济增长方式、生产力发展路径，具有高科技、高效能、高质量特征，符合新发展理念的先进生产力质态。新质生产力的显著特点是创新，既包括技术和业态模式层面的创新，也包括管理和制度层面的创新。"①

1. 新技术具有创造性推动力。随着高新技术的不断发展，科技力量对产业结构升级和创新的影响日趋明显。一方面，新技术的产生给某些创新性企业带来了新的市场机会，促进新行业的诞生和发展；另一方面，颠覆性技术会给某些行业的企业造成严重的冲击，不断挑战其生存和发展。

2. 新技术革命有利于企业改善经营管理。世界经济发展史表明，每一次技术革命都会极大地推动经济增长。近年来，互联网和移动网络的普及推动了以云计算、物联网、大数据、人工智能为代表的新一代信息技术的飞速发展，促进了电子商务与实体经济的融合。这对于改善企业资源配置、提升企业营销管理水平具有很大的促进作用。

3. 数字技术深刻影响零售商业结构和消费者购物习惯。数字技术引发零售业变革，网络零售发展迅速，不断挤占传统零售企业的市场份额。网络零售在我国快速发展，呈现出以下特点：（1）移动网络零售快速普及。在中国，美团每天有 2 000 万份订单，要靠 60 万个外卖员配送，高峰期一小时要进行 29 亿次路径规划。美团依靠的就是自己开发的一套叫作"超脑"的人工智能管理系统。（2）网络购物人数不断攀升。随着一系列扶持和规范电子商务发展的政策措施出台，网络购物市场发展日趋健康有序。电子商务改变了传统的零售方式，网络零售成为新的消费增长点。随着互联网技术和设备的提升与普及，网络购物规模持续增加，用户不断增多。（3）方便快捷的网购模式越来越受到消费者的认同。对于工作、生活节奏较快的人群，网上购物具有独特的吸引力。消费者足不出户就可以在网上浏览众多商品，节约时间、精力，还能享受送货上门的便捷服务。不仅如此，相比传统零售企业，网络商家具有库存压力小、经营成本低、经营规模不受场地限制等优势，因而具有非常明显的价格优势。

4. 数字技术赋能流通消费。数字经济是指以数字化的知识和信息作为关键生产要素，以现代信息网络作为重要载体，以信息通信技术作为效率提升和经济结构优化的重要推动力的一种经济形态，其重要基础是数字技术。近年来，互联网、大数据、云计算、人工智能、区块链等数字技术加速创新，日益融入经济社会发展各领域全过程，数字技术发展速度之快、辐射范围之广、影响程度之深前所未有，正在成为重组全球要素资源、重塑全球经济结构、改变全球竞争格局的关键力量。

数字技术具有高创新性、强渗透性、广覆盖性，不仅是新的经济增长点，而且是改造提升传统产业的支点，可以成为构建现代化经济体系的重要引擎。从市场学视角看，数字技术为释放消费活力、推动消费升级、创新消费模式、促进消费购买等作出了重要

---

① 习近平．发展新质生产力是推动高质量发展的内在要求和重要着力点．求是，2024（11）．

贡献。餐饮、购物、教育和娱乐等行业依托数字平台和物流配送系统，在高质量满足人民群众物质文化需求的同时，也取得了相当可观的经济效益。零售业的数字化赋能提高了流通效率，降低了市场准入门槛，给生产者创造了更多的市场机会，也为购买者带来了更加丰富多彩的产品和服务。

数字技术还能促进人的全面发展，消费者既可以是购买者，也可以是传播者，还可以是创意者、生产者。短视频、vlog、直播、游戏、云演唱会、云旅游等新兴数字化服务产品，有效地满足了基本生存型消费、发展型消费和享受型消费等多层次的市场需求，在缩小城乡差距、推进共同富裕和实现乡村振兴等方面发挥了积极作用。

（五）政治和法律环境

高质量发展需要强化市场机制，形成良性竞争，降低制度性交易成本，建立统一开放、竞争有序的高标准市场体系。社会主义市场经济本质上是法治经济，必须完善社会主义市场经济法律制度，为市场主体活动提供公正、稳定、可预期的法治环境。习近平总书记指出，要健全法律制度，形成框架完整、逻辑清晰、制度完备的规则体系。要以保护产权、维护契约、统一市场、平等交换、公平竞争、有效监管为导向，针对存在的突出问题，做好相关法律法规的立改废释，为企业发展营造更加有利的市场环境和法治环境。① 企业的营销决策受政治和法律环境的制约及影响。政治和法律环境主要指那些强制并影响社会上各种组织及个人的法律、政府机构和压力集团。这里着重阐述以下几个方面。

1. 与企业营销有关的法律法规。企业必须了解本国和业务所在国家的法律法规，做好国内和国际营销工作。适应数字经济发展和网络零售新趋势，为保护消费者权益，国家和地方政府出台了《网络直播营销活动合规指引》、《网络零售平台合规指引》、《互联网广告管理办法》和《网络餐饮服务平台合规指引》等法规文件，为规范企业行为提供了清晰指引。例如，《药品网络销售监督管理办法》要求药品网络零售企业在处方药销售主页面、首页面不得直接公开展示处方药包装、标签等信息。清晰、透明的各项监管标准和规则有效地规范了市场秩序。

2. 公众利益团体发展情况。公众利益团体是一种压力集团。在发达的市场经济国家，影响企业营销决策的公众利益团体主要是保护消费者权益的公众团体以及保护环境的公众团体等。这些公众团体游说议会及政府，给企业施加压力，使消费者权益和环境等得到保护。因此，设立法律和公共关系部门来负责研究、处理与这些公众利益团体的关系问题对于企业来说很有必要。

3. 法治环境的改善。近年来，以市场化、法治化、国际化为方向，我国营商环境得到明显改善，但是仍有较大提升空间。一些地方涉及多部门、多环节的审批事项权限下放不配套、不同步，部分审批权限下放基层难以承接；投资领域项目审批虽经压缩，但各种审批要件、程序和环节仍然不少；一些地方法治意识、规则意识、契约意识仍有待提高，个别地方对民营企业已承诺的土地、税收、用电、用水、用气、用热等优惠政策落实不到位，有些地方存在“新官不理旧账”问题。

---

① 依法规范和引导我国资本健康发展 发挥资本作为重要生产要素的积极作用．人民日报，2022-05-01.

此外，消费者保护制度仍不完备。相比于发达国家，我国消费者保护制度存在明显短板：一是缺乏消费者保护政策制定和实施的政府部门；二是消费者保护的法律法规不健全，金融、医疗等服务领域专业化的消费者保护成为突出问题；三是消费纠纷中消费者处于弱势地位，消费诉讼主要由消费者个人提起，没有适用于消费者群体诉讼的程序，消费者协会不具有诉讼主体地位。

（六）社会和文化环境

社会和文化环境是指一个社会的民族特征、价值观念、生活方式、风俗习惯、伦理道德、教育水平、语言文字、社会结构等的总和。它主要由两部分组成：一是全体社会成员共有的基本核心文化；二是随时间变化和受外界因素影响而容易改变的社会次文化或亚文化。企业存在于社会中，必然会受到社会和文化环境的影响。

1. 教育水平。教育水平是指消费者受教育的程度。一个国家、地区的教育水平与经济发展水平往往是正相关的。一般来讲，教育水平高的地区，消费者对商品的鉴别力强，容易接受广告宣传和接受新产品，购买的理性程度高。

2. 语言文字。语言文字是人类交流的工具，是文化的核心组成部分。不同国家、不同民族往往有自己独特的语言文字，即使在一个国家，也可能有多种不同的语言文字，即使语言文字相同，表达和交流的方式也可能不同。因此，企业在不同国家、地区开展市场活动时，需要注意语言文字的使用，以免引起误解、矛盾。

3. 价值观念。价值观念是人们对社会生活中各种事物的态度、评价和看法。不同的文化背景下，人们的价值观念差别很大，而消费者对商品的需求和购买行为深受其价值观念的影响。

4. 审美观。审美观通常指人们对事物的好坏、美丑、善恶的评价。不同的国家、民族和个人，往往因社会和文化背景不同而有不同的审美观。因此，企业在不同国家、地区开展市场活动时，需要先调查分析当地消费者的审美观，从而更好地满足其需求。

党中央始终坚持依法治国和以德治国相结合，重视发挥道德的教化作用，提高全社会文明程度，弘扬中华民族传统美德，提升全社会思想道德素质，为全面依法治国创造良好人文环境。习近平总书记指出，要在道德体系中体现法治要求，发挥道德对法治的滋养作用，努力使道德体系同社会主义法律规范相衔接、相协调、相促进。要在道德教育中突出法治内涵，注重培育人们的法律信仰、法治观念、规则意识，引导人们自觉履行法定义务、社会责任、家庭责任、崇德向善，营造全社会都讲法治、守法治的文化环境。①

5. 风俗习惯。风俗习惯是人们根据自己的生活内容、生活方式和自然环境，在一定的社会物质生产条件下长期形成并世代相袭的风尚，以及由于重复练习而巩固下来并变成需要的行为方式等的总称。风俗习惯表现为人们在饮食、服饰、居住、婚丧、节日、人际关系等方面的独特的心理特征、伦理道德、行为方式和生活习惯。在开拓国际市场的过程中，“要强化合规意识，引导我国公民、企业在‘走出去’过程中自觉遵守

---

① 习近平：坚持依法治国和以德治国相结合 推进国家治理体系和治理能力现代化．人民日报，2016－12－11.

当地法律法规和风俗习惯，运用法治和规则维护自身合法权益”①。

市场环境对于企业适应市场需求、开展卓有成效的市场活动、取得竞争优势和市场效益至关重要。企业要善于分析微观市场环境和宏观市场环境所带来的市场机会和市场挑战，及时采取切实可行的营销对策。诚如习近平总书记指出的，“要善于分析新的市场环境、新的技术条件，用好新的营销手段，打开视野来用好当地资源”②。

第 3 节　中国市场环境的优势

一、超大规模市场

中国市场环境的一个明显特点就是超大规模市场。习近平总书记指出，“中国具有社会主义市场经济的体制优势、超大规模市场的需求优势、产业体系配套完整的供给优势、大量高素质劳动者和企业家的人才优势”③。随着经济规模不断攀升，我国逐步形成纵深广阔的强大国内市场。这对于推进技术创新、产品创新、品牌创新具有十分重大的现实意义。

（一）提高创新成功率

超大规模市场意味着更高的新技术涌现概率。人口数量、市场环境和经济实力是影响科技创新的基础性因素。人口数量越大、市场环境越好、经济发展水平越高，科技创新人才就越多，科技创新的成功率就越高。超大规模市场还为新技术转化为新产品新服务创造了更丰富的应用场景、更多的试错机会和追求卓越的更广阔空间。市场需求引导创新资源有效配置，有利于促进创新要素有序流动和合理配置，有利于自主创新成果的市场测试、销售测试和批量化上市，从而促使新兴产业健康发展。总而言之，我国超大规模市场优势，可以吸引全球优质资源要素，并为新产品新技术新业态迭代提供有利的市场环境。

（二）加速新产品扩散

超大规模市场有利于产品创新和新产品扩散。城乡市场一体化、区域市场一体化将提升物流效率，缩短新产品上市时间，降低新产品的市场费用，便于实现人民美好生活向往。习近平总书记指出，要“推动城乡融合发展，增强城乡经济联系，畅通城乡经济循环。防止各地搞自我小循环，打消区域壁垒，真正形成全国统一大市场”④。“深入推进实施公平竞争政策，全面落实公平竞争审查制度，消除各种市场壁垒，使各类资本机

① 加强涉外法制建设 营造有利法治条件和外部环境．人民日报，2023－11－29.

② 习近平．加快建设农业强国 推进农业农村现代化．求是，2023（6）.

③ 同心协力 共迎挑战 谱写亚太合作新篇章：在亚太经合组织工商领导人峰会上的书面演讲．人民日报，2023－11－18.

④ 习近平．加快构建新发展格局 把握未来发展主动权．求是，2023（8）.

会平等、公平进入、有序竞争。”① 进一步清除妨碍市场效率提升、劳动生产率提高、居民收入增加、市场主体壮大、供给质量提升、需求优化升级的路径堵点，做到全国一盘棋、统一大市场、畅通大循环，极大地提升新产品开发、新产品采用和新产品扩散的效率。

（三）助力品牌创新

超大规模市场有利于形成供需互促、产销并进、畅通高效的国内大循环，持续扩大市场规模容量，不断培育发展强大国内市场，增加对品牌产品和服务的市场需求。超大规模市场还有利于提升品牌创新和品牌知名度、美誉度和忠诚度，增加中国品牌对全球购买者的强大吸引力。建设超大规模市场，推进市场规则制度共通、商业基础设施共联、商贸流通体系共享等方面务实合作，加快营造更加稳定公平透明可预期的营商环境，让创新品牌接受更多购买体验和市场检验的严峻考验，为品牌创新提供更加优质广阔的展示舞台，有利于提升品牌影响力和引领力，推动创新品牌不断优化升级，从而实现中国产品向中国品牌转变。

二、广阔的市场空间

市场空间是指商品在市场经济规律作用下，通过自由贸易和市场竞争自然形成的流通网络所占有的地域范围。市场空间是市场的地理界限，也就是由商品流通形成的商品供给和商品需求的空间范围。一个国家的市场空间在拓展过程中，要经历小范围市场、地方市场、区域市场和全国统一大市场四个阶段。随着我国产业链供应链、物流配送和交通运输的发展，市场活动的参与者日趋增多，参与度日趋深入，交换形式不断丰富，市场主体及其产品服务可达的空间范围也在不断扩大。

我国市场空间广阔，发展韧性强，为企业拓展市场提供了有利的环境条件。以虚拟现实（VR）互动影片、增强现实（AR）互动内容开发以及多媒体互动项目制作为例，近年来，由于政策扶持、基础设施支撑以及应用场景拓展等多方面利好，该领域投融资热情高涨，市场空间加速打开，正朝着到 2026 年产业总体规模超过 3 500 亿元的目标迈进。②

我国长三角、京津冀、粤港澳大湾区等区域一体化市场构建取得积极进展，区域合作协调机制不断健全，政策、规则、执行方面的统一性和协同性明显提高，区域间融合互动、融通补充不断增强，区际通达程度明显提升；在要素获取、准入许可、经营运行、标准制定、招投标、政府采购等方面，平等对待各地企业，破除封闭小市场、自我小循环。广阔的市场空间使企业更有可能有所作为。我国市场一体化基础不断夯实，市场基础制度不断完善，市场准入负面清单制度全面实施，致力营造市场化、法治化、国际化营商环境，持续优化劳动、资本、土地、资源等生产要素配置，加快构建高效规范、公平竞争、充分开放的全国统一大市场。在各种制度的保驾护航下，我国市场空间

---

① 依法规范和引导我国资本健康发展 发挥资本作为重要生产要素的积极作用．人民日报，2022－05－01.

② 产业新观察：VR 拓展产业新空间 市场规模向 3 500 亿元迈进．经济参考报，2023－02－15.

不断扩大，这不仅有利于破除地方保护、指定交易和市场分割弊端，还有利于消除妨碍生产要素市场化配置和商品服务流通的体制机制障碍，降低全社会交易成本，给企业带来更多更好的市场机会。①

三、全国统一大市场

加快建设全国统一大市场有利于构建新发展格局。构建新发展格局的关键在于各种生产要素的组合在生产、分配、流通、消费各环节有机衔接、循环流转、畅通运行。为了消除市场分割、地方保护和不当竞争等问题，迫切需要加快建设全国统一大市场，打通制约经济循环的关键堵点，促进商品要素资源在更大范围内畅通流动，形成供需互促、产销并进、畅通高效的国民经济循环体系，不断“增强供给体系的韧性，形成更高效率和更高质量的投入产出关系，实现经济在高水平上的动态平衡”，为构建以国内大循环为主体、国内国际双循环相互促进的新发展格局提供坚强支撑。②

加快建设全国统一大市场有利于提高产品和服务质量。全国统一大市场可以让更高质量的产品和服务在市场竞争中脱颖而出，以更优质供给为市场主体提供更多选择空间，以高质量供给创造和引领需求，满足人民美好生活需要。全国统一大市场有利于更好发挥规模经济优势和集聚效应，降低市场交易成本和物流成本。当前，我国经济发展面临需求收缩、供给冲击、预期转弱三重压力，加快建设全国统一大市场，有助于稳定发展预期，营造稳定公平透明可预期的营商环境，有助于集聚资源、推动增长、激励创新、优化分工、促进竞争，推动经济持续健康发展以及产品和服务质量持续提高。

加快建设全国统一大市场有利于增强两个市场两种资源联动效应。当今世界，最稀缺的资源是市场。超大规模市场逐渐成为我国参与国际竞争的战略资源和优势，必须充分利用和发挥这个优势，不断巩固和增强这个优势，以全国统一大市场为“内核”，形成对全球优质资源要素的强大引力场。这有利于在更好满足自身和世界需求的基础上，进一步提升我国在国际市场上的话语权和定价权，推动我国市场对接国际高标准市场规则，在更大范围、更宽领域、更深层次实施对外开放，有序扩大统一大市场的影响力和辐射力，促进我国在国际竞争和合作中尽显新优势。

重要概念

营商环境	物质环境	制度环境	市场主体
市场环境	宏观市场环境	微观市场环境	相关环境
市场管理能力	市场挑战	市场机会	市场空间
市场洞见	价值传递网络	愿望竞争者	一般竞争者
产品形式竞争者	品牌竞争者	消费者收入	个人可支配收入
个人可任意支配收入			

① 共创开放繁荣的美好未来：在第五届中国国际进口博览会开幕式上的致辞．人民日报，2022－11－05.

② 习近平．把握新发展阶段，贯彻新发展理念，构建新发展格局．求是，2021（9）.

复习题

1. 中国营商环境有哪些新的变化?
2. 怎样理解市场环境?市场环境对企业的重要性体现在什么地方?
3. 市场环境分析应遵循哪些主要原则?
4. 中国微观市场环境有哪些新变化?
5. 数字技术如何促进了中国流通消费的新发展?

案例分析

2024 年农药企业的市场环境

2024 年农药企业面临的市场环境呈现出如下趋势:

我国转基因作物品种商业化种植及生物农药发展或将加快。随着我国转基因大豆、玉米从大田实验到商业化应用的推进,未来与转基因大豆、玉米相关的草甘膦、草铵膦等除草剂品种用量将进一步增加,将利好相关企业;此外随着玉米大豆复合种植及大豆种植面积的进一步扩大,相关除草剂品种需求将会增加。此外 RNA 生物农药的研发与应用已经受到关注并已进入登记测试阶段,或将推动生物农药及植保技术向着更高层次发展。

农药价格将趋于稳定,下半年或略有上扬。受前几年农药货紧价扬影响,许多企业这两年拼命增产扩产以赚取更多利润,导致 2023 年以来许多产品严重供过于求,价格基本跌到谷底,有的产品甚至跌破成本线。随着国际上农药去库存的基本完成,预计 2024 年农药价格在 2023 年基础上将逐步趋于平稳,下半年或将保持上扬趋势,不会再出现暴涨暴跌的局面;当然个别品种由于产能还在不断释放,“内卷”严重,或还会出现价格继续走低的可能。

农药企业会更加集中,分化、内卷会更加严重。随着近 10 多年的快速发展,农药行业也出现了销售额超过 50 亿元的十几家头部企业,因此未来必然会出现强者恒强、弱者生存更为困难的格局。此外有实力的企业将向上下游拓展,延长产业链,打造全产业链,掌控产品定价权,进而获取更多利润。随着许多头部企业加大投资力度,企业间内卷竞争将更为严重,一些实力较弱、规模较小的企业由于盲目投资,资金链出现问题,有倒闭风险,由此行业内企业兼并整合重组还会不断演进。

农药出口将趋于好转。随着国际市场库存的消化完成,预计 2024 年下半年国际市场对中国农药的进口会明显增加,农药出口形势会有所好转;但同时也应该看到印度许多农药产品以更低的价格大举进入国际市场,给中国农药出口带来了挑战。因此中国农药出口除了保持质量价格优势,还要加强品牌塑造,尤其需加大制剂产品的出口转型,使中国农药在国际市场更具品牌影响力,从而带来更大价值,赚取更多利润。

农资零售商将会进一步缩减,农资电商发展具有一定局限性。随着土地流转的加速,种植大户的不断涌现也是大势所趋,它们一次性采购农药品种多、数量大,一般直接从厂家或者批发商处进货,零售商生存会越加艰难,未来 3~5 年或有更多的零售商逐渐转型或者消失。虽然农资电商近几年比较受关注,但农资产品特别是农药不同于普通快消品，同时种植大户通常需要一定的技术服务，因此未来农资电商会更主要地作为产品展示和服务的窗口。

农资新媒体营销方兴未艾。随着新媒体的蓬勃发展，企业开设自己的媒体账号来推广宣传营销产品已成为一种趋势，企业及渠道经销商更多地借助短视频、直播等新媒体进行多快好省的线上营销。但也应该看到，对于农药这种带有一定技术含量且用于农作物的特殊商品，大多数企业单靠新媒体营销模式来推广销售产品的效果并不尽如人意，因此如何玩好新媒体营销，使线上线下营销更好地结合起来，还需不断研究探索。

农业新技术的发展助推农药推广应用的变革。移动互联网等新技术在农业领域的渗透和应用也促进了农业向数字农业、智能农业方向发展。对于农药植保领域，植保无人机的广泛使用以及无人驾驶施药机械的发展，使农药施用技术逐步进入了智能化的新时代。

资料来源：2024 农药制剂行业发展前景研究：预计到 2027 年将增长至 330.9 亿元．(2024-04-15)．中研网.

思考题

假如你是某农药企业的营销高管，你将如何评价市场环境中的机会和挑战？

第6章

中国市场需求预测

本章要点

- 影响市场供给和市场需求的主要因素
- 数字经济与数字技术
- 数字经济下的市场调研
- 客户价值与客户盈利能力分析
- 市场需求预测的主要方法

进入新时代，人民生活水平不断提高，优质特产市场需求持续增长，强劲需求和优质供给双向发力，城乡市场人气旺盛、活力澎湃，有力释放多层次多样化消费需求，彰显出中国经济的强大韧性。营销管理者应借助市场信息系统，加强市场需求调研，洞察数字经济下的市场供求趋势，科学分析客户价值，从更好满足人民美好生活需要出发，掌握人民群众需求结构变化规律，推进高质量市场营销。研究市场供求规律，预测市场需求潜力，对于充分发挥我国超大规模市场优势，提升市场营销质量具有十分重要的意义。

第1节　市场供给与市场需求

一、市场供给

（一）市场供给的影响因素

市场供给是指所有生产者供给的总和。供给是指某一段时间内和一定的价格水平下，生产者愿意并可能为市场提供的某种产品或服务的数量。一种产品或服务的供给受一系列因素的影响和制约，可以用供给函数来表示它们之间的关系。

影响市场供给的主要因素有：

1. 产品价格。企业的目标是追求利润最大化，在其他条件不变的情况下，如果某种产品价格上升，企业就会投入更多的生产资源用于生产该产品，其他企业也会生产这种产品，从而使其供给增加；反之，企业就会将生产资源用于生产其他相对价格较高的产品，从而使该产品的供给减少。例如，2024 年 5 月上旬以来，中国国内猪价已经迎来了 14 连涨，在肉类消费淡季的五、六月份也依然很难阻挡猪价上涨的步伐。随着生猪价格的水涨船高，养殖场户们在扩栏补养方面的积极性变得越来越高，生猪的市场供给随之迅速增加。①

2. 生产成本。在其他条件不变的情况下，成本降低，意味着利润增加，则供给就会增加。反之，生产成本上升，供给就会减少。2021—2022 年，华北地区多数玉米种子价格在 30～50 元/袋，而 2024 年购买玉米种子时，多数品种价格已经涨到 60～80 元/袋，甚至还有超过 100 元/袋的种子。生产成本的上涨势必会影响农民种粮积极性，减少粮食产品的市场供给。为此，农业部门加强了条带旋耕播种一体机秸秆归行、条带旋耕、滴灌带铺设、播种施肥镇压一体化作业等新技术、新装备的应用。②

3. 生产技术和管理水平。生产技术和管理水平的提高，有助于提高生产效率、降低生产成本、增加企业利润，从而有利于企业提供更多的产品，使供给增加。随着中国汽车市场的不断扩大和消费者对汽车性能要求的提高，汽车微电机的市场需求持续增长。尤其是在新能源汽车领域，由于电机驱动系统的广泛应用，对汽车微电机的需求更是呈现出爆发式增长。此外，自动驾驶、智能网联等技术的快速发展，也为汽车微电机行业提供了新的增长点，促进了市场供给的增加。

4. 市场预期。企业如果预期某种产品的价格将上涨，就会囤积居奇，待价而沽，从而使该产品的短期供给减少；反之，如果预期价格将下跌，则会大量抛售，从而使短期供给增加。

5. 生产要素价格。生产要素价格变化直接影响产品的生产成本。在其他条件不变的情况下，要素价格上升，企业利润减少，供给就会减少；反之，则供给就会增加。

6. 相关产品价格。产品间的相对价格发生变化，将使资源重新配置，从而影响产品的市场供给。

（二）市场供给规律

市场供给规律是指某种产品的供给量与价格是正相关关系。一般地，在其他条件不变的情况下，随着产品价格的升高，生产者愿意并且能够提供的产品数量会增加；相反，随着产品价格的降低，生产者愿意并且能够提供的产品数量会减少。即生产者的供给量与产品价格同方向变动，这一规律被称为市场供给规律。

---

① 产能下降价格上涨 生猪养殖步入盈利期．(2024-06-09)．中国产业经济信息网．

② 吉林省四平市春耕播种勾勒更新更美蓝图．吉林日报，2024-05-24.

二、市场需求

(一) 市场需求的影响因素

市场需求是指一定的顾客在一定的地区、一定的时间、一定的市场环境和一定的市场计划下对某种产品或服务愿意而且能够购买的数量。市场需求量取决于影响个别消费者需求量的因素。

影响市场需求的主要因素有：

1. 消费者偏好。消费者偏好是指社会环境、风俗习惯、时尚变化等因素引起的消费者对不同产品和服务的喜好程度不同的个性化表现。即使是收入相同的消费者，由于性格和爱好不同，对产品和服务的需求也不尽相同。消费者根据自己的意愿对可供消费的产品或产品组合进行排序，这种排序反映了消费者个人的需要、兴趣和偏好，影响消费者在使用价值相同或相近的产品之间的消费选择。在中国，随着健康科技逐渐成为家电产品高端化升级的重要支撑，消费者对于除菌抑菌的需求与日俱增，具备空气净化、水净化、食物保鲜、环境清洁等健康功能产品的市场需求增长迅速。

2. 消费者收入。消费者收入是消费者在一段时间（通常指一年）内获得的实际货币收入。由于不同国家或地区之间名义收入水平与物价水平有较大差异，通常用购买力平价法来比较不同区域的实际收入水平和实际购买力。若物价下跌，则实际收入上升。此外，不同时期、不同地区、不同阶层的消费者的收入水平不同。

收入变动是影响需求的重要因素。一般来说，消费者收入增加，将引起需求增加，反之，则引起需求减少。但是，对于某些特殊产品如低档商品，需求会随着收入的增加而减少。随着经济的迅速发展，消费者的收入水平不断提高，在供给不变或供给增长率低于收入增长率的情况下，一方面使得市场价格上升，另一方面也将引起产品需求量的增加。

收入效应是指在货币收入不变的情况下，某种产品价格上升（下降）而引起实际收入减少（增加），从而导致需求量减少（增加）的现象。如果某种产品价格上涨，而消费者的货币收入不变，那么就意味着消费者的实际收入相对于该种产品的价格上升而言在减少，购买能力在下降，从而对这种产品的需求会减少。反之，如果某种产品价格下降，而消费者的货币收入不变，那么就意味着消费者的实际收入相对于该种产品的价格下降而言在增加，购买能力在增强，从而对这种产品的需求会增加。

3. 替代品价格。所谓替代品，是指使用价值相近、可以相互替代来满足人民统一需要的产品，如煤气和电力、石油和煤炭、公共交通和私人汽车等。替代效应是指实际收入不变的情况下，某种产品价格变化对其替代品需求量的影响。一般来说，在相互替代产品之间某一种产品价格提高，消费者就会把需求转向可以替代的产品，从而使替代品的需求增加、被替代品的需求减少，反之亦然。例如，奶茶和咖啡互为替代品。如果奶茶的价格上涨，而咖啡的价格不变，那么相对于奶茶而言，咖啡的价格在下降，消费者就会用咖啡来代替奶茶，从而减少对奶茶的需求。替代效应使价格上升的产品需求量减少，因而替代效应总是为负。例如，光刻胶市场被美日企业垄断，全球半导体光刻胶市场基本被日本企业垄断。到 2024 年 6 月，中国国内 8 英寸和 12 英寸晶圆制造产线中使用的先进光刻胶仍有 90%以上依赖进口。在美日荷联合制裁中国半导体制造产业链后，国产先进制程用光刻胶的国产化已取得较大进展，在 G/I 线和 KrF 光刻胶中已能实现一定替代，ArF 光刻胶逐步取得核心突破，国产化产品替代外国进口产品避免企业遭受制裁的前景光明。在中国，关于“电动车将替代油车”还是“油电将长期共存”的话题，业界观点不一。从绿色低碳的角度来看，油电应该共存。电池成本很高，如果都是纯电动车，那么对电网的冲击、成本的压力都太大。而多种电动车型共存，对成本和环境的压力就小得多。电动车和油车的价格也会影响汽车的市场需求。

4. 互补品价格。所谓互补品，是指使用价值必须相互补充才能满足人们的某种需要的产品，如汽车和汽油、家用电器和电力等。在互补产品之间，其中一种产品价格上升，需求量降低，会引起另一种产品的需求随之降低。

5. 市场预期。市场预期是人们对于某一经济活动未来的预测和判断。如果市场预期价格要上涨，就会刺激人们提前购买；如果市场预期价格将下跌，许多消费者就会推迟购买。2024 年美国玉米播种面积有所下降，巴西南部遭遇暴雨洪灾造成粮食的减产，阿根廷地区的玉米、大豆等作物也因为虫害的影响出现了大范围减产的情况，所以从全球玉米减产的情况来看，2024 年国际粮价很可能上涨。因此，中国粮价预计也会上升。①

影响市场需求的因素还有许多，如产品价格、产品品种、产品和服务质量、促销宣传力度、消费季节、国家政策法律等。

（二）市场需求规律

在一般情况下，市场需求和价格呈反方向变化，即产品价格提高，消费者对它的需求量就会减少；产品价格降低，消费者对它的需求量就会增加。这就是市场需求规律。

表 6－1 概括了在不同的供求组合下，均衡价格及交易量的变动方向。其中，↑表示增加或上升，↓表示减少或下降，＝表示恒定不变，？表示可能会发生上述三种情况。例如，如果供给量（S）和需求量（D）都增长，则交易量（Q）同样也会增长；与此同时，价格（P）上升或下降或不变。

表 6－1　价格与市场供求的关系

	D↑	D=	D↓
S↑	P? Q↑	P↓Q↑	P↓Q?
S=	P↑Q↑	P=Q=	P↓Q↓
S↓	P↑Q?	P↑Q↓	P? Q↓

① 中国农业产业发展报告 2024：今年我国粮食或超 1.4 万亿斤．新京报，2024－06－07.

第2节 数字经济与市场信息

一、数字经济与数字技术

数字经济是继农业经济、工业经济之后的主要经济形态，以数据资源为关键要素，以云计算、大数据、人工智能、物联网、区块链、移动互联网等信息通信技术为载体，基于信息通信技术的创新与融合来驱动社会生产方式的改变和生产效率的提升。

（一）数据与大数据

数据是指事实或观察的结果，是对客观事物的逻辑归纳，是用于表示客观事物的未经加工的原始素材。数据可以是连续的，比如声音、图像，称为模拟数据；也可以是离散的，如符号、文字，称为数字数据。

大数据是一种规模大到在获取、存储、管理、分析方面远远超出传统数据库软件工具能力范围的数据集合。它是需要新处理模式，才能具有更强的决策力、洞察发现力和流程优化能力的海量、高增长率和多样化的信息资产。

数字经济时代，数据的来源很多，比如出行记录、消费记录、网页浏览记录、消息发送记录等。企业的数据量飞速增长，而且增速还在加大，早就超出了人脑能够处理的数据量级。管理者再也不能仅凭直觉作决策了，而需要整合、分析海量数据，从数据中获取智能洞察。数字化转型的本质就是利用数字技术为企业发展赋能，为决策提供智能大脑。

（二）数据库与数据仓库

数据库是指按数据结构来存储和管理数据的计算机软件系统。数据库是数据管理的新方法和技术，它能更恰当地组织数据、更方便地维护数据、更严密地控制数据和更有效地利用数据。

数据仓库是一个主题导向的、集成的、相对稳定的、反映历史变化的数据集合，用于决策支持。数据仓库是在已经大量存在数据库的情况下，为了进一步挖掘数据资源、满足决策需要而产生的，它并不是所谓的“大型数据库”。建设数据仓库的目的是为前端查询和分析奠定基础，有较大的冗余，所以对存储能力要求较高。

（三）数据存储与数据挖掘

数据存储是指将数据流在加工过程中产生的临时文件或加工过程中需要查找的信息，以某种格式记录在计算机内部或外部存储介质上的过程。

数据挖掘是指利用人工智能、机器学习、模式识别、统计学、数据库、可视化技术等，高度自动化地分析企业的数据，进行归纳推理，从大量含有噪声的数据中提取有效信息的过程。

二、市场信息系统

市场信息系统是指由人员、计算机程序及相关数据构成的相互作用的复合体，企业以此进行数据收集、数据存储、数据挖掘，进而分析、评估和发布适当、及时和准确的相关信息，为改进市场计划、实施和控制工作提供依据。市场信息系统处于市场环境与市场管理者（即信息使用者）之间。各种市场数据由市场环境流向企业市场信息系统，市场信息系统则将数据加以转换，并通过市场信息流程传导给管理者，管理者依据这些数据制订各种计划、方案，由此形成的各种数据又通过市场沟通流程回到市场环境（如图 6－1 所示）。

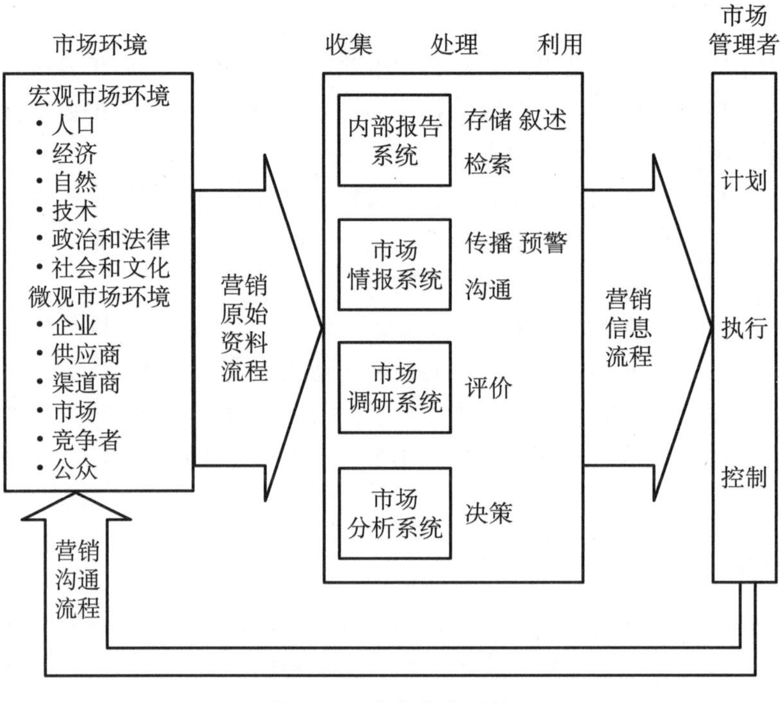

图 6－1 市场信息系统

（一）市场信息系统的构成

市场信息系统由四个子系统构成。

1. 内部报告系统。它是指向管理者提供有关销售、成本、存货、现金流量、应收账款等各种反映企业经营现状的信息的系统。许多企业建立了行之有效的内部数据库。内部数据库是指从企业网络数据资源中收集的关于消费者和市场信息的集合。市场部门提供有关客户特征、销售交易和网站访问的信息。会计部门提供有关销售、成本、现金流量的记录。生产部门提供有关生产计划、装运和存货情况等的信息。管理者必须以产品、地区、推销员为基础进行分类，并深入分析有关目前与过去销售及成本的信息。

2. 市场情报系统。它是企业用以了解有关外部环境发展趋势的信息的各种来源与程序。借助该系统，可将环境最新发展的信息传递给有关管理者。企业一般比较重视普查数据、各企业统计数据及市场调研这三个方面的信息。企业经常采用的市场情报技术包括直接观察消费者、向企业员工询问、参照竞争者产品、互联网调研、监测网络热点、监测消费者在线聊天等。

3. 市场调研系统。它是指对市场环境和市场需求进行观察、实验和调查，并对调研结果进行收集、评价，进而将信息传递给决策者的信息系统。市场调研部门负责市场调查、消费者偏好测验、销售研究、广告评估等工作。

4. 市场分析系统。它是指从改善经营或取得最佳经营效益的目的出发，借助各种数理分析模型和信息处理技术，帮助管理者分析复杂市场问题的信息系统。该系统包括先进的统计程序和模型，借助这些程序和模型，企业可以从信息中发掘出有价值的启示和结论。

（二）市场管理者

市场管理者是上述四个子系统的受益者。他们所面临的主要难题是，如何从冗杂的日常事务中抽出足够的时间去从事计划、决策活动。许多管理者面临信息负荷过重的问题，以致无法抓取关键信息。许多信息系统在设计方面最容易出现的一个问题，就是没有考虑到管理者能否有效地利用众多的信息。这一问题的解决可以从以下两方面考虑。

1. 信息获取模式。管理者在获取信息方面所表现出来的模式、风格是有明显差别的。信息获取模式是指管理者决定收集何种数据、以何种方式收集以及需要多少信息。市场信息系统的设计人员、市场人员以及采购人员，在向市场信息系统投资之前，必须慎重地考虑该系统的可靠性和易用性，以便充分发挥其效用。

2. 有效的市场信息系统。有效的市场信息系统一般应具备如下特征：(1) 它能向各级管理者提供从事工作所必需的一切信息。(2) 它能够对信息进行选择，以使各级管理者获得与他能够且必须采取的行为有关的信息。(3) 它提供信息的时间限于管理者能够且应当采取行动的时间。(4) 它提供所要求的任何形式的分析、数据与信息。(5) 它提供的信息一定是最新的，并且是有关管理者最易了解和消化的。

三、数字经济下的市场调研

（一）市场调研

市场调研是指系统地设计、收集、分析并报告与企业市场有关的数据和研究结果的各种活动。企业开展市场调研活动主要是为了市场特性确定、市场潜量开发、市场份额分析、销售分析与竞争分析等。市场调研的真正价值是获得客户洞察。客户洞察是由市场信息生成的对客户和市场的全新理解，企业以此为基础创造客户价值，建立和维系客户关系。

市场调研是一个复杂的过程，包括界定市场问题与调研任务、编制调研计划、收集信息、分析信息、展示调研结果和制定市场决策等。

（二）在线市场调研

在线市场调研是指通过互联网调查、在线焦点小组、基于网络的实验或者追踪消费者在线行为来收集原始数据的市场调研过程。其主要方式有：

1. 以互联网作为媒介开展市场调研。企业可以把调查问卷放到网站或社交平台上，也可发送电子邮件邀请人们回答提问。

2. 创建在线面板，提供定期反馈，组织现场讨论，或安排在线焦点小组讨论，以收集市场信息。所谓在线焦点小组，就是指在网络上聚集一组人，与训练有素的主持人讨论产品、服务或组织，以便获得有关消费者态度和行为的定性洞察。

3. 网上实验调研。企业可以在不同的网站、不同的时间进行实验，以不同的价格、头条新闻或产品特征，来调研、测试、了解消费者的反应，比较各种市场决策的优劣势。

4. 建立虚拟购物环境。利用虚拟购物环境来测试顾客对新产品的反应，调研相应市场计划的可行性。当顾客访问虚拟网站或转向其他网站时，企业可以根据点击率了解其购买行为特征。

（三）在线市场调研的优缺点

在线市场调研主要有以下优点：（1）样本规模对在线市场调研成本的影响微乎其微。一旦调查问卷设置完毕，在线调研 10 个受访者和 10 万个受访者的成本差别不大。（2）回复率高、速度快。调研人员借助电子邮件或在特定网站上发布信息的方式，可以轻松快速地同时对数以千计的受访者进行调查。由于受访者自己输入信息，回复可以瞬间完成。收到结果后，调研人员就可以汇总、审核、共享调研数据。（3）在线市场调研往往更具有趣味性、互动性和吸引力，更容易得到受访者的配合与支持，因而回复率更高，受访者的覆盖面更广。（4）在线市场调研既可以基于互联网开展定量调查和收集数据，又可以通过在线焦点小组、微信、博客和社交网络开展定性研究。（5）不受时间、空间限制。利用网络会议，参与者在任何地方、任何时间都可以和其他参与者进行焦点小组访谈。在线焦点小组的参与者可以使用自己的网络摄像头，在家里或办公室登录焦点小组会议，了解访谈内容，进行实时互动和面对面的讨论。（6）调研人员几乎可以在任何地方实时查看访谈现场，省去了旅行、住宿和设备成本。

在线市场调研的不足之处是无法控制样本。因为看不到受访者，调研人员很难知道受访者是什么样的人。为解决这一问题，不少企业使用选定社区和受访者面板的方法进行在线市场调研，也有企业致力于开发自己的社交网络，以获取顾客信息和顾客洞察。

第 3 节　客户价值分析

一、客户价值

客户是需求的载体。在市场营销理念的指导下，企业应致力于客户服务和客户满意。而要实现客户满意，需要在多方面开展工作，并非“只要价格低，则万事大吉”。事实上，客户在选择卖主时，价格只是考虑的因素之一，他们更看重的是客户价值。客户价值是指客户感知的利得与利失之间的权衡，是对产品或服务效用的整体评价，包括客户让渡价值和客户感知价值。

（一）客户让渡价值

客户让渡价值是指客户总价值与客户总成本之间的差额。客户总价值是指客户购买某一产品与服务所期望获得的一组利益，包括产品价值、服务价值、人员价值和形象价值等。客户总成本是指客户为购买某一产品所耗费的时间、精力、体力以及所支付的货币资金等，包括货币成本、时间成本、精力成本和体力成本等，如图 6－2 所示。

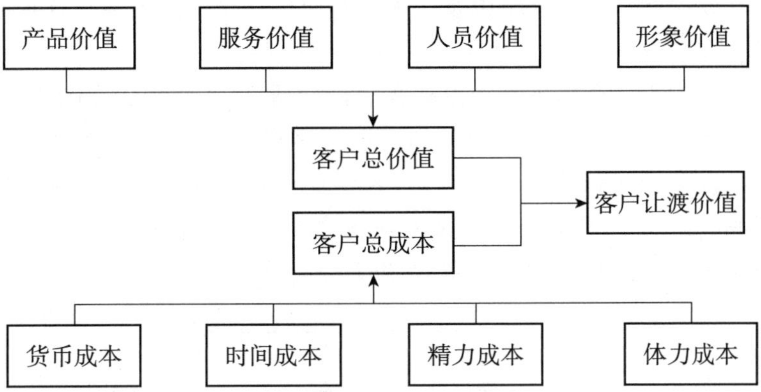

图 6－2　客户让渡价值

客户在购买产品时，总希望把总成本降到最低，同时又希望从中获得更多的实际利益，以使自己的需要得到最大限度的满足。因此，客户在选购产品时，往往从价值与成本两个方面进行比较分析，选择客户让渡价值最大的产品作为优先选购的对象。

企业为战胜竞争对手，吸引更多的潜在客户，就必须向客户提供比竞争对手具有更多客户让渡价值的产品，这样才能使客户注意进而购买本企业的产品。企业可从两个方面改进自己的工作：一是通过改进产品、服务、人员与形象，提高客户总价值；二是通过降低生产与销售的货币成本，减少客户购买产品的时间、精力与体力的耗费，从而降低客户总成本。

（二）客户感知价值

一般来讲，客户往往很难准确、客观地判断某种产品的价值和成本，而是根据感知价值行事。对于某些客户而言，价值也许意味着以可承受的价格购买到优质产品；对于另一些客户而言，价值或许意味着投入越多、收获也越多。客户感知价值是指客户对其所能感知到的利得与其在获取产品或服务中所付出的成本进行权衡后对产品或服务效用的整体评价。为了赢得客户满意和客户忠诚，很多企业试图增加客户感知价值，但是如果客户没有感知到他正在获得价值，则企业的努力就无法得到相应的回报。

二、客户价值与客户盈利能力分析

在许多场合下，客户价值又指客户给企业带来的销售、盈利、正面口碑等价值，即客户对企业的可能贡献。因此，企业必须进行客户盈利能力分析，善于发现优质的高价值客户。企业和客户之间的交换是等价交换：企业要赢得客户，就必须为对方创造价值、递送价值，将欲取之，必先予之；客户要想和企业保持长期的互利交换关系，也必须对企业有价值回报。

（一）盈利客户

盈利客户是指能在一段时间内不断给企业带来盈利收入的客户，企业同该客户进行交易所获得的收入大于所付出的成本。这里强调的收入和成本是长期的，不是针对单次交易的。企业需要关注客户回报率以及从客户身上创造价值的效率。这正是企业筛选盈利客户的意义所在。

可以根据客户购买的产品来筛选盈利客户，如图 6－3 所示。在图 6－3 中，方格中的正负号代表向客户出售某产品时的盈利情况。客户 C_1 是一个盈利客户，因为他购买了两个对企业而言有利润的产品 P_1 和 P_2。客户 C_2 是混合型客户，因为他购买了一个对企业而言有利润的产品 P_1 和对企业而言无利润的产品 P_3。客户 C_3 是亏损客户，因为他购买了两个对企业而言没有利润的产品 P_3 和 P_4。

	C_1	C_2	C_3	
P_1	+	+		高盈利产品
P_2	+			盈利产品
P_3		－	－	亏损产品
P_4			－	高亏损产品
	盈利客户	混合型客户	亏损客户	

图 6－3　筛选盈利客户

筛选盈利客户，还要考虑客户当前价值与客户潜在价值两个维度。客户当前价值是指客户现在能给企业带来的利益，是已经实现的价值。客户潜在价值是指客户在未来一段时间内预计会给企业带来的价值。客户潜在价值不仅与客户当前价值有着密切的联系，而且与目前可以预见并分析的一些其他指标，如该客户日后的成长能力、发展前景，以及该客户对企业产品或服务的满意度等密切相关。综合各种指标可以预见企业日后对某个客户的销售量，从而进一步预测该客户日后会给企业带来多大的价值。

（二）RFM 模型及其应用

RFM 模型是测量客户价值和客户盈利能力的重要工具和手段。该模型通过客户的最近购买、购买频率以及消费金额三项指标来描述客户价值。

1. 最近购买（recency，也称近度）。最近购买是指客户最近一次购买企业产品或服务的行为距离现在的时间。购买时间越近，客户价值越大。一年前光顾的客户肯定没有一周前光顾的客户价值大。要吸引一个几个月前购买过企业产品的客户再次购买，比吸引一个一年多以前购买过企业产品的客户要容易得多。与客户建立长期关系不仅是卖东西，还是想办法让客户愿意持续购买，进而赢得客户忠诚。

如果最近购买的客户人数呈增加趋势，则表明企业正在稳健成长。反之，如果最近购买的客户越来越少，则表明企业正在走下坡路。

2. 购买频率（frequency，也称频度）。购买频率是指客户在一定期间内购买企业产品或服务的总次数。购买频率高的客户，也是满意度和忠诚度高的客户，其客户价值也较大。

3. 消费金额（monetary，也称额度）。消费金额是指客户在一定时期内购买企业产品或服务所花费的总金额，体现了客户给企业带来盈利的多少。消费金额越多，客户价值越大。

RFM 模型动态显示了客户价值及其特征，为企业个性化沟通和服务提供了依据，便于企业采取更具针对性的营销战略战术。在营销实践中，最近购买时间越近，客户对企业促销的反应越积极。购买频率越高，客户对企业促销活动就越关注，对购买的产品或服和越满意。消费金额将出手阔绰的高价值客户和精打细算的低价值客户区别开来。当企业利用收视率、读者人数、官网的访问频次、微信互动率、邮件打开率等指标测量客户价值和客户忠诚度时，也可以使用参与度（engagement）代替消费金额，RFM 模型就变为 RFE 模型。

下面举例说明 RFM 模型在实际中的应用。

广东一家办公设备及耗材零售企业，下设 100 余家连锁配送中心。进入 2024 年，公司业务发展迅速，客户也多了起来，营销成本也越来越高。公司希望应用 RFM 模型来有效识别、区分客户，以便在适当的时间向适当的客户传递适当的产品服务信息，推动老客户重复购买，从而降低营销费用。

公司以 2024 年 3 月 31 日为节点计算最近购买（R）参数，进而依据 R 值大小把客户分为五个等级（R5～R1），R5 级客户表示购买时间最接近 2024 年 3 月 31 日，R1 级客户表示购买时间离这一天最远。

对于 R5 级客户，公司借助微信群、电子邮件、公司网站、直邮广告、公众号等及时向他们提供产品目录及奖励积分的信息资料。对于 R4 级客户，除了借助上述手段及时传播相关信息，公司还会用快递邮寄一份新推出的产品目录及奖励积分计划。对于 R3 级及以下客户则不采用催促购买、提醒购买的促销方式。实践表明，R5 级客户对公司促销邮件的回函率是 R4 级客户的 3 倍，因为这些客户刚完成交易不久，所以会更注意同一公司的产品信息。公司对 R5 级客户及时跟进邮件反馈，借助交叉销售、追加销售等措施，积极向其推荐需求相关度高的产品或服务，并且提供额外的重复购买奖励，收到了更加明显的促销效果。

实践证明，除参数 R 外，与重复购买行为关联最紧密的是购买频率（参数 F）。公司依据 F 值将客户分为 F5～F1 五级，进而采取不同的促销策略。对于截至 2024 年 3

月 31 日购买超过 5 次的客户，除借助数字工具传播产品信息之外，公司每月另外邮寄一次产品目录；而对于购买不足 2 次的客户，将每两个月邮寄一次产品目录。

相对而言，消费金额（参数 M）与购买行为的关系不那么紧密。用 M 值对客户分类，平均消费金额高的客户的反馈率并没有明显高于平均消费金额低的客户的反馈率。但客观上永远会存在这样一些客户，他们对一些促销策略反应冷漠，但偶尔的大额采购会给公司带来意外惊喜。因此仍有必要根据 M 值把客户分为 M5～M1 五级。

将客户分别按照 R、F、M 值分级后，公司可以有针对性地、差异化地实施不同的营销策略。

（三）客户终身价值

客户终身价值（CLV）是企业从与客户的所在互动中获得的全部经济收益的总和。CLV 对于分析客户价值和客户盈利能力十分重要。下面简要介绍 CLV 的计算方法。

哥伦比亚大学的唐·莱曼（Don Lehmann）和哈佛大学的苏尼尔·古普塔（Sunil Gupta）建议用下式来计算一个潜在客户的客户终身价值：

$$CLV=\sum_{t=0}^{T}\frac{(p_t-c_t)\,r_t}{(1+i)^t}-AC$$

式中，p_t 表示客户在时间 t 支付的价格；c_t 表示在时间 t 用于服务该客户的直接成本；i 表示折现率或该企业的资本成本；r_t 表示在时间 t 客户持续购买的概率；AC 表示吸引客户的成本；T 表示估算 CLV 的时间区间。

计算客户终身价值的关键是选取时间区间，一般来说 3～5 年是比较合理的。

三、客户价值分析的应用

（一）企业资源分类

并不是每个客户都能给企业带来盈利。根据二八定律，头部 20%的客户为企业创造了 80%的利润。更为极端的情形是：20%最有价值的客户创造了 150%～300%的利润，而 10%～20%最没有价值的客户会使企业利润降低 50%～200%。这就表明，企业可以通过“打发掉”最没有价值的客户来增加盈利。企业无法也没有必要使所有的客户都满意，因为企业资源是有限的，企业必须要区分哪些客户能带来盈利、哪些客户会带来亏损。因此如何合理度量并有效管理客户盈利能力具有重要的意义。

企业就是资源、资产和能力的集合。在追寻和挖掘客户价值的过程中，企业必须及时评估资源，有效地组合、配置资源。资源组合为分析评估企业资源现状提供了非常有用的模型，更有利于营销管理者识别那些需要特别关注而且有大量盈利客户的业务领域。

根据企业资源对于客户价值创造的重要性以及企业相对于竞争者的资源优劣势，可以把企业资源分为四种类型（如图 6－4 所示）。

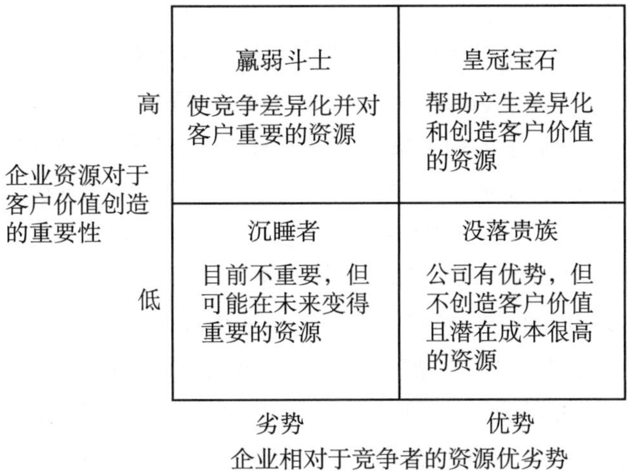

图 6－4　企业资源的类型

1. 皇冠宝石。皇冠宝石是指那些对于客户价值创造的重要性高且相对于竞争者处于优势的企业资源。企业需要密切关注并维护好这些资源，同时，也要时常审视仅仅依靠这些资源能否保证企业的优势地位。

2. 没落贵族。没落贵族是指那些相对于竞争者有优势但对于客户价值创造的重要性低的企业资源。营销环境和客户需求的不断变化，使一些曾经重要的资源失去了用武之地。企业应该以长远的眼光仔细审视这些资源，在评估其保留成本的基础上，考虑去除或减少这些资源，聚焦更有吸引力的业务领域。

3. 赢弱斗士。赢弱斗士是指相对于竞争者处于劣势但对于客户价值创造的重要性高的企业资源。这种资源常令企业感到有心而无力，因此必须努力强化对这类资源的挖掘和积累。

4. 沉睡者。沉睡者是指那些相对于竞争者处于劣势且对于客户价值创造的重要性低的企业资源。尽管这类资源现在不重要，但企业仍要关注它们在未来变得更重要的可能性。

（二）企业与客户关系

面对消费行为各异、忠诚度不同的客户，企业在资源配置时不能同等对待。与非盈利客户建立亲密关系可能使企业付出的成本大于取得的收益，得不偿失。如果在此类客户身上投入资源过多，而对盈利客户重视不足，则往往会给竞争者可乘之机，致使高价值客户转向竞争者。对于企业来说，同客户建立亲密关系也存在着一定的风险。只有正确识别出需要建立亲密关系的盈利客户才能赢得竞争优势，提高企业利润。

在客户盈利能力和关系水平不同的现实情况下，企业更希望与那些客户价值高的盈利客户保持较高的关系水平。将企业与客户的关系进行分类有助于强化双方关系。如果企业给予客户同样或类似的承诺，却无法满足客户的所有需求，就很容易导致企业承诺与企业提供价值的能力不匹配，客户满意度和忠诚度也会下降，出现客户流失。

1. 客户关系分类。根据客户价值以及企业竞争优势的来源，可将企业与客户关系按水平从低到高划分为熟人关系、朋友关系、合作伙伴关系。不同关系类型的客户所提供的客户价值有所差别，企业获取竞争优势的来源也分别包括满意、信任和承诺。

（1）熟人关系。企业对熟人关系的客户只需提供达到本行业平均水平的产品或服务，即向客户提供不低于竞争对手的同等价值。由于该类客户只寻求同等价值、标准化产品和重复购买，客户价值较低，企业通过建立熟人关系获得可持续竞争优势的机会很有限。但是，企业可以从熟人关系的交易中捕捉需求信息，积累客户数据，获得其他企业难以模仿的优势。借助熟人关系获取客户的成本比较低，企业赢得竞争优势的来源是客户满意。

（2）朋友关系。由于客户需求存在差异，企业借助朋友关系，可以提前预测客户需要什么样的产品，开发符合客户需要的产品来满足细分市场的差异化需求，促使客户为企业的卓越表现支付更高的价格。朋友关系的客户会认同差异化的产品或服务，进而对企业产生高度的信任，具有较高的客户价值。企业借助朋友关系赢得竞争优势的来源是客户满意加信任。

（3）合作伙伴关系。企业可以利用积累的客户数据和高效的信息系统向合作伙伴关系的客户提供高度个性化的产品或服务，来满足客户多样化、差异化、独特性需求。合作伙伴关系的客户愿意为这种个性化产品或服务支付更高的价格，并且对未来长远的互利交换关系做出承诺，具有很高的客户价值。借助合作伙伴关系获取客户的成本比较高，企业赢得竞争优势的来源是客户满意加信任以及承诺。

2. 客户关系分类的优点。一般来讲，和企业打交道的客户千差万别、形态各异，而对单个客户分别计算其客户价值并实施个性化管理无疑会增加企业的成本。而且，客户购买行为也是复杂的，不进行细分，很难做出准确的预测和判定。客户关系分类，使得企业只需掌握各种关系类型的特点，便可针对每一类客户群分别制定营销策略。这能够提高营销管理的针对性，确保企业通过有效的客户关系管理为各类客户创造最优价值。

以往，企业与客户关系往往是一对多发散式的单一关系模式（如图 6-5 所示）。在这种关系模式下，企业一般通过计算客户在其生命周期各个阶段给企业创造的利润来确定客户终身价值。由于客户数量巨大，企业的客户数据库中也存储了海量信息，对这些信息进行甄别、计算，然后制定针对每个客户的具体营销组合几乎不可能。

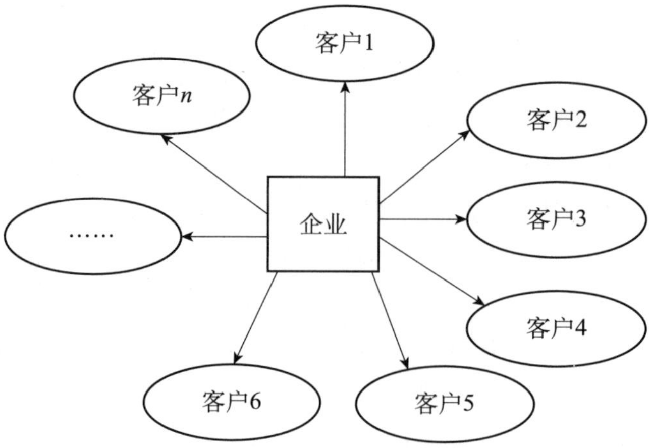

图 6-5　单一关系模式

根据关系水平进行客户关系分类，在客户细分基础上制定相应的营销策略，就可以确保企业营销效率更高，营销工作更具针对性。客户组合关系模式（如图 6－6 所示）是提高客户关系管理质量的有效模式。

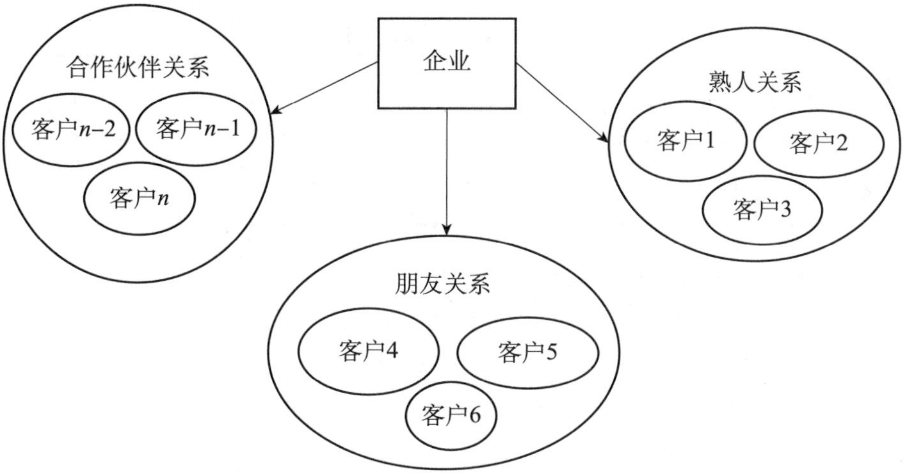

图 6－6　客户组合关系模式

企业通过客户关系分类，还可以分别制定每种关系下的客户维系策略。这至少可给企业带来如下利益：（1）有利于减少搜寻、记载、分析、处理客户信息所付出的成本和精力。（2）有针对性地制定营销策略有利于使企业有限的营销资源发挥更大的综合效用。（3）有利于识别发现交叉销售的机会，从而提高客户忠诚度和客户盈利能力。

第 4 节　市场需求预测

市场需求预测一般要经过三个阶段，即环境预测、行业预测和企业销售预测。环境预测就是通过分析通货膨胀、失业、利率、消费者支出和储蓄、企业投资、政府开支、进出口以及其他一些重要因素，最终对国民生产总值做出预测。行业预测是以环境预测为基础，结合其他环境特征进行行业销售预测。企业销售预测是基于对企业未来市场份额的估计，预测企业销售额。市场需求预测有以下几种主要方法。

一、购买者意向调查法

购买者意向调查法是指通过一定的调查方式选择一部分潜在购买者，直接向他们征询未来某一时期购买产品的意向，并以此为基础对市场需求做出预测的方法。市场总是由潜在购买者构成的，预测就是预估在给定条件下潜在购买者的可能行为。这种调查的结果比较准确可靠，因为只有购买者自己才知道将来会购买什么和购买多少。

在满足以下三个条件的情况下，购买者意向调查法比较有效：（1）购买者的购买意向是明确清晰的。（2）这种意向会转化为实际购买行动。（3）购买者愿意将其意向告诉调查者。

【例 6-1】 假设某公司对A城市的消费者购买意向进行调查。A城市有10万人，公司抽样调查200人。调查询问消费者购买产品的可能性，并进行分类汇总如表6-2所示。

表6-2 购买者意向调查法示例

购买者意见（购买概率）	0	0.1	0.2	0.3	0.4	0.5	0.6	0.7	0.8	0.9	1.0
人数	3	10	23	26	19	21	39	22	23	12	2

购买者意向的比例期望值为：

$$(10\times0.1+23\times0.2+26\times0.3+19\times0.4+21\times0.5+39\times0.6+22\times0.7+23\times0.8+12\times0.9+2\times1)/200=0.5075$$

所以，该公司在A城市的产品销量预测值为10万×0.507 5=5.075万。

二、销售人员综合意见法

销售人员综合意见法是指将具有丰富经验的销售人员组织起来，先由预测者介绍预测目标、内容和预期的市场形势等背景，要求销售人员利用平时掌握的信息并结合提供的背景，对市场需求前景提出自己的预测意见，最后由预测者进行综合分析，得出预测结论的方法。在不能直接与客户见面时，企业可以通过听取销售人员的意见估计市场需求。销售人员综合意见法的主要优点是：(1) 销售人员最接近购买者，对购买者意向有较为全面深刻的了解，比其他人有更充分的知识和更敏锐的洞察力，尤其是对于受技术发展变化影响较大的高科技产品。(2) 销售人员由于参与企业预测，因而对完成上级下达的销售任务有较大的信心。(3) 通过这种方法，可以获得按产品、区域、客户或销售人员划分的各种销售预测情况。

一般情况下，销售人员所做的需求预测必须经过进一步修正才能利用。这是因为：(1) 受近期销售业绩的影响，销售人员的判断总会有些偏差，可能过于乐观或过于悲观，不够客观。(2) 销售人员可能对经济发展形势或企业的总体营销规划不了解。(3) 为使下一年度的销售业绩大大超过任务指标，以获得升迁或奖励的机会，销售人员可能故意压低预测结果。(4) 销售人员可能对这种预测没有足够的知识、能力或兴趣。

【例 6-2】 表6-3是利用销售人员综合意见法进行市场需求预测的示例。

表6-3 销售人员综合意见法示例

销售人员	预测项目	销售量	概率	销售量×概率
甲	最高销售量	1 000	0.3	300
	最可能销售量	700	0.5	350
	最低销售量	400	0.2	80
	期望值			730

续表

销售人员	预测项目	销售量	概率	销售量×概率
乙	最高销售量	1 200	0.2	240
	最可能销售量	900	0.6	540
	最低销售量	600	0.2	120
	期望值			900
丙	最高销售量	900	0.2	180
	最可能销售量	600	0.5	300
	最低销售量	300	0.3	90
	期望值			570

如果三位销售人员意见的权重一样，那么平均预测值为：

$$\frac{730+900+570}{3}=733.3$$

尽管销售人员综合意见法存在偏差，但是销售人员过高或过低的预测也可能相互抵消，并且企业也可以提前识别并及时修正个别销售人员的预测偏差，因此销售人员意见综合法仍是市场需求预测的一种常用方法。

三、专家意见法

专家意见法是指集合有关领域的专家意见、经验、知识和判断能力进行市场预测的一种方法。企业可以利用诸如分销商、供应商及其他一些专家的意见进行预测。由于这种方法是以专家为信息索取的对象，用这种方法进行预测的准确性主要取决于专家的专业知识和相关的科学知识基础，以及专家对市场变化情况的洞悉程度，因此专家必须具备较高的专业水平。

利用专家意见法有多种方式。如组织一个专家小组进行某项预测，这些专家提出各自的预测结果，然后交换意见，最后经过综合，得出小组的预测结果。这种方式的缺点是，小组成员容易屈从于权威或者大多数人的意见（即使这些意见并不正确），不愿提出与众不同的看法；或者虽然认识到自己的意见错了，但碍于情面不愿当众承认。

现在应用较普遍的方法是德尔菲法。其基本过程是：先由各个专家针对所预测事物的未来发展趋势独立提出自己的估计和假设，经调查主持者审查、修改、提出意见，再发回到各位专家手中，这时专家们根据综合的预测结果，参考他人意见修改自己的预测结果。如此反复，直到各专家对未来的预测结果基本一致。

专家意见法的主要优点是：（1）预测过程迅速，成本较低；（2）在预测过程中，各种不同的观点都可以表达并加以调和；（3）如果缺乏基本的数据，这种方法可以进行补充。专家意见法的主要缺点是：（1）专家意见未必能反映客观现实；（2）责任较为分散，预判的权重相同；（3）一般仅适用于预测总体，在用于区域、客户群、产品大类等的预测时，可靠性较差。

【例 6-3】 某企业欲利用专家意见法预测某工业品的市场需求，选择企业的采购经理、销售经理、两位销售人员和三位经销商组成专家组（各成员分别以 A、B、C、D、E、F、G 表示），由营销经理主持并负责分发资料和汇总意见。

第一次预测：营销经理将过去或其他相关资料发给各专家作预测参考，然后请各专家进行预测，专家之间不能交换意见。预测结果如下：

预测次数	A	B	C	D	E	F	G	中位数	极差	改变意见的人数
1	110	70	66	70	110	66	64	70	46	—

第二次预测：营销经理将第一次预测的结果分发给专家，使每个专家都了解其他专家的预测结果，然后进行第二次预测。专家可以修改也可以不修改自己的预测结果。专家如果进行了修改，需说明理由。第二次预测结果如下：

预测次数	A	B	C	D	E	F	G	中位数	极差	改变意见的人数
1	110	70	66	70	110	66	64	70	46	—
2	90	70	82	70	82	68	64	70	26	4

第三次预测：营销经理将第二次预测结果再次分发给各专家成员，进行第三次预测。

预测次数	A	B	C	D	E	F	G	中位数	极差	改变意见的人数
1	110	70	66	70	110	66	64	70	46	—
2	90	70	82	70	82	68	64	70	26	4
3	90	76	82	70	82	68	68	76	22	2

第四次预测：营销经理将第三次预测结果分发给各专家，进行第四次预测。

预测次数	A	B	C	D	E	F	G	中位数	极差	改变意见的人数
1	110	70	66	70	110	66	64	70	46	—
2	90	70	82	70	82	68	64	70	26	4
3	90	76	82	70	82	68	68	76	22	2
4	90	76	82	70	82	68	68	76	22	0

可以看出，进行第四次预测时，各专家不再修改自己的预测结果，说明他们对现在的预测结果已经很满意。营销经理可将第四次预测结果作为最后的预测结果。

四、市场试销法

市场试销法是指在小范围内进行产品销售试验，调查消费者对试销产品的反应和购买态度，测试其对企业营销计划的反应，收集其购买、重复购买的相关数据，并以此为基础进行市场需求预测的方法。企业收集到的各种意见，不管是购买者、销售人员的意见，还是专家的意见，价值都取决于意见的获得成本、意见可得性和可靠性。如果购买者并没有认真细致的购买计划，或意向变化不定，或专家的意见并不十分可靠，就需要利用市场试销法。特别是在预测一种新产品的销售情况和现有产品在新的地区或通过新的分销渠道的销售情况时，利用市场试销法效果最好。

市场试销法预测市场需求基于这样的原则：购买产品的人或者是新消费者（试用者），或者是重复购买者，通过预测新消费者购买数和重复购买者购买数并加总，就可以预测出新产品的销售量。

预测销售总量＝试用量＋重复量

＝测试总人数×试用率×每次试用购买量＋重复购买率

×试用人数×每个客户重复购买量×重复购买次数

式中，试用率＝试用人数/测试总人数。

重要概念

市场供给	市场需求	市场供给规律	市场需求规律
消费者偏好	替代效应	互补效应	数据
大数据	数据库	数据仓库	数据存储
数据挖掘	市场信息系统	客户价值	客户让渡价值
盈利客户	购买频率	专家意见法	市场试销法

复习题

1. 如何理解市场需求和市场供给？
2. 数字经济条件下的市场调研有哪些新发展？
3. 如何进行客户盈利能力分析？
4. 市场需求预测的主要方法有哪些？

案例分析

饺子的市场需求预测

近年来饺子的热度呈现波动上升的趋势，其抖音单日搜索指数在 2023 年冬至当天突破了 830 万，创下近 5 年来的新高。其中，广东、河南、江苏为主要消费市场。饺子的热度高峰一般出现在冬季特别是重要节日、节气当天。

2023 年我国饺子品类的市场规模约为 650 亿元，截至 2024 年 1 月，饺子在营门店总数超过 10 万家，94%的饺子品牌门店数在 3 家以下，门店数超过 50 家的品牌占比为 0.3%。在饺子品牌中，既有深耕赛道的袁记云饺、喜家德虾仁水饺、熊大爷、粤饺皇等选手，也有从速冻饺子赛道孵化而来的饺鲜说等品牌。

饺子品类市场的整体规模化程度不高，部分品牌的门店数超过 100 家，仅有袁记云饺等少数品牌门店突破千家。为了加快扩张步伐，一些品牌从加盟、上市等层面持续发力。例如，2023年粤饺皇新开放多个加盟区域；熊大爷创始人表示考虑在2024年进入上市准备期，预计2027年有机会上市。截至2024年1月，35.6%的饺子品牌人均消费在16～25元，21.6%的饺子品牌人均消费在25～35元。此外，也有一些品牌在50元以上的高端价格带深耕，如船歌鱼水饺、喜鼎海胆水饺等。

各饺子品牌在产品、门店模式、供应链、渠道、传播等多方面展开角逐，市场竞争有所加剧。一些品牌还推出了云吞，如袁记云饺的鲜虾蟹籽云吞、熊大爷的玉米鲜肉云吞、粤饺皇的荠菜云吞等。也有一些品牌往正餐化方向发展，例如，喜家德虾仁水饺推出了鲜蔬锅系列，提升了产品的丰富度和复购率；船歌鱼水饺推出了辣炒小鲍鱼；大清花饺子推出了锅包肉等；大娘水饺的产品结构也很丰富，推出了饭食快餐、汤品、粥品等产品。

饺子的主要馅料可分为蔬菜类、肉禽蛋类、水产品类、菌菇类等。此外，水果类也是一些品牌会加入的元素。截至2024年1月，在饺子消费者推荐的饺子馅中，玉米鲜肉、白菜鲜肉、韭菜鲜肉、冬菇马蹄鲜肉、芹菜鲜肉等排在前列。一些小众食材被饺子品牌加入了馅料，如瑶柱、黑松露、小龙虾、生蚝、扇贝等。2023年10月，船歌鱼水饺还与龙亭酒庄合作推出了葡萄酒水饺宴。“饺子就酒，越吃越有”，继饺子品牌开设饺子酒馆后，饺子与酒的品类融合还在不断加深。

饺子品牌不约而同地加强供应链建设，特别是对连锁鲜饺品牌来说，馅料当天送达、现包现煮才能保证饺子新鲜度，进而才能建立产品“护城河”。为了提升品牌竞争力，在“争鲜战”中赢得先机，袁记云饺、熊大爷、喜家德虾仁水饺、粤饺皇等品牌在加强供应链能力上均取得了一定成绩。

为留存线下市场、拥抱线上流量，饺子品牌在堂食、外带、外卖、零售等多渠道发力，形成了“四栖”销售模式。开设多种门店模式、进驻不同线上平台、采用品牌矩阵化运营等方式是饺子品牌开拓渠道的主要方式。例如，袁记云饺设立生食外带店和生熟一体店，2023年进驻天猫平台；船歌鱼水饺在零售渠道发力，近年来推出的一船小鲜和小歌饺两个品牌主攻速冻水饺赛道。

目前，还有相当一部分饺子品牌未能实现全国化扩张，这与三个因素有关：同质化问题突出、区域差异性较大、对供应链的要求高。消费者关注馅料、面皮的现制以及门店现包流程的一体化，这就对品牌的后端供应链和管理运营提出了更高的要求。

资料来源：《饺子品类发展报告2024》：650亿市场，10万家门店同台竞技．(2024-01-09)．红餐网.

思考题

假如你是某饺子品牌的营销主管，基于上述市场需求预测信息，你能提出哪些营销创新的建议？

第7章

中国市场购买行为分析

本章要点

- 中国国内市场的新变化
- 实施扩大内需战略的必要性
- 中国消费者市场的新特点
- 影响消费者购买行为的主要因素
- 产业购买者决策过程的主要步骤

党的二十大报告指出，“坚持以推动高质量发展为主题，把实施扩大内需战略同深化供给侧结构性改革有机结合起来”①。坚定实施扩大内需战略、培育完整内需体系，是加快构建以国内大循环为主体、国内国际双循环相互促进的新发展格局的必然选择，是促进我国长远发展和长治久安的战略决策。习近平总书记指出，要“建立和完善扩大居民消费的长效机制，使居民有稳定收入能消费、没有后顾之忧敢消费、消费环境优获得感强愿消费”②。认真研究消费者市场和组织市场购买行为特征、购买决策影响因素以及购买决策过程，对于营销管理者科学制定决策，有效满足市场需求，实现人民美好生活向往，具有十分重要的意义。

第1节　扩大内需战略与中国消费者市场

一、扩大内需战略

党的二十大报告指出，要着力扩大内需，增强消费对经济发展的基础性作用。③ 近

① 习近平．高举中国特色社会主义伟大旗帜 为全面建设社会主义现代化国家而团结奋斗：在中国共产党第二十次全国代表大会上的报告．北京：人民出版社，2022：28.

② 加快构建新发展格局 增强发展的安全性主动权．人民日报，2023-02-02.

③ 同①29.

年来，我国城乡居民平均消费倾向呈下降趋势，相对而言农村居民的平均消费倾向较高。我国数字新消费蓬勃发展，中等收入及高收入群体和中青年群体表现突出，绿色低碳消费成为城市新兴消费，高收入、高学历、年轻世代更积极参与低碳消费，居民对新能源车的购买意愿近年来大幅度提升。提振居民消费倾向，需关注新的时代条件下的新消费需求和动机，重视供给体系完善和社会文化营造，改善消费的外部宏观环境，在高水平上不断促进供需良性循环和动态平衡。

（一）中国国内市场的新变化

党的十八大以来，我国在深度参与国际产业分工的同时，不断提升国内供给质量水平，着力释放国内市场需求，促进形成强大国内市场，内需对经济发展的支撑作用明显增强。

1. 消费基础性作用持续强化。近年来，党中央坚持“稳中求进、以进促稳、先立后破”，瞄准新需求、新动向，优化消费环境，提升消费体验，让更多人能消费、敢消费、愿消费，不断加快释放内需潜力，为消费市场提质扩容注入动力和活力。2023 年，社会消费品零售总额达 471 495 亿元，比上年增长 7.2%。其中，除汽车以外的消费品零售额达 422 881 亿元，同比增长 7.3%。

2. 国内市场运行机制不断健全。高标准市场体系加快建设，“放管服”改革持续深化，营商环境不断优化，要素市场化配置、产权制度等重点改革稳步推进，流通体系加快健全，社会保障制度逐步完善，统筹城乡的基本公共服务体系加快形成，市场活力得到有效激发。

3. 国际国内市场联系更加紧密。我国国内生产总值超过 110 万亿元，已成为全球第二大商品消费市场，带动进口规模持续扩大、结构不断优化。国际经贸合作扎实推进，对外开放高地建设进展显著，我国成为最具吸引力的外资流入国之一，利用外资质量不断提高，中国市场与全球市场进一步协调发展、互惠互利。

（二）实施扩大内需战略的必要性

1. 实施扩大内需战略是实现人民对美好生活向往的现实需要。进入新时代以来，人民对美好生活的向往已经从“有没有”转向“好不好”，呈现多样化、多层次、多方面的特点。解决人民日益增长的美好生活需要和不平衡不充分的发展之间的矛盾，必须实施扩大内需战略，固根基、扬优势、补短板、强弱项，通过高质量产品和服务供给，有效满足人民群众需要，实现在更高水平上的供需动态平衡。

2. 实施扩大内需战略是充分发挥超大规模市场优势的主动选择。经过改革开放 40 多年的持续快速发展，我国逐步在市场需求、产业体系、人力资源、软硬基础设施等方面形成了超大规模市场优势，为培育完整内需体系奠定了基础。进一步发挥超大规模市场优势，必须实施扩大内需战略，激发有潜能的消费，增强人民群众获得感 、幸福感、安全感，促进经济持续健康发展。

3. 实施扩大内需战略是应对国际环境深刻变化的必然要求。世界百年未有之大变局加速演进，国际力量对比深刻调整，世界经济增长不平衡不确定性增大，单边主义、保护主义、霸权主义对世界和平与发展构成威胁。面对复杂严峻的外部环境，必须坚定实施扩大内需战略，着力培育完整内需体系、扩大有效需求，增强发展韧性和内生动力，以自身的稳定发展有效应对外部的风险挑战。

4. 实施扩大内需战略是更高效率促进经济循环的关键支撑。构建新发展格局关键在于经济循环的畅通无阻。消费是经济循环的重要环节，既是终点也是起点，对生产具有牵引带动作用。促进国内大循环更为顺畅，必须坚定实施扩大内需战略，打通经济循环堵点，夯实国内基本盘。实现国内国际双循环相互促进，也必须坚定实施扩大内需战略，更好依托国内大市场，有效利用国外技术、人才、资金等全球要素和市场资源，更高效率实现内外市场联通，促进发展更高水平的国内大循环。

（三）实施扩大内需战略的总体要求

1. 坚持系统观念扩内需。党的二十届三中全会提出，要“完善扩大消费长效机制，减少限制性措施，合理增加公共消费，积极推进首发经济”。加强前瞻性思考、全局性谋划、战略性布局、整体性推进，加快培育完整内需体系，统筹好供给和需求、消费和投资、内需和外需、数量和质量、国内和国际、速度和效益、效率和公平、发展和安全等重大关系，尽力而为、量力而行，实现发展质量、结构、规模、速度、效益、安全相统一，使扩大内需成为一个可持续的历史过程。

2. 线上线下消费融合发展。加快传统线下业态数字化改造和转型升级。党中央提出，要积极扩大国内需求，发挥消费拉动经济增长的基础性作用，通过增加居民收入扩大消费，通过终端需求带动有效供给，把实施扩大内需战略同深化供给侧结构性改革有机结合起来。要提振汽车、电子产品、智能家居等大宗消费，推动体育休闲、文娱旅游等服务消费。① 丰富 5G 网络和千兆光网应用场景，发展线上“虚拟家居布置”“虚拟试衣”等产品展示业务。加快研发智能化产品，支持自动驾驶、无人配送等技术应用。发展智慧超市、智慧商店、智慧驿站、智慧书店、智慧餐厅等新零售业态。健全新型消费领域技术和服务标准体系，依法规范平台经济发展，提升新业态监管能力，着力营造放心消费环境。

3. 培育“互联网＋社会服务”新模式。做强做优线上学习服务，推动各类数字教育资源共建共享，培育打造消费新场景新业态。积极发展“互联网＋”医疗健康服务，健全互联网诊疗收费政策，将符合条件的互联网医疗服务项目按程序纳入医保支付范围。深入发展在线文娱，鼓励传统线下文化娱乐业态线上化，支持打造数字精品内容和新兴数字资源传播平台。鼓励发展智慧旅游、智慧广电、智能体育。支持便捷化线上办公、无接触交易服务等发展。

4. 促进共享经济等消费新业态发展。拓展共享生活新空间，鼓励共享出行、共享住宿、共享医疗、共享办公、共享旅游等领域产品智能化升级和商业模式创新，完善共享单车、共享汽车、共享电动车等具有公共服务属性的共享产品的相关标准。打造共享生产新动力，鼓励企业开放平台资源，充分挖掘闲置存量资源应用潜力。鼓励制造企业

① 中共中央政治局召开会议 分析研究当前经济形势和经济工作．人民日报，2023-07-25.

探索共享制造的商业模式和适用场景。顺应网络、信息等技术进步趋势，支持与引导新的生活和消费方式健康发展。

5. 发展新个体经济。微商电商、网络直播、职业创作者等新个体经济，依靠互联网平台赋能，开辟了就业新空间，带来了发展活力，有效满足了人们多元需求，释放了消费新动能。因此，要大力支持社交电商、网络直播等多样化经营模式，鼓励发展基于知识传播、经验分享的创新平台。支持线上多样化社交平台、短视频平台规范有序发展，鼓励微应用、微产品、微电影等产品创新和市场创新。

6. 倡导绿色低碳消费。党中央多次强调，要"坚持把绿色低碳发展作为解决生态环境问题的治本之策，加快形成节约资源和保护环境的空间格局、产业结构、生产方式、生活方式"①，健全绿色低碳产品研发、生产和推广机制。促进居民耐用消费品绿色更新和品质升级。完善绿色采购制度，加大政府对低碳产品采购力度。建立健全绿色产品标准、标识、认证体系和生态产品价值实现机制。加快构建废旧物资循环利用体系，规范发展汽车、动力电池、家电、电子产品回收利用行业，推动消费品以旧换新。

7. 推动形成绿色生活方式。大力倡导简约适度、绿色低碳、文明健康的生活理念和消费方式，让节水节电、"光盘行动"、垃圾分类等成为习惯，形成人人、事事、时时、处处崇尚生态文明的社会氛围。② 倡导绿色低碳出行，发展城市公共交通，完善城市慢行交通系统。持续推进过度包装治理，倡导消费者理性消费，推动形成"节约光荣、浪费可耻"的社会氛围。

二、中国消费者市场

习近平指出，中国是全球最大最有潜力的消费市场；中国不断拓展的内需和消费市场，将释放巨大需求和消费动力。还指出，"着力扩大国内需求。总需求不足是当前经济运行面临的突出矛盾。必须大力实施扩大内需战略，采取更加有力的措施，使社会再生产实现良性循环。"消费新场景是消费新业态、新模式、新产品的系统集成，对促进消费提质升级，更好满足人民高品质生活具有重要意义。因此，"要增强消费能力，改善消费条件，创新消费场景，使消费潜力充分释放出来。消费是收入的函数，要多渠道增加城乡居民收入，特别是要提高消费倾向高、但受疫情影响大的中低收入居民的消费能力。要合理增加消费信贷，支持住房改善、新能源汽车、养老服务、教育医疗文化体育服务等消费"③。

（一）消费者市场的一般特点

根据购买产品和服务的目的或用途，市场可分为组织市场和消费者市场。

消费者市场是指所有为了满足个人消费而购买产品与服务的个人与家庭所构成的市

① 社会行动起来做绿水青山就是金山银山理念的积极传播者和模范践行者．人民日报，2023－08－16．

② 习近平．以美丽中国建设全面推进人与自然和谐共生的现代化．求是，2024（1）．

③ 习近平．当前经济工作的几个重大问题．求是，2023（4）．

场。生活消费是产品和服务流通的终点，故消费者市场也称为最终产品市场。一般而言，组织市场虽然购买数量庞大，但最终服务对象还是消费者，仍要以满足消费者的需要为中心。

相对于组织市场，消费者市场具有如下特点：

1. 分散性。从交易的规模和方式看，消费者市场购买者众多、市场分散、成交次数频繁，但交易数量零星，绝大部分产品和服务都通过中间商销售，以方便消费者购买。因此，面向消费者市场的企业应特别注意分销渠道的选择、设计及管理，在数字经济时代尤其要善于应用电商平台等新兴渠道。

2. 差异性。消费者市场提供生活消费用产品，购买者是受众多不同因素影响的个人或家庭，互联网、大数据、人工智能等新技术驱动着市场需求呈现出明显的个性化、特色化、多元化特征。企业应在市场细分的基础上准确选择目标市场，开展有效的营销活动，满足目标顾客的消费需求。

3. 不确定性。消费者市场产品的专业技术性不强，同类产品较多，消费者选择余地大，需求多变。而且，数字经济助推信息冗余带来更大程度的信息不对称，消费者受电商平台直播带货的影响，冲动购买、非理性消费的现象大量增加。

4. 替代性。消费者市场产品种类繁多，不同产品之间往往可以互相替代，这与组织市场的情况差异较大。

5. 非专业性。消费者在决定实施购买行为时，不像组织市场的购买决策那样要经历一套审批手续或审批程序，而是具有自发性、冲动性。而且，消费者市场的购买者大多缺乏相应的产品知识和市场知识，其购买行为属非专业性购买，他们对产品的选购受广告宣传的影响较大。

（二）消费者的购买对象

以消费者的购买习惯为划分标准，消费者的购买对象一般分为以下四类：

1. 便利品。又称日用品，是指消费者日常生活所需的会重复购买的产品。消费者在购买这类产品时，一般不愿花费很多的时间比较价格和质量，愿意接受其他替代品，通常选择就近购买。因此，便利品的生产者应注意分销的广泛性和经销网点的合理分布，以便消费者能及时就近购买。

2. 选购品。指价格比便利品贵，消费者花费较多时间对许多同类产品进行比较之后才决定购买的产品。消费者在购买前，对不同品牌、厂家的产品的差异了解不多（这一点是划分特殊品和选购品的主要界限），因而在决定购买前要对同一类型的产品从价格、款式、质量等方面进行比较。生产经营选购品的企业应将销售网点设在商业网点较多的商业区，并将同类产品销售点加以集中，以便消费者进行比较和选择。

3. 特殊品。指消费者对其有特殊偏好并愿意花费较多时间和精力去购买的产品，如珠宝、古玩、高档家具等。消费者在购买前对这些产品已经有一定的认识，偏爱特定的品牌，不愿接受替代品。因此，企业应注意争创名牌产品，提高本企业产品的知名度。

4. 非渴求品。指消费者不了解或即使了解也未必有购买意愿的产品，如人寿保险、创新产品、百科全书等。

如按产品的耐用程度和使用频率分类，消费者的购买对象可分为耐用品和非耐用品。非耐用品是指使用次数较少、消费者需经常购买的产品，如食品、化妆品等。生产这类产品的企业要特别注意销售点的设置，以方便消费者购买。耐用品指能多次使用、寿命较长的产品。消费者购买这类产品时，决策较为慎重。生产这类产品的企业要注重技术创新，提高产品质量，同时要做好售后服务，满足消费者的购后需求。

（三）中国消费者市场的新特点

中国消费者市场在以下方面表现出一些新特点。

1. 我国居民的平均消费倾向。消费倾向指消费者将可支配收入用于消费的比例。相对来讲，我国农村居民的平均消费倾向要高于城镇居民，并且呈不断增长趋势，农村居民消费有很大潜力。

2. 短期储蓄目标。短期储蓄目标是影响中国居民消费的关键因素。这不仅与缺少个人贷款市场和租借市场有关，更是源于对住房、教育、医疗等改革风险的防范预期。当期基尼系数对当期居民消费具有显著负向影响。在增加居民可支配收入的同时，应注重提高城乡居民的消费意愿，而消费环境、未来收支的不确定性是影响居民消费意愿的重要因素。

3. 市场的有效需求。市场的有效需求不足既有需求侧也有供给侧的问题。需求侧问题主要体现在新增收入集中来自边际消费倾向较低的高收入群体，供给侧问题主要体现在商品供给不能适应居民消费需求的变化。相对于高收入群体，中等收入群体具有一些刚性需求和发展享受层次需求的愿望；相对于低收入群体，中等收入群体的购买力更强、消费欲望更强烈，是拉动消费的重要力量。因此，一方面要通过完善就业和社会保障体系提高中等收入群体的社会经济地位，另一方面要促进产业升级和产品创新、改善消费场景及相关公共服务以完善消费供给。

4. 我国居民消费支出的构成与变动。一方面，人们的消费需求和消费欲望不断积累，一些习惯性消费曾被迫中断或减少，再加上一些新需求，从而引发补偿性消费；另一方面，人们的抗风险需求增强，从而又触发保险等保障性消费。

5. 数字新消费。数字新消费蓬勃发展，中等收入群体及高收入群体和中青年人群积极参与数字新消费，包括餐饮外卖、在线教育、在线医疗、数字艺术、沉浸式体验等方面的消费，积极参与伦理消费、绿色消费、社会责任消费。值得注意的是，上述消费群体参与数字新消费的消费动机和需求是多元的，而数字新消费通过改善供应链、培育消费新场景、创新商业模式，使得消费更便捷、更新潮，也在很大程度上降低了消费支出，能够满足不同层次多元化的消费需求。

三、扩大中国消费者市场需求的路径

（一）倡导绿色低碳消费

《扩大内需战略规划纲要（2022—2035年）》明确提出大力倡导绿色低碳消费，积极发展绿色低碳消费市场，倡导节约集约的绿色生活方式。在商品购买、使用和处置的不同消费环节，高收入、高学历、年轻世代更积极参与低碳消费行为。在低碳商品购买行为上，中等收入群体（个人月收入在 6 001～8 000 元和 8 001～10 000 元）比更高收入群体表现更积极。在重点低碳消费领域，高社会经济地位群体和较年轻世代更可能进行二手消费，而且“80 后”、“90 后”和“00 后”更经常使用线上二手交易平台，高学历、高收入人群明显更愿意选择新能源车。新时代新征程，要深入学习贯彻习近平生态文明思想，把建设美丽中国摆在强国建设、民族复兴的突出位置，以高品质生态环境支撑高质量发展，加快推进人与自然和谐共生的现代化。要坚持把绿色低碳发展作为解决生态环境问题的治本之策，加快形成节约资源和保护环境的空间格局、产业结构、生产方式、生活方式；坚持山水林田湖草沙一体化保护和系统治理，着力提升生态系统多样性、稳定性、持续性；积极稳妥推进碳达峰碳中和，做到在发展中降碳、在降碳中实现更高质量发展，健全美丽中国建设保障体系。

（二）便利新能源汽车消费

发展新能源汽车是我国应对气候变化、推动绿色发展的战略举措，鼓励新能源汽车消费既有利于提振大宗消费，拉动内需，又符合碳达峰碳中和的环保要求，有利于促进消费绿色转型。近些年我国居民的新能源汽车购买意愿有大幅度提升。新能源汽车供给是否丰富，价格是否可及，能否满足舒适、安全等不同消费需求，以及能否构建一种具有支持性和引领性的新能源汽车文化，是影响新能源汽车消费的重要因素。

（三）培育新型消费文化

要加快形成绿色生产方式和生活方式，厚植高质量发展的绿色底色。① 把握新的消费需求和动机，培育新型消费文化，释放更大消费潜力。近年来，数字新消费的趋势进一步强化，在更广阔层面获得认同，并且渗透到吃穿住用日常生活中，以及医疗、养老、教育、文化、休闲等功能性场景中，数字新消费从生活服务领域拓展到智能型耐用品领域。同时，消费者对健康、安全、情感的需求增加，重视饮食健康、运动健身、养生护理、情感表达和寄托，更加关心生态和社会环境，渴望买得放心、吃得安心、用得舒心，这有利于培育新型消费文化。

（四）消弭数字鸿沟

在前数字时代，消费分层基本等同于社会经济地位分层。但是，在数字时代，消费的区别很大程度上依赖于数字能力和数字资本。以餐饮外卖为例，热腾腾的食物以更低的价格、更快的速度送达消费者，这在十多年前是根本无法想象的，能否消费这种新型服务，不再主要取决于消费者的社会经济地位，年龄世代、文化圈层的影响更加突出。新市场环境下，电商平台、手机制造企业等纷纷致力于适老化改造，使很多行动不便的老人也能够享受餐饮外卖服务。随着中国数字经济快速发展，供给新业态激活消费新活

---

① 全面推进美丽中国建设 加快推进人与自然和谐共生的现代化. 人民日报，2023-07-19.

力，同时数字鸿沟、消费不平等问题的解决将更有力地推动供给侧的完善创新，在高水平上不断促进供需良性循环和动态平衡。未来要加强偏远地区物流、互联网接入等基础设施建设，消弭数字鸿沟，推动城乡区域协调发展，促进消费公平，释放内需潜能。

第 2 节　中国消费者购买行为影响因素

习近平指出，要着力扩大国内需求。总需求不足是当前经济运行面临的突出矛盾。必须大力实施扩大内需战略，采取更加有力的措施，使社会再生产实现良性循环。消费是收入的函数，要多渠道增加城乡居民收入，特别是要提高消费倾向高但受疫情影响大的中低收入居民的消费能力。要合理增加消费信贷，支持住房改善、新能源汽车、养老服务、教育医疗文化体育服务等消费。① 在当代中国，影响消费者购买行为的主要因素有文化因素、社会因素、个人因素和心理因素。

一、文化因素

人的消费行为、购买决策在很大程度上受到文化因素的影响。文化是区分一个社会群体与另一个社会群体的主要因素，是通过学习获得的区别于其他群体的行为特征的集合。“中华文明历经数千年而绵延不绝、迭遭忧患而经久不衰，这是人类文明的奇迹，也是我们自信的底气。”② 文化包含的元素有：价值观、文字、语言、伦理道德、风俗习惯、法律及产品和服务等，它们是决定人类欲望和行为的基本因素，对消费者行为具有广泛和深远的影响。

文化不仅影响人们对特定商品的购买，而且作用于消费者的信息收集和价值判断，即文化以多种方式作用于个人的购买行为。在传统的文化环境中，消费者可能更偏爱购买传统的商品和服务。在现代文化环境中，消费者可能更偏爱购买高科技的商品和服务。中国传统文化崇尚节俭朴素、脚踏实地，塑造了中国消费者购买行为的务实性。进入新时代以来，简约适度、绿色低碳、文明健康的生活理念和消费方式逐渐形成，绿色出行、节水节电、“光盘行动”、垃圾分类等成为习惯。

“中华民族是个大家庭，五十六个民族五十六朵花。”在食品、服饰、日常生活等方面，消费者具有各自民族的传统情趣和消费偏好。例如，在饮食方面，汉族消费者以米、面为主，南方人爱吃米，北方人爱吃面，喜食蔬菜、豆类、肉、鱼及蛋类，非常注重烹调技术；蒙古族消费者以牛羊肉、奶制品为主，喜饮奶茶；藏族消费者的主食为糌粑，牧民喜食牛羊肉，喜饮酥油茶和青稞酒。这些长期形成的文化因素都会对消费者购买行为产生影响。

亚文化是在较大文化内，一个群体成员具有的认同感更为具体强烈的共同信仰、特

---

① 习近平．当前经济工作的几个重大问题．求是，2023（4）．

② 习近平．在文化传承发展座谈会上的讲话．求是，2023（17）．

征或经历等，如民族亚文化、种族亚文化、区域亚文化和社会阶层亚文化等。数字时代最具影响力的亚文化群体是 YWN（年轻人、女性和网民）。年轻人是新产品和新技术的最先试用者和变革者。女性是信息的收集者和有大局观的购物者，是“管家、财务部长、采购主管、资产主管”的结合体。网民是有表现力的传播者、社会的润滑剂以及互联网世界的内容贡献者。

二、社会因素

人们在作出购买决策时，一般乐于听取信赖之人的意见以降低购买决策中的潜在风险，并从他人的想法和行为中获取慰藉。因此，消费者购买行为也受到诸如参照群体、家庭、社会角色等一系列社会因素的影响。

（一）参照群体

参照群体是指个人在作出购买行为时用以作为参照、比较的个人或群体。参照群体可分为直接参照群体和间接参照群体。直接参照群体又称为成员群体，即某人所属的群体或与其有直接关系的群体。成员群体又可细分为首要群体和次要群体。首要群体是指与某人直接和经常接触的群体，一般是非正式群体，如家庭成员、亲戚朋友、同事、邻居等。次要群体是不经常影响其成员但一般较为正式的群体，如职业协会等。间接参照群体是指某人的非成员群体，即此人不是该群体的成员，但又受其影响。间接参照群体又分为向往群体和厌恶群体。向往群体是指某人推崇的一些人或希望加入的集团，如体育界名人、影视界名人就是其崇拜者的向往群体。厌恶群体是指某人讨厌或反对的一群人。一个人总是不愿意与厌恶群体发生任何联系，在各方面都希望与其保持一定距离，甚至经常反其道而行之。

随着信息与网络技术的发展，社会生活中又诞生了一个新的社会群体——虚拟群体，它主要基于虚拟社区而非地域性社区。网络从时间和空间上根本改变了传统的社会交往和人际沟通的方式，形成了许多独特的观念、准则。虚拟社区就是供爱好相同、经历或专业相近、业务相关的人们进行社会交往或者交换信息和意见的博客、微信群、社交网络平台以及其他在线交流社区等。

参照群体对消费者购买行为有以下三个方面的积极影响：(1) 获取信息。面对不确定的消费选择时，消费者通常会搜寻信息以降低风险。为了获取更多信息，消费者会积极地通过观察和询问从他们认为具备相应知识的人那里搜集相关的消费信息。通常，来自参照群体的信息能够增加消费者对特定产品或在特定情境下的消费知识。(2) 维系关系。消费者总是处在一定的社会关系之中，因此会感受到来自周围群体的压力，可能被迫在消费选择中放弃个体态度、意愿而遵从群体规范。为了与群体成员的购买行为保持一致以赢得参照群体的认可或避免惩罚，消费者在选择产品或品牌时就会迎合参照群体的偏好、期望或标准，由此缓解不安情绪。(3) 展现价值。倘若个体对参照群体具有强烈的归属感，或者非常向往某参照群体，消费者就会通过与参照群体成员的购买行为保持一致来给别人留下自己属于该群体的印象，或是借此与参照群体建立联系，从而能够通过参照群体的形象来表达自我、体现自我价值，使个体实际的自我观念更加接近其理想中的自我观念。

（二）家庭

家庭是指居住在一起，由拥有血缘、婚姻或者领养关系的两个或更多人组成的群体。家庭是社会的基本单位，也是社会中重要的消费者购买组织，它强烈地影响着人们的价值观、人生态度和购买行为。习近平指出，“无论时代如何变化，无论经济社会如何发展，对一个社会来说，家庭的生活依托都不可替代，家庭的社会功能都不可替代，家庭的文明作用都不可替代”①。一个人在其一生中一般要经历两个家庭。第一个是原生家庭，即父母的家庭，在父母的养育下逐渐长大成人，然后组建自己的家庭，即第二个家庭。消费者购买行为必然要受到这两个家庭的影响，其中，原生家庭的影响比较间接，现有家庭的影响比较直接。

家庭购买决策大致可分为三种类型：一人独自做主；全家提意见，一人做主；全家共同决定。夫妻二人各自购买决策权的大小取决于多种因素，如各地的生活习惯、妇女就业状况、双方工资及教育水平、家庭内部的劳动分工以及产品种类等。子女在家庭购买决策中的影响力也不容忽视，尤其是我国的独生子女在家庭中受重视的程度越来越高。随着子女的成长、知识的增加和经济上的独立，他们在家庭购买决策中的影响力逐渐加大。

（三）社会角色

社会角色是指个人在群体、组织及社会中的地位和作用。一个人在其一生中会参加许多群体，如家庭、俱乐部及其他各种组织，因此也会扮演许多不同的社会角色。社会角色的不同在某种程度上会影响消费者购买行为。这里主要从集体和个体的角色来讨论社会角色对消费者购买行为的影响。在新时代的中国，每一个人都应“积极传播真善美、传递正能量，带动更多身边人向上向善”②。

集体行为中人们更容易逃避关注。一个简单的原因是：群体人数越多，单个成员被关注的可能性就会越低。这解释了处于较大群体中的人，或处于不太可能被人识别情况下的人，会较少注意自己，因而对行为的常规约束也会减少。例如，人们在化装舞会的表现比平时要疯狂得多。这种现象称为去个性化（deindividuation），它是指在一个群体中，个体参与群体行为时其原有的个性特征完全消隐在群体之中的过程。社会惰化（social loafing）是一种类似的效应，它指的是当个体置身于群体之中时，会对完成任务不太尽责，因为个体的贡献只是集体努力的一部分，他人的存在降低了个体能力的重要性和责任感。国外餐厅服务员对这一点深有感触：几个人一起吃饭，平均下来每个人给的小费比他们单独就餐时要少。因此，很多饭店对六人以上就餐者自动附加固定

---

① 习近平．习近平著作选读：第一卷．北京：人民出版社，2023：544.

② 习近平给“中国好人”李培生胡晓春回信强调 积极传播真善美传递正能量 带动更多身边人向上向善．人民日报，2022-08-15.

小费。

此外，集体决策与个体单独决策有所差别。风险转移（risky shift）是指这样的情况：与没有群体讨论的个体决策相比，群体成员在群体讨论之后更愿意考虑有风险的方案。心理学家对这种增加的风险提出两种解释。一是发生了某种类似于社会惰化的情况。随着决策人数的增加，个人对结果应负的责任减少了，这导致责任分散（diffusion of responsibility）。二是价值假定（value hypothesis），即认为冒险行为是文化上被重视的属性，当人们在群体中作决策时，他们会遵循这一假定。

三、个人因素

（一）年龄和性别

消费者的年龄和性别会对消费者购买行为产生明显的影响。消费者的年龄通常是决定其需求的重要因素。人从出生到死亡要经历婴儿期、儿童期、少年期、青年期、成年期和老年期几个阶段，处于不同阶段的消费者有不同的需求心理和购买行为，而某一产品或服务通常只吸引某个特定阶段的人群。例如，“00 后”消费者热衷于二次元、虚拟偶像、盲盒、模玩手办、网游等消费。在此背景下，泡泡玛特 2020 年 12 月赴港上市，成为第一个以盲盒起家的上市潮玩公司，市值达千亿港元。近年来，“00 后”消费者热衷于汉服、JK 制服和 Lolita 洋服三类服装的消费。三类服装的消费者圈层各不相同，JK 制服的受众年龄偏小一些，大多数是十几岁的初高中生。汉服和 Lolita 洋服价格较高，一套最低两三百元，贵则上万元。[①] 又如，医疗和保健品的主要目标顾客是老年人，而摩托车及体育用品的消费者主要是青年人。现代社会信息的扩散范围与影响力不断增大，不同阶段的人群在信息获取、消费心态和购买行为上趋同，年龄界限逐渐模糊。需要注意的是，近年来，年轻消费者出现了反向消费的趋势。所谓反向消费，是指消费者不愿再为过高的品牌溢价买单，更关注简约、实用的消费体验。不再是“只买贵的，不选对的”，或者偏信“一分钱一分货”，而是精打细算，以实惠和性价比为首要考虑因素。

随着中国逐渐进入老龄化社会，部分耐用消费品增长趋于饱和，消费者关注的重点也将转移至教育、医疗保健以及养老等基础性服务消费，高层次、高质量、个性化、多元化的养老消费占比逐步提高。

男性和女性生理上的先天差别导致了不同的消费心理和购买行为，两性的消费产品及购买决策过程差异显著。男性消费者购物目的明确，决策比较理性，接受稳重可靠的商品，追求快捷、简单的购物过程；而女性消费者通常有更多的计划外购物，喜欢时尚美观的商品，决策偏于感性，常常乐于在商场里闲逛。不过，随着社会经济的发展，性别间的消费差异正逐步缩小，许多企业已经开始研究如何把与性别有关的产品转变为对两性都适用，从而扩大市场容量。

---

① 古韵新潮“中国风”点亮文化消费市场．(2024－06－05)．人民网．

(二)职业与经济状况

不同职业的消费者扮演着不同的社会角色，承担并履行各异的责任和义务，有不同的价值观和行为准则，对商品的需求和兴趣也各不相同。经济状况、收入水平对消费者购买行为有更直接的影响，经济状况影响人们的心理预期，也会影响人们的收入水平；收入水平决定了人们的购买能力，进而会影响需求层次。比如，低收入者通常会为了省钱而不惜花费大量时间比较；高收入者则往往为了节省时间而不惜花费大量金钱。他们的消费需求和购买行为差别很大。现在的消费升级就是指消费结构的升级，即各类消费支出在总消费支出中的结构升级和层次提高，它直接反映了消费水平和发展趋势，表现为品牌选择、消费方式、消费观念的升级。

(三)生活方式、个性及自我观念

生活方式是理解消费者购买行为的通俗概念，是人们在生活中花费时间和金钱的方式的统称，它反映了人们的个人活动、兴趣和态度。不同生活方式显然对应不同的购买需求。目前，较为完善的生活方式细分方法有两种：AIO（activity，interest，opinion）模式和 VALS（values and lifestyles）方法。AIO 模式通过描述消费者的活动、兴趣和态度来度量生活方式的实际形式。VALS 方法则按照自我导向和资源丰缺两个标准定义了八个类别的生活方式，将消费者细分为现实者、满足者、信念者、成就者、奋斗者、经历者、工作者和挣扎者，这种细分有助于企业选择目标顾客、进行营销沟通、明确产品定位策略。

个性是一个人特有的心理特征，它导致了一个人对其所处环境的相对一致和持续不断的反应。消费者行为学主要采用心理分析、社会心理和品质因素对个性进行分析、解释。

自我观念是指人们基于自身特性而进行自我认知的一种方法。不同的人对自己有不同的认知，从而形成自己属于哪类人的观点。自我观念包括理想自我观念和现实自我观念。理想自我观念指个人期望的自己的形象；现实自我观念指个人实际如何看待自己。人们总是不断努力，试图实现理想自我观念。对于现实自我观念与理想自我观念哪一个对消费者购买行为影响更大，目前的研究仍有分歧，但较为一致的观点是：现实自我观念与理想自我观念都与购买注意力存在很强的相关性。这表明，二者都是影响消费者购买行为的重要因素。

四、心理因素

(一)动机

动机是一种驱使人满足需要、达到目的的内在动力，是一种升华到足够强度的需要，它能够及时引导人们去探求满足需要的目标。著名心理学家亚伯拉罕·马斯洛认为，人是有欲望的动物，需要什么取决于已经有什么，只有尚未被满足的需要才影响人的行为，已满足的需要不再是一种动机。人的需要分为不同层次，由低级到高级依次为生理需要、安全需要、社会需要（归属感与爱）、尊重需要和自我实现需要。

人也会有满足功利性需要与享乐性需要的动机。功利性需要强调的是产品的客观的、有形的属性，比如一辆汽车每百公里油耗、一条牛仔裤的耐穿性等。享乐性需要是主观的、经验性的，消费者寻找一种产品来满足对刺激、自信或幻想的需要，许多产品，譬如电影、网络游戏等可以满足这种享乐性需要。当然，消费者购买一件产品也可能是因为它能同时满足这两种需要。

（二）知觉

具有相同的激励和目标的两个人，其行为可能大不一样，这是因为他们对情况的知觉不同。所谓知觉是指感觉器官与大脑对刺激做出解释、分析和整合的创造性过程，它不仅取决于刺激物的特征，而且依赖于刺激物同周围环境的关系以及个人所处的状况。人们之所以对同一刺激物产生不同的知觉，是因为人们要经历三种知觉过程。

1. 选择性注意。人们在日常生活中接受众多的刺激，不可能全部加以注意，而只会关注那些自己感兴趣或者对自己有意义的事物和信息。研究表明，人们更多地关注那些与当前需要有关的刺激物、期待的刺激物以及与一般情况有较大差别的刺激物。

2. 选择性曲解。它是指人们将接收到的信息加以扭曲，使之合乎自己的认识或意愿的倾向的过程。选择性曲解使顾客对信息的理解不一定符合信息的原貌，营销人员对此往往无能为力。

3. 选择性记忆。它是指人们倾向于保留那些能够支持其态度和信念的信息，而可能忘记与自己的信念不一致的信息。

人们对刺激物的理解是通过感觉进行的。所谓感觉是指通过视觉、听觉、嗅觉、味觉、触觉器官对刺激物的反应。随着感觉的深入，大脑将感觉到的材料进行分析综合，进而得到知觉。研究发现，参与者只要触摸一件物品30秒或更短时间，就能对产品产生更强的依赖感。这种感觉提高了他们想购买该产品的意愿。还有研究表明，店铺里地板的样式也会影响购买者对商品的评价：柔软的地毯能带来放松的情绪，而硬瓷砖地板会造成疲劳感，易引致比较尖锐的批评。

（三）学习

人们要行动就得学习。学习是指由于经验而引起的个人行为或行为潜能的持续性改变。人类行为大都来源于学习。一个人的学习是通过驱使力、刺激物、诱因、反应和强化的相互影响而产生的。由于市场营销环境不断变化，新产品、新品牌不断涌现，消费者必须经过多方收集有关信息，才能作出购买决策，这本身就是一个学习过程。

学习自己的文化所认可的信念与行为的过程称为文化赋予（enculturation），学习另一种文化的价值体系与行为的过程则称为文化适应（acculturation），后者对于希望了解外国消费者与市场的人来说尤为重要。这些信息是由社会化中介（socialization agents，包括父母、朋友和老师）传递的。媒体也是一种重要的中介。通过观察广告传达的价值观，人们学习到一种文化重视的事物。例如，不同企业的营销策略有很大差别。有的企业的广告更可能提出有关产品的事实或权威人士的建议，而有的企业的广告则往往更集中于情感诉求，并不厌其烦地证明自己的主张；有的企业的广告往往是年轻化的，有的企业的广告则更可能突出老年人的智慧。

学习对于营销者来说很重要，因为它涉及习惯的养成——这是常规决策的基础。而且，习惯与品牌忠诚之间有着密切的关系。品牌忠诚是指对某一品牌持有偏爱态度并持续购买，它源于正面的学习强化。

我们可以将学习分为以下两类。

1. 行为学习。行为学习是指由重复经历所产生的自动反应过程。消费者通过驱动、提示、反应与强化四个步骤从重复经验中学习。驱动可能表现为动机；提示是能被消费者感知到的刺激或标志；反应是消费者为满足驱动而采取的行为；强化是收益。

2. 认知学习。认知学习是指消费者从思考、推理和问题解决等非直接体验中学习，它是把两个或多个想法联系起来，或是根据简单观察到的他人行为的结果来调整自己的行为。

(四) 信念与态度

通过学习，人们获得了自己的信念与态度，而信念与态度又反过来影响人们的购买行为。所谓信念是指一个人对事物所持有的确定性看法。企业应关注人们头脑中对其产品或服务所持有的信念，即本企业产品和品牌的形象。人们根据自己的信念采取行动，如果一些信念妨碍了消费者购买行为，企业就要运用促销手段去影响或修正这些信念。所谓态度是指一个人对某些事物或观念长期持有的好与坏的评价、感受和由此导致的行动倾向。态度能使人们对相似的事物产生相当一致的行为。

第 3 节　中国消费者购买决策过程

党中央一直强调，要坚持节约优先。“取之有制、用之有节则裕，取之无制、用之不节则乏。”在消费领域，要增强全民节约意识，倡导简约适度、绿色低碳的生活方式，反对奢侈浪费和过度消费。[①] 倡导消费者购买行为和决策过程坚持社会主义核心价值观，凝聚和传递正能量。在探讨消费者购买决策过程之前，先简要介绍与行为决策相关的理论。

一、行为决策理论与行为经济学

(一) 决策经验法则

从营销的角度看，行为决策理论对于指导企业制定正确的营销战略和策略具有重要意义。例如，行为决策理论认为，人的理性介于完全理性和非理性之间。在高度不确定

① 习近平．正确认识和把握我国发展重大理论和实践问题．求是，2022 (10)．

和极其复杂的现实决策环境中，人的知识、想象力和计算力是有限的，因此人的理性也是有限的，相比于运用逻辑分析方法，往往更多依赖直觉。受决策时间和可利用资源的限制，决策者即使充分了解和掌握有关决策环境的信息，也只能做到尽量了解各种备选方案的情况，而不可能做到全部了解，决策者选择的理性是相对的。消费者在预测未来结果或事件发生的概率时，经常采用如下决策经验法则：

1. 便利法则。消费者往往会根据最先想到或最容易想到的记忆中的事例来作出预测。

2. 代表性法则。消费者往往会根据一项结果对其他事例的代表性或相似性来作出决策。

3. 锚定与调整法则。消费者在作出初步基本判断之后，往往会根据新增的信息来调整最初的基本判断（即锚定点）。

（二）框架效应

框架效应是指对于同一问题两种逻辑相似的说法却导致不同的判断，或同一选择用不同方式呈现时人们的行为会发生改变的现象。对于同样一幅画，用两个不同的框架装裱，我们的反应和接受程度可能不同。再如，在一个白色的正方形里画一个黑色的正方形，和在一个黑色的正方形里画一个白色的正方形，虽然正方形大小都是一样的，但是在白色正方形里的黑色正方形看起来比较大，在黑色正方形里的白色正方形看起来比较小，这就是框架效应。在定价、促销等营销实践中，采用不同的营销策略往往会引致不同的决策和结果。

（三）心理账户

芝加哥大学行为科学教授理查德·塞勒（Richard Thaler）提出的心理账户（mental accounting）学说，认为人的头脑里有一种心理账户，人们把实际上客观等价的支出或者收益在心理上划分到不同的账户中。心理账户是消费者在心理上对结果（尤其是经济结果）的分类记账、编码、估价和预算等。在消费决策过程中，消费者往往把过去的投入和现在的付出加在一起作为总成本来衡量决策的后果。人们都有两个账户，一个是经济学账户，一个是心理账户。在经济学账户里，只要绝对量相同，每一元钱都是可以替代的；在心理账户里，对每一元钱并不是一视同仁，而是视不同来处、去处采取不同的态度。心理账户的存在影响着购买行为决策。

了解与消费者购买行为相关的理论后，下面简要介绍消费者购买行为类型。

二、消费者购买行为类型

（一）习惯型购买行为

习惯型购买行为是消费者对于价格低廉、经常购买、品牌差异小的产品，不需花时间进行选择，也不收集信息、了解产品评价就进行购买的最为简单的一种购买行为类型。消费者只是被动地接收信息，出于熟悉而购买，也不一定进行购后评价。在中国，每到“双十一”或其他购物季，消费者一打开手机就能看到铺天盖地的广告，对于那些价格低廉、经常购买、品牌差异小的产品往往很少深入思考就毫不犹豫下单了。企业可以用价格优惠、电视广告、独特包装、销售促进等方式鼓励消费者试用、购买和续购其产品，还可以利用社交媒体和直播平台，创造并具象化社交购物场景，吸引、维持和提升消费者的购物兴趣。

（二）变换型购买行为

变换型购买行为是消费者对于品牌差异明显的产品，不愿花长时间来选择和估价，不断变换所购产品品牌的一种购买行为类型。消费者这样做并不是因为对产品不满意，而是想进行更多的尝试、比较和评价。例如，消费者出游可以选择豪华酒店、头等舱和高端餐厅，也可以选择经济型酒店，乘坐廉价航班，甚至选择徒步或骑行的方式旅行，这些旅游方式，不仅节省了开支，还增添了独特的体验。在当代中国，追求个性化、多样化和高质量生活是年轻一代消费者日趋流行的消费行为，互联网平台的普及和创新技术的应用使得多元化消费场景不断扩张，电子商务平台的发展促进了消费品和服务的多样化，线上购物和线下体验的结合也逐渐成为主流。针对这种购买行为类型，企业可采用销售促进等办法，保障供应，鼓励消费者购买。

（三）复杂型购买行为

复杂型购买行为是消费者对于品牌差异大的产品，广泛收集相关信息，慎重选择，仔细比较后才购买，以求降低风险的一种购买行为类型。消费者在购买一件贵重、不熟悉、有风险且又非常有意义的产品时，由于品牌差异大且消费者对产品缺乏了解，因而需要有个学习过程，以广泛了解产品性能、特点，进而对产品作出某种评价，最后决定购买。对于这种复杂型购买行为，企业应采取有效措施帮助消费者了解产品性能及其相对重要性，并介绍产品优势及其能给购买者带来的利益，从而影响其最终选择。学术界基于大数据分析，发现尽管中国线上消费持续活跃，但线上消费者在同类商品搜索上花的时间较疫情后有了明显增加，尤其是来自中小城市或广大农村的消费群体在同类商品的选择中会花费更长的搜索时间进行商品甄选。为了更好地提振有效需求，零售消费企业可根据消费者偏好由“外炫”走向“内愉”的动态演进特征，继续进行自我转型升级。利用数字技术创造更贴合消费者需求的产品和服务或将是企业营销成功的关键。随着数字经济的深入发展，针对消费者复杂型购买行为，企业可以借助大数据和机器学习技术，深入分析消费者的购买行为、偏好和趋势，实现精准营销和个性化推荐。①

（四）模仿型购买行为

模仿他人的从众购买选择也是一种常见的购买行为。导致从众购买的因素有：（1）文化压力。不同的文化对服从有或大或小的推动作用。美国社会强调独立、自由、冒险、探索等精神，注重个人利益的追求，反映了脱离服从而推崇个人主义的特点。相反，日

---

① 程实，徐婕，张弘项．探索中国消费行为变化：“外炫”走向“内愉”．(2024－03－01)．新浪财经．

本社会则具有集体福利和团队忠诚支配个人需要的特点。(2) 限制异类。个体有理由相信群体将会运用相应的手段来惩罚与群体行为有所出入的行为。例如，人们通常会远离或排斥“另类”的人。(3) 承诺义务。人们对群体的奉献越多，对成员身份越重视，就越会遵循群体规定，就越可能作出模仿行为。(4) 乐群从众。随着群体力量的积累，成员会更加依从。对抗多数人的要求往往比对抗少数人更为困难，特别是在从众心理占上风的时候。(5) 彰显特质。那些具有资历深、富有或高度自信等特质的个体，总是力图树立或提高自己在大多数人心目中的形象。没有这种特质的消费者往往是随和角色。斯巴鲁汽车厂商以一种新的沟通策略来吸引随和角色的消费者，在一则广告中说：“我想要一辆车……不要跟我描述木质面板，也不要告诉我会赢得邻居的尊重。他们只是我的邻居，不是我生活中的主角。”

针对消费者的模仿型购买行为，越来越多的中国企业致力于为消费者创造无缝购物体验，创造线上和线下的融合体验的购物场景。例如，通过实体店内的虚拟试衣间和线上的 AR 产品展示，或者提供综合化消费门店，让消费者直观体验品牌文化，感受产品在不同场景的应用，从而将模仿他人转换为体验感受，由体验感受转换成流量认知，进而再转化成购买需求和消费行为。

值得注意的是，高房价、高物价、高生活成本使消费者面临比较大的经济压力，迫使他们从根本上调整消费态度和购买行为。尤其是年轻消费者开始更加理性地购物，更加注重产品的性价比和实用性，而不再盲目跟风模仿购买。他们开始作出明智的消费决策，减少过度消费。他们更注重生活质量和幸福感，更重视未来的稳定和发展。

三、消费者购买决策过程

在复杂型购买行为中，消费者购买决策过程由引起需要、收集信息、评价方案、决定购买以及购后行为五个阶段构成。

(一) 引起需要

消费者的需要往往由两种刺激即内部刺激和外部刺激引起。营销人员应注意识别引起消费者某种需要和兴趣的环境，并充分注意两方面的问题：一是了解那些与本企业的产品有实际或潜在关联的驱动力；二是消费者对某种产品的需求强度会随着时间的推移而变动，并且被一些提示触发。在此基础上，企业还要善于安排提示，促使消费者对企业产品产生强烈的需求，并立即采取购买行动。在中国，越来越多直播平台将线下销售与线上消费融合，通过直播大数据更快捷地了解消费者需要，进而指导厂家更精准地研发生产。在商业三大元素“货、场、人”中，传统零售更多关注的是“货”和“场”，只要有好而全的产品、好的商圈位置，企业就能获得成功；如今，新零售更多考虑从人的需要出发，善于发现消费者引起的需要，借助大数据等新技术赋能，叠加文化、生活方式等元素，正在深刻改变传统商业的逻辑。

(二) 收集信息

一般来讲，引起的需要不是马上就能转变成购买行为的，消费者需要寻找某些信息。消费者的信息来源主要有个人来源（家庭、微信群、朋友圈、邻居、熟人）、商业来源（广告、推销员、网红、平台主播、经销商、包装、展览）、公共来源（互联网、报刊、广播、电视、消费者评审组织等）、经验来源（处理、检查和使用产品）等。

营销人员应对消费者使用的信息来源认真加以识别，评价各种来源的重要程度，询问消费者最初接收品牌信息时有何感觉等。在互联网、物联网、人工智能、大数据、云计算等数字技术迅猛发展的时代背景下，大部分消费者更愿意相信朋友、家人、微信好友。很多人在社交媒体上向陌生人求助，并采纳他们的建议，而较少依赖广告宣传和专家意见。

以当代中国医美业为例，很多医生会借助抖音、小红书等平台打造人设，吸引网络上的流量，树立自己的口碑，消费者也会做更多功课去搜寻信息。随着医生评价体系的完善和互联网的下沉，信息更加透明，极大地降低了消费者搜寻信息和选择医生的难度。

（三）评价方案

消费者对产品的判断大都建立在自觉和理性基础之上。人们更加注重产品的性价比，不再盲目追求高价产品。例如，在购买消费品时，消费者更注重产品的质量和使用寿命，注重实用性和经济性，而不仅仅关注品牌和包装。越来越多消费者在购物前会搜集产品的成分、功能等资料，一款产品要想进入购物车必须经得起研究对比。消费者只要打开相应 App 或翻阅用户留言，就能轻松实现比价。这就要求产品具有较强的核心竞争力，技术指标过硬，能够满足消费者各项评价指标的要求。消费者在评价方案时一般会考虑以下几个问题。

1. 产品属性，即产品能够满足消费者需要的特性。

2. 属性权重，即消费者对产品有关属性赋予的不同权重。

3. 品牌信念，即消费者对某品牌优劣程度的总体看法。

4. 效用函数，即描述消费者所期望的产品满足感随产品属性的不同而有所变化的函数关系。

5. 评价模型，即消费者对不同品牌进行评价和选择的程序及方法，例如，期望-价值模型就是消费者常用的评价模型，消费者根据产品属性的重要性，结合正面和负面的品牌信念来评价产品。

消费者必须在两个合意的方案中作出取舍时，就面临着双趋冲突（approach-approach conflict）。双趋冲突是指两种对个体都具有吸引力的需要目标同时出现，而由于条件限制，个体无法同时采取两种行动所表现出的动机冲突。双趋冲突有两个条件：一是两种以上有吸引力的目标；二是无法同时采取两种行动。一个消费者可能会为是回家度假还是和朋友去滑雪旅游而烦恼不已。认知失调理论的基本要义是，当个体面对新情境而必须表明自己态度时，往往会出现新的理解与旧的信念相冲突的状况。为了消除由此带来的紧张不适感，个体倾向于采用两种方式进行自我调适：一是对于新认知予以否认；二是寻求更多新认知的信息，提升新认知的可信度，借以彻底取代旧认知，从而获得心理平衡。

从中国营销实践看，以往对奢侈品和品牌的追求导致了许多非理性的购买行为。而现在，人们更加注重实用性和性价比，在购物时更加理性。这种消费观念的转变也促进了社会的公平正义，有利于整个社会的健康发展。这种注重实用性和性价比的消费评价体系，为让更多的普通人享受到质量更好的生活提供了有力保障。

（四）决定购买

评价行为会使消费者对可供选择的品牌形成某种偏好，从而产生购买意图。但是，在从购买意图到决定购买的转化之间，会受到消费者感知风险的影响。

消费者修正、推迟或者回避作出某一购买决定，往往是受到了感知风险的影响。感知风险包括：（1）功能风险，即消费者所购产品的性能、质量没有达到自己的期望水平，或低于竞争产品的水平而产生的风险；（2）身体风险，即消费者所购产品可能威胁到使用者或其他人身体健康的风险；（3）财务风险，即消费者所购产品的价值难以超越购买成本，从而带来财务损失的风险；（4）社会风险，即消费者购买、使用某产品可能与社会、团体规范或个人职业、身份、地位等不相适应以致觉得有失体面的风险；（5）心理风险，即消费者购买产品后可能出现后悔、内疚、纠结等心理压力，影响消费者心理健康的风险；（6）时间风险，即消费者购买产品后可能因产品故障、瑕疵、落伍过时等而另找满意产品所必须付出时间成本的风险。感知风险的严重性随涉及金钱数额、属性不确定性程度以及消费者的自信程度而变化。营销人员必须了解引起消费者感知风险的因素，进而采取措施，以安抚并鼓励消费者作出购买决定。

为了保护消费者权益，《中华人民共和国消费者权益保护法实施条例》（以下简称《消费者权益保护法实施条例》）禁止“刷单炒信”“强制搭售”“大数据杀熟”，规范“自动续费”，保障“无理由退货”。针对一些经营者“批量点赞”“虚假种草”“虚构测评”“好评返现”“删除差评”等行为，该条例规定，经营者不得虚构交易信息、经营数据，不得篡改、伪造、隐匿用户评价等，防止欺骗、误导消费者。

（五）购后行为

在中国，《中华人民共和国消费者权益保护法》（以下简称《消费者权益保护法》）保障“无理由退货”。七日无理由退货已经成了目前网购的标配，但是仍然有一些商家以各种理由推托。《消费者权益保护法实施条例》规定：经营者与消费者约定承担退货、更换、修理等义务的有效期限不得低于国家有关规定的要求。经营者应当以显著方式对不适用无理由退货的商品进行标注，提示消费者在购买时进行确认，不得将不适用无理由退货作为消费者默认同意的选项。未经消费者确认，经营者不得拒绝无理由退货。

消费者的购后行为与消费者对所购买产品的满意度密切相关。消费者对所购买产品的满意度（S）是其产品预期（E）和产品感知性能（P）的函数，即 $S=f(E, P)$。若 $E<P$，则消费者不满意；若 $E=P$，则消费者满意；若 $E>P$，则消费者非常满意。消费者根据自己从卖主、朋友以及其他来源所获得的信息形成产品预期。如果卖主夸大产品的优点，消费者将会感受到不能证实的预期。这种不能证实的预期会导致消费者不满意。事实上，那些有保留地宣传产品优点的企业，反而容易使消费者产生高于预期的满意度，并树立起良好的产品形象和企业形象。

消费者对购买的产品是否满意，将影响其以后的购买行为。消费者如果对产品满意，则可能在下一次购买中继续购买，并向他人宣传该产品的优点。消费者如果对产品不满意，则会尽量减少失衡感，因为在人的意识中存在着一种在自己的意见、知识和价值观之间建立协调性、一致性或和谐性的驱动力。心理不平衡的消费者可能通过放弃购买或退货来减少失衡感，也可以通过寻求证实产品价值比价格高的有关信息来减少失衡感。

当消费者对产品或服务不满意时，有三种可能的购后行为：(1) 提出索赔。消费者可以直接要求企业赔偿、退款。(2) 负面传播。消费者向朋友表达对企业或产品的不满，并且抵制这家企业。(3) 投诉反映。消费者可以采取合法行动来反对企业、投诉或在社交媒体上发表负面评论。

消费者购后行为还包括如何使用和处置产品，企业应对此进行跟踪调查。影响消费者购买频率的一个重要因素是产品消耗率，消费者消耗产品的速度越快，就会越快再度购买。企业还要了解消费者是如何丢弃产品的，尤其是那些容易破坏环境的产品，从而引导消费者正确使用和处置。有时，了解产品丢弃和处置情况也会给企业带来市场机会，尤其是在产品的循环利用方面。诚如习近平总书记所指出的，“要推行垃圾分类和资源化，扩大国内固体废弃物的使用，加快构建废弃物循环利用体系”①。

科特勒指出，以往消费者的购买决策过程经历了 4A，即了解 (aware)、态度 (attitude)、行动 (act) 和再行动 (act again)。而在信息技术迅速发展、互联互通的数字时代，消费者购买决策过程转变为 5A，即了解 (aware)、吸引 (appeal)、询问 (ask)、行动 (act) 和拥护 (advocate)。客户旅程是与此相类似的一个概念，了解客户旅程，有助于深入分析消费者购买决策过程。

四、客户旅程

客户旅程 (customer journey) 是指随着时间推移，客户在品牌购买行为、品牌参与互动和品牌倡导推荐全过程的持续体验的总和。简言之，就是从客户首次获悉品牌、与企业接触，到下单并享受产品或服务期间，与企业互动进而向他人推荐倡导品牌的全过程。

企业可将客户旅程的梳理和优化作为打造最佳客户体验的手段，借助改造、重塑、优化与客户的互动方式，持续为客户提供高价值服务。通过拆解客户旅程，分析客户全流程接触点的体验，挖掘客户体验痛点，并对这些痛点进行优先级排序，着力优化那些影响关键业务环节的体验。例如，在顺风车或拼车早期投入市场时，用户的核心痛点之一是“车主拒单率高，乘客被拒体验不佳”。此时应采取的对策是：通过有效的运营手段，在车主端提供基于成单率的激励措施，在乘客端进行基于车主接单率的优先级排序，并在乘户被拒时给予适度优惠券补偿，甚至免费升级到更高级别的车辆。

随着智能手机的普及和移动终端的快速发展，企业与客户的接触点进一步增加，并

① 习近平．正确认识和把握我国发展重大理论和实践问题．求是，2022 (10)．

呈现碎片化趋势，客户开始期待在任何时间、任何地点实现线上和线下无缝融合的产品与服务体验。此时的客户体验应围绕连接“人、设备、服务”三者展开，无论是从线上到线下，还是从线下到线上，客户旅程可以从数字渠道或传统渠道中的任一环节进入场景，并获得相关产品和服务。

阿里巴巴、腾讯、百度、京东等互联网企业的客户体验在持续创新，从聚焦于关键客户接触点到聚焦于跨渠道全流程客户体验的优化。客户不仅希望获得最佳客户体验，被赋权的客户还将满足且超越客户预期视作理所应当。客户再也不会主动探索某个品牌、某个产品，而是希望在自己的生活场景中“被触达”或“被吸引”。

面对这种环境变化，企业不能像以往那样仅从提供产品的角度思考问题，而需要重新定义客户愿景。例如，对于银行而言，购车客户对银行的需求仅局限于车贷，但是客户的愿景可能是“拥有人生中的第一辆梦想车”。此时，银行应基于为客户这个“梦想”的价值服务，在购买车、驾驶车、装饰车、分享车、置换车等多个客户旅程进行布局，进而创新客户服务方式，将一整套解决方案有效嵌入“车生活”的客户场景。

通过对购车客户旅程进行梳理和创新，营销者可以实现跨渠道的客户引流、决策、购买、交付、留存和传播。通过卓有成效的营销活动，客户可以便捷地在手机 App、线上门店、4S 店等多渠道选择自己钟爱的车型，通过 VR 技术深入了解车的内外部，客户还可以在线完成试驾预约，进行车辆的个性化定制，并到 4S 店付款提车。

随着业务复杂性的提升，企业与客户建立连接的渠道和触点不断增加，并延伸到生态价值链的各个环节，此时的客户体验管理如果仅围绕单一产品或服务进行客户旅程的优化，显然就割裂了客户的整体品牌体验。因此，在汽车销售和“车生活”之间，需要重新定义客户的愿景，以获取端到端的客户生命周期价值为核心，通过多个客户旅程的整合，为客户提供一站式全场景“车生活”解决方案。

第 4 节　中国组织市场及其购买行为

一、组织市场

企业服务的客户不仅包括广大消费者，也包括生产企业、商业企业、政府机构等各类组织，这些组织构成了原材料、零部件、机器设备、供给品和生产性服务的庞大市场。在中国，面对组织市场集中采购，政府部门陆续颁布法律法规，要求公平对待各类经营主体，严防“地方保护”。这有利于实现一地集采、全国跟进，助力形成全国统一大市场，降低企业重复投标成本，营造良好的营商环境。①

为了提高企业产品的市场份额、扩大产品销售、满足组织市场的需要、开展 B2B 营销（B2B 营销是指企业对企业的营销，具有单笔订单金额高、决策参与部门多、决策周期长、客户数量相对较少而集中等特点），企业必须了解组织市场的购买行为特征及

① 医药集采今年将提质扩面．(2024 - 05 - 23)．人民网．

购买决策过程。

（一）组织市场的构成

组织市场是由各种组织机构形成的对企业产品和服务的需求的总和。它可分为三种类型：产业市场、中间商市场和政府市场。

1. 产业市场。产业市场又叫生产者市场或业务市场，是指由购买产品或服务并将之用于生产其他产品或服务，以供销售、出租或供应给他人的个人和组织组成的市场。产业市场通常由以下产业组成：农业、林业、水产业、制造业、建筑业、通信业、金融业和保险业等。产业购买者购买的用于加工、生产、经营的产品或服务，叫作产业用品。

2. 中间商市场。中间商市场是指由购买产品和服务并将之转售或出租给他人以获取利润为目的的个人和组织组成的市场。中间商不提供形式效用，而是提供时间效用、地点效用和占有效用。中间商市场由各种批发商和零售商组成。批发商是指购买产品与服务并将之转卖给零售商和其他商人以及产业用户、公共机关用户、商业用户等，但不把产品大量卖给最终用户的商业单位。零售商则是指将产品或服务直接提供给最终用户的商业单位。

3. 政府市场。政府市场是指由那些为执行政府的主要职能而采购或租用商品的各级政府单位组成的市场，也就是说，一个国家政府市场上的购买者是该国各级政府的采购机构。各国政府通过税收、财政预算等掌握相当大一部分国民收入，为了开展日常政务，政府机构经常要采购物资和服务，由此形成了一个很大的市场。政府机构往往是市场活动的最大买主，占 20%～30%的市场份额。

（二）组织市场的特点

组织市场同消费者市场在构成主体方面有根本区别，相应地，二者的购买行为也就不尽相同。组织市场购买行为是指各类正规组织机构确定对产品和服务的需求，并在可供选择的品牌与供应商之间进行识别、评价和挑选的决策过程。例如，入驻中央政府采购平台的智采商城，是由智采云自营的一站式企业物资采购商城，商品品类全、价格低、服务好、送货快。智采商城通过重塑企业采购需求供应链，为企业提供阳光采购解决方案，助力企业在采购中降本增效。①

与消费者市场购买行为相比，组织市场购买行为具有以下几个特点。

1. 派生需求。组织需求是一种派生需求，即组织机构购买产品是为了满足客户的需要。也就是说，组织机构对产品的需求，归根结底是从消费者对产品或服务的需求中派生出来的。

2. 多人决策。组织市场购买决策过程的参与者往往不止一人，而是有多人。甚至采购经理也难以不受他人影响来独立决策。

3. 过程复杂。由于购买金额较大，参与者较多，而且产品技术性能较为复杂，组

---

① 智采商城成功入驻中央政府采购平台．（2023－10－08）．中国日报网．

织市场购买行为过程持续时间较长，甚至可能长达几个月或几年。这就使企业很难判断自己当下的营销努力会给组织市场购买者带来怎样的影响。

4. 提供服务。一般来讲，物质产品本身并不能满足组织购买者的全部需求，企业还必须为之提供技术支持、人员培训、及时交货、信贷优惠等便利与服务。

随着互联网的发展与普及，B2B 电子商务已经成为组织购买的重要形式。B2B 电子商务是指两个或两个以上的企业或组织之间利用互联网进行贸易的过程，包括信息、产品、服务的交换。互联网改变了企业之间的沟通方式，也改变了企业与员工共享信息的方式。

二、产业市场与产业用品

在某些方面，产业市场与消费者市场具有相似性，都有人为了满足某种需要而担当购买者角色、制定购买决策等。然而，产业市场在市场结构与需求、购买单位性质、决策类型与决策过程等方面，与消费者市场有明显差异。

（一）产业市场的特点

1. 购买者数量少，购买规模大。由于国家或地方的产业政策布局，一些行业在地理上往往集中在某些地区，产业购买者购买批量大。

2. 产业市场的需求是派生需求，波动性较大，缺乏弹性。产业购买者对产业用品或服务的需求是从消费者对产品或服务的需求中引申、派生出来的。消费者需求的少量增加会导致产业购买者需求的大幅增加。产业市场的需求在短期内尤其缺乏弹性，因为生产者不能在短期内使生产方法有很大的改变。

3. 专业人员购买，而且往往直接购买。一般由经过培训的专业人员负责采购产业用品特别是技术性强的产业用品。对于单价高而技术性强的产业用品，专业人员往往越过中间商从厂家直接采购。

4. 注重关系营销。中国是一个人情社会，讲究关系、人情和面子。社会学家梁漱溟把这种以关系为依托的文化特征叫作“关系本位”，关系、人情和面子是中国式人伦构建的三个主轴。产业市场购买者在选择卖主时，很注重过去的交往、了解和合作，因此关系营销就显得十分重要。

（二）产业用品及其分类

产业用品是产业市场的购买对象。产业用品是指产业购买者购买以后用于加工、生产、经营的产品或服务。消费品和产业用品的主要区别就在于购买目的不同。一台割草机，如果被购买后用于自家草坪的定期割草，那么这台割草机就是消费品；如果被购买后用于给客户除草，用于做环境维护的生意，那么这台割草机就是产业用品。

根据产品用途的不同，产业用品可以分为两大类：第一类是中间型产业用品，如阀门、管件、仪表、工具等，主要服务于下游产业用品企业；第二类是最终产业用品，主要服务于工业或工程企业。

根据参与生产过程和价值转移的情况，也可将产业用品划分为三大类：材料和部件、资本项目、供应品和服务。

1. 材料和部件（materials and parts）。材料和部件是指完全参与生产过程，价值全部转移到最终产品的产业用品，又可以分为原材料以及半制成品和部件两大类。原材料包括农产品（如小麦、棉花、家畜家禽、水果和蔬菜）和天然产品（如水产品、木材、原油、铁矿石）。半制成品和部件则包括铁、纱线、水泥、电线等材料以及小型电机、轮胎、铸件等零部件。

2. 资本项目（capital items）。资本项目是指辅助生产进行，实体不形成最终产品，价值通过折旧、摊销的方式部分转移到最终产品之中的产业用品。资本项目包括设施装备和配套设备。设施装备是指工厂、车间、办公室等建筑物以及发电机、钻床、电梯、大型计算机系统等重型设备。重型设备通常是为特殊用户的需要而特别设计和制造的产业用品。建筑物和重型设备这些固定资产需要使用一定年限，有一定的折旧期限，购买整套设施和主要设备所需资金通常是借入的。配套设备是指市场价格低、使用寿命短的小型设备，包括轻便的工程设备、手动工具、升降机、装卸车以及办公设备等。

3. 供应品和服务（supplies and services）。供应品是指维持企业正常生产经营所消耗的不形成最终产品而且价值较低、消耗较快、购买批量较小、可替代性较强的产业用品。供应品包括磨具、润滑剂、燃料、清洁用具、纸张等生产补给品和油漆、钉子、扫帚等维修保养品。服务包括维修保养服务（玻璃清洗、环境保洁、物流快递、电脑维修等）以及商业咨询服务（法律咨询、管理诊断、营销调研、数据处理、广告策划、银行保险投资等金融服务）。

三、产业购买者行为与决策

（一）产业购买者行为类型

产业购买者行为类型大体有三种：一种极端情况是直接重购，基本上属惯例化决策；另一种极端情况是全新采购，需要做大量的调查研究；介于二者之间的是修正重购，也需要做一定的调查研究。

1. 直接重购。它是指企业的采购部门或采购中心根据过去和供应商打交道的经验，从供应商名单中选择供货企业，并直接重新订购以前采购过的同类产业用品。此时，购买行为是惯例化的。在这种情况下，列入供应商名单的供应商应尽力保持产品质量和服务质量，并采取其他有效措施来提高产业购买者的满意程度。未列入名单的供应商要试图提供新产品或开展某种令客户满意的服务，以使产业购买者考虑从它们那里购买产品，可以设法先取得一部分订货，之后逐步争取更多的订货份额。

2. 修正重购。它是指企业的采购部门为了更好地完成采购工作任务，适当改变要采购的某些产业用品的规格、价格等条件或供应商。这种购买行为类型较复杂，因而参与购买决策过程的人较多。这种情况给“门外”的供应商提供了市场机会，并给“已入门”的供应商造成了威胁。前者应加大沟通和促销力度，开拓新客户；后者则要设法巩固现有客户，保护既得市场。

3. 全新采购。它是指产业购买者首次采购某种产业用品，需要了解信息最多，购买决策过程最复杂的产业购买者行为类型。全新采购的成本费用越高、风险越大，需要参与购买决策过程的人数和需要掌握的市场信息就越多。因此，供应商要派出精锐的推销人员小组，向产业购买者提供市场信息，帮助其解决疑难问题。

在直接重购情况下，产业购买者要作出的购买决策最少；而在全新采购情况下，产业购买者要作出的购买决策最多，通常要作出以下具体决策：产品规格、价格变动幅度、交货条件和时间、服务条件、支付条件、订购数量、可接受的供应商和选定的供应商等。

（二）产业购买决策的参与者

在产业购买决策过程中，除了专职的采购人员，也会有其他一些人员参与。这些参与产业购买决策过程的人员构成企业的采购中心。企业的采购中心通常包括五种成员：

1. 使用者，即具体使用产业用品的人员。使用者往往是最初提出购买某种产业用品意见的人，他们在产品品种、规格的购买决策中起重要作用。

2. 影响者，即在企业外部和内部直接或间接影响购买决策的人员。他们通常协助使用者决定产品品种、规格等。企业的科研人员或技术顾问是主要的影响者。

3. 采购者，即在企业中有组织采购工作（如选择供应商、与供应商谈判等）的正式职权的人员。在较复杂的采购工作中，采购者还包括参加谈判的企业高层人员。

4. 决定者，即在企业中有批准购买产品权力的人。在标准品的例行采购中，采购者通常是决定者；而在较复杂的采购中，企业领导者通常是决定者。

5. 信息控制者，即在企业外部和内部能控制市场信息流向，使其流向决定者、使用者的人员，如企业的购买代理商、技术人员等。

当然，并不是任何企业采购任何产品都必须有上述五种成员参与产业购买决策过程。企业采购中心的规模大小和成员多少会随着欲采购产品的不同而有所不同。

（三）影响产业购买者决策的因素

产业购买者在作购买决策时受到以下一系列因素的影响。

1. 环境因素。即企业外部的环境因素，如一个国家的经济前景、市场需求、技术发展变化、市场竞争、政治法律等因素。

2. 政策因素。在中国，政府采购还涉及政策、法律、法规等因素，需要加强统筹协调，合理确定采购品种。在集采品种选择上加强统筹协调，做到国家和地方互为补充。国家组织集采重点针对通过一致性评价的产品，以及聚焦价格虚高、群众反映强烈的高值医用耗材。全国联采重点覆盖国家组织集采以外品种，以及采购金额大、覆盖人群广的“大品种”，持续扩大集采覆盖面。

3. 组织因素。即企业自身的因素，如企业的目标、政策、程序、组织结构、体制等。

4. 合作因素。即产业购买者关注产品质量的稳定性、供应链的可靠性、价格的竞争力、交货的及时性、售后服务的专业性、品牌信誉、产品认证和合规性等。这些因素共同决定了产业购买者对供应商的信任和长期合作意愿。

5. 人际因素。即决策参与者在企业中的地位、职权、说服力及其相互关系等因素。

6. 个人因素。即各个参与者的年龄、受教育程度、个性等因素。

四、产业购买者决策过程

在直接重购这种最简单的购买行为类型下，产业购买者购买过程的步骤最少；在修正重购情况下，购买过程的步骤多一些；而在全新采购这种最复杂的情况下，购买过程的步骤最多，要经过以下八个步骤。

（一）认识需要

在全新采购和修正重购的情况下，购买过程是从企业的某些人员认识到要购买某种产品以满足企业的某种需要开始的。

认识需要是由两种刺激引起的：（1）内部刺激。例如，企业最高管理层决定推出某种新产品，那么就需要采购生产这种新产品所需的设备和原料。（2）外部刺激。例如，采购人员接触广告或参加展销会等，发现了更物美价廉的产业用品。

（二）确定需要

确定需要是指产业购买者确定并描述所需产品品种的总体特征和数量。标准品的需要最易确定。对于复杂品种，采购人员要和使用者、工程师等共同研究，确定所需品种的特征和数量。供应商的营销人员在此步骤要帮助采购人员确定需要。

（三）明确规格

企业的采购组织确定需要以后，要指定专家小组对所需品种进行价值分析，明确所需品种的规格标准，并做出详细的技术说明，作为采购人员取舍的标准。

（四）物色供应商

在全新采购情况下，采购复杂的、价值高的品种，需要花费较多时间物色供应商。供应商的最高管理层要采取措施，千方百计提高本企业的知名度和美誉度。为了落实中央《深化政府采购制度改革方案》，2021 年 7 月 1 日起施行的《政府采购需求管理办法》对采购需求客观、量化指标的设置做出了明确全新的要求，增强了评审因素设置规则的刚性约束，强化了评审因素的客观量化要求，严控了评审过程中的自由裁量权和人为因素，也进一步强化了采购人对于采购需求管理的主体责任，这对于完善采购人、采购代理机构、评审专家的职能定位都将产生深远的影响。

（五）征求建议

企业的采购经理邀请合格的供应商提出建议。如果采购复杂的、价值高的品种，采购经理应要求每个潜在的供应商都提交详细的书面建议。采购经理还要从合格的供应商中挑选最合适的，要求它们提交正式的建议书。因此，供应商的营销人员必须善于提交与众不同的建议书，以获得客户的信任，争取成交。

（六）选择供应商

1. 选择供应商的传统做法。采购中心根据供应商的产品质量、产品价格、信誉、经营灵活性、及时交货能力、技术服务等来评价和选择最有吸引力的供应商。

2. 供应商营销。事实上，上述传统做法虽然能使企业节约成本费用，但隐藏着很大的风险。企业开始倾向于把供应商看作合作伙伴，开展供应商营销。供应商营销是指企业与上游供应商建立起良好的协作关系，帮它们提高供货质量，增强其供货及时性，提高其管理水平，以便获得廉价而稳定的上游资源，并在一定程度上影响和控制供应商，针对竞争对手建立起资源性壁垒。供应商营销的要点是：(1) 确定严格的资格标准以选择优秀的供应商。这些标准可以包括技术水平、财务状况、创新能力、商业信誉、质量观念等。(2) 积极争取那些成绩卓著的供应商，使其成为自己的合作伙伴。

（七）选择订货程序

采购经理开订货单给选定的供应商，在订货单上列出技术说明、需要数量、期望交货期等。越来越多的企业倾向于签订一揽子合同，而不采取定期采购。

（八）评估合同履行

采购经理最后还要向使用者征求意见，了解他们对购进产品是否满意，检查和评价各个供应商履行合同的情况，作为决定将来是否继续向某个供应商采购产品的主要依据。

重要概念

消费者市场	反向消费	B2B 营销	组织市场
参照群体	社会角色	自我观念	选择性注意
选择性曲解	选择性记忆	客户旅程	直接重购
修正重购	全新采购	供应商营销	

复习题

1. 为什么要实施扩大内需战略?

2. 结合消费大数据揭示的不同地区、不同年龄段、不同收入水平消费者购买行为的差异，谈谈对中国消费者购买行为特殊性、复杂性的认识和理解。

3. 中国企业面对国内外不同产业购买者的行为类型及其决策过程，应采取哪些适当的营销策略?

案例分析

数字经济提振市场消费

数字经济时代，无论是工程机械企业还是日用百货企业，都需要具备数字内涵、文化内涵。当产品被赋予数字性能之后，消费模式就会相应发生很多改变，数字消费、绿色消费、健康消费、文娱消费等快速发展，智能家居、文娱旅游、体育赛事、国货潮品等消费热点也在不断升温，不断为消费市场提质扩容增添动力。

许多城市已经看到数字消费的潜力，大力支持相关新业态的发展。年逾八旬的浙江省宁波市市民张某，患有高血压，并发肾功能减弱。2023 年，家人为他注册了“宁波云医院”系统，能够在线预约专家医生云问诊。到了约定时间，张某在家中通过视频和医生讲述自己的症状。医生调阅他的健康档案，结合确诊信息，开出了电子处方并将处方提交至“云端”。一天后，张某收到了配送到家的控制高血压的药物，很轻松就完成了看诊。

除了在线医疗，宁波市还在 2023 年 10 月举办的信息消费体验日活动上，展示了 27 项数字消费体验互动项目，涉及通信、医疗、民生、金融、娱乐等消费场景，并发布了中国移动天宁旗舰店、宁波市智慧城市科技馆等 13 个市级信息消费体验中心，培育引导市民数字消费。宁波市经济和信息化局有关负责人表示，打造信息消费体验中心，不仅能提供丰富的数字生活新体验、促进数字消费发展，还能带动信息技术产品、服务加快向产业链高端迈进，提升百姓在信息消费领域的获得感、幸福感、安全感。

数字消费还能够推动城市空间的升级改造。北京市东城区隆福大厦这座昔日的百货商场如今已成为“文化＋科技”深度融合的消费新地标。书店、美术馆、精品咖啡店、潮流艺术市集……老建筑转身变为时尚的网红打卡地，科技化、数字化、智能化与文化体验消费在此完美融合。隆福寺街区修缮更新二期项目之一——长虹影院，包括飞行影院、“走入中国”、文创体验区三大功能区。长虹影院将成为一个全新的飞行影院，设置 70 个体感座椅和巨型球幕，悬空式动感飞行平台可将乘客的座椅推进巨大球幕中，创造沉浸式的文娱体验。此外，长虹影院还计划在外立面安装曲面裸眼 3D 屏幕，进一步增加建筑的科技感。

资料来源：国家统计局：预计 2024 年居民消费价格温和上涨 中国经济将持续回升向好．(2024－01－17)．央广网；中国的稳与进｜消费回升态势显著“消费促进年”有望开启消费新空间．(2024－01－07)．环球网.

思考题

数字经济条件下消费者购买行为与决策有哪些新变化？

第8章

中国市场竞争与目标市场战略

本章要点

- 关于市场竞争的中国智慧
- 中国市场竞争新特点
- 市场地位与竞争战略
- 影响目标市场战略的主要因素

党的二十大报告多处谈到竞争问题，指出，要“公平竞争”，“加强反垄断和反不正当竞争”，“提升企业核心竞争力”，“打造具有国际竞争力的数字产业集群”，“形成具有全球竞争力的开放创新生态”，“着力形成人才国际竞争的比较优势”。① 这为树立正确的市场竞争观，提升中国企业在全球市场的竞争力指明了努力方向。在新的竞争格局下，企业准确把握中国市场竞争新特点，加强市场细分、市场选择和市场定位，聚焦消费新需求，不断增加优质供给，提升供需适配性，对于提升企业核心竞争力、提高市场营销质量和效益、推动社会经济高质量发展具有十分重要的作用。

第1节　中国市场竞争新格局

一、市场竞争的中国智慧

市场学认为，企业在开展营销活动的过程中，仅仅了解顾客是远远不够的，还必须

① 习近平．高举中国特色社会主义伟大旗帜 为全面建设社会主义现代化国家而团结奋斗：在中国共产党第二十次全国代表大会上的报告．北京：人民出版社，2022.

了解竞争者。只有知己知彼，才能取得竞争优势，在商战中获胜。竞争者一般是指那些与本企业提供的产品或服务相类似，并且所服务的目标顾客也相似的其他企业。例如，联想公司把戴尔公司看作主要竞争者，格力电器把美的视为主要竞争者。

关于市场竞争，中国方案、中国观点、中国智慧以更宽广的视野、更长远的眼光把握世界历史的发展脉络和正确走向，认清中国社会发展、人类社会发展的大逻辑大趋势，善于从“人类知识的总和”中汲取优秀思想文化资源，形成兼容并蓄、博采众长的市场学理论大格局大气象。

习近平总书记指出：“企业发展当然要竞争，没有人会把市场拱手让给竞争对手。我们希望这种竞争是良性的、符合市场规律的”，“任何时候世界都有竞争，但竞争应该是相互借鉴、你追我赶，共同进步，而不是你输我赢、你死我活”。他进一步指出，“我们所做的一切，说到底就是要让人民过上幸福生活。但是，有的国家不甘心失去其霸权地位，对新兴市场国家和发展中国家肆意围堵打压。谁发展得好，就要遏制谁；谁赶上来了，就要使绊子。我曾多次讲，吹灭别人的灯，并不会让自己更加光明”①。

当今世界，全球价值链、供应链深入发展，你中有我、我中有你，各国经济融合是大势所趋。距离近了，交往多了，难免会有磕磕碰碰。面对矛盾和摩擦，协商合作才是正道。② 国与国之间更应该密切合作、互学互鉴、互利共赢。只有合作共赢才能办成事、办好事、办大事。只要各国有合作的愿望、协调的行动，天堑可以变通途，“陆锁国”可以变成“陆联国”，发展的洼地可以变成繁荣的高地。经济发展快一些的国家，要拉一把暂时走在后面的伙伴。只要大家把彼此视为朋友和伙伴，相互尊重、相互支持、相互成就，赠人玫瑰则手有余香，成就别人也是帮助自己。把别人的发展视为威胁，把经济相互依存视为风险，不会让自己生活得更好、发展得更快。

我国共建“一带一路”倡议对于企业的市场竞争也具有重要的启发意义。习近平总书记指出，古丝绸之路之所以名垂青史，靠的不是战马和长矛，而是驼队和善意；不是坚船和利炮，而是宝船和友谊。共建“一带一路”注重的是众人拾柴火焰高、互帮互助走得远，崇尚的是自己过得好、也让别人过得好，践行的是互联互通、互利互惠，谋求的是共同发展、合作共赢。不搞意识形态对立，不搞地缘政治博弈，也不搞集团政治对抗，反对单边制裁，反对经济胁迫，也反对“脱钩断链”。③ 这一重要论述对于指导我国企业制定正确的市场竞争战略，深度参与全球产业分工和合作，维护多元稳定的国际经济格局和经贸关系，拓展中国式现代化的发展空间具有十分重要的意义。

二、中国市场竞争新特点

（一）转型中的市场竞争

从市场竞争特点看，过去，主要是数量扩张和价格竞争。现在，竞争正逐步转向质

---

① 深化团结合作 应对风险挑战 共建更加美好的世界：在 2023 年金砖国家工商论坛闭幕式上的致辞．人民日报，2023－08－23.

② 开放合作 命运与共：在第二届中国国际进口博览会开幕式上的主旨演讲．人民日报，2019－11－06.

③ 建设开放包容、互联互通、共同发展的世界：在第三届“一带一路”国际合作高峰论坛开幕式上的主旨演讲．人民日报，2023－10－19.

量型、差异化为主的竞争，消费者更加注重品质和个性化，企业开展竞争必须把握市场潜在需求，通过供给创新满足需求。我们必须深化改革开放，加快形成统一透明、有序规范的市场环境，为市场充分竞争创造良好条件。① 竞争必须公平有序，但在营销实践中，市场自身并不能保证竞争总是公平、总是合理的，这就需要以公平公正为目的的政府市场监管。与此同时，还需要深化国资国企改革，落实保障民营企业公平参与市场竞争的政策措施，打造国际一流营商环境，激发各类经营主体活力，增强对国内外高端资源的吸引力。②

（二）垄断与市场竞争并存

在我国现阶段，垄断与市场竞争是同时存在的。由于我国市场巨大、人口众多，一些较早进入某一市场的企业尤其是互联网企业，凭借技术优势，迅速成长，并在不太长的时间内控制了同一市场的较大份额，赢者通吃，成为"巨无霸"。这些企业形成市场垄断地位后，往往会限制竞争，甚至会不断收购兼并小的竞争对手，进一步强化垄断地位。

垄断分为自然性垄断、行政性垄断和市场性垄断。自然性垄断是指由于存在资源稀缺性和规模经济效益、范围经济效益，提供单一产品和服务的企业或联合起来提供多数产品和服务的企业形成一家公司（垄断）或极少数企业（寡头垄断）。目前，自然性垄断业务和竞争性业务捆绑情况仍然普遍，资源、能源等领域的垄断格局尚未完全打破，国资国企改革步伐有待进一步加快。

党中央明确指出，"电力、油气、铁路等行业的网络环节具有自然垄断属性，是我国国有经济布局的重点领域。要健全监管制度体系，加强监管能力建设，重点加强对自然垄断环节落实国家重大战略和规划任务、履行国家安全责任、履行社会责任、经营范围和经营行为等方面的监管，推动处于自然垄断环节的企业聚焦主责主业，增加国有资本在网络型基础设施上投入，提升骨干网络安全可靠性。要对自然垄断环节开展垄断性业务和竞争性业务的范围进行监管，防止利用垄断优势向上下游竞争性环节延伸"③。

行政性垄断是行政机关或其授权的组织滥用行政权力，限制竞争的行为。主要表现为地区行政性市场垄断、行政强制交易、行政部门干涉企业经营行为、行政性公司滥用优势行为等。为防止行政性垄断，国家实施了公平竞争审查制度，该制度已实现国家、省、市、县四级政府全覆盖。但总体上看，公平竞争审查还不够全面，以自我审查为主、外部监督为辅的模式对政策制定部门主动审查的约束力不强，评估过程利益相关者参与不足，审查质量有待提高。

市场性垄断是指建立垄断协议、滥用市场支配地位、过度兼并等垄断行为。一些地方仍存在对外来企业、商品和服务设置歧视性市场准入限制、市场壁垒和补贴政策的情

---

① 习近平．习近平谈治国理政：第二卷．北京：外文出版社，2017：231－232.

② 聚焦建设"五个中心"重要使命 加快建成社会主义现代化国际大都市．人民日报，2023－12－04.

③ 全面推进美丽中国建设 健全自然垄断环节监管体制机制．人民日报，2023－11－08.

况。在招投标、采购、项目审批等方面向本地注册企业倾斜，限定购买本地经营者提供的商品和服务，制定产业政策给予特定企业不公平优惠等一系列行政权力滥用行为，严重干扰了市场公平竞争和全国统一大市场的运行。

垄断不仅会损害市场公平，也会侵害消费者权益。垄断企业在与消费者的关系中也处于强势地位，很有可能制定霸王条款、抬高服务价格、恶意不兼容、强制“二选一”、强制自动续费等。一些企业滥用市场支配地位，达成垄断协议，严重影响了市场竞争秩序，损害了消费者权益和公共利益。

目前，企业垄断认定、数据收集使用管理等方面的法律规范不健全，监管依据不足。执法标准不统一、执法行为不协调、中央和地方竞争执法授权机制不健全等问题依然存在，反垄断监管链条有待理顺，地方反垄断执法力量相对薄弱，执法专业性和透明度不够，各地执法标准和力度存在差异，影响竞争政策的实施效果，反不正当竞争执法权较为分散，导致权责交叉、多头执法。习近平指出：“要加强反垄断和反不正当竞争监管执法，依法打击滥用市场支配地位等垄断和不正当竞争行为。”①

三、识别分析市场竞争者

（一）从产业和市场视角识别竞争者

在市场竞争中，企业首先要善于识别自己的竞争者是谁。一个企业很可能被潜在竞争者，而不是当前的主要竞争者“吃掉”。例如，给银行带来重大冲击的不是其他银行，而是移动支付；中国移动的最大对手不是中国联通，而是腾讯。通常企业可从产业和市场两个视角来识别竞争者。

从产业视角来看，提供同一类产品或可相互替代产品的企业构成一种产业。如果一种产品价格上涨，就会引起其替代产品的需求增加。例如，咖啡涨价会促使消费者转而购买茶叶或其他软饮料，因为它们是可相互替代的产品，尽管它们的自然形态不同。企业要想在整个产业中处于有利地位，就必须全面了解产业的竞争模式，以便确定自己的竞争者。

从市场视角来看，竞争者是那些满足相同市场需要或服务于同一目标市场的企业。例如，从产业视角来看，某打字机制造商以其他同行业的公司为竞争者；但从市场视角来看，顾客需要的是“书写能力”，这种需要也可以通过铅笔、钢笔、电脑来满足，因而生产这些产品的公司均可成为该打字机制造商的竞争者。从市场视角分析竞争者，可使企业拓宽眼界，看清自己的现实竞争者和潜在竞争者，从而制定长期的发展规划。柯达公司曾垄断全球的胶卷业，数码相机的出现却中断了它的传奇。

（二）分析预测竞争者的目标和战略

在确定了竞争者是谁之后，企业还要进一步研究每个竞争者在市场上追求的目标和

---

① 习近平在中共中央政治局第三十八次集体学习时强调 依法规范和引导我国资本健康发展 发挥资本作为重要生产要素的积极作用. 人民日报，2022-05-01.

实施的战略以及竞争者行为的内在动力。可以假设所有竞争者努力追求的都是利润最大化，并据此采取行动。但是，企业对短期利润或长期利润的侧重有所不同。有些企业追求的是“满意”的利润而不是“最高”的利润，只要达到既定的利润目标即可，即使其他战略能获得更多的利润，企业也不予考虑。

1. 竞争者目标。竞争者目标组合的侧重点不同，如可能侧重获利能力、市场份额、现金流量、技术领先和服务领先等。企业要了解每个竞争者的重点目标是什么，这样才能对不同的竞争行为做出适当的反应。例如，一个以低成本领先为主要目标的竞争者，对其他企业在降低成本方面的技术创新的反应，要比对增加广告预算的反应强烈得多。企业还必须关注和分析竞争者的行为，如果发现竞争者开拓了一个新的子市场，那么这可能是一个营销机会；如果发觉竞争者试图打入自己的子市场，那么应抢先下手，予以回击。

2. 竞争者战略。企业采取的战略越相似，它们之间的竞争就越激烈。在多数行业中，根据所采取的主要战略的不同，可将竞争者划分为不同的战略群体。例如，在中国家电行业，格力、美的、海尔、奥克斯都提供高端电器产品，因此可将它们划分为同一战略群体。

企业要想进入某一战略群体，必须注意以下两点：一是进入各个战略群体的难易程度不同。一般小型企业适合进入投资和声誉门槛较低的战略群体，因为这类战略群体的竞争性较弱；而实力雄厚的大型企业则可考虑进入竞争性强的战略群体。二是当企业决定进入某一战略群体时，首先要明确主要的竞争者是谁，然后决定自己的竞争战略。

除了在同一战略群体内存在激烈竞争，在不同战略群体之间也存在竞争。原因如下：第一，不同战略群体可能具有相同的目标顾客；第二，顾客可能分不清不同战略群体的产品差异，如分不清高档产品与中档产品；第三，属于某个战略群体的企业可能改变战略，进入另一个战略群体，如提供中档产品的企业可能转产高档产品。

（三）评估竞争者的优势及劣势

企业需要评估竞争者的优势及劣势，了解竞争者执行各种既定战略的情报，以及其是否达到了预期目标。为此，企业需要收集竞争者过去几年的资料，如销售额、市场份额、利润率、投资收益、现金流量、发展战略等。这不是一件容易的事，企业有时要通过间接方式取得所需信息，如通过二手资料、别人的介绍等。企业可以对中间商和顾客进行调查，例如，以调查问卷形式请顾客对本企业和竞争者的产品在一些重要方面分别打分，借以了解竞争者的优势和劣势，或比较自己和竞争者在竞争力方面的优劣。

对竞争者的优劣势分析应集中于以下五种关键能力。

1. 创新能力。它是指企业在掌握现代科技的基础上，利用从研究和实际经验中获得的知识或从外部引进技术，为生产新的产品、设备建立新的工艺和系统而进行实质性改进工作的能力。对竞争者创新能力的评价有助于预测新产品面市的可能性，或使用新技术避开现有产品的可能性。可从以下方面评估创新能力：技术资源，譬如持有的专利和版权数量；人力资源，譬如员工的技术和创新素质；资金能力，表现为相对全行业平均水平而言，企业全部可用资金以及用于研发的比例。

2. 生产能力。它是指企业在一定时期为市场提供产品或服务的能力。在制造行业，生产能力包括产能及其利用情况；而在服务行业，生产能力指提供服务的能力。能力强的公司明显更有机会应对增长的需求。能通过吸引娴熟、主动性强的兼职员工来灵活管理自身资源的服务公司，比雇用具有特定技能的固定员工的公司享有更大的灵活性。物质资源包括厂房、设备等，人力资源包括员工的技能和灵活性等，都可以反映生产能力。

3. 营销能力。它是指企业统筹利用内外部资源，满足目标市场需要，实现营销目标，确保企业持续发展的能力。一个拥有很强创新能力和生产能力的竞争者，可能在向顾客营销产品或服务方面相对较弱。考察竞争者的营销组合是评价其营销能力的最佳方法之一。此时，分析的重点是评价销售、营销、广告和分销等领域的人员技能。竞争者对市场的了解程度和投入营销活动的资金也是反映营销能力的重要内容。

4. 融资能力。它是指企业从自身生产经营、资金拥有和使用的实际出发，充分考虑未来企业发展需要，通过科学预测和决策，采用一定的方式从一定的渠道向投资者和债权人等筹集资金，组织资金供应，保证企业正常生产经营的能力。任何企业的财务资源都是有限的。例如，在我国推进供给侧结构性改革的进程中，难融资、缺资金是制约民营企业发展的重要因素。企业可以考察公开财务报告，了解竞争者在流动性和现金流方面的特点。在考察这种敏感数据的同时，企业还必须考虑竞争者在金融领域的人力资源的质量和能力。

5. 管理能力。重要管理者的品质也可以传递有关战略意图的信息。获取信息的线索包括强势管理者以前的职业生涯和活动、正在使用的薪酬制度、管理者个人拥有的自主权限，以及公司的招聘和晋升政策等。

图 8-1 是一个企业评价自己和三个竞争者 A、B、C 的优劣势的例子。企业选取了六个关键成功因素，分别给自己和三个竞争者打分，分数值在−2（很差）到 2（很好）之间。结果显示，企业和竞争者 A、B 在整体能力和平均分数上十分接近，它们的整体实力相近。然而，不能因为整体情况而忽略在各个关键成功因素上的差异。这些差异清楚地表明：在相同的机会下，它们可能朝不同的方向发展。例如，竞争者 A 可以依靠其在全球营销上的优势占领市场，而竞争者 B 可能通过其在技术广度和研发投入方面的优势来实现差异化，以保持市场地位。然而，如果技术或市场的变动方向需要大笔支出，那么竞争者 B 就可能相对于竞争者 A 或企业自身处于劣势。对优劣势的分析还显示，尽管竞争者 C 整体看起来较弱，但它可以是本企业的最佳收购目标。竞争者 C 虽然在财务实力和技术广度方面比较薄弱，但在全球营销方面有优势，收购竞争者 C 可能帮助本企业快速进入全球市场。

（四）研判竞争者的市场反应

竞争者的目标、战略、优势和劣势决定了它对降价、促销、推出新产品等市场竞争战略的反应。此外，每个竞争者都有一定的经营哲学和指导思想。因此，为了准确研判竞争者的市场反应及可能采取的行动，营销管理者还要深入了解竞争者的思想和信念。

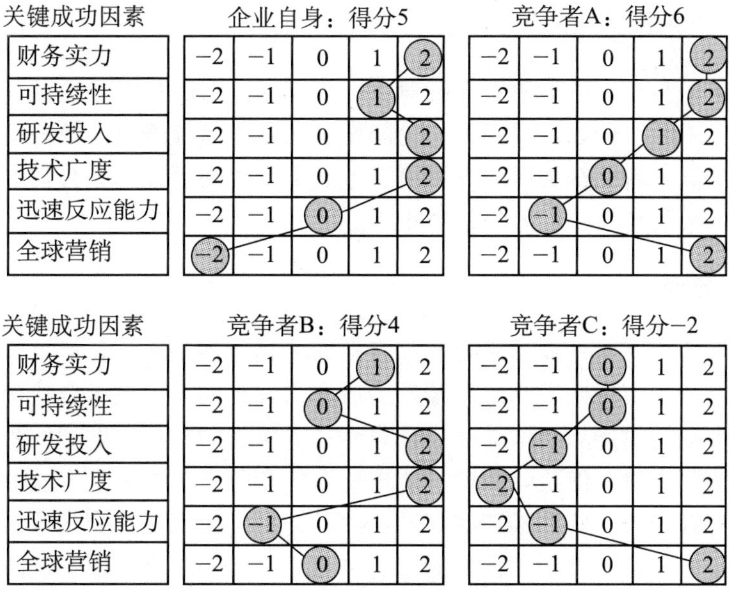

图 8－1　竞争者的优劣势分析

当企业采取某些挑战性的措施和行动之后，不同的竞争者会有不同的市场反应。据此，可将竞争者分为以下类型。

1. 从容不迫型竞争者。一些竞争者反应不强烈，行动迟缓，原因可能是其认为顾客忠于自己的产品；也可能是重视不够，没有察觉对手的新措施；还可能是缺乏资金，无法做出相应的反应。

2. 选择型竞争者。一些竞争者可能在某些方面反应强烈，如总是对降价竞销强烈反击，但对其他方面（如增加促销预算、采用新媒体促销等）反应平平，因为它们认为这对自己威胁不大。

3. 强劲型竞争者。一些竞争者对任何方面的进攻都会做出迅速而强烈的反应。例如，格力电器就是一个强劲的竞争者，一旦受到挑战就会立即发起猛烈的全面反击，因此，同行业企业一般避免与它直接交锋。

4. 随机型竞争者。有些企业的反应模式令人难以捉摸，它们在特定场合可能采取行动，也可能不采取行动，并且无法预料它们将会采取什么行动。

四、科学制定市场竞争对策

在明确了主要竞争者是谁并分析了竞争者的优劣势和市场反应之后，企业就要科学制定市场竞争对策，决定进攻谁、回避谁。企业可根据以下因素制定对策。

（一）竞争者强弱

多数企业以较弱的竞争者为进攻目标，认为这可以节省时间和资源，事半功倍，但可能实际获利较少；相反，有些企业认为即使强者也总会有劣势，以较强的竞争者为进攻目标，可以提高自己的竞争力并且获利较多。

（二）竞争者与本企业的相似程度

多数企业主张与相近的竞争者展开竞争，但同时应避免摧毁相近的竞争者，因为结果很可能对自己不利。例如，美国博士伦眼镜公司在与其他隐形眼镜公司的竞争中一度大获全胜，导致竞争者完全失败而竞相将企业卖给竞争力更强的大公司，结果是博士伦公司要面对更强大的竞争者，处境更艰难。

（三）竞争者表现

有时竞争者的存在对企业是必要的和有益的，具有战略意义。竞争者可能有助于增加市场总需求，分担市场开发和产品开发的成本，并有助于新技术合法化；竞争者为吸引力较小的子市场提供产品，增加产品差异性；竞争者的存在有助于加强企业同政府管理者或职工的谈判力量。但是，企业不能把所有的竞争者都看成是有益的。因为每个行业中的竞争者都有表现良好和极具破坏性这两种类型。表现良好的竞争者按行业规则经营，按合理的成本定价，有利于行业的稳定和健康发展；激励其他企业降低成本或增加产品差异性；接受合理的市场份额与利润水平。而极具破坏性的竞争者不遵守行业规则，或用不正当手段（如贿赂买方采购人员等）扩大市场份额，扰乱行业秩序、打破市场平衡。

表现良好的企业试图组成一个只有好的竞争者加盟的行业。它们通过谨慎颁发许可证、选择相互关系（攻击或结盟）及其他手段，试图使本行业竞争者的营销活动限于协调和合理的范围之内，遵守行业规则，凭各自的努力扩大市场份额，彼此保持在营销组合上有一定的差异性，减少直接的恶性冲突。

企业还必须明确自己在同行业竞争中所处的位置，进而结合自己的目标、资源和环境，以及在目标市场上的地位等来制定市场竞争战略。

第 2 节　基本竞争战略

制定竞争战略的实质就是企业与其所处环境建立联系。环境主要由企业所在行业、行业结构及行业竞争状态构成。迈克尔·波特的五力模型认为，行业内部的竞争状态取决于如下五种基本的竞争势力：供应商讨价还价的能力、购买者讨价还价的能力、潜在进入者的威胁、替代品的威胁以及现有厂商之间的竞争。波特进一步提出，有三种基本的竞争战略供企业选择，即成本领先战略、差异化战略和聚焦战略。

一、成本领先战略

成本领先战略主要指企业依靠规模经济、专有技术和优惠的原材料等因素，以低于竞争者或行业平均水平的成本提供产品和服务，来获得较高的利润和较大的市场份额。成本领先战略要求企业建立达到有效规模的生产设施，在经验基础上全力以赴地降低成本，大力控制成本与管理费用，最大限度地减少研发、服务、推销、广告等方面的成本。尽管质量、服务以及其他方面也不容忽视，但贯穿这一战略的主题是低成本。

（一）成本领先战略的优势及潜在风险

1. 成本领先战略的优势。即便处于竞争激烈的市场环境中，处于低成本地位的企业仍可获得高于行业平均水平的收益。成本优势可以使企业在与竞争对手的竞争中受到保护，低成本意味着当竞争者在竞争过程中已失去利润时，企业仍然可以获取利润。低成本地位有利于企业在强大的买方压力中保护自己，考虑到需要有多种选择及降低购买风险的要求，买方最多只能将价格压到效率居于其次的竞争者的水平。低成本也有利于企业抵御来自供应商的威胁，它使企业在应对供应商产品涨价时具有较高的灵活性。成本领先战略可以规模经济或成本优势的形式设置进入障碍，提高进入壁垒，削弱新进入者的竞争力。采取成本领先战略的企业可以通过降低价格的办法保持、维护现有消费者，提高消费者使用替代品的转换成本，减轻替代品对企业的冲击，为企业赢得反应时间。因此，成本领先战略可以使企业在面临五种竞争势力的威胁时处于相对主动的地位，有效地保护企业。

2. 成本领先战略的潜在风险。企业实施成本领先战略时，为了占据较大的市场份额，通常会产生高昂的购买先进设备的前期投资和初始亏损。而一旦颠覆性技术出现并在生产中得以应用，企业在成本方面的优势将不复存在，无法覆盖前期的高额投资，同时竞争者具有以更低成本进入市场的机会。因此，采用成本领先战略的企业必须对这种潜在风险加以注意，加强对企业外部环境尤其是技术环境方面的认识和了解，降低因技术发展而产生的投资风险。此外，有些采取成本领先战略的企业将注意力过多放在成本上，忽视了客户需求的变化，在产品技术开发方面投入不足，难以生产出符合消费者需求的产品，无法使顾客满意，这对企业发展非常不利。如果采取成本领先战略的企业的产品被认为无法与竞争者相比或不被顾客接受，那么其为了增加销售量而被迫削价采用远低于竞争者价格所造成的损失，将抵消掉其理想的低成本地位所带来的收益，甚至会导致其在激烈的市场竞争中被淘汰出局。

成本领先战略有一定的适用条件，当产品的市场需求具有较高的价格弹性、产生差异化的途径很少、价格构成市场竞争的主要因素，而且转换成本较低时，企业可以考虑采用这一战略。

（二）成本领先战略的实现途径

1. 实现规模经济。规模经济是指扩大生产规模而引起经济效益提升的现象。根据经济学原理，在达到一定生产规模之前，产量越大，单位平均成本越低。因而，实现成本领先战略，通常应选择那些同质化程度高、技术成熟、标准化的产品进行规模化生产。

2. 做好供应商营销。所谓供应商营销，就是与上游供应商如提供原材料、能源、零配件等产品的厂家建立起良好的协作关系，以便获得低廉、稳定的上游资源，并在一定程度上影响和控制供应商，对竞争者建立起资源性壁垒。企业在获取供应成本优势的同时应与供应商建立互动互利、平等的长期战略合作伙伴关系。

3. 塑造企业成本文化。一般来说，追求成本领先的企业应着力塑造注重细节、精打细算、讲究节俭、严格管理、以成本为中心的企业文化。企业在关注外部成本的同时，也要重视内部成本；不仅应把握好战略性成本，而且要控制好生产成本；要同时兼顾短期成本与长期成本。

4. 生产技术创新。降低成本最有效的一种办法是生产技术创新。技术革新会大幅降低成本，生产组织效率的提高也会带来成本的降低。例如，福特汽车公司通过流水线生产方式大幅降低了汽车的生产成本，实现了让汽车进入千家万户的梦想。

二、差异化战略

差异化战略是指企业在消费者广泛重视的某些方面在行业内独树一帜，使企业产品、服务或形象与众不同，以一种独特的定位满足消费者的需求。习近平总书记十分重视差异化问题，指出：要构建多层次、广覆盖、有差异的银行体系，端正发展理念，坚持以市场需求为导向，积极开发个性化、差异化、定制化金融产品。[①] 他还指出，“竞争正逐步转向质量型、差异化为主的竞争”[②]。

企业通常可以因其产品具有独特性而获得溢价的报酬。应当强调的是，差异化战略并不意味着企业可以忽略成本，只是成本不是企业的首要战略目标。

（一）差异化战略的优势及潜在风险

1. 差异化战略的优势。采用差异化战略的企业利用顾客对产品特色的偏爱和忠诚，降低了其对产品价格的敏感性，从而可以避开价格竞争，在相关领域获得持续经营优势，增加利润却不必追求低成本。顾客的偏爱和忠诚构成了较高的进入壁垒，竞争对手要战胜这种独特性需付出很大的代价。差异化能给企业带来较高的边际收益，使企业有能力应对供方威胁。差异化也能缓解来自买方的压力，顾客缺乏选择余地使其价格敏感度下降。采取差异化战略而赢得顾客忠诚的企业，在面对替代品威胁时，其所处地位比其他竞争对手更为有利。

2. 差异化战略的潜在风险。实现差异化有时会与争取占领更大的市场份额相矛盾，它往往要求企业对这一战略的排他性有思想准备，即差异化与市场份额两者通常不可兼顾。较为普遍的情况是，企业实现差异化需要广泛的研究、高质量的材料和周到的顾客服务等，这通常意味着以高成本为代价，因此实行差异化战略的企业的产品价格一般高于行业平均水平。但是，并非所有顾客都愿意或有能力支付企业因其独特性而要求的较高价格，从而导致目标市场较为狭窄，无形中扩大了竞争对手的市场空间和价格优势。这是企业采取差异化战略时需要特别注意的问题。

---

① 习近平：深化金融供给侧结构性改革 增强金融服务实体经济能力．人民日报，2019－02－24.

② 习近平：新常态将给中国带来新的发展机遇．（2016－11－17）．人民网．

此外，企业只有将差异化建立在特有的技术或者营销资产的基础之上，才能使竞争者无法模仿，否则就会面临风险。如果企业的某个差异化因素对消费者而言变得不再重要，或者市场上出现了消费者更加推崇的差异化因素，以及形成差异化的成本超过了它带来的价值，那么企业也会面临较大风险。

（二）差异化战略的实现途径

企业可以在多个方面实现差异化，理想的情况是企业在产品、服务、人员、营销渠道和形象等几个方面都实现差异化，以便享有品牌溢价能力带来的厚利。

1. 产品差异化。产品差异化主要体现在以下几方面。

（1）形式。考虑到人们的审美观及实际需要，许多产品在形式上是有差异的，包括产品的尺寸、形状或者结构等。例如，实践表明，人们偏爱流线型外观包装的饮料，旅行者更喜欢便携式小瓶装矿泉水。

（2）性能质量。性能质量是指产品主要特点在运用中的水平。大多数产品的性能质量处于以下四种水平：低、平均、高和极高。研究发现，产品性能质量和投资回报之间存在很高的正相关性。

（3）耐用性。耐用性是衡量一个产品在自然或重压条件下的预期使用寿命的指标。消费者一般愿意为产品的耐用性支付溢价。不过，一般不用耐用性衡量技术更新较快的产品。

（4）设计。在快速变化的市场中，企业仅有价格和技术是不够的。设计能成为企业竞争的突破口。设计是从顾客要求出发，影响一个产品外观和性能的全部特征的组合。随着竞争日趋激烈，设计将提供一种有效的方法使公司的产品和服务实现差异化。

事实上，企业在实现产品差异化的时候往往并不拘泥于某一种形式，而是根据产品特征和消费者市场需求等因素综合运用多种形式。

2. 服务差异化。当产品差异化已不明显时，企业可以通过服务差异化来增加产品价值。

（1）物流。指如何将产品和服务送达顾客手中。无论是线上还是线下服务，物流的准时性、速度和对产品的保护程度等都是顾客关注的因素。

（2）客户咨询。指卖方向买方无偿或有偿地提供有关资料、信息和建议等服务。

（3）维修保养。指建立服务计划以帮助购买企业产品的顾客正常使用。许多软件公司设立的客户在线支持系统就是很好的例子。

（4）其他服务。企业还可以选择其他途径为顾客提供各种服务以增加价值，如客户培训、产品更新担保等。

3. 人员差异化。雇用及培训优秀的员工可使企业获得明显的竞争优势。优秀的员工具备以下几个特征。

（1）礼貌。员工对顾客态度友善，尊重顾客并细心周到。

（2）诚实可靠。员工能自始至终提供准确、可靠的服务并值得信任。

（3）沟通能力强，反应迅速。员工能够很好地理解顾客，并对顾客的要求和问题作出迅速反应。

4. 营销渠道差异化。企业可以通过营销渠道的差异化来提高竞争力。在营销渠道差异化过程中尤其要注意渠道的覆盖面、专业化和绩效。

5. 形象差异化。消费者往往因为企业或品牌形象的不同而作出不同的购买决策，形象能形成不同的“个性”，便于消费者识别。例如，企业可以借助便于识别的各种标志或各种公关活动来塑造企业个性和形象。

三、聚焦战略

聚焦战略（又称目标集聚战略）是指企业在详细分析外部环境和内部条件的基础上，针对某个特定的顾客群、产业内一种或一组细分市场开展生产经营活动，充分发挥企业资源效力，为特定市场的消费者提供定制服务，赢得竞争优势。聚焦战略有两种形式：一种是企业寻求目标市场上的成本领先优势，称为聚焦成本战略；另一种是企业寻求目标市场上的差异化优势，称为聚焦差异化战略。成本领先战略与差异化战略都是要在行业范围内实现企业目标，而聚焦战略是围绕着为行业内某一特定目标服务而建立的，并以这一目标为中心。

企业实施聚焦战略，能够划分并控制一定的产品势力范围。在此范围内其他竞争者不易与其竞争，所以市场份额比较稳定。通过目标市场的战略优化，企业围绕一个特定的目标进行密集性的生产经营活动，可以更好地了解不断变化的市场需求，能够比竞争对手提供更为有效的产品和服务，提供更高的顾客价值和顾客满意度，从而获得那些以更广泛市场为经营目标的企业所不具备的竞争优势。尽管从整个市场的角度看，聚焦战略未必能使企业取得低成本和差异化优势，但它的确能使企业在其细分的目标市场中获得优势地位。这一战略尤其有利于中小企业利用较小的市场空隙谋求生存和发展，以小博大，在小市场做成大生意。

企业在实施聚焦战略时，常常需要放弃规模较大的目标市场，否则竞争对手可以从企业目标市场中划分出更细的市场并展开争夺，削弱企业在该市场的竞争优势。倘若企业聚焦的细分目标市场非常具有吸引力，以致多数竞争对手蜂拥而入瓜分这一市场的利润，那么企业将付出很高的代价，甚至其聚焦战略可能失败。而细分市场之间差异性的减弱，会降低该目标市场的进入壁垒，从而削弱实施聚焦战略企业的竞争优势，使之不得不面对更为激烈的竞争。

需要指出，成本领先战略与差异化战略并非相互排斥，二者可以同时运用。实践表明，差异化高质量产品往往能通过高市场份额及伴随而来的规模经济和经验效应获得较低的单位成本。差异化战略能够说明顾客为什么需要购买某种产品，而成本领先战略却不能，成本领先战略在高度差异化的市场中无疑是一种高风险战略，但在特殊的细分市场中，采用聚焦战略能够取得更低的生产成本，或者拥有价值更高的独特性，所以在高度细分的市场中，运用聚焦战略可能更合适。三种基本竞争战略各有利弊，企业在选择时必须考虑行业特点、企业能力、限制条件及竞争状况。成功地贯彻每一类基本竞争战略意味着采用不同的资源、力量、组织安排以及管理风格，企业只有选择适合自己的最佳战略才能成功。

第 3 节　市场地位与竞争战略

除了内外部环境因素会影响企业竞争战略，企业的市场地位也会影响战略判定。营销理论根据在市场上的竞争地位把企业分为四种类型：市场主导者、市场挑战者、市场跟随者和市场补缺者。企业应在明确自己市场地位的基础上考虑竞争战略的选择。

一、市场主导者战略

市场主导者是指在相关产品的市场上份额最高的企业。一般来说，大多数行业中都有一家企业被认为是市场主导者，它在标准制定、价格调整、新产品开发、品牌号召力、分销网络和促销力量等方面处于支配地位，为同业者所认可。它是市场竞争的先导者，也是其他企业挑战、效仿或回避的对象。如美国汽车市场的通用汽车、电脑软件市场的微软、软饮料市场的可口可乐和快餐市场的麦当劳，以及中国手机市场的华为等，都是市场主导者。市场主导者的地位是在竞争中自然形成的，但不是固定不变的。市场主导者具备的优势包括：消费者对品牌忠诚度高、营销渠道稳固高效、营销经验丰富等。

市场主导者必然会面临众多竞争者的挑战，因此，必须保持高度警惕并采取适当的战略，否则就很可能丧失领先地位。市场主导者为了维护自己的优势，保住自己的领先地位，通常可视情况采取三种战略：扩大市场需求总量；保持市场份额；提高市场份额。

（一）扩大市场需求总量

当一种产品的市场需求总量扩大时，受益最大的是市场主导者，因而其扩大市场需求总量的动力最强。一般来说，市场主导者可通过三种方式扩大市场需求总量。

1. 发现新用户。每种产品都有吸引新用户、增加用户数量的潜力，有些消费者可能只是对某种产品不甚了解，或认为产品定价不合理、产品性能有缺陷等而没有购买。企业可从三个方面即市场渗透、市场开发和地理扩展来找到新的用户。例如，香水企业可设法说服原来不用香水的女性使用香水（市场渗透）；说服男士使用香水（市场开发）；向其他国家消费者推销香水（地理扩展）。

2. 开辟新用途。为产品开辟新用途，可扩大需求量并使产品经久不衰。例如，汪氏蜂四宝膏除了具有口服延缓衰老的用途，还开辟了外用作为面膜美容护肤的用途。

3. 增加使用量。促进用户增加使用量是扩大需求的重要手段。例如，很多生产牙膏的企业将牙膏管口的直径扩大，使消费者在挤出大致相同长度牙膏的情况下增加使用量。

（二）保持市场份额

市场主导者必须时刻防备竞争者的挑战，捍卫自己的市场阵地。通常，市场上不乏很有实力的挑战者，市场主导者稍不注意就可能被取代。因此，市场主导者任何时候都不能安于现状，必须在产品创新、服务创新、分销渠道优化和成本降低等方面维持行业领先地位，时刻做好防御工作。有时，进攻是最好的防御，市场主导者在巩固自身优势的同时，应该针对对手的弱点主动出击。

（三）提高市场份额

市场主导者设法提高市场份额，也是增加收益、保持领先地位的一个重要途径。一项研究表明，市场份额是与投资收益率有关的最重要的变量之一。市场份额越高，投资收益率也越高。市场份额高于40%的企业的平均投资收益率相当于市场份额低于10%者的3倍。因此，许多企业致力于提高市场份额，若无法取得第一位或第二位的市场支配地位，便撤出该市场。

值得注意的是，并不是市场份额越高利润就越高。随着市场份额的提高，销售额的增长会使生产成本下降，但提升市场份额所产生的费用增长往往会大于生产成本的下降，再加上竞争使价格下降，致使产品利润率下降。在市场份额提升的同时，新增营销管理人员可能由于缺乏经验、缺少培训或素质不高，导致费用失控。此外，竞争者的强烈反应如广告战、价格战等也会引起费用增加。结果是企业为提高市场份额所付出的代价，有时可能高于获得的收益。因此，企业提高市场份额时应考虑一些相关因素，如引起反垄断行为的可能性、为提高市场份额而付出的成本和争夺市场份额所采用的营销组合策略等。事实上，企业需要考虑最佳市场份额的问题。

总之，市场主导者必须善于扩大市场需求总量，保持自己的市场份额，防御挑战者的进攻，并在保证收益增加的前提下提高市场份额，只有这样，才能持久地保持市场领先地位。除了占据市场主要地位的市场主导者，处于市场次要地位的企业可采取两种战略：一是争取市场领先主导地位，向比自己强大的竞争者发起挑战，即做市场挑战者；二是安于次要地位，在共处的状态下求得尽可能多的收益，即做市场跟随者。处于市场次要地位的企业，要根据自己的实力和面对的机会与风险决定自己的竞争战略是挑战还是跟随。

二、市场挑战者战略

市场挑战者是指那些为了扩大市场份额而对市场主导者积极发动进攻的企业。市场挑战者如果要向市场主导者和其他竞争者发起挑战，首先必须确定自己的战略和挑战对象，然后选择适当的进攻战略。

战略同挑战对象密切相关，针对不同的挑战对象有不同的战略。一般来说，市场挑战者可在下列三种战略中进行选择。

1. 攻击市场主导者。这种战略风险很大，吸引力也很大。市场挑战者需仔细调查研究市场主导者的弱点和失误：有哪些未被满足的需要，有哪些令顾客不满意的地方，市场主导者内部存在哪些劣势或不足。市场挑战者可把市场主导者的弱点和失误作为自己进攻的突破口。此外，市场挑战者还可以开发出超越市场主导者的新产品，以更好的产品来夺取市场的领先地位。

2. 攻击与自己实力相当者。对那些与自己势均力敌的企业，市场挑战者可选择其中经营不善发生亏损者作为进攻对象，设法夺取它们的市场份额。

3. 攻击地方性小企业。对于一些经营不善、财务困难的地方性小企业，市场挑战者可夺取它们的顾客，甚至收购这些小企业。例如，青岛啤酒成长到目前的规模，在一定程度上是依靠夺取一些地方啤酒企业的顾客实现的。

战略目标取决于挑战对象，如果以市场主导者为挑战对象，那么企业的战略目标可能是夺取某些市场；如果以小企业为挑战对象，那么企业的战略目标可能是将它们逐出市场。无论在何种情况下，要发动攻势，进行挑战，企业必须有一个明确的、肯定的和可能达到的目标。

三、市场跟随者战略

（一）市场跟随与模仿

产品模仿有时与产品创新一样有利。因为企业要开发一种新产品需要大量投资才能取得成功，并获得市场领先地位，而其他企业（市场跟随者）仿造或改良这种产品，虽然不能取代市场主导者，但因无须大量投资，也可获得很高的利润，其收益率甚至可超过行业平均水平。

快速模仿要求企业密切关注市场发展，同时还要求企业全体员工团结奋进，针对市场主导者的产品研发改进技术等。研究发现，渐进改善战略的灵活性和专有技术的迅速扩散对于企业快速模仿起到了促进作用。

（二）市场跟随者的特点

市场跟随者是指以模仿竞争对手创新产品或经营模式为立足点，力求占领并维持市场份额，实现可持续发展的企业。市场跟随者与市场挑战者不同，它不是向市场主导者发动进攻并图谋取而代之，而是跟随市场主导者自觉地维持共处局面。这种“自觉共处”状态在资本密集且产品同质的行业（如钢铁、化工等行业）中很普遍。

但是，这不意味着市场跟随者就可以无视战略的应用。市场跟随者必须懂得如何保持现有顾客，并争取一定数量的新顾客；必须设法给自己的目标市场带来某些特有的利益，如渠道、服务、融资等；还必须尽力降低成本并保持较高的产品质量和服务质量。

（三）市场跟随者可选的战略

市场跟随者不是被动地单纯追随市场主导者，它必须找到一条不会引起报复性竞争的发展道路。以下是三种可供选择的市场跟随者战略。

1. 紧密跟随。这种战略是在各个子市场和营销组合方面尽可能仿效市场主导者。这种市场跟随者类似市场挑战者，但只要它不从根本上侵犯市场主导者的地位，就不会发生直接冲突。有些市场跟随者甚至被看成是靠拾取市场主导者的残余市场谋生的“寄生者”。

2. 距离跟随。这种战略是市场跟随者在主要方面（如目标市场、产品创新、价格水平和分销渠道等方面）跟随市场主导者，但仍设法与市场主导者保持一定差异。这种市场跟随者可通过兼并小企业而发展壮大。

3. 选择跟随。这种战略是市场跟随者在某些方面紧跟市场主导者，而在另一些方面自我发挥。也就是说，它不是盲目跟随，而是择优跟随，在跟随的同时发挥自己的独创性，但不直接进行竞争。这类市场跟随者有可能发展成为市场挑战者。

四、市场补缺者战略

在市场竞争环境下，每个行业几乎都有一些小企业，它们专注于市场上被大企业忽略的细小部分，在夹缝中求得生存和发展。这种有利的市场夹缝被称为补缺基点（niche）。

（一）市场补缺者的定义

所谓市场补缺者，是指精心服务于市场上被大企业忽略的某些细小部分，拾遗补阙，而不与大企业竞争，致力于通过专业化经营来占据有利市场位置的企业。这种市场位置（补缺基点）不仅对小企业有意义，而且对某些大企业中的较小部门也有意义。市场补缺者常设法寻找一个或几个既安全又有利的补缺基点。

一个良好的补缺基点应具有以下特征：（1）有足够的市场潜量和购买力。（2）利润有增长的潜力。（3）对主要竞争者不具有吸引力。（4）企业具备占有此补缺基点所必要的资源和能力。（5）企业既有的信誉足以对抗竞争者。

在选择市场补缺基点时，多重补缺基点比单一补缺基点更能减少风险，增加保险系数。因此，企业通常选择两个或两个以上的补缺基点，以确保企业的生存和发展。

（二）取得补缺基点的战略

取得补缺基点的主要战略是专业化营销。具体来讲，就是在市场、顾客、产品或渠道等方面实行专业化。下面是几种可供选择的专业化方法：（1）最终用户专业化。专门致力于为某类最终用户服务，有些数字技术小企业专门针对某一类用户（如诊所、银行等）进行营销。（2）垂直层面专业化。专门致力于分销渠道中的某些层面，如制铝厂可专门生产铝锭、铝制品或铝质零部件。（3）顾客规模专业化。专门为某一种规模（大、中、小）的客户服务，如有些小企业专门为那些被大企业忽略的小客户服务。（4）特定顾客专业化。只为一个或几个主要客户服务。（5）地理区域专业化。专为国内外某一地区或地点服务。（6）产品或产品线专业化。只生产一大类产品，如养元饮品公司专门生产“六个核桃”饮料、绿箭公司专门生产口香糖等。（7）客户订单专业化。专门按客户订单生产预订的产品。（8）质量和价格专业化。专门生产经营某种质量和价格的产品，如专门生产高质高价产品或低质低价产品。（9）服务项目专业化。专门提供一种或几种其他企业没有的服务项目。（10）分销渠道专业化。专门服务于某一类分销渠道，如专门生产适于超市销售的产品，或专门为航空公司的旅客提供食品。

(三) 市场补缺者战略的任务

企业采取市场补缺者战略要完成三个任务：

1. 创造补缺基点。市场补缺者要积极适应特定的市场环境和市场需要，努力开发专业化程度很高的新产品，从而创造出更多需要这种专业化产品的市场需求。

2. 扩大补缺基点。市场补缺者在开发出特定的专业化产品，赢得在特定市场的竞争优势之后，还要进一步提高产品组合的深度，努力增加新的产品项目，以迎合更多具有特殊需要的消费者的偏好，提高市场忠诚度和市场份额。

3. 保护补缺基点。市场补缺者还要注意竞争者的动向，如果发现有新的竞争者闻风而至，仿制企业产品，争夺市场份额，那么市场补缺者必须及时采取相应对策，全力以赴保住在特定市场的领先地位。

第 4 节　目标市场战略

市场细分（segmenting）、市场选择（targeting）以及市场定位（positioning）构成了目标市场战略（即 STP 战略）的全过程。在移动互联网、人工智能、物联网、云计算、数字化等现代信息技术迅速发展的新时代，STP 战略也应与时俱进。

一、市场细分

市场细分是指营销者通过市场调研，依据消费者的需要和欲望、购买行为和购买习惯等方面的差异，把某一产品的整体市场划分为若干消费者群的过程。每一个消费者群都是一个细分市场，每一个细分市场都是由具有相似需求倾向的消费者构成的群体。习近平指出，要“完善促进消费体制机制，要顺应居民消费新趋势，从供需两端发力，积极培育重点消费领域细分市场，营造安全放心消费环境，提升居民消费能力，引导形成合理消费预期，切实增强消费对经济发展的基础性作用”①。市场细分的好处已经被众多企业的营销实践证实。不论是消费者市场还是产业市场，开展市场细分工作都需要依据一定的细分变量，而且市场细分必须满足一定的条件才有效。

(一) 消费者市场细分的依据

消费者市场的细分变量主要有地理变量、人口变量、心理变量和行为变量等，企业可以单独运用某一变量进行消费者市场细分，也可以将这些变量组合运用。

地理细分是指企业按照消费者所在的地理位置以及其他地理变量（包括位于城市还是乡村、气候条件、交通运输状况等）来细分消费者市场。

---

① 习近平：激发制度活力激活基层经验激励干部作为 扎扎实实把全面深化改革推向深入．人民日报，2018－07－07.

人口细分是指企业按照人口统计变量（包括年龄、性别、收入、职业、受教育水平、家庭规模、家庭生命周期阶段、种族、国籍等）来细分消费者市场。人口统计变量一直是细分消费者市场的重要依据，主要是因为人口统计变量比其他变量更容易测量。

消费者的欲望、需要和购买行为不仅受人口变量影响，而且受心理变量影响，所以还要进行心理细分。心理细分是指按照消费者的生活方式、个性等心理变量来细分消费者市场。生活方式是人类与一定的社会条件相互作用而形成的活动形式和行为特征的有机体。来自不同的亚文化圈、社会阶层或不同职业的人可能有不同的生活方式。

行为细分是指企业按照消费者购买或使用某种产品的时机、所追求的利益、使用者情况、某种产品的使用率、品牌忠诚度、待购阶段和消费者对产品的态度等行为变量来细分消费者市场。按照时机细分是指根据消费者产生购买意向、实施购买行为或使用所购物品的时间进行市场细分。按照品牌忠诚度细分是指按照价格、质量等诸多因素使消费者对某一品牌的产品情有独钟并长期购买这一品牌产品的程度进行市场细分。品牌忠诚度的高低，可用客户重复购买次数、购买挑选时间和对价格的敏感程度等标准进行衡量。

（二）产业市场细分的依据

细分产业市场的变量，除了与消费者市场细分变量相同的变量，还有最终用户、客户规模、客户位置、采购方式等常用变量。

由于存在不同的市场结构（例如市场被分成产业市场和消费者市场），因而需要采取两阶段细分的方法：第一阶段将市场划分为比较容易界定的若干群体，第二阶段进行更加彻底的市场细分。

（三）市场细分的有效标志

有效的市场细分，必须使细分后的市场具备如下条件：（1）可区分性，即细分后不同的子市场之间在概念上可清楚地加以区分。（2）可测量性，即细分后子市场的规模及其购买力的数据资料能够测量和推算，否则，将无法制订营销方案。（3）可进入性，即细分后的子市场应能够通过营销努力进入，企业的营销组合策略等能够在该市场上发挥作用。（4）可盈利性，即细分后的子市场有足够的需求潜量且有一定的发展潜力，其规模足以使企业获利。

（四）数字经济时代的市场细分

由上可知，传统的市场细分是一种垂直的营销方法，企业基本上是根据自己的标准自上而下进行市场细分，很少考虑消费者的主动性。值得注意的是，互联网技术已经将我们带入一个互联互通的水平化世界，消费者希望自己的个性为企业所重视。而且，消费者越来越社交化，是具有共同目标、共享价值观且彼此在乎的一群人，不再是简单的个体。他们在决定所要购买产品或服务的品牌时，不再仅仅依赖自己的知识和经验，而是积极地从周围现实和虚拟环境中获取线索与更加详细的信息，以支持自己的购买决策。因此，企业在细分市场时，一定要将消费者理解成彼此关联并具有社区感的社会人群。真正了解一个人，关键是要了解这个人同其他人的关系或纽带。

在数字时代，企业应在市场细分的同时，更加关注消费者的社区化。市场细分和社区化的差异性见表 8－1。

表 8－1　市场细分与社区化

	市场细分	社区化
范式	客户作为个体	客户作为社区创造者
变量	地理、人口、心理、行为	目的、价值观、身份识别
企业-客户关系	垂直化：客户作为被动的目标细分群体	水平化：客户作为积极的社区成员
目标	基于相似性对客户进行细分	基于内聚性和影响力的社区潜在身份识别

资料来源：科特勒，卡塔加雅，许丁宦．营销制胜．北京：中国人民大学出版社，2019：137.

二、市场选择

市场细分的目的在于有效地选择并进入目标市场。目标市场是指企业拟投其所好，为之服务，且其需求具有相似性的客户群。在市场细分的基础上，能否正确选择目标市场，是关系目标营销战略成败的关键环节。

（一）市场选择战略

企业在决定为哪些子市场服务，即选择目标市场时，有三种战略。

1. 无差异营销。无差异营销是指企业在市场细分之后，不考虑各子市场的特性，而只注重子市场的共性，决定只推出单一产品，运用单一的营销组合，力求满足尽可能多的客户的需求。这种战略的优点是产品的品种、规格、款式简单统一，有利于标准化及大规模生产，有利于降低生产、储存、运输、研发、促销等成本费用。其主要缺点是，单一产品要以同样的方式广泛销售并让所有消费者都满意是不可能的，特别是当同行业中有多家企业实行无差异营销时，在较大的子市场中的竞争将会更加激烈，而在较小的子市场中的需求却得不到满足。由于较大的子市场内的竞争异常激烈，因而往往是子市场越大，利润越小。这种追求最大子市场的倾向称作“多数谬误”。多数谬误是指过多的企业把同一个子市场作为目标市场，共同争夺市场潜量有限的客户群体，造成某种产品供给远远超出市场需求的情形。充分认识多数谬误的严重性，能够增强企业进入较小子市场的兴趣。

2. 差异营销。差异营销是指企业决定同时为几个子市场服务，设计不同的产品，并在渠道、促销和定价方面加以相应的改变，以适应各个子市场的需要。定制化营销（customization marketing）是指数字经济下企业与客户实时互动，并为客户定制其所需产品或服务的一种颇具竞争力的营销方式。如果企业的产品种类同时在几个子市场具有优势，消费者就会增强对企业的信任感，进而提高重复购买率；而且，企业通过多样化的渠道和产品线进行销售，通常会使总销售额增加。差异营销的主要缺点是会使企业的成本费用（如产品改进成本、生产成本、管理费用、存货成本、促销成本等）增加。

3. 集中营销。集中营销是指企业集中所有力量，以一个或少数几个性质相似的子市场作为目标市场，试图在较小的子市场上获得较高的市场份额。实行集中营销战略的企业，一般是资源有限的中小企业，或是初次进入新市场的大企业。由于服务对象比较集中，对一个或几个特定子市场有较深入的了解，而且在生产和营销方面实行专业化，企业可以比较容易地在这一特定市场取得有利地位。如果子市场选择得当，则企业可以获得较高的投资收益率。但是，实行集中营销战略有较大的风险，因为目标市场范围比较狭窄，一旦市场情况突变、竞争加剧或消费偏好改变，则企业可能陷入困境。

有些企业曾实行超细分战略，即许多市场被过度地细分，导致产品价格不断上涨，影响产销数量和利润。于是，一种被称为反市场细分的战略应运而生。反市场细分战略并不反对市场细分，而是“异中求同”地将多个过于狭小的子市场整合起来，以便能以较低的价格去满足这一市场的需求。

（二）影响市场选择战略的因素

上述三种市场选择战略各有利弊，企业在选择时需考虑五方面的因素：

1. 企业资源。如果企业资源雄厚，则可以考虑实行差异营销；否则，实行无差异营销或集中营销可能更合适。

2. 产品同质性。产品同质性是指产品在消费者感知性能、特点等方面的相似程度。同质产品是指同一大类中不同品牌的产品在性能、外观甚至营销手段上相互模仿以致逐渐趋同的产品。异质产品是指同类产品在实物形态如质量、性能、规格、商标、牌号、设计、款式等上存在差异，甚至每一种产品都可能在其中某一方面存在细微差别。对于同质产品或需求上共性较大的产品，宜实行无差异营销；反之，对于异质产品，则宜实行差异营销或集中营销。

3. 市场同质性。市场同质性是指消费者在对某一产品的需要、欲望、购买行为以及对企业营销战略的反应等方面相同或者相似的程度。如果市场上所有客户在同一时期的偏好都相似，购买的数量也相似，并且对营销刺激的反应相似，则可视之为同质市场，宜实行无差异营销；反之，则为异质市场，宜采用差异营销或集中营销。

4. 产品生命周期阶段。处在导入期和成长期的新产品，营销的重点是启发和巩固消费者的偏好，最好实行无差异营销或针对某一特定子市场实行集中营销；当产品进入成熟期后，市场竞争激烈，消费者需求日益多样化，可改用差异营销战略以开拓新市场，满足新需求，延长产品生命周期。

5. 竞争者的市场选择战略。一般说来，企业的市场选择战略应与竞争者有所区别，反其道而行之。如果强大的竞争者实行无差异营销，则企业应实行集中营销或更深一层的差异营销；如果企业面对的是较弱的竞争者，则必要时可采取与之相同的战略，凭借实力击败竞争对手。

有些目标市场之所以没有吸引力，主要原因就在于：(1) 目标市场的选择及其需求满足与企业的组织结构和业务流程不协调；(2) 企业目前还没有能力满足该目标市场的需求；(3) 现有管理程序和营销战略尚不完善，需要先找出存在问题并加以改进之后才能够有效地对目标市场施加影响。

三、市场定位

为了使自己生产或销售的产品获得稳定的销路，企业需要从各方面赋予产品一定的特色，树立产品鲜明的市场形象，以求让客户形成稳定的认知和特殊的偏爱，这就是常说的市场定位。

（一）市场定位的定义和步骤

市场定位是指企业针对潜在客户的心理进行营销设计，建立产品、品牌或企业在目标客户心目中的某种形象或个性特征，给客户留下深刻的印象，从而取得竞争优势。市场定位的实质是在目标市场上取得竞争优势，确定产品在客户心目中的适当位置并留下深刻的印象，以吸引更多的客户。

企业市场定位的全过程可以通过三个步骤来完成，即确认本企业的竞争优势，准确选择相对竞争优势，明确显示独特的竞争优势。

（二）市场定位的依据

1. 产品属性定位。在确定产品定位和客户偏好的过程中，企业可以从客户那里了解产品的重要属性、本企业品牌的市场位置、其他品牌的市场位置等，从而很好地识别与竞争品牌相比的竞争优势，采取有效的营销行动。

2. 客户利益定位。它是指根据产品带给消费者的某项特殊利益定位。如一些连锁超市强调“天天平价”，以吸引精打细算的消费者。

3. 产品用途定位。它是指根据产品的某项用途定位。如广告词为“怕上火喝王老吉”的王老吉凉茶，定位于消暑降火的功能饮料。

4. 使用者定位。它是指针对不同的产品使用者进行定位，从而把产品导向某一特定客户群。

5. 使用场合定位。它是指一些产品根据多种不同的使用场合进行定位。如小苏打可以作为冰箱除味剂，也可以作为调味汁和卤肉的配料，不同的企业可以据此进行不同的定位。

6. 竞争者定位。它是指以某知名度较高的竞争者为参考点来定位，在消费者心目中占据明确的位置。如七喜饮料的广告语“七喜非可乐”在一定程度上强化了七喜在消费者心目中的形象。

7. 质量价格组合定位。如海尔家电产品定位于高价格、高品质，华联超市定位于“天天平价，绝无假货”。

（三）市场定位的方法

1. 初次定位。它是指初创企业初入市场，企业新产品投入市场，或产品进入新市场时，企业通过营销组合使产品特色符合所选择的目标市场的过程。

2. 重新定位。它是指企业改变产品特色，改变目标客户对其原有的印象，使目标客户对其产品形象有一个重新认识的过程。

市场竞争局势和购买者需求偏好是千变万化的，因此，企业有时会因时代特征、社会文化的变化而重新定位。下面借助感知定位图说明速溶咖啡的重新定位过程（如图8－2所示）。感知定位图是消费者感知和偏好的视觉表征，展示了市场状况的定量描述以及消费者看待不同产品、服务和品牌的视角维度。消费者在感知 A、B、C、D 四种品牌速溶咖啡口味浓淡及个性形象（新潮或传统）上存在差异，显示了三个细分市场的浓淡口味与新老形象的最理想组合，即理想点。图 8－2（a）是速溶咖啡的原有定位，从中可以看出，细分市场 3 偏好味浓、传统的速溶咖啡，品牌 D 恰好具备上述特点，能够很好地满足细分市场 3 的需求。品牌 A 的口味和形象比较适中，但是任何细分市场都不需要它。品牌 B 和 C 则分别适应了细分市场 1 和 2 的需求。为使速溶咖啡体现出与时俱进、前卫新潮的新形象，品牌 A 可以转移至 A′ 位置去吸引细分市场 1，在形象上与品牌 B 保持一致，而在口味上则彰显差异。品牌 A 也可以向 A″位置转移，在口味上与品牌 C 一致，同时保持形象上的差异，如图 8－2（b）所示。在重新定位过程中，品牌 A 是选择向 A′还是 A″位置转移，要考虑企业资源能力、竞争者意图、市场需求趋势等多种因素。

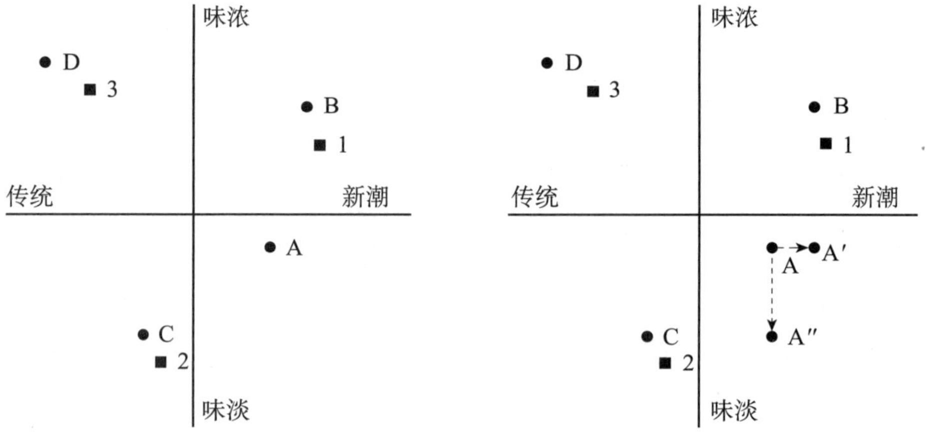

（a）速溶咖啡的原有定位　　（b）速溶咖啡的新定位

品牌：A、B、C、D
细分市场理想点：1、2、3

图 8－2　速溶咖啡的重新定位

企业在重新定位时，首先，应考虑将品牌转移到另一个细分市场所需要的成本，包括产品品质改变费用、包装费用和广告费用。一般来说，重新定位的跨度越大，所需成本越高。其次，要考虑品牌定位于新位置后可能产生的收益。收益大小由以下因素决定：新目标市场的消费者人数、消费者的平均购买率、竞争者的数量和实力，以及为品牌重新定位所要付出的代价。

3. 对峙定位。它是指企业选择靠近现有竞争者或与现有竞争者重合的市场位置，争夺同样的客户，彼此在产品、价格、分销及促销等方面差别不大。

4. 避强定位。它是指企业回避与目标市场上的竞争者直接对抗，将自身的位置确定于市场的“空白点”，开发并销售目前市场上还没有的某种特色产品，开拓新的市场领域。

（四）竞争参照框架

竞争参照框架是指企业在营销调研预测的基础上对目标市场和竞争品牌的细致描述和深入分析。竞争品牌是指满足相同市场需求，向同一目标市场提供各种质量、特色、规格和型号的产品或服务的不同品牌。

苹果首次推出 iPhone 时就非常重视品牌定位，它通过将 iPhone 与传统手机进行初次广告比较，及时告知消费者该品牌不同于以前的通信设备以及它为什么优于其他品牌。一旦人们了解了 iPhone 的主要通信功能，就会引入介绍一些额外功能，比如互联网搜索和电子邮件，以强调其与其他手机的不同之处。这就是竞争参照框架的妙用。

在品牌定位实践中，企业首先要基于目标市场的客户需求分析及潜在市场潜量判断，确定品牌所在的竞争产品大类。然后，企业通过共同点和差异点分析，将竞争产品大类中与本品牌最具有竞争性的生产者和目标市场确定为本品牌的竞争参照框架。之后，企业还要向目标市场传播这种参照框架。品类成员是指构成某一产品大类、具有某种共同特征的各种产品或品牌。例如，洗发水、牙膏、沐浴乳都是便利品（日用品）品类的成员，而牙膏又是由中华牙膏、田七牙膏、高露洁牙膏等成员组成的产品品类。品牌有时会被客户归为某一品类成员，然而事实上该品牌标识设计者或生产者并不属于此品类，这时企业就要使客户知晓品牌的实际身份，向目标客户群体传播自己的品牌身份。

（五）市场定位的延伸

在开展城市营销、打造城市品牌的过程中，也存在着城市定位的问题。在城市发展中，要“把握好战略定位、空间格局、要素配置”，“做到服务保障能力同城市战略定位相适应，人口资源环境同城市战略定位相协调，城市布局同城市战略定位相一致”。[①] 习近平指出：“各大中小城市在明确自我发展定位和方向时能不能立足整个城市群的发展定位和方向，找到自己错位发展的重点方向，解决好同质化发展的问题?”[②] 2018 年 4 月 13 日，习近平在庆祝海南建省办经济特区 30 周年大会上的讲话中指出，“海南建设自由贸易港要体现中国特色，符合中国国情，符合海南发展定位”[③]。2023 年 10 月 13 日上午，习近平在听取江西省委和省政府工作汇报时指出，构建现代化产业体系，既要有雄心壮志，积极抢位发展，又要立足实际，善于错位发展。要找准定位、明确方向，整合资源、精准发力。[④]

习近平在谈到国际市场定位问题时指出：“主要国家人口老龄化水平不断提高，劳动人口增长率持续下降，社会成本和生产成本上升较快，传统产业和增长动力不断衰

① 习近平．立足提高治理能力抓好城市规划建设 着眼精彩非凡卓越筹办好北京冬奥会．人民日报，2017－02－25.

② 习近平在深入推动长江经济带发展座谈会上的讲话．人民日报，2018－06－14.

③ 习近平：在庆祝海南建省办经济特区 30 周年大会上的讲话．人民日报，2018－04－14.

④ 解放思想开拓进取扬长补短固本兴新 奋力谱写中国式现代化江西篇章．人民日报，2023－10－14.

减，新兴产业体量和增长动能尚未积聚。在这个大背景下，我们需要从供给侧发力，找准在世界供给市场上的定位。”① 他还指出：“我们要主动适应全球产业分工调整变化，积极引领全球价值链重塑，确立新定位，构筑新优势。”②

由此可见，定位是一个涉及企业、城市、区域甚至国家长远发展的战略问题。

重要概念

市场竞争	自然性垄断	行政性垄断	市场性垄断
市场竞争战略	差异化战略	成本领先战略	聚焦战略
战略群体	市场主导者	市场跟随者	市场挑战者
市场补缺者	地理细分	人口细分	心理细分
行为细分	品牌忠诚	目标市场	无差异营销
差异营销	集中营销	市场定位	

复习题

1. 中国市场反垄断和反不正当竞争的主要举措有哪些？
2. 影响目标市场战略实施效果的因素有哪些？
3. 影响市场选择战略的因素有哪些？
4. 市场定位的主要步骤有哪些？

案例分析

宁德时代的市场竞争战略

2023 年 3 月 6 日，习近平总书记来到北京友谊宾馆聚英厅，亲切看望参加政协会议的民建、工商联界委员并参加联组会，听取大家的意见和建议。

当前，我国经济正面临需求收缩、供给冲击、预期转弱三重压力。如何坚定信心，做好今年经济工作，为全面贯彻落实党的二十大精神开好局起好步？“面对国际国内环境发生的深刻复杂变化，必须做到沉着冷静、保持定力，稳中求进、积极作为，团结一致、敢于斗争。”总书记的回应掷地有声、振奋人心。

来自宁德时代新能源科技股份有限公司的曾毓群委员第一个发言，他向总书记汇报了企业研发新能源汽车动力电池，努力占领全球新能源产业制高点的情况。他围绕占领全球新能源产业制高点作了发言，建议加强上游矿产资源保障。

习近平总书记深以为然。大发展之下，“稳”是生命线：“你们产业发展要稳慎，我们制定产业政策也要稳慎。你讲到上游矿产，人家对我们‘卡脖子’有些恰恰就是从上

① 习近平在省部级主要领导干部学习贯彻党的十八届五中全会精神专题研讨班上的讲话．人民日报，2016－05－10.

② 抓住世界经济转型机遇 谋求亚太更大发展：在亚太经合组织工商领导人峰会上的主旨演讲．人民日报，2017－11－11.

游开始的。发展海外矿产资源，也要有准确预期。既要抓住机遇，也要统筹好发展和安全。”听说宁德时代在全球动力电池的市场份额已达 37%，连续 6 年全球第一，习近平总书记用亦喜亦忧表达他的心情：喜的是我们这一行业走到了世界前头；忧的是就怕来个大呼隆，先是一哄而起，最后一哄而散。

习近平总书记指出，对于新兴产业，一定要搞好统筹规划，搞清楚市场有多大、风险在哪里，要防止一路所向披靡、孤军深入，最后却被人兜了底、全军覆没。

资料来源：微镜头·习近平总书记两会“下团组”“放下包袱，大胆发展”（两会现场观察）. 人民日报，2023-03-07.

思考题

宁德时代的市场竞争战略有哪些需要完善之处？

第9章

切合需求的产品

本章要点

- 提升市场供给体系质量的重要意义
- 提升市场供给体系质量的战略举措
- 在提升市场供给体系质量过程中持续优化产品结构
- 产品组合与产品组合创新
- 新产品与新产品开发
- 服务营销
- 中国服务业发展的主要趋势

质量体现着人类的劳动创造和智慧结晶，体现着人们对美好生活的向往。小到一枚芯片，大到一艘载人航天飞船，都彰显着一个国家的综合实力。人类社会发展历程中，每一次质量领域变革创新都促进了生产技术进步、提高了人民生活品质。纵观世界各国，无论是提出“以质量推动品牌建设”的德国、实施“质量救国”战略的日本、推行“质量赶超”计划的韩国，还是出台提高质量促进法的美国，都在强国崛起过程中高度重视质量这一要素。当今世界正经历百年未有之大变局，特别是新一轮科技革命和产业变革深入发展，质量越来越成为经济、贸易、科技、文化等领域的焦点。党的二十大报告指出，“加快建设制造强国、质量强国”，实现高质量发展。这要求持续提升市场供给体系的质量，加强产品创新和品牌创新，向市场提供切合需求的产品。

第 1 节　市场供给体系质量提升

经济活动需要各种生产要素的组合在生产、分配、流通、消费各环节有机衔接，从而实现循环流转，但这四个环节的地位不同。经济循环作为有机整体，生产始终处于核心地位。马克思指出，生产既支配着与其他要素相对而言的生产自身，也支配着其他要素。过程总是从生产重新开始。[①] 围绕生产这一核心，在我国发展现阶段，畅通经济循环最主要的任务是供给侧有效畅通，进一步提升有效供给能力水平的关键点是提高质量，高质量供给能够穿透循环堵点，消除瓶颈制约，不断推动经济循环走向更高水平。

一、提升市场供给体系质量的重要意义

市场供给体系是指以企业为主的供给主体，在特定市场环境中，综合运用劳动力、土地、资金、技术、能源、信息、数据、原材料等供给要素，提供满足最终消费者需要的产品和服务的总和。我国经济运行面临的主要矛盾在供给侧，实现高质量发展关键在于提升市场供给体系的水平和质量，更好适应、引领和创造新的市场需求。

进入新时代，党中央非常重视市场供给体系质量提升。习近平总书记对此多次作出重要指示。2013 年 12 月 10 日，习近平在中央经济工作会议上的讲话中指出：要更加注重农产品质量和食品安全，注重生产源头治理和产销全程监管，让人民吃得饱、吃得好、吃得放心。2013 年 12 月 23 日，习近平在中央农村工作会议上的讲话中指出：要把农产品质量安全作为转变农业发展方式、加快现代农业建设的关键环节，坚持源头治理、标本兼治，用最严谨的标准、最严格的监管、最严厉的处罚、最严肃的问责，确保广大人民群众“舌尖上的安全”。2014 年 12 月 9 日，习近平在中央经济工作会议上的讲话中指出：农业结构往哪个方向调？市场需求是导航灯，资源禀赋是定位器。要根据市场供求变化和区域比较优势，向市场紧缺产品调，向优质特色产品调，向种养加销全产业链调，拓展农业多功能和增值增效空间。2016 年 12 月 14 日，习近平在中央经济工作会议上的讲话中指出：要把增加绿色优质农产品供给放在突出位置。[②]

提升市场供给体系质量，有利于更好满足国内需求。进入新时代以来，消费者对物质和精神的需求呈现出更加多样化、多层次、多方面的特点。但是，一些产品和服务的供给质量未能同步跟上，既制约了经济高质量发展，又难以满足人民日益增长的美好生活需要，造成大量需求外溢。因此，必须提升市场供给体系质量，不断增强供给体系对国内需求的适配性。

提升市场供给体系质量，有利于引领创造新需求。企业要面向需求结构变化新趋势，以高质量供给引领和创造新需求，不断丰富消费者的选择进而以规模扩大、结构升级的市场需求催生优质供给，推动供需在更高水平上实现良性互动和平衡。

提升市场供给体系质量，有利于创新产品应用。依托我国超大规模市场和完备产业体系，创造有利于新技术快速大规模应用和迭代升级的独特优势，依靠数字技术创新驱动，不断催生新产业新业态新模式，用新动能推动新发展，从而扩大创新产品的应用，形成新质生产力发展的良性循环。

---

① 马克思，恩格斯．马克思恩格斯文集：第 8 卷．北京：人民出版社，2009：23.

② 习近平同志《论“三农”工作》主要篇目介绍．人民日报，2022－06－07.

二、提升市场供给体系质量的战略举措

提升市场供给体系质量，壮大战略性新兴产业。全面提升数字技术产业核心竞争力，推动人工智能、先进通信、集成电路、新型显示、先进计算等技术创新和应用。加快生物医药、生物农业、生物制造、基因技术应用服务等产业化发展。

提升市场供给体系质量，加快推动数字产业化和产业数字化。加强数字政府建设，发展普惠性“上云用数赋智”，不断提升数字化治理水平。建立完善跨部门跨区域的数据资源流通应用机制，强化数据安全保障能力，优化数据要素流通环境。

提升市场供给体系质量，推进制造业高端化、智能化、绿色化。促进数据、人才、技术等生产要素在传统产业汇聚，推动企业加快数字化改造。发展智能制造、绿色制造，推动生产方式向柔性、智能、精细化转变。

提升市场供给体系质量，持续推动生产性服务业向高端延伸。发展服务型制造，鼓励制造企业发展生产性服务业，拓展研发设计、供应链协同、系统解决方案、柔性化定制、全生命周期管理等增值服务，促进制造企业由提供产品向提供“产品＋服务”转变，优化价值链。推动现代服务业同先进制造业融合发展，支持信息数据、智能制造、流程再造等领域新型专业化服务机构发展。大力发展研发、设计、检测等生产性服务外包，鼓励供应链金融、人力资源、电子商务等服务业企业向制造环节拓展。

三、提升市场供给体系质量必须优化产品结构

习近平多次强调优化产品结构，指出：“要协同发挥政府和市场‘两只手’的作用，更好引导农业生产、优化供给结构”，“推进农业供给侧结构性改革，首先要把农业结构调好调顺调优。要适应市场需求，优化产品结构，把提高农产品质量放在更加突出位置”。①

优化产品结构，必须健全产品和服务标准体系。标准体系是生产活动遵循的依据，产品和服务标准的高低决定了产品和服务质量的高低。标准体系的不断推陈出新，势必会引领产品和服务质量的不断提升。因此，必须建立健全全国统一的强制性国家标准体系，完善制造业高端化标准体系，动态调整消费品安全标准，健全旅游、养老、商贸流通等服务业标准体系。加强质量安全监管，推进质量分级，稳步提高消费品质量安全水平。加快建设覆盖线上线下的重要产品追溯体系，实施优质服务标识管理制度，促进品质消费。

优化产品结构，必须深入实施商标品牌战略。打造中国品牌，培育和发展中华老字号和特色传统文化品牌，加强品牌保护，实现品牌价值。持续办好中国品牌日活动，宣传推介国货精品，增强全社会品牌发展意识，引导企业增强品牌创建意识。在市场公平竞争、消费者自主选择中，培育更多享誉世界的中国品牌，进而以商标品牌资本化运作为重点，

---

① 中央农村工作会议在京召开 习近平对做好“三农”工作作出重要指示．人民日报，2016－12－21.

促进市场主体做大做强。

提升市场供给体系质量，必须聚焦市场需求，更好适应、引领和创造新需求。企业的营销活动以满足市场需要为中心，而市场需要的满足只能通过提供特定产品或服务来实现。企业应致力于提高产品与服务质量和优化其组合结构，以更好地满足市场需要，取得更好的经济效益。

第 2 节　产品组合策略

一、产品与产品差异化

产品是指能够提供给市场的用于满足人们某种欲望和需要的事物，包括实物、服务（第 4 节将展开介绍）、场所、组织、思想、理念等。产品整体概念包含核心产品、有形产品和附加产品三个层次（如图 9－1 所示）。

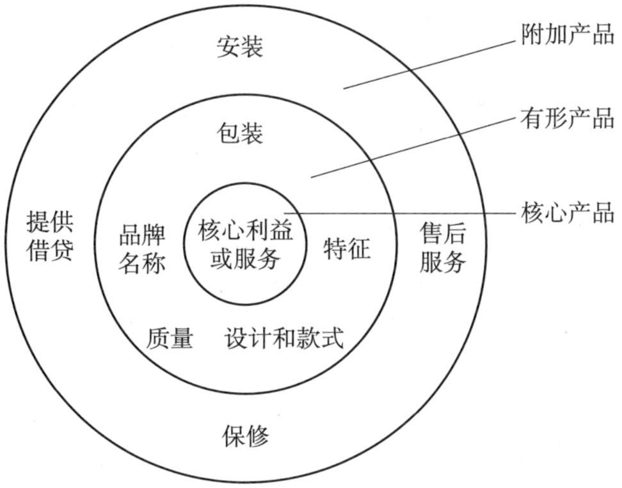

图 9－1　产品整体概念

（一）产品的层次

1. 核心产品。核心产品是指消费者购买某种产品时所追求的利益，是消费者真正要买的东西，因而是产品整体概念中最基本、最主要的部分。消费者购买某种产品，并不只是为了占有或获得产品本身，还是为了获得满足某种需要的效用或利益。iPad 的购买者真正想要的不仅仅是一台平板电脑，还包括娱乐、自我表达、工作效率、生活便利以及与家人朋友的联系，即一个通向世界的可移动的个性化的窗口。

2. 有形产品。有形产品是核心产品的载体，即向市场提供的实体和服务的可识别的形象表现。如果有形产品是实体物品，则它在市场上通常表现为产品质量、款式与设计、品牌名称和包装等的组合。产品的基本效用必须通过某些具体的形式才能得以实现。营销者应首先着眼于客户购买产品时所追求的利益，努力提高产品质量以求更好地满足客户需要，从这一点出发再去寻求利益实现的形式，进行产品设计。

3. 附加产品。附加产品是指客户购买有形产品时获得的全部附加服务和利益，包括提供的信贷、保修、安装、售后服务等。附加产品的概念源于对市场需要的深入认识。因为购买者的目的是满足某种需要，所以他们希望得到与满足该项需要有关的一切。

在营销实践中，企业需要借助核心产品、有形产品和附加产品以及其他营销手段，实现产品差异化，赢得市场竞争优势。产品差异化是指企业致力于在质量、技术、功能、包装、价格、服务、渠道、形象等方面打造自己产品的多样性和特殊性，使客户能够明确区分其产品与竞争产品，确保自己在市场竞争中占据有利地位的过程。

（二）产品属性

产品属性是产品性质和产品差异性的集合。消费者购买产品，是为了获取产品提供的利益，而这些利益是通过质量、特征、款式和设计等产品属性来传递和实现的。

1. 产品质量。美国质量协会将质量定义为产品或服务满足客户明确或潜在需求的固有特性。产品质量是企业满足客户明确和隐含的需要，为客户创造价值，实现客户满意的能力和特征的总和。西门子高管曾说，质量就是“让我们的客户回头，而不是让产品回头”。习近平总书记指出，“要树立质量第一的强烈意识，下最大气力抓全面提高质量，用质量优势对冲成本上升劣势。要开展质量提升行动，提高质量标准，加强全面质量管理，促进公平竞争，加强知识产权保护和管理，遏制以降低质量为代价的恶性竞争。要引导企业突出主业、降低成本、提高效率，形成自己独有的比较优势，发扬‘工匠精神’，加强品牌建设，培育更多‘百年老店’，增强产品竞争力”①。从使用要求和规定要求的角度来界定质量，可分为适用性质量和符合性质量。前者体现了一组固有特性满足使用要求的程度，后者体现了一组固有特性满足规定要求的程度。

2. 产品特征。产品特征是产品自身内在质量形成的特色优势及其体现形式，一般指产品的外形、质量、功能、商标和包装等。它反映产品对客户的吸引力，是影响消费者认知、情感和行为的主要刺激物，也是彰显产品特色优势、实现产品差异化、提升客户价值的有力手段。

3. 产品款式和产品设计。产品款式是对产品外观、造型、颜色等要素的简单描述。好的产品款式能吸引注意力，给人带来愉悦。产品设计是将客户购买目的或需要转换为具体的有形产品的过程，是通过一定的载体，将某种计划、规划设想、解决方案，以美好的形式呈现给目标客户的一种创造性活动过程。好的产品设计，从观察客户开始，深刻理解客户的需求，为其打造产品使用体验。产品款式和设计多样化是提升客户价值的重要手段。产品设计者应该更多考虑客户如何使用产品，如何从产品使用中获得更多价值。深刻洞察客户需求，进行精心设计，做到不仅能彰显产品功能的优越性，还能便于加工制造，降低生产成本，从而更有效地提升产品的市场竞争力。

① 习近平：推进供给侧结构性改革是一场硬仗．（2017－06－21）．人民网．

（三）产品包装与感官营销

产品包装是指在营销过程中为保护产品、方便储运、促进销售，按一定的技术方法所用的容器、材料和辅助物等的总体名称。

产品包装主要包含以下要素：(1) 商标或品牌。商标或品牌是产品包装最主要的构成要素，占据产品包装整体的突出位置。(2) 形状。适宜的包装形状有利于产品储运、陈列和促销，因此，形状是产品包装不可缺少的组合要素。(3) 颜色。颜色是产品包装最具促销作用的构成元素之一。突出产品特性的色调组合不仅能强化品牌形象，而且对客户有强烈的吸引力。(4) 图案。产品包装中的图案如同广告中的画面，不仅是构成包装重要的组成部分，而且对于促进销售也发挥着非常重要的作用。(5) 材料。包装材料的选择不仅影响包装成本，也关系产品的市场竞争力。(6) 标签。标签一般印有包装内容及产品所包含的主要成分、品牌标志、产品质量等级、产品厂家、生产日期和有效期、使用方法等。

感官营销是指营销者利用人体感官的视觉、听觉、触觉、味觉与嗅觉，开展以“色”悦人、以“声”动人、以“味”诱人、以“情”感人的体验式情景营销，创造客户知觉体验新感觉，鼓励客户参与其中并有效调动其购买欲望和促进其购买决策的营销模式。

究证表明，在人们接收到的外界信息中，83%以上是通过眼睛，11%要借助听觉，3.5%依赖触觉，其余的则借助味觉和嗅觉。因此，基于产品包装形状、颜色、图案、材料等的感官营销日益引起营销管理者的重视，产品包装被赋予新的营销价值。

二、产品组合

（一）产品组合的含义

产品组合是指某一企业生产或销售的全部产品大类、产品项目的组合。产品大类（又称产品线）是指产品类别中具有密切关系（或功能相似，或销售给同一客户群，或经由同种分销渠道销售，或同属于一个价格幅度）的一组产品。产品项目是指产品大类内由尺码、价格、外观、型号、花色、质地、颜色、配方、口味及其他属性来区别的具体产品。

（二）产品组合的特征

产品组合有一定的宽度、长度、深度和关联度。产品组合宽度是指一个企业有多少产品大类。产品组合长度是指一个企业的产品组合中包含的产品项目的总数。产品组合深度是指产品大类中每种产品有多少花色、品种、规格。产品组合关联度是指一个企业的各个产品大类在最终使用、生产条件、分销渠道等方面的相关程度。

（三）产品组合优化

1. 销售额和利润分析。产品组合状况直接关系到企业的销售额和利润，企业必须进行产品大类的销售额和利润分析，以决定是加强还是剔除某些产品线或产品项目。产品大类销售额和利润分析主要是指分析、评价现行产品大类中不同产品项目所提供的销售额和利润。图 9－2 是对一条拥有 5 个产品项目的产品线的销售额和利润分析。产品 1 的销售额和利润分别占整条产品线销售额和利润的 50％及 30％，产品 2 的销售额和利润均占整条产品线的 30％。如果这两个产品项目突然受到竞争者的打击，那么整条产品线的销售额和利润就会迅速下降。因此，在一条产品线中，如果销售额和利润高度集中在少数产品上，则意味着该产品线比较脆弱。产品 5 的销售额和利润只占整条产品线的 5％，如无发展前景，则可以剔除。

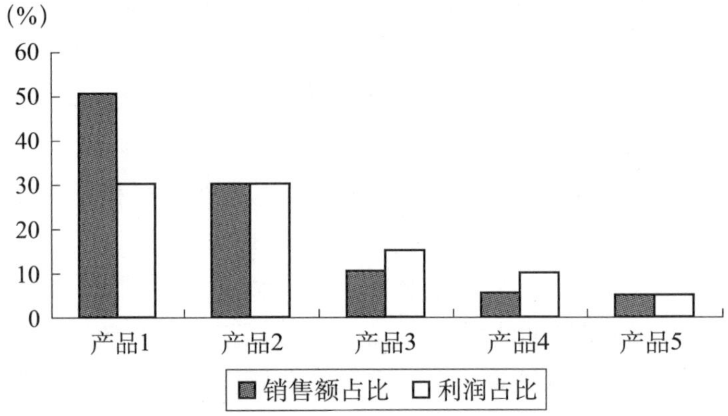

图 9－2　产品组合优化——销售额和利润分析

2. 市场竞争局势分析。在产品组合优化的过程中，除了分析销售额和利润，还需要思考如何根据市场竞争局势即竞争者的产品大类来确立本企业产品的竞争优势。例如，某企业 X 主要生产纸板产品，纸板的两个主要属性是纸张重量和成品质量，前者有 90 克/平方米（轻）、120 克/平方米（中）、150 克/平方米（重）和 180 克/平方米（特重）四个种类，后者可分为高、中、低三个等级。如图 9－3 所示的产品地图展示了企业 X 和四个竞争者 A、B、C、D 的不同产品大类的位置。A 生产中质、低质的特重纸板，C 生产中质、高质的中、重、特重纸板，D 生产质量各异的轻纸板。X 生产的三种纸板的重量和质量各不相同。X 生产的中质轻纸板和 D、B 生产的纸板构成竞争，但 X 的中质重纸板尚无直接的竞争对手。该产品地图还显示了未来新产品的可能位置，即目前还没有企业生产低质重纸板。假如 X 经过市场调研预测获悉低质重纸板不仅需求量大，而且利润可观，其就可以考虑以较低的成本生产这种新产品，以弥补市场空缺，规避竞争，还可获得可观的利润。产品地图的另一好处是可以帮助企业识别细分市场。根据纸张重量和成品质量区分纸张类型，普通印刷、销售点陈列广告和办公用品这三个行业需求偏好各异，而 X 的产品定位能够很好地满足普通印刷业的需求，但不能有效地服务其他两个行业。

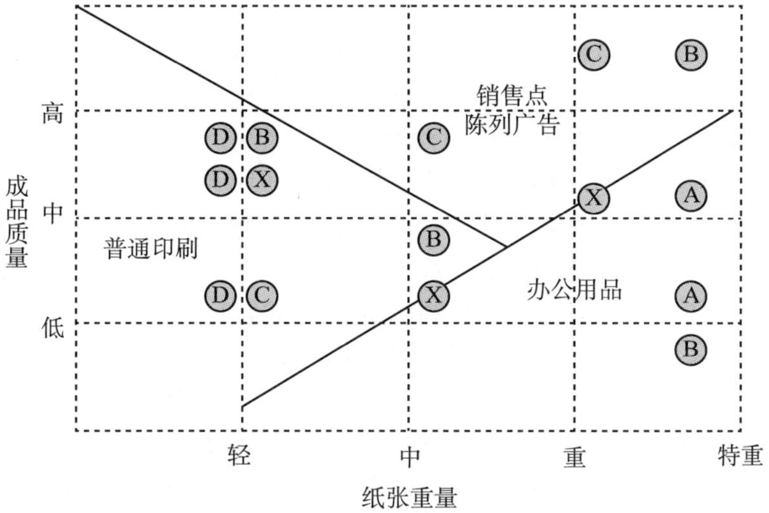

图 9-3　纸板行业的产品地图

三、产品组合创新

（一）扩大产品组合

扩大产品组合包括延伸产品组合的宽度和增加产品组合的深度。前者是在原产品组合中增加一个或几个产品大类，扩大产品经营范围；后者是在原有产品大类中增加新的产品项目。当企业预测现有产品大类的销售额和利润在未来一段时期有可能下降时，就应考虑在现行产品组合中增加新的产品大类，或加强其中有发展潜力的产品大类。当企业打算增加产品特色，或为更多的子市场提供产品时，则可选择在原有产品大类内增加新的产品项目。

（二）缩小产品组合

当市场繁荣时，较长、较宽的产品组合会为企业带来较多的盈利机会。但当市场不景气或原料、能源供应紧张时，缩小产品组合反而可能使总利润上升。这是因为从产品组合中剔除获利很小甚至亏损的产品大类或产品项目，能使企业集中力量发展获利多的产品大类和产品项目。

（三）产品延伸

1. 产品延伸的主要方式。企业的产品一般有特定的市场定位。产品延伸策略指全部或部分地改变企业原有产品的市场定位，具体方式有向下延伸、向上延伸和双向延伸三种。

（1）向下延伸。指企业原来生产高档产品，后来决定增加低档产品。企业采取这种策略的主要原因是：第一，企业发现其高档产品的销售增长缓慢，因此不得不将其产品大类向下延伸。第二，企业的高档产品受到激烈的竞争，必须用侵入低档产品市场的方式来反击竞争者。第三，企业当初进入高档产品市场是为了建立质量形象，有利于日后向下延伸。第四，企业增加低档产品是为了填补空隙，不让竞争者有机可乘。

企业在采取向下延伸策略时，可能会遇到如下风险：第一，企业原来生产高档产品，后来增加低档产品，有可能使名牌产品的形象受损，所以，低档产品最好用新的品牌，不要用原先高档产品的品牌。第二，企业原来生产高档产品，后来增加低档产品，有可能激怒生产低档产品的企业，遭到其向高档产品市场的反攻。第三，企业的经销商可能不愿意经营低档产品，因为经营低档产品所得利润较少。

（2）向上延伸。指企业原来生产低档产品，后来决定增加高档产品。主要理由是：第一，高档产品畅销，销售增长较快，利润率高。第二，企业估计高档产品市场上的竞争者较弱，容易被击败。第三，企业想使自己成为产品种类齐全的企业。

企业采取向上延伸策略也要承担一定风险：第一，可能引起生产高档产品的竞争者向低档产品市场反攻。第二，未来的客户可能不相信企业能生产高档产品。第三，企业的销售代理商和经销商可能没有能力经营高档产品。

（3）双向延伸。指原定位于中档产品市场的企业获得了市场优势以后，决定向产品大类的上、下两个方向延伸，一方面增加高档产品，另一方面增加低档产品，以扩大市场份额。

2. 产品延伸的好处。一般来说，产品延伸有下列好处：（1）满足更多的消费者需求。（2）迎合客户求异求变的心理。（3）减少开发新产品的风险。（4）适应不同价格层次的需求。

3. 产品延伸的风险。产品延伸会带来如下负面作用：（1）降低品牌忠诚度。（2）模糊产品定位。（3）增加成本。

第 3 节　新产品开发

任何产品从上市行销到退出市场，都有其产品生命周期。典型的产品生命周期一般由导入期、成长期、成熟期和衰退期构成。企业在其产品生命周期的不同阶段应采取不同的营销策略。既然产品总有走向衰退的那一天，企业就必须注重新产品开发，实施产品创新。习近平倡导："唯创新者胜。企业家要做创新发展的探索者、组织者、引领者，勇于推动生产组织创新、技术创新、市场创新"[①]，"健全新型举国体制，强化国家战略科技力量，以国家战略需求为导向，集聚力量进行原创性引领性科技攻关，坚决打赢关键核心技术攻坚战"[②]。新时代背景下，管理者更要守正创新、开拓创新，大胆探索企业未来发展之路。

---

① 习近平：在企业家座谈会上的讲话．(2020-07-21)．新华网．

② 习近平．推进中国式现代化需要处理好若干重大关系．求是，2023 (19)．

一、新产品

新产品是指与旧产品相比，具有新功能、新结构和新用途，能在某方面满足客户新需求的产品。大体包括以下三类：

1. 全新产品。全新产品是指应用新原理、新技术、新材料和新结构等研制成功的前所未有的新产品。这类产品的问世往往源于科学技术在某个方面的重大突破，而它们的普及将极大地改善人们的生活。

2. 换代产品。换代产品是指在原有产品的基础上，全部或部分采用新技术、新材料、新结构制造出来的新产品。与原有产品相比，换代产品往往在产品外观、性能或者功能等方面有较大改进，可以为客户带来新的利益。

3. 改进产品。改进产品是指在原有产品基础上适当加以改进，在质量、性能、结构、造型等方面有所改善的新产品。

二、新产品开发的类型

（一）领先型新产品开发与跟随型新产品开发

1. 领先型新产品开发。领先型新产品开发是指企业首先研制、开发新产品，并率先将产品投向市场，从而在行业中确立技术领先和产品领先地位的新产品开发类型。

领先型新产品开发具有以下优点：(1) 企业对新技术成果享有独占权，能够较早地建立起现有及潜在竞争对手进入市场的技术壁垒，并在新产品市场上占据主动地位。(2) 企业在新产品生产、管理方面拥有丰富经验，市场需求不断扩张，企业能够扩大生产规模，提高产品质量，降低生产成本，取得相对于后进入市场者的竞争优势。(3) 企业在必要时可以采取出售产品生产许可证的方式，从技术转让中获利。

领先型新产品开发面临的风险，主要是投入大、成本高（如表 9-1 所示）、开发周期长，由于市场的瞬息万变和研发的高风险性，新产品开发的结果难以预料。一旦开发失败，往往会给企业造成巨大的损失，挫伤员工士气。

表 9-1 领先型新产品开发的估计成本（从 64 个新构想开始）

阶段	创意个数	通过比例	每个新产品创意的成本（元）	总成本（元）
创意筛选	64	1∶4	1 000	64 000
概念测试	16	1∶2	20 000	320 000
产品开发	8	1∶2	200 000	1 600 000
市场测试	4	1∶2	500 000	2 000 000
推向全国市场	2	1∶2	5 000 000	10 000 000
合计			5 721 000	13 984 000

2. 跟随型新产品开发。跟随型新产品开发是指企业密切关注市场上刚出现的新产品，一旦发现新产品获得成功，便立即组织力量生产出类似产品以进入市场的新产品开发类型。

跟随型新产品开发具有以下优点：(1) 风险较小。(2) 投资少，成本低。(3) 开发的产品可能更具竞争力。其主要风险是跟随型企业几乎在同一时期进入市场，面临的市场竞争比较激烈。因此跟随型企业的产品必须比已有产品的性能和品质更高一筹，或者营销实力更为雄厚，否则很难取得市场份额。

(二) 众包开放式创新

众包开放式创新是指企业秉持开放创新的理念，邀请客户、员工、科研人员、工程师、普通群众等有关人员参与新产品开发过程。将企业内外广泛的资源用于新产品开发可以产生意想不到的新想法。众包（crowdsourcing）是一种新型的任务分配和执行模式，能把过去需要分配给特定个人完成的任务以自由自愿的形式外包给非特定的（而且通常是大规模的）大众完成。众包能很好地利用人类的群集智慧，协同配合完成封闭式组织难以完成的任务，并且能以较低的成本获得更高的准确性。随着互联网、区块链、人工智能等现代信息技术的发展，社会网络已成为重要的众包平台。社会网络是指一个人同其他人形成的相对稳定的互动性、个人化和多样化的人际交往关系网。众包开放式创新中的参与者通常会通过社会网络进行互联、沟通和交流。具有创新精神的企业不只是依赖新产品开发创意的一个来源，而且积极开发广泛的创新网络，从每一个可能的来源（如员工、客户、外部创新者等）获取创意灵感。管理者要注重发挥人工智能在产业升级、新产品开发、服务创新等方面的技术优势，构建数据驱动、深度学习、人机协同、跨界融合、共创分享、群智开放、自主操控的智能经济形态，积极探索众包开放式创新的新途径。

三、新产品开发的过程

新产品开发的过程由八个阶段构成，即寻求创意、甄别创意、形成产品概念、营销战略开发、商业分析、产品开发、市场试销、批量上市（如图 9-4 所示）。

(一) 寻求创意

新产品开发过程是从寻求创意开始的。这里的创意是指开发新产品的设想。虽然并不是所有的设想或创意都能最终变成产品，但寻求尽可能多的创意可为新产品开发提供更多的机会。新产品创意的主要来源有：客户、科学家、竞争对手、销售人员、经销商、企业高管、营销调研公司、广告代理商等。

(二) 甄别创意

甄别创意是指对寻求到的创意加以评估，研究分析其可行性，并挑选出可行性较强的创意，及时摒弃不现实的创意。

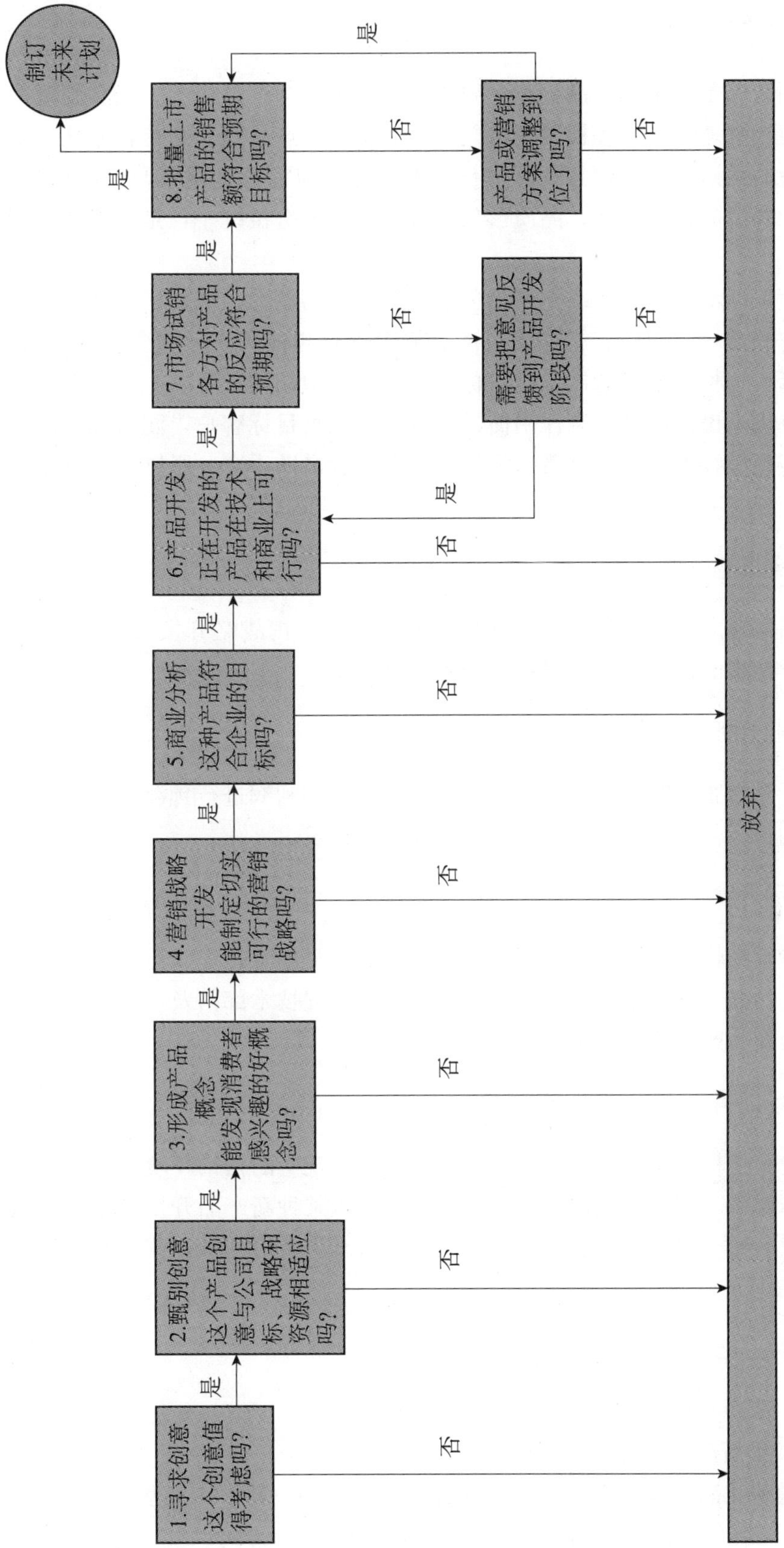

图9-4　新产品开发的过程

（三）形成产品概念

经过甄别后保留下来的产品创意还要进一步发展成为产品概念。产品创意是指企业从自己的角度考虑能够向市场提供的可能产品的构想。产品概念是指企业从消费者的角度、用消费者的话语对产品创意所做的详尽的描述。应注意这两者与产品形象的不同。产品形象是指产品的视觉形象、品质形象和社会形象的有机统一，是消费者对产品形成的特定印象。

企业必须根据消费者的要求把产品创意发展为产品概念。确定了最佳产品概念，进行产品和品牌的市场定位后，就应当对产品概念进行测试。产品概念测试是指用文字、图形描述或者实物将产品概念展示给目标客户以测试他们的反应。企业可以借助快速成型技术在计算机上设计产品，制作出简易的模型展示给目标客户，测试其反应。企业还可以利用虚拟现实技术进行产品概念测试，使参与者借助手套、眼镜等传感设备与产品进行体验和交互。

（四）营销战略开发

形成产品概念之后，就进入营销战略开发阶段。营销战略开发是指基于产品概念，为新产品设计初步的营销组合、目标市场等营销战略。

（五）商业分析

商业分析是指企业对新产品未来的销售额、成本和利润进行预测与评估，以确认是否符合企业的目标。如果符合，就可以进行新产品开发。

（六）产品开发

产品开发是指将产品概念转化为实际产品，将产品创意转化为可行的市场供给物的过程。如果产品概念通过了商业分析，研发部门、工程技术部门及生产部门就可以把这种产品概念转变为产品，进入试制阶段。

（七）市场试销

市场试销是指将开发中的产品及其营销战略导入现实的营销环境，进而测试市场反应以便进一步修正、完善、优化的过程。企业如果对某种新产品开发结果感到满意，就应着手用品牌名称、包装和初步营销方案把这种新产品装扮起来，推向真正的市场进行试销。

（八）批量上市

在这一阶段，企业需要作出以下决策：

1. 何时推出新产品。

2. 在何地推出新产品。企业要决定在什么地方（某一地区、某些地区、全国市场或国际市场）推出新产品最适宜。选择市场时要考察以下几个方面：（1）市场潜量；（2）企业在该地区的声誉；(3) 投放成本；(4) 市场竞争形势；(5) 对其他地区的影响力以及竞争渗透能力。

3. 向谁推出新产品。最理想的客户群一般应具备以下特征：(1) 他们是早期采用者；(2) 他们是大量使用者；(3) 他们是观念倡导者或意见领袖，并能为该产品做正面宣传。当然，具备全部特征的客户很少，企业可以根据这些标准为不同的客户群打分，从而找出最理想的客户群。

4. 如何推出新产品。企业要制定开始投放市场的营销战略。在这一阶段，首先要对各项营销活动分配预算，然后规定各项活动的先后顺序，从而有计划地开展营销管理。

四、新产品采用过程与扩散过程

(一) 新产品采用过程

新产品采用过程是指消费者个人由接受新产品到成为重复购买者的各个心理阶段。

1. 认识阶段。在认识阶段，消费者会受到个人因素（如个人的性格特征、社会地位、经济收入、性别、年龄、文化水平等）、社会因素（如文化、经济、社会、政治、科技等）和沟通行为因素的影响。

2. 说服阶段。消费者常常要亲自试用新产品，以避免购买风险。不过，即使如此也不能促使消费者立即购买，除非营销人员能让消费者充分认识到新产品的特性。新产品的特性包括：(1) 相对优势，即新产品被认为比原有产品好。(2) 适用性，即新产品与消费者行为及观念相吻合。(3) 复杂性，即认识新产品的困难程度。新产品越是难以理解和使用，其采用率就越低。(4) 可试性，即新产品在一定条件下可以试用。(5) 明确性，即新产品在使用时，容易被人们观察和描述，容易说明和示范。新产品的消费行为越容易被感知，其明确性就越强，采用率也就越高。总之，在说服阶段，消费者对新产品将有确定性认识，会多次在脑海里“尝试”使用新产品，看它是否适合自己。在这一阶段，企业的广告和人员推销能提高消费者对产品的认知程度，有利于说服消费者。

3. 决策阶段。通过对新产品特性的分析和认识，消费者开始决策，即决定是否采用新产品。

4. 实施阶段。当消费者开始使用新产品时，就进入了实施阶段。在决策阶段，消费者只是在心里盘算究竟是使用新产品还是仅仅试用一下，并没有完全确定。到了实施阶段，消费者就要考虑“我怎样使用新产品”和“我如何解决操作难题”等问题。在这一阶段，营销人员就要积极主动地向消费者进行介绍和示范，并提出自己的建议。

5. 证实阶段。人类行为的一个显著特征是，人们在作出某项重要决策之后总是要寻找额外的信息来证明自己决策的正确性。在这一阶段，企业要提供更多的信息，并把控网络上的信息，增强消费者对新产品的信任感。

(二) 新产品扩散过程

新产品扩散过程是指新产品上市后随着时间的推移被越来越多的消费者采用的过

程。也就是说，新产品上市后逐渐扩张到其潜在市场的各个部分。扩散与采用的区别，仅仅在于看问题的角度不同。采用过程是从消费者角度考察个人由接受新产品到成为重复购买者的各个心理阶段的过程，而扩散过程则是从企业角度分析新产品如何在市场上传播并被市场采用的更为广泛的问题。在新产品扩散过程中，企业要分析如下问题。

1. 新产品采用者的类型。在新产品扩散过程中，由于个人性格、文化背景、受教育程度和社会地位等因素的影响，不同的消费者接受新产品的快慢程度不同。美国著名传播学教授埃弗里特·罗杰斯（Everett M. Rogers）根据对新产品接受快慢程度的差异，将新产品采用者划分成五种类型，即创新采用者、早期采用者、早期大众、晚期大众和落后采用者（见图 9-5）。

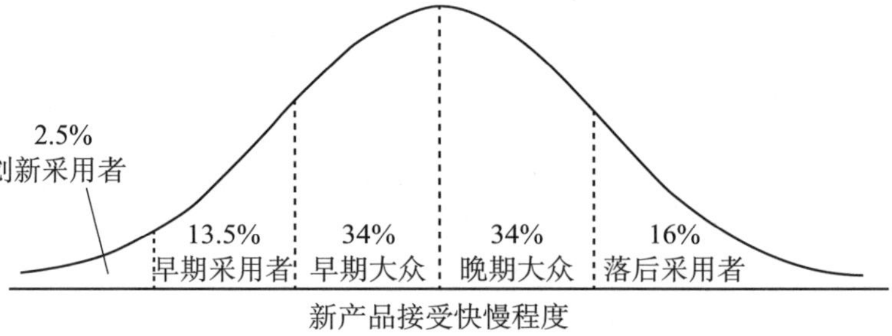

图 9-5　新产品采用者的类型

2. 意见领袖对扩散过程的影响。意见领袖是指人群中首先或较多接触信息，并将经过自己再加工的信息传播给其他人并对他人态度具有影响力的人。意见领袖同其追随者相比，有以下显著不同的特征：(1) 意见领袖交际广泛，同媒体和各种中间商联系紧密；(2) 意见领袖容易接触，并有机会、有能力影响他人；(3) 意见领袖具有高于其追随者的社会经济地位，但不能高出太多，否则二者就难以沟通；(4) 意见领袖乐于创新，尤其是当整个社会倡导创新时。在新产品扩散过程中，意见领袖具有以下作用：(1) 告知他人（追随者）有关新产品的信息；(2) 提供建议以减少他人的购买风险；(3) 向购买者提供积极的反馈或证实其决策。不过，意见领袖只能在一个或几个领域施加影响力，离开这些领域，他们就不再是意见领袖，也就没有影响力了。在数字经济环境下意见领袖更富有影响力。他们足不出户就可以影响成千上万的人，其影响力甚至可以遍及全世界。

第 4 节　服务营销与中国服务业发展

一、服务与服务营销

从广义上说，服务是一种重要的无形产品，它与狭义的有形产品既有共性也有差异。服务是指履行职务，为他人做事，不以实物形式而是以提供劳动的形式满足他人需要，并使他人从中受益的一种有偿或无偿的活动。马克思说："服务这个名词，一般地说，不过是指这种劳动所提供的特殊使用价值，就象其他一切商品也提供自己的特殊使用价值一样；但是，这种劳动的特殊使用价值在这里取得了'服务'这个特殊名称，是因为劳动不是作为物，而是作为活动提供服务的。"① 从服务营销科学的角度看，服务是在服务提供者与服务接受者（服务对象）互动的过程中完成的，服务行为主体的目的是让服务对象获得利益和价值，让生活更加美好。同时，服务也是一种企业实行差异化战略的重要手段，通过服务差异化，企业可以创建自己长期的竞争优势。②

在党的二十大精神指引下，我国人民"自信自强、守正创新，踔厉奋发、勇毅前行，为全面建设社会主义现代化国家、全面推进中华民族伟大复兴而团结奋斗"③。在此时代背景下，服务和服务营销对于满足人们日益增长的美好生活需要发挥着比以往任何时候都更加重要的作用。

二、服务营销的特点

服务营销实质上是企业在市场细分的基础上，根据个人的特定需求来安排营销组合，向顾客输出便捷、愉悦、省时、舒适或健康等形式的附加价值或利益，以满足每个顾客特定需求的经济活动。服务营销的过程既是服务设计、展示、输出、传递的过程，也是顾客接受、消费、感知和评价服务的过程，是企业寻求差异化竞争优势的重要手段。

服务营销与产品营销相比，具有如下特点：

1. 营销供给物不同。如果说产品是一个可感知的物体，服务则表现为一种行为、绩效或努力。由于服务是无形的，顾客难以感知和判断其质量与效果，他们更多地是根据服务设施和环境来衡量。

2. 营销对象复杂多变。服务购买者是多变的、广泛的、复杂的。服务购买者的购买动机和目的各不相同，可能牵涉社会各界各种类型的家庭和不同身份的个人。即使购买同一服务，也可能用于生活消费或生产消费。服务营销对象的多变性表现为不同购买者的服务需求种类、内容、方式经常变化，可能受到如产业结构升级、消费结构优化、科学技术进步等的影响。

3. 顾客参与生产。产品营销中没有顾客参与生产过程，管理的对象是企业员工而非顾客。而服务营销由于顾客直接参与生产过程，如何管理顾客从而使服务促销有效地进行就成为服务营销管理的一个重要内容。许多服务的提供者与顾客直接接触并形成互动关系。改变服务生产过程的性质通常会影响顾客在该过程中发挥的作用。

4. 人是服务的一部分。服务过程是顾客和服务提供者广泛接触的过程，服务绩效的优劣不仅取决于服务提供者的素质，也与顾客的行为密切相关，所以，人成为服务的

---

① 马克思，恩格斯．马克思恩格斯全集：第 26 卷．北京：人民出版社，1972：435.

② 郭国庆．市场营销学通论．9 版．北京：中国人民大学出版社，2022：203.

③ 习近平．高举中国特色社会主义伟大旗帜 为全面建设社会主义现代化国家而团结奋斗：在中国共产党第二十次全国代表大会上的报告．北京：人民出版社，2022：1.

一部分。服务企业对员工服务态度、服务技巧、服务质量以及相关知识技能的培训等，都是改善顾客营销体验、提升服务营销绩效的有效手段。

5. 顾客需求弹性大。人的基本物质需求是一种原发性需求，这类需求易产生共性，而精神文化需求属于继发性需求，会因顾客所处的社会环境和具备的条件不同而具有较大的弹性。同时，服务需求受外界条件影响大，如季节、气候、科技、习俗等因素会对信息服务、环保服务、旅游服务、网购服务、快递服务、航运服务的需求造成重大影响。需求弹性大是服务营销面临的棘手问题。

6. 质量不易控制。由于人是服务的一部分，服务质量很难像产品质量那样采用统一的标准来衡量，服务过程中存在的缺陷或不足难以被发现并及时加以改进。在产品到达顾客之前，员工可以根据质量标准对产品进行检验，但是服务在生产出来的同时就被消费了，顾客的参与又增加了服务的可变性。受这些不可控因素的影响，服务企业很难控制服务质量并提供始终如一的服务。但同时，服务质量的不确定性也为服务企业的生产提供了更大的自由发挥空间。企业员工在提供标准化服务的基础上，可以根据顾客的实际需要提供更加个性化的服务。

7. 服务无法储存。由于服务无形性以及生产与消费同时进行的服务相连性，服务具有不可储存的特性。虽然生产服务的设备、劳动力等能够以有形产品的形态存在，但它们只是代表一种产能而非服务本身。如果没有顾客需要服务，那么对于企业来说，就意味着产能的浪费；同时，如果服务需求超过供给能力，那么企业又会因服务缺乏而使顾客失望。所以，如何使波动的需求同企业的产能相匹配，成为服务营销的一个难题。

8. 时间至关重要。既然服务生产和消费过程是由顾客与服务提供者面对面进行的，服务提供就必须及时、快捷，以缩短顾客等候服务的时间。等候时间过长会引起顾客的厌烦，使其对企业的服务质量及形象产生怀疑甚至不满。即使服务过程如器械维修、体检化验、衣服干洗等可能发生在顾客看不到的场所里，顾客对完成一项特定的工作所需要的时间也有自己的心理预期。

9. 分销方式不同。服务企业不像制造企业那样通过物流系统把产品从工厂经由批发商、零售商运送到顾客手里，而是借助电子渠道（如广播、电视、互联网、物联网）或是把生产、零售和消费的地点联结在一起，以提供服务。

10. 顾客评价困难。产品的搜寻特征（如颜色、样式、形状、气味等）有助于顾客在购买产品之前作出决定。而服务可能更强调体验特征，这些特征只有在购买后或消费过程中才能被顾客感受到或察觉到，比如酒店住宿的舒适度、员工的态度、问题反馈的及时性等。对于顾客来说，在购买和消费之前越难评价的服务，其购买风险就越大。

三、中国服务业发展的主要趋势

1. 以人为本，优化供给。我国服务业致力于满足多层次多样化服务需求，不断增强人民的获得感、幸福感、安全感，实现服务付费可得、价格合理、优质安全，以高质量的服务供给催生创造新的服务需求。我国继续丰富虚拟现实设备、智慧健康养老产品和服务的有效供给，开展畅通消费电子内循环系列行动，以及加快释放特定群体消费潜力。在优化消费供给方面，国家发展改革委将推进数字技术、应用场景和商业模式融合创新，培育壮大消费新业态新模式，促进生活消费品质升级，丰富拓展消费场景。

2. 市场导向，品牌引领。顺应产业转型升级新趋势，充分发挥市场配置资源的决定性作用，在公平竞争中提升服务业竞争力。坚持质量至上，树立服务品牌意识，发挥品牌对服务业高质量发展的引领带动作用，着力塑造中国服务品牌新形象。例如，商务部将持续开展好十城联动共享美食佳饮、中华美食荟等餐饮促消费活动，指导各地打造餐饮消费品牌；同时，将出台促进餐饮业高质量发展、加快生活服务数字化赋能等政策，为服务业发展注入新动能。

3. 创新驱动，跨界融合。贯彻创新驱动发展战略，推动服务技术、理念、业态和模式创新，增强服务经济发展新动能，形成有利于提升中国制造核心竞争力的服务能力和服务模式，发挥中国服务与中国制造组合效应。国家发展改革委致力于提振大宗消费、扩大服务消费、培育新型消费，进一步拉动经济增长。

4. 深化改革，扩大开放。深化服务领域改革，破除制约服务业高质量发展的体制机制障碍，优化政策体系和发展环境。主动扩大优质服务进口，鼓励扩大知识密集型服务出口，以中国大市场机遇为世界提供新的发展动力，以高质量发展为全球提供更多更好的中国服务。① 推动服务业在更大范围、更宽领域、更深层次扩大开放，深度参与国际分工合作，鼓励服务业企业在全球范围内配置资源、开拓市场。

5. 目标明确，前景可期。习近平总书记指出："要坚持基本医疗卫生事业的公益性，不断完善制度、扩展服务、提高质量，让广大人民群众享有公平可及、系统连续的预防、治疗、康复、健康促进等健康服务。要坚持提高医疗卫生服务质量和水平，让全体人民公平获得。"② 展望未来，我国服务业增加值规模将不断扩大，服务业标准化、规模化、品牌化、网络化和智能化水平进一步提升，生产性服务业效率和专业化水平将不断提高，生活性服务业满足人民消费新需求的能力将显著增强。

四、促进服务业发展的主要举措

1. 推动服务创新。加强技术创新和应用，打造一批面向服务领域的关键共性技术平台，推动人工智能、云计算、大数据等新一代信息技术在服务领域深度应用，提升服务业数字化、智能化发展水平，增强个性化、多样化、柔性化服务能力。推动智慧物流、服务外包、医养结合、远程医疗、远程教育等新业态加快发展，引导平台经济、共享经济、体验经济等新模式有序发展。体验经济是服务经济的延伸，是农业经济、工业经济和服务经济之后的第四类经济类型，强调顾客感受和消费心理体验。《关于恢复和扩大消费的措施》指出，推动实施乡村民宿服务认证，培育发布一批等级旅游民宿，打

---

① 习近平向 2023 年中国国际服务贸易交易会全球服务贸易峰会发表视频致辞．人民日报，2023－09－03.

② 习近平讲故事：让全体人民公平获得医疗卫生服务．（2020－01－02）．人民网．

造一批品质民宿。支持经营主体开发森林人家、林间步道、健康氧吧、星空露营、汽车旅馆等产品，因地制宜打造一批美丽田园、景观农业、农耕体验、野外探险、户外运动、研学旅行等新业态，拓展乡村生态游、休闲游。

2. 深化产业融合。产业融合是指在时间上先后产生、结构上处于不同层次的农业、工业、服务业、信息业、知识业在同一个产业、产业链、产业网中相互渗透、相互包含、融合发展的产业形态与经济增长方式，是用无形渗透有形、高端统御低端、先进提升落后、纵向带动横向，使低端产业成为高端产业的组成部分，实现产业升级的知识运营增长方式、发展模式与企业经营模式。引导农业生产向生产、服务一体化转型，推动线上线下有机结合；支持利用农村自然生态、历史遗产、地域人文、乡村美食等资源，发展乡村旅游、健康养老、科普教育、文化创意、农村电商等业态。打造工业互联网平台，推动制造业技术研发、工业设计、采购分销、生产控制、营运管理、售后服务等环节向专业化、高端化跃升。以大型服务平台为基础，以大数据和信息技术为支撑，推动生产、服务、消费深度融合。

3. 拓展服务消费。补齐服务消费短板，激活幸福产业潜在服务消费需求，全面放开养老服务市场。加快建立远程医疗服务体系，推动优质资源下沉扩容。打造中高端服务消费载体，吸引健康体检、整形美容等高端服务消费回流。推动信息服务消费升级、步行街改造提升，支持有条件的地方建设新兴消费体验中心，开展多样化消费体验活动。鼓励企业围绕汽车、家电等产品更新换代和消费升级，完善维修售后等配套服务体系。着力挖掘农村电子商务和旅游消费潜力，优化农村消费市场环境。促消费政策不是“掏空钱包”“透支需求”，其出发点是帮助居民节约开支，买到物美价廉的商品，买到更有科技含量、更符合需求的新产品、新服务。各级政府应加强社区便民服务，合理布局养老、托育、餐饮、家政、零售、快递、健身、美发、维修、废旧物品回收等便民生活服务业态，推动扩大服务消费。国家将完善支持政策措施，研究制定促进服务消费发展的政策文件，激发服务消费潜能，推动服务消费提质扩量。加快生活服务数字化赋能，促进服务业高质量发展。

4. 优化空间布局。围绕京津冀协同发展、粤港澳大湾区建设、推进海南全面深化改革开放、长江三角洲区域一体化发展等国家战略，建设国际型、国家级的现代服务经济中心，形成服务业高质量发展新高地。深化国际消费中心城市建设，科学布局、培育发展一批区域消费中心和地方特色消费中心。提升城市商业体系，推动步行街改造提升，发展智慧商圈，打造“一刻钟”便民生活圈，构建分层分类的城市消费载体，提高居民消费便利度。强化中小城市服务功能，打造一批服务业特色小镇，形成服务周边、带动农村的新支点。

5. 提升就业能力。大力发展人力资源服务业，鼓励发展招聘、人力资源服务外包和管理咨询、高级人才寻访等业态。鼓励普通高等学校、职业院校增设服务业相关专业，对接线上线下教育资源。围绕家政服务、养老服务、托育服务、健康养生、医疗护理等民生领域服务需求，提升从业人员职业技能，增强服务供需对接能力。

6. 建设服务标准。瞄准国际标准，推动国际国内服务标准接轨。诚如党的二十届三中全会指出的，“完善发展服务业体制机制。完善支持服务业发展政策体系，优化服务业核算，推进服务业标准化建设”。要完善商贸旅游、社区服务、物业服务、健康服务、养老服务、休闲娱乐、教育培训、体育健身、家政服务、保安服务等传统服务领域标准，加快电子商务、供应链管理、节能环保、知识产权服务、商务服务、检验检测服务、婴幼儿托育服务、信息技术服务等新兴服务领域标准的研究制定。

7. 塑造服务品牌。积极开展服务品牌培育和塑造工作，组织培育一批具有国际竞争力的中国服务品牌和具有地方特色的区域服务品牌。开展中国服务品牌宣传、推广活动，以共建“一带一路”为重点，推动中国服务走出去。

8. 改进公共服务。党中央一直强调，“要强化基本医疗卫生事业公益属性，深化医疗服务价格改革，建立合理补偿机制，稳定调价预期，确保群众负担总体稳定、医保基金可承受、公立医疗机构健康发展可持续，提高医疗卫生为人民服务质量和水平”①。为了落实党的二十大报告指出的“健全现代公共文化服务体系”“提高公共服务水平”“健全就业公共服务体系”“统筹乡村基础设施和公共服务布局”战略要求，紧密围绕城乡居民优质便利生活需求，统筹规划公共交通、停车场地、社区卫生中心等基础设施建设，合理布局社区养老、托育中心、便利店、洗衣房、售后维修、物流快递等便民服务设施，推动各类公共文化、体育场馆免费或低收费开放。

9. 健全质量监管。推动服务业企业采用先进质量管理模式与方法，公开服务质量信息，实施服务质量承诺。建立健全服务质量监管协同处置机制，及时依法调查处理重大服务质量安全事件，不断完善服务质量治理体系。国家市场监督管理总局将从建制度、守底线、拉高线三个方面入手，着力营造放心的消费环境，推动消费提质扩容。在制度建设方面，将聚焦盲盒经营、免税品网购、新能源汽车等新业态，出台规范指引、开展行政指导、实施缺陷产品召回，指导免税、盲盒、电商等新兴领域改善售后服务。

10. 扩大对外开放。党的二十大提出了“创新服务贸易发展机制”的战略任务，为此，应积极引进全球优质服务资源，增强服务业领域国际交流与合作，以共建“一带一路”为重点，引导有条件的企业在全球范围配置资源、拓展市场，推动服务业和制造业协同走出去。培育文化创意、数字服务、信息通信、现代金融、广告服务等新兴服务贸易。

重要概念

市场供给体系	核心产品	有形产品	附加产品
产品属性	产品质量	产品款式	产品设计
产品特征	产品组合	产品延伸	全新产品
换代产品	改进产品	领先型新产品开发	跟随型新产品开发
众包开放式创新	寻求创意	甄别创意	产品创意
产品概念	产品形象	产品概念测试	营销战略开发
商业分析	产品开发	市场试销	

① 完善科技成果评价机制深化医疗服务价格改革 减轻义务教育阶段学生作业负担和校外培训负担．人民日报，2021-05-22.

复习题

1. 提升市场供给体系质量有哪些重要意义?
2. 提升市场供给体系质量应采取哪些战略举措?
3. 在提升市场供给体系质量过程中优化产品结构需解决好哪些问题?
4. 如何理解产品整体概念?
5. 怎样理解服务营销和产品营销之间的差异?
6. 中国服务业发展有哪些主要趋势?

案例分析

青岛啤酒的产品策略

2024年1月14日，在中国工业经济联合会举办的以“创新发展·科技赋能·示范引领·绿色转型”为主题的第二届中国工业碳达峰论坛上，青岛啤酒凭借其在绿色低碳领域的卓越实践成果成功入选2023中国工业碳达峰“领跑者”企业名单。

青岛啤酒创新科研团队实现了以“高效低耗绿色酿造”为核心的10项关键技术的集成与产业化，带动行业综合能耗降低30%以上。2014年开始，公司率先在行业内实验推广轻量瓶使用，每年可降低碳排放6 000余吨。推广内包装减塑、再生纸提手等环保形式，每年可降低碳排放3 200余吨。在产品运输方面，青岛啤酒增加水运、铁路运输等低碳运输方式比例，2022年水运及铁路运输比例较上年同期提高2个百分点，降低碳排放2万余吨。

作为源自山东、享誉世界的中国品牌，齐鲁文化基因为青岛啤酒打下了“好品凭厚道”的品质烙印。青岛啤酒搭建了酿造技术、风味调控、微生物等多个实验室平台，瞄准国际高技术前沿，针对消费者的需求和行业发展的难点，开展研究，持续解决制约啤酒工业发展的关键技术难题。

产品持续焕新的背后是生产的智能化升级。青岛啤酒博物馆的主体青岛啤酒厂，在2021年成为全球首家啤酒饮料行业工业互联网“灯塔工厂”。据介绍，“灯塔工厂”既保持工业化制造的规模效应，也兼顾个性化需求。其带来的柔性化生产能够在每小时生产12万罐啤酒的生产线上推出“私人定制”服务，将3 000箱的起订量降低至15箱。

青岛啤酒还发挥“链主”作用，带动玻璃瓶、易拉罐、纸箱等上下游产业链转型升级。青岛啤酒智慧产业园已引进11家产业链配套企业，本地产业链配套率达到80%。目前，青岛啤酒已有14家工厂获得国家级“绿色工厂”荣誉称号。青岛啤酒2022年单位产品综合能耗较2019年降低29%。

顺应消费趋势，青岛啤酒近年来推出百年之旅、全麦白啤、皮尔森、IPA等多款新品，高端产品比重不断增加。2022年研发上市的“一世传奇”创造了4项行业第一，申请了15项国家发明专利。多款产品赢得20余项国际大奖，其中皮尔森、青岛啤酒无醇啤酒等产品在该品类发源的欧洲摘得“欧洲啤酒之星”大奖，奥古特、黑啤、琥珀拉格等产品连续斩获“世界啤酒锦标赛”金奖。以质量立身的青岛啤酒持续强化产业高端引领能力，经营业绩屡创历史新高。2022年，青岛啤酒在连续3年持续增长的基础上，实现营业收入 321.7 亿元，同比增长 6.65%；实现净利润 37.1 亿元，同比增长 17.59%。

与此同时，青岛啤酒紧跟国际市场消费趋势，与国际顶尖设计师合作，结合区域文化民俗，推出一系列富有创意的国际化表达，让中国品牌更显独特性与差异化，有效提升国际市场对中国品牌的文化认同。

资料来源：向绿而行“碳”新路/青岛啤酒新角色：中国工业碳达峰“领跑者”.（2024-01-17）.新华网；青岛啤酒：我国最早啤酒公司不断创新求变，以品质和品牌享誉世界.（2023-07-24）.中国金融信息网.

思考题

青岛啤酒的产品创新有哪些特点？

第10章

赋能增长的品牌

本章要点

- 进入新时代的中国品牌建设
- 国家商标品牌战略
- 商标侵权与知识产权保护
- 品牌策略
- 新国货品牌崛起

品牌是企业乃至国家竞争力的综合体现，代表着供给结构和需求结构的升级方向。品牌建设是指品牌拥有者对品牌进行规划、设计、宣传、管理等各种行为和努力。新时代品牌建设，是推动我国经济高质量发展和创造高品质生活的有力抓手。习近平总书记对品牌建设问题高度重视，指出要“推动中国制造向中国创造转变、中国速度向中国质量转变、中国产品向中国品牌转变”①。随着经济全球化进程加快，品牌已成为推动国家、企业发展的重要战略资源和提升国际影响力的核心要素。品牌建设对于促进经济高质量发展、满足居民消费升级需求、提升产业国际竞争力具有重要意义。衡量一个地区竞争力的强弱，要看它有多少全国性的品牌；衡量一个国家品牌竞争力的强弱，要看它有多少世界性的品牌。因此，“我们要大力实施创新驱动发展战略，加快完善创新机制，全方位推进科技创新、企业创新、产品创新、市场创新、品牌创新”②。

---

① 中共中央文献研究室．习近平关于科技创新论述摘编．北京：中央文献出版社，2016：4.

② 习近平谈创新驱动发展战略：要抓好顶层设计和任务落实．（2017－06－22）．人民网．

第 1 节　品牌建设与知识产权保护

一、品牌与商标

（一）品牌

品牌是一种名称、术语、标记、符号、设计或其组合，用以辨认某个或某群销售者的产品和服务，并使之与竞争对手的产品和服务区别开来。品牌是一个集合概念，包括品牌名称、品牌标志、商标。品牌名称是指品牌中可以用语言称呼的部分。品牌标志是指品牌中可以被识别出但不能用语言称呼的部分。企业在政府主管部门注册登记以后，就享有使用某个品牌名称和品牌标志的专用权，这个品牌名称和品牌标志受到法律保护，其他任何企业都不得仿效使用。因此，商标实质上是一种法律名词，是指已获得专用权并受法律保护的一个品牌或一个品牌的一部分。

对于消费者来说，品牌具有如下作用：（1）便于消费者识别产品的来源或产品制造厂家，从而更有效地选择和购买商品。（2）借助品牌，消费者可以得到相应的服务便利，如更换零部件、维修服务等。（3）品牌有利于保护消费者权益，如选购时避免上当受骗，出现问题时便于索赔和更换等。（4）便于消费者避免购买风险，降低购买成本，从而更有利于消费者选购商品。（5）好的品牌对消费者具有很大的吸引力，有利于消费者形成品牌偏好，满足消费者的精神需求。

对于企业来说，品牌具有如下作用：（1）促进产品销售，有利于企业迅速占领市场。（2）稳定产品价格，降低价格弹性，增强企业对动态市场的适应性，减少经营风险。（3）便于市场细分和市场定位。（4）有助于新产品开发，节约新产品上市的成本。（5）利于企业抵御竞争者攻击，保持竞争优势。正因为品牌具有重要作用，一些企业设立了首席品牌官（chief brand officer，CBO）职位。首席品牌官是专门负责品牌战略管理与运营的高级官员，一般由副总裁级领导担任，其主要职责包括：企业文化建设、品牌战略制定、产品开发规划、整合传播计划、品牌管理监控、品牌资产运营等。

（二）商标

1. 商标的定义。商标是产品文字名称、图案记号，或两者相结合的一种设计，向有关部门注册登记后，经批准享有其专用权的标志。商标通常由一定的文字、图形、字母、数字、三维标志和颜色等要素或其组合构成。在我国，国家知识产权局商标局主管全国商标注册和管理工作，商标一经商标局核准即为注册商标，商标注册人享有该商标的专用权，受法律保护。假冒商标、仿冒商标、抢先注册都构成商标的侵权。

《中华人民共和国商标法》（以下简称《商标法》）规定，经商标局核准注册的商标为注册商标，包括商品商标、服务商标和集体商标、证明商标。商标注册人享有商标专用权，受法律保护。集体商标是指以团体、协会或者其他组织名义注册，供该组织成员在商事活动中使用，以表明使用者在该组织中的成员资格的标志。证明商标是指由对某种商品或者服务具有监督能力的组织控制，而由该组织以外的单位或者个人使用于其商品或者服务，用以证明该商品或者服务的原产地、原料、制造方法、质量或者其他特定品质的标志。自然人、法人或者其他组织在生产经营活动中，对其商品或者服务需要取得商标专用权的，应当向商标局申请商标注册。有关商品商标的规定，适用于服务商标。

《商标法》规定，注册商标是指受法律保护、所有者享有专用权的商标。国家规定必须使用注册商标的商品，必须申请商标注册，未经核准注册的不得在市场上销售。商标使用人应对其使用商标的商品质量负责。各级工商行政管理部门应通过商标管理，监督商品质量，制止欺骗消费者的行为。

在《商标法》的保护下，商标拥有者对使用品牌名称享有永久性独占的权利。这和专利、版权等其他有终期的资产不同。

2. 商标命名。一个响亮的名字对企业参与市场竞争，尤其是打开国际市场大有好处。然而要起好名字大有学问，一些知名企业的做法值得借鉴。

一般来说商标命名有一些基本要求。一个好的名称在形式上具有如下特性：(1) 独特性。容易辨识，并能与其他企业或商品的名称相区别。(2) 简洁性。简洁明快的名称可降低商品标记的成本，并便于写成醒目的文字做广告宣传。(3) 便利性。名称应当易拼、易读、易记。

从内容上说，命名不但要符合销售地的法律法规要求，还要符合当地风俗习惯，以赢得目标市场的喜爱。

3. 商标专用权。商标专用权也称商标独占使用权，是品牌经政府有关主管部门核准后，独立享有其商标使用权。这种经核准的品牌名称和品牌标志受法律保护，其他任何未经许可的企业不得使用。因此，企业欲使自己的品牌长久延续，必须通过国家许可的方式获得商标专用权，以受法律保护。

国际上对商标权的认定有两个并行的原则，即“注册在先”和“使用在先”。(1) 注册在先，是指品牌或商标专用权归属依法首先申请并获准注册的企业。在这种商标权认定原则下，对于某一品牌，不管谁先使用，法律只保护依法首先申请注册该品牌的企业。中国、日本、法国、德国等国商标权的认定，坚持这种注册在先的原则。(2) 使用在先，是指品牌或商标专用权归属该品牌的首先使用者。在品牌使用（必须是实际使用而非象征性使用）所达到的地区，法律对其品牌或商标予以保护。美国、加拿大、英国和澳大利亚等国，采用这种原则对商标专用权进行认定。

在具体的商标权认定的实践中，还有对以上两种原则主次搭配、混合使用的“使用在先辅以注册在先”和“注册在先辅以使用在先”两种原则：(1) 使用在先辅以注册在先，是指采用使用在先原则的国家也办理品牌注册，但这种注册在一定期限内只起一种声明作用，如有首先使用人在此期限内提出首先使用的证明，则这种注册即被取消。过了这一期限，任何人都不能再以首先使用人的名义撤销注册。可见，在采用使用在先原则的国家里，品牌注册同样具有不可忽视的重要意义。因为这些国家大都有“仅限于使用所达到的范围内有效”的规定，他人可以在其未使用的地区抢先注册。(2) 注册在先辅以使用在先，是指采用注册在先原则的国家，一般也都规定在一定的期限内，无正当理由其商标连续不使用者将被撤销注册。这就客观要求经注册获得商标专用权的企业，要坚持使用已注册的品牌或商标，否则也会失去商标专用权。

二、品牌建设的中国实践

(一) 中国古代的品牌实践

早在北宋时期，就曾出现济南刘家功夫针铺“白兔儿”品牌印刷广告，内含品牌标识和广告语。该广告比西方世界最早出现的印刷广告领先了 300 多年，是至今保存的中国乃至全世界范围内最早的品牌广告实物。如图 10－1 所示，这块铜版广告上面雕刻着“济南刘家功夫针铺”的标题，中间是白兔捣药的图案，图案上还标注“认门前白兔儿为记”，下方则刻有说明商品质地和销售办法的广告文字：“收买上等钢条，造功夫细针，不偷工，民便用，若被兴贩，别有加饶，请记白。”这块铜版既有生产单位、商标，又有对产品原料、商品质量、使用效果的介绍，还有对营销方式的宣传，其内容无异于现代品牌广告。

图 10－1　刘家功夫针铺的“白兔儿”品牌

因此，中国可能是世界上最早懂得使用品牌商标、广告并建立品牌形象的。这体现了中国古代先进的市场经济意识、高度的商业智慧和经营才干。

(二) 社会主义革命和建设时期的品牌建设

党中央在新中国成立初期就充分认识到品牌的市场力量，致力于保护民族品牌。在

1956年对手工业和资本主义工商业进行社会主义改造的关键时期，就强调了民族品牌对于企业可持续发展的重要价值。在党和政府领导下，全国人民艰苦努力，创造出了十大名牌产品，这部分内容在第3章已有述及，此处不再赘述。

（三）改革开放时期的品牌建设

党中央从中国企业参与国际市场竞争的视角，认识到提高产品科技含量、不断开发新产品、推出创新品牌的重要性，进而从民族志气、民族自尊自强、国家现代化的高度阐明了创世界名牌的重要意义。中央领导同志特别指出，要实现现代化，我们的企业就要敢于参与国际市场竞争，打响中华民族的优秀名牌。为此，越来越多的中国企业致力于提高产品的科技含量，开发新产品，打造新品牌。实践使广大企业家深刻地感受到，要想赢得国际竞争，最关键的是要立民族志气、创世界名牌。

党中央领导同志善于从企业信用的角度看待名牌战略，注重培养名牌意识，提倡宣传和扶持品牌，指出：牌子就是企业的信用，是企业赖以生存的基础，是社会主义市场经济中企业竞争能力的综合表现。我们现在不少企业不重视自己的信用，不怕倒牌子，只顾暂时的经济利益，缺乏长远的战略眼光。根本原因当然还是企业尚未转入市场机制，不怕破产，不怕失业。如不转变，则很难出现真正的企业家和真正的名牌。

（四）进入新时代的品牌建设

进入新时代以来，品牌成为质量、技术、信誉和文化的重要载体，是推动经济高质量发展、提升国际竞争力的核心要素之一。习近平总书记高度重视中国企业的自主创新和自主品牌建设，强调要努力创建若干个拥有自主知识产权、具有国际竞争力的知名品牌，推动中国制造向中国创造转变、中国速度向中国质量转变、中国产品向中国品牌转变。我们要加快培育国际知名品牌，形成一大批具有自主知识产权、质量竞争力强、品牌附加值高的拳头产品，加快实现经济高质量发展。

党的二十大报告指出高质量发展是全面建设社会主义现代化国家的首要任务，并对加快建设农业强国、制造强国、质量强国、贸易强国作出重大部署。推动高质量发展，品牌建设既是承载者，也是助推器，发挥着越来越重要的作用。同时，农业强、制造强、质量强、贸易强，也要求中国品牌必须强。《中华人民共和国国民经济和社会发展第十四个五年规划和2035年远景目标纲要》明确提出，开展中国品牌创建行动，保护发展中华老字号，提升自主品牌影响力和竞争力，率先在化妆品、服装、家纺、电子产品等消费品领域培育一批高端品牌。新时代新征程对中国品牌建设提出了新的更高要求，迫切需要根据形势发展变化，聚焦高质量发展首要任务，立足自身优势，从质量、创新、文化等方面入手，倾力打造一批既有中国特色又有国际水准的中国品牌，加快建设品牌强国。

习近平总书记强调，“企业的品牌信誉非常重要，是一个不断积累的过程，既要有高标准，又要每一步都脚踏实地”①。中国企业要以恒心办恒业、以品质树品牌，成就更多“百年老店”，助力推动高质量发展、创造高品质生活，为推进中国式现代化建设提供有力支撑。

三、品牌资产

（一）品牌资产的含义

品牌资产是赋予产品或服务的附加价值，既体现于消费者对有关产品品牌的想法、感受以及行为方式，也反映出品牌所带来的价值、市场份额以及盈利能力。隐含在品牌资产之下的基本资产是客户资产，即所有忠诚客户为企业带来的利润总和。品牌资产是品牌对客户影响力的体现。品牌对客户的影响主要是指由品牌导致的客户对企业产品及其营销策略的反应，品牌引起的客户偏好和客户忠诚。企业可从四个客户感知维度测量品牌价值和优势：（1）差异化：是什么因素使得品牌独树一帜。（2）关联度：客户感知的产品满足其需要的程度。（3）品牌知识：客户对品牌的了解程度。（4）重视程度：客户关心、重视、尊重品牌的程度。

品牌价值是一个品牌具有的财务价值，即在某一个时点，运用类似有形资产的评估方法，对品牌属性、品质、档次、品位、文化、个性等计算出来的价值金额（如图 10－2 所示）。

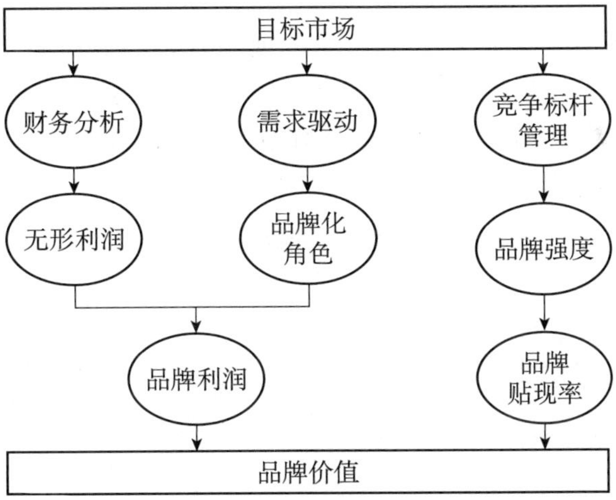

图 10－2　品牌价值的形成

（二）品牌资产的构成

品牌资产是一个系统概念，它由一系列因素构成，如图 10－3 所示。品牌资产源于消费者反应的差异，而这种差异又源于消费者的品牌知识，即消费者所有与该品牌相关

① 习近平春节前夕赴河北张家口看望慰问基层干部群众．人民日报，2017－01－25.

联的想法、感受、印象、体验和信念。品牌资产主要体现在品牌营销所带来的感知、偏好和购买行为上。

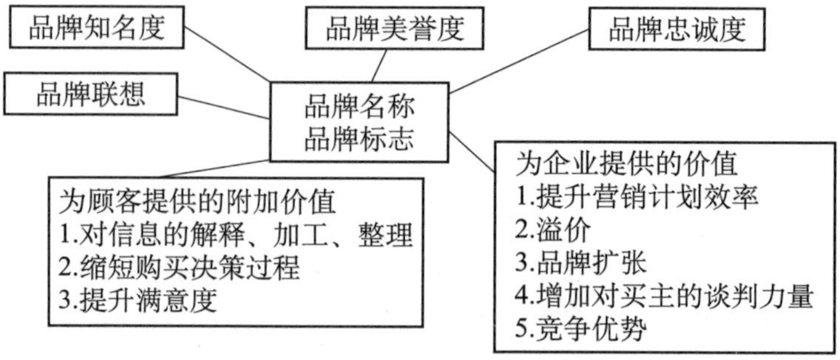

图 10－3　品牌资产的构成

资料来源：Aaker D A. Managing brand equity：capitalizing on the value of a brand name. New York：Free Press，1991.

品牌名称和品牌标志是品牌资产的物质载体，品牌知名度、品牌美誉度、品牌联想和品牌忠诚度是品牌资产的有机构成，为顾客和企业提供附加价值是品牌资产的实质内容。品牌建设是一个自下而上的渐进管理过程。首先，企业要确保顾客识别和认知品牌，并将其与特定品类或需求相关联。其次，企业要从战略的高度将大量无形资产和有形资产与顾客心智有机地联系起来，借助品牌联想使顾客从内心稳固地建立起品牌应有的意义。再次，依据顾客与品牌相关的判断和感受，引导和激发顾客的适当反应。最后，将顾客的品牌反应转化为强烈的客户忠诚。这种品牌建设过程可总结为品牌共鸣模型（如图 10－4 所示）。它是一种展示联系顾客与品牌的心理纽带的强度以及所带来的双方感觉同步的活跃程度的模型，包含上述四个步骤和由品牌建设六个模块构成的金字塔，金字塔的左边是品牌建设的理性路径，右边是品牌建设的感性路径。

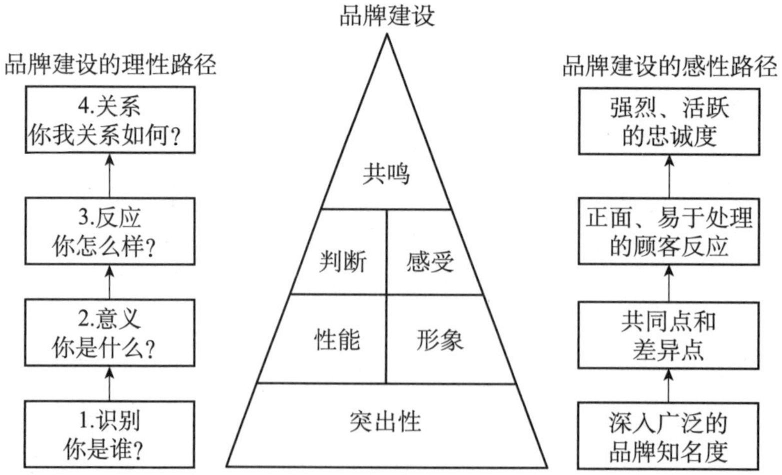

图 10－4　品牌共鸣模型

1. 品牌知名度。品牌知名度是指品牌被公众知晓、了解的程度，它表明品牌为多少或多大比例的消费者所知晓，反映的是客户关系的广度。品牌知名度是评价品牌社会影响大小的指标。品牌知名度的资产价值体现在以下几方面：(1) 有助于人们产生品牌联想。(2) 使人们由熟悉品牌而引发好感。(3) 暗示某种承诺。品牌承诺是指营销者认为特定品牌是什么，应该为消费者做什么的一种愿景。(4) 成为选购的对象。(5) 弱化竞争品牌的影响。

2. 品牌美誉度。品牌美誉度是指品牌获得公众信任、支持和赞许的程度。如果说品牌知名度是一个量的指标，那么品牌美誉度就是一个质的指标，它反映品牌社会影响的好坏。

3. 品牌忠诚度。消费者在一段时间甚至很长时间内重复选择某一品牌，并积极推荐他人购买的倾向，称为品牌忠诚。品牌忠诚度是客户对品牌感情的量度，反映出一个客户转向另一个品牌的可能程度，是企业竞争优势的重要体现。品牌忠诚度可通过客户重复购买次数、客户购买挑选时间、客户对价格的敏感程度来衡量。品牌忠诚度是一项战略性资产，对它进行恰当的经营开发，能给企业创造更多的价值，主要体现为：(1) 降低营销成本；(2) 增强渠道谈判力；(3) 吸引新客户；(4) 减少竞争威胁。

4. 品牌联想。品牌联想是消费者想到某一品牌时能记起的与品牌相关的信息。品牌联想大致可分为三个层次：品牌属性联想、品牌利益联想、品牌态度。

品牌属性联想是指对于产品或服务特色的联想，比如消费者认为产品或服务是什么。

品牌利益联想是指消费者感知的某一品牌产品或服务属性给他带来的价值和意义。品牌利益联想又可分为功能利益联想、象征利益联想和体验利益联想。功能利益是指产品或服务内在固有的可以提供给消费者的利益，一般与产品或服务的相关属性匹配，是消费者购买产品或服务最基本的动机。象征利益是指产品或服务能提供给消费者的相对外在的利益，一般与使用者状况相匹配，有利于满足消费者的社交需要、自尊需要及其他较高层次的需要。体验利益是指消费者消费产品或服务后的感受，能使消费者获得愉悦感或者某种刺激。

品牌态度是指消费者对品牌的难以改变的总体评价和选择，也是最高层次和最抽象的品牌联想。品牌态度通常建立在品牌属性和品牌利益之上。比如，消费者对酒店的态度建立在其选址、客房条件、外观设计、服务质量、娱乐设施、食品质量、安全性和收费上。品牌态度有几个幅度，比如从厌恶到喜欢。

美好、积极的品牌联想意味着品牌被接受、认可、喜爱，品牌富有竞争力。品牌联想的价值包括：(1) 帮助处理信息。品牌联想能引发个人传播。(2) 产生差异化。(3) 提供购买理由。(4) 促进品牌扩展。

企业要善于借助品牌联将品牌与其他因素联系起来，从而形成品牌资产并持续增值。这里涉及的因素包括：品牌、原产地、分销渠道、联合品牌、人物形象、事件营销、第三方评价等。图 10-5 展示了品牌联想的各种因素。

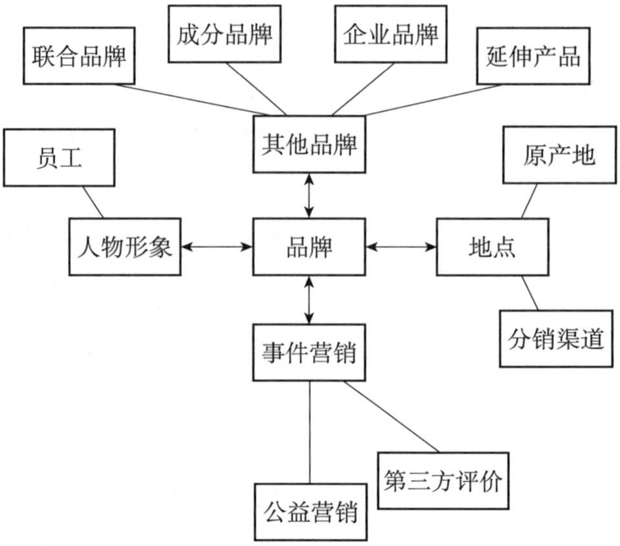

图 10-5　品牌联想的各种因素

（三）品牌动力模型

品牌动力模型是一个建立在有意义的差异点框架基础之上展示品牌现有资产和成长机会的品牌资产测量系统（如图 10-6 所示）。对客户建立品牌购买倾向比较关键的因素包括品牌联想有意义、有差异、彰显特质。这三种因素可以导致消费者产生积极购买倾向、选择该品牌而不是其他品牌、愿意为该品牌支付更高的溢价、执着地惠顾该品牌或决定未来购买该品牌。企业由此会实现更为理想的财务绩效，表现为品牌势力、品牌溢价和品牌潜力三项评价指标的提升。品牌势力是指美好积极的品牌联想给品牌带来的未来市场份额的提升。品牌溢价是指美好积极的品牌联想所带来的品牌与同类产品相比在同等价格水平上的增加值。品牌潜力是指美好积极的品牌联想所带来的品牌市场份额提升的概率。品牌动力模型认为，品牌运作的合理性和市场竞争的有效性将决定品牌倾向，即品牌联想在多大程度上最终转化成为品牌收益。

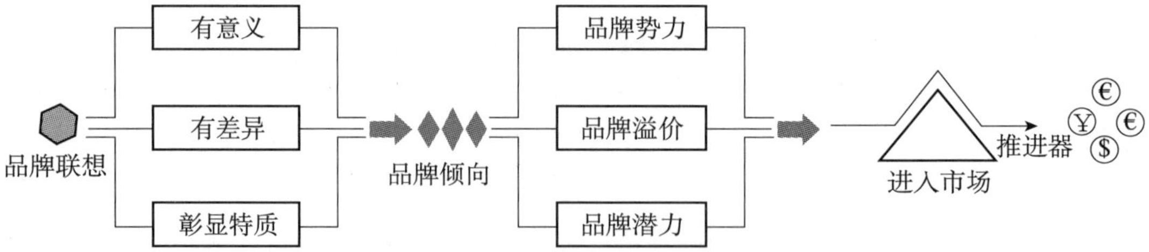

图 10-6　品牌动力模型

（四）品牌价值链

品牌价值链是一种评价品牌资产来源和产出的结构化方法，描述了企业针对现实客户和潜在客户制订营销方案、进行投资从而创造品牌价值的基本路径及各种营销活动过程（如图 10－7 所示）。针对特定目标市场的需求现状及未来趋势，企业制订周密的营销方案，在产品开发、渠道建设、促销传播等方面进行投资。这些努力和投入会改变客户心智，即客户对品牌的想法和感觉。客户心智会影响其购买行为以及其对营销组合因素的反应方式，产生不同的意识、联想、态度、依恋和行动，进而影响企业品牌溢价、市场份额、盈利能力等。投资方会从品牌的市场绩效指标评估该品牌给股东带来的价值。方案乘数、客户乘数和市场乘数可以增加或减少品牌从一个阶段流向另一个阶段的价值。方案乘数决定营销方案影响客户心智的能力，是方案投资质量的函数。客户乘数决定客户心智创造的价值对品牌业绩的影响程度，其影响因素包括竞争反应（其他竞争品牌的营销投资的数量和质量效果如何）、渠道支持（各中间商投入的品牌支援和销售努力如何）、客户规模（受品牌吸引的客户有多少、能否带来利润）等。市场乘数决定品牌业绩呈现的价值借由股东价值体现出来的程度，它取决于财务分析者和投资者的行为。

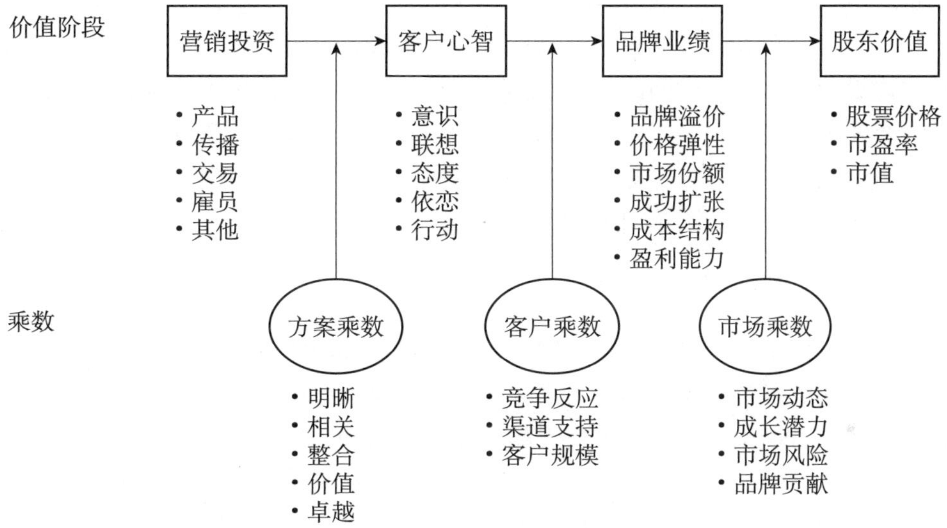

图 10－7 品牌价值链

四、国家商标品牌战略

中共中央、国务院印发的《扩大内需战略规划纲要（2022—2035 年）》指出，深入实施商标品牌战略。打造中国品牌，培育和发展中华老字号及特色传统文化品牌。持续办好中国品牌日活动，宣传推介国货精品，增强全社会品牌发展意识，在市场公平竞争、消费者自主选择中培育更多享誉世界的中国品牌，进而持续提升自主品牌影响力，致力于塑造中国品牌形象、服务国家品牌战略，建设品牌强国。

（一）品牌建设意义重大

品牌建设有利于优化供给结构，促进高质量发展。打造具有核心知识产权的自主品牌，对于推进中国式现代化至关重要。品牌建设能够加强知识产权保护，维护企业合法权益，激发企业创新创造活力，促进生产要素合理配置，提高全要素生产率，提升产品品质和服务质量，增加有效市场供给，提高供给体系的质量和效率，进而加快供给结构升级，培育新质生产力，推进高质量发展。

品牌建设有利于满足人民美好生活需要。消费升级是指在经济发展和社会进步的背景下，消费者对产品和服务的需求向更高品质、个性化、多元化及创新化转变，代表了一种从传统消费模式向更高层次和价值观型消费的转变。消费升级对我国生产端供给能力提出了更高要求。品牌具备强大的引领时尚、彰显优势、便利购买、维护权益和实现消费等功能，品牌附着的符号价值能够吸引不同的消费群体，引导社会文化潮流向上向善，实现人民生活更加幸福美好。

品牌建设有利于提升价值链地位、增强全球竞争力。在日益激烈的国际竞争中，品牌不仅是识别企业和产品的重要符号，更折射出一个国家的产业影响力与经济综合实力。新发展格局下，品牌已成为推动高质量发展和创造高品质生活的有力支撑，出现了一批质量卓越、优势明显、拥有自主知识产权的企业品牌、产业品牌、区域品牌，布局合理、竞争力强、充满活力的自主品牌体系逐步形成，品牌培育、品牌管理、品牌评价等标准化建设持续推进，中国品牌综合实力陆续进入品牌强国前列。加强品牌建设不仅可以助力企业增强自身影响，创造更加广阔的市场空间，还有利于强化企业抵御同质化竞争的能力，建立相对竞争优势，增强国内国际两个市场、两种资源的联动效应，有效提升我国品牌的国际市场竞争力和我国产业在全球价值链中的地位。

（二）品牌建设成就斐然

党的二十大以来，随着我国企业实力提升，产品和技术创新步伐不断加快，中国品牌在国内外市场的影响力逐步增强。不少企业瞄准庞大国内市场，通过研发新品类、新品牌，引领消费市场创新，积累了强大的品牌影响力和认知度，凭借着优质的产品和服务引发了积极正面的口碑传播，赢得了广大消费者的认可和信任。一些企业注重产品质量和性能的不断提升，建立了稳定可靠的品牌形象。越来越多的企业注重产品创新和研发投入，随着科技的不断进步，不断推出具有领先技术的新产品，为消费者带来更好的体验。

全社会品牌发展理念与时俱进，品牌发展氛围日益浓厚，企业品牌、产业品牌、区域品牌竞相涌现，老字号品牌、非遗品牌、文旅品牌各展风采，我国品牌建设取得显著成效。全球综合性品牌咨询公司 Interbrand 发布了《2024 中国最佳品牌排行榜》。其中，中国知名品牌展现出了强大的竞争力和品牌价值。腾讯、阿里巴巴和中国建设银行蝉联前三名，小米品牌价值位居第 13，华为品牌价值位居第 14。

从区域和产业品牌建设方面来看，具有原产地特色和产业优势的品牌不断涌现，消费者认知度和市场引领度逐步提升。许多农产品区域品牌不仅受到城市消费者的广泛认可，也带动了当地产业数字化、品牌化发展，成为助力乡村振兴的“排头兵”。消费电子、家电、新能源汽车等制造业产业品牌的全球竞争力不断提升。

值得注意的是，我国国际知名品牌数量少、影响力小、溢价能力弱，品牌发展水平与发达国家还有一定差距，与世界第二经济大国、最大货物出口国、第二大货物进口国、第二大对外直接投资国、最大外汇储备国、最大旅游市场的地位还有明显的不匹配之处。在一些领域，我国的产业发展水平和品牌运营能力仍然滞后于发达国家，亟须培育一批与大国地位相匹配的国际知名品牌。由品牌大国迈向品牌强国仍需付出艰辛努力。

(三) 汇聚强大力量实施品牌战略

1. 致力于提升产品和服务质量。在复杂的市场环境中，企业管理者要把握战略全局、掌握战略主动、增强品牌战略的预见性和前瞻性。企业要致力于丰富品牌文化内涵，深度挖掘用户需求，适应和引领消费升级趋势。政府部门要大力支持企业提升技术和质量水平，塑造提升品牌形象；鼓励消费品行业发展个性化定制、大规模定制，培育一批高端品牌；推动生活性服务业向高品质和多样化升级，创新发展体验服务、共享服务、智慧服务、健康服务等新业态新模式，培育专业度高、覆盖面广、影响力大、放心安全的服务精品。

2. 不断增强品牌全链条营销推广能力。企业管理者要善于从战略高度分析市场需求形势的发展变化和趋势，透过现象看本质，把握事物发展的内在规律，准确识别时与势、危与机、利与弊，主动识变应变求变，准确把握先机，有效应对风险，谋定而后动。充分发挥企业的营销推广、品牌传播功能，提升品牌在国内外市场的影响力、知名度和美誉度。积极引导和培育大型化、国际化的专职大批发商与代理商，打造功能完善的现代化专业营销平台。大力发展即时零售、智慧超市、智慧驿站、智慧书店等新零售业态，强化零售终端品牌服务能力，不断调整和优化商品品类，树立良好的品牌形象，建立及时、高效的消费需求反馈机制，做精做优做强消费体验，为消费者做好覆盖品牌消费全生命周期的优质服务。

3. 营造良好自主品牌消费社会氛围。广泛开展品牌宣传推广工作，引导消费者认可、信任优质自主品牌，培养消费者自主品牌情感，树立消费国货潮品的信心，扩大自主品牌消费，支持消费者没有后顾之忧敢消费、消费环境优获得感强愿消费。发挥好行业协会桥梁作用，加强中介机构能力建设，为品牌建设提供专业有效的服务，加快形成“政府引导、企业主导、社会参与、消费者关爱”的品牌建设格局。依托“中国品牌日”等系列活动，打造中国消费名品方阵，讲好中国品牌故事。

4. 持续优化品牌创新发展环境。一方面，要让科技创新为品牌创新提供根本支撑和品质的保障，以新供给引领新需求，通过新产品、新服务开创新市场，加速企业品牌创新。另一方面，品牌创新也要为科技创新提供市场认可和价值实现，对促进企业科技创新发挥重要的引领和导向作用，从而形成科技创新和品牌创新的良性互动。健全商标品牌法律法规，强化国内外知识产权保护和品牌保护，规范品牌创新发展的市场环境，培育一批品牌管理科学规范、竞争力不断提升的一流品牌企业，形成一批影响力大、带动作用强的产业品牌、区域品牌。①

5. 加快推进内外贸品牌一体化。实施“千企百城”商标品牌价值提升行动，推进

---

① 关利欣．以品牌战略助推高质量发展．经济参考报，2022-12-06.

全国质量品牌提升示范区建设，支持发展区域品牌，发展绿色、有机、地理标志和名特优新农产品公共品牌。支持内外贸企业培育自主品牌，鼓励外贸代工企业与国内品牌商合作，支持流通企业、平台企业与制造企业开展品牌合作，致力于打造自有品牌。培育知识产权优势示范企业，支持企业发挥专利、商标等多种类型知识产权组合效应，提升品牌综合竞争力。要进一步加大中国品牌海外宣传力度，鼓励老字号走向国际市场，开展商标海外布局。引导行业龙头企业带动中小企业联合开展海外品牌建设推广，合作共建展销中心、营销渠道、服务网络，支持企业参加海外品牌展示和推广活动，加快推进内外贸品牌一体化。

（四）推进品牌建设的着力点

加强品牌建设、不断壮大品牌经济，需要从以下四个方面持续发力。

1. 坚持创新驱动，增强品牌发展动力。创新是品牌发展的引擎，要深入实施创新驱动发展战略，加快科技创新成果向现实生产力转化，实施“增品种、提品质、创品牌”行动，形成有影响力的“中国制造”卓著品牌。推动金融、物流、研发设计、商务咨询、人力资源、节能环保等生产性服务业朝专业化方向和价值链高端延伸，培育具有国际竞争力的生产性服务品牌，做到人有我有、人有我强、人强我优，增强我国经济整体素质和国际竞争力，为品牌发展提供更加强大的科技支撑和创新活力。

2. 坚持质量第一，夯实品牌发展基础。质量是品牌的生命线。只有始终坚持“质量第一”，持续提升质量水平，才能让品牌在激烈的市场竞争中立于不败之地。要持续引导企业树立质量第一的强烈意识，以诚信树品牌、以匠心铸精品，厚植品牌建设的文化土壤，要致力于质量提升行动，提高质量标准，加强全面质量管理。要深入实施质量强国战略，加快健全覆盖研发设计、生产制造和营销服务的全过程质量管理体系，主动对标国际先进标准、持续完善国家质量标准，不断提升产品质量和服务质量，支持企业实施品牌人才提升计划，培养一批具有国际视野和专业素质的企业家、管理人才和能工巧匠，认真夯实品牌建设的人才基础。

3. 坚持文化赋能，不断丰富品牌内涵。文化是品牌发展的底蕴，品牌需要文化的传承和浸润，企业的质量意识、创新理念和进取精神等最终要积淀成深厚的品牌文化，让品牌焕发独特的魅力。要积极推动中华文化元素融入中国品牌，深入挖掘中华传统文化和社会主义先进文化，不断提升品牌文化内涵。要积极推动中华优秀传统品牌文化创造性转化、创新性发展，赋予中华品牌文明新的时代内涵。充分利用主流媒体平台，切实加强国际传播，多渠道讲好中国质量、中国品牌故事，挖掘民族品牌内涵，塑造提升中国品牌良好形象，传播中国品牌理念，增强“中国＋”品牌传播力影响力，提高中国品牌的美誉度，不断增强全球消费者对中国制造、中国建造、中国服务的品牌认同，让中国品牌成为诠释国家软实力的重要载体。

4. 坚持开放合作，营造品牌发展良好环境。开放合作是品牌发展的重要路径，要鼓励企业实施品牌国际化战略，切实发挥国企等大型骨干企业引领示范作用，通过优质产品和服务“走出去”，带动中国品牌“走出去”，以中国新发展为世界提供新机遇，更好提供全球共享的国际公共产品服务，助力推动构建开放型世界经济，让合作共赢惠及世界，不断扩大中国品牌国际影响力。国企应以培育国际知名品牌、打造行业领先地位、扩大自身带动力和影响力为目标，丰富品牌人性化、个性化、特色化内涵，提升自主品牌产品和服务在国际市场的占有率，持续巩固美誉度和忠诚度，不断提升品牌体系的市场认可度和知名度，一以贯之落实好国家品牌战略。

五、商标侵权与知识产权保护

在品牌运营实践中，企业应注意商标续展和品牌的自我保护。

（一）商标侵权

凡未经商标注册人许可，在同类商品上使用与注册商标相同或近似的商标，销售侵权商标商品，伪造、擅自制造他人注册商标标识或者销售此类标识，以及给他人注册商标专用权造成其他损害的行为，均构成侵权。对侵权行为，市场监管部门有权依法查处；涉嫌犯罪的应及时移送司法机关依法处理。

（二）商标防御策略

商标是企业的无形资产，驰名商标更是企业的巨大财富。曾有一段时间，商标抢先注册、抢占他人无形资产的行为愈演愈烈，许多企业因此损失严重。企业在警惕商标抢注的同时，不能忽视“类似商标注册”的倾向。

如何防止其他厂商的商标借企业的知名度和美誉度以及企业投入的广告宣传而出名、“搭便车”，分享企业无形资产，是企业管理者必须关注的问题。防止他人“搭便车”的有效手段，就是防御性商标注册。

所谓防御性商标注册，即注册与使用相同或相似的一系列商标。具体说就是注册一系列文字、读音、图案相同或相似的商标，保护正在使用的商标或以后备用。例如，红豆集团的商标策略是把与“红豆”中文发音相同的、含义相近的文字注册商标，如“虹豆”“相思豆”；同时红豆集团还在世界多个国家和地区申请了商标注册。又如，“娃哈哈”注册了“哈哈娃”“哈娃娃”等一系列保护性商标。

防御性商标注册的另一种方法，就是将同一商标运用于完全不同种类的产品或不同行业，防止他人在不同产品或产业上使用企业的商标。由于同一商标使用的商品类别有一定限制，产品跨行业、跨种类时，必须分别注册。

（三）商标等知识产权保护的中国实践

我国对于商标、专利、版权等知识产权的保护工作，在新中国成立后不久就开始了。1950 年，中央人民政府政务院颁布了《保障发明权与专利权暂行条例》《商标注册暂行条例》等法规，对实施专利、商标制度作出了初步探索。党的十一届三中全会以后，我国知识产权工作逐步走上正规化轨道。

党的十八大以来，党中央把知识产权保护工作摆在更加突出的位置，出台了《深入实施国家知识产权战略行动计划（2014—2020 年）》《国务院关于新形势下加快知识产权强国建设的若干意见》《“十三五”国家知识产权保护和运用规划》等系列决策部署，组建了国家市场监督管理总局，重新组建了国家知识产权局，实现了专利、商标、原产地地理标志等知识产权类别的集中统一管理。在北京、上海、广州成立知识产权法院，最高人民法院挂牌成立知识产权法庭，审理全国范围内专利等技术类知识产权上诉案件，建成了知识产权专业化审判体系。

党和国家聚焦创新发展需求，注重发挥专利、商标、版权等知识产权的引领作用，打通知识产权创造、运用、保护、管理、服务全链条，建立高效的知识产权综合管理体制，构建便民利民的知识产权公共服务体系，探索支撑创新发展的知识产权运行机制，推动形成权界清晰、分工合理、责权一致、运转高效的体制机制。

创新是引领发展的第一动力，保护知识产权就是保护创新。全面建设社会主义现代化国家，必须更好推进知识产权保护工作。只有严格保护知识产权，才能完善现代产权制度、深化要素市场化改革，促进市场在资源配置中起决定性作用，更好发挥政府作用。只有严格保护知识产权，依法对侵权假冒的市场主体、不法分子予以严厉打击，才能加快建设制造强国、质量强国、品牌中国，提升供给体系质量，推动高质量发展。知识产权保护工作关系人民生活幸福，只有严格保护知识产权，净化消费市场，维护广大消费者权益，才能实现让人民群众买得放心、吃得安心、用得舒心。①

第 2 节　品牌策略

一、品牌基本策略

（一）品牌有无策略

品牌化是指对产品或服务设计品牌名称、品牌标识、符号、包装等可视要素，以及声音、触觉、嗅觉等感官刺激，以推动产品或服务具备商业价值的整个过程。它既是创建和培育品牌的起点，也是品牌管理者的常规性工作。品牌化虽然会使企业增加成本费用，但也可以使企业获得诸多利益。也有一些企业采取非品牌化策略，推出无牌产品。无牌产品是指在超市中出售的无品牌、包装简易且价格便宜的普通产品。企业推出无牌产品的主要目的是节省包装、广告等费用，降低价格，扩大销售。

（二）品牌归属策略

企业有三种可供选择的品牌归属策略：一是企业使用自己的品牌，这种品牌叫作企业品牌、生产者品牌或全国性品牌；二是企业将其产品大批量地卖给中间商，中间商再用自己的品牌将产品转卖出去，这种品牌叫作中间商品牌或自有品牌；三是综合使用前两种品牌，这种品牌叫作混合品牌。《中华人民共和国商品流通法》规定，国家鼓励商

① 习近平．全面加强知识产权保护工作 激发创新活力推动构建新发展格局．求是，2021（3）．

品流通经营者开发自有品牌，完善营销网络和流通渠道。国家建立品牌公共服务体系，鼓励中华老字号传承与创新发展。

（三）品牌统分策略

企业如果决定其大部分或全部产品都使用自己的品牌，那么还要进一步决定其产品是分别使用不同的品牌，还是统一使用一个或几个品牌。在这个问题上有四种可供选择的策略。

1. 个别品牌。个别品牌是指企业各种不同的产品分别使用不同的品牌。其好处主要是，企业的整体声誉不受某种产品声誉的影响。

2. 统一品牌。统一品牌是指企业所有的产品都使用一个品牌名称。例如，美国通用电气公司的所有产品都使用“GE”这个品牌名称。企业采取统一品牌名称策略的好处主要包括：（1）企业宣传介绍新产品的费用较低；（2）如果企业的声誉好，则其产品大概率能畅销。

3. 分类品牌。分类品牌是指企业的各类产品分别命名，一类产品使用一个品牌。

4. 企业名称加个别品牌。这种策略是指企业对不同的产品分别使用不同的品牌，但各种产品的品牌都冠以企业名称。

二、品牌发展策略

（一）产品线扩展策略

产品线扩展策略是指企业现有的产品线使用同一品牌，当增加该产品线的产品时，仍沿用原有的品牌。这种新产品往往是对现有产品的局部改进，如增加新的功能，改变包装、款式和风格等。企业通常会在这些产品的包装上标明不同的规格、不同的功能特色或不同的使用者。产品线扩展策略的目的是多方面的，例如，可以充分利用过剩的生产能力；满足新的消费者的需要；率先成为全产品线的企业以填补市场空隙，与竞争者推出的新产品竞争或占领更大的货架空间。

产品线扩展策略的优点有：（1）扩展新产品的存活率较高；（2）能满足不同细分市场的需求；（3）完整的产品线可以防御竞争者的攻击。

产品线扩展策略的风险在于：（1）可能使品牌名称丧失特定的意义。产品线的不断扩展会淡化品牌原有的个性和形象，增加消费者认识和选择的难度。（2）有时原来的品牌形象的影响力过于强大，可能给产品线扩展造成混乱，加上销售数量不足，导致难以冲抵扩展新产品的开发和促销成本。（3）如果消费者未能区分各种产品，则会造成同一产品线中新老产品自相残杀的局面。

（二）品牌扩展策略

品牌扩展策略是指将现有的成功品牌用于新产品或修正过的产品的一种策略。品牌扩展策略是实现品牌无形资产转移和发展的有效途径。

1. 品牌扩展策略的好处。（1）可以加快新产品的定位，保证新产品投资决策快捷准确。(2) 有助于减少新产品的市场风险，缩短被消费者认知、认同、接受、信任的过程，降低新产品推广的成本费用。(3) 有助于强化品牌效应，增加品牌这一无形资产的经济价值。(4) 能够增强核心品牌的形象，提高整体品牌组合的投资效益。

2. 品牌扩展策略的弊端。(1) 可能损害原有品牌形象。(2) 容易造成品牌认知模糊。(3) 可能淡化品牌特性。

(三) 多品牌策略

在相同产品类别中引进多个品牌的策略称为多品牌策略。证券投资者往往同时投资多种股票，证券投资者持有的所有股票集合就是证券组合。为了减少风险、增加盈利机会，证券投资者必须不断优化证券组合。企业建立品牌组合，实施多品牌策略，往往也是基于同样的考虑，并且这种品牌组合中的各个品牌形象之间既有差别又有联系，组合的概念蕴含着整体大于个体的意义。

(四) 新品牌策略

新品牌策略是一种为新产品设计新品牌的策略。企业在新产品类别中推出一个产品时，可能发现原有的品牌名称不合适，或者对新产品来说有更好更合适的品牌名称，这时企业就需要设计新品牌。

(五) 合作品牌策略

合作品牌策略是指将两个或更多的品牌联合用于一个产品的策略，目的是强化产品整体形象及消费者购买意愿。

三、品牌更新策略

(一) 形象更新策略

形象更新策略就是品牌不断创新形象，以适应消费者心理变化，从而在消费者心目中形成新的印象的策略。图 10－8 是某咖啡品牌采用形象更新策略的实例。

(二) 定位修正策略

定位修正策略是指企业在建立品牌之后往往会根据市场需求和竞争形势的变化而不断完善、改进、调整自己的品牌定位，以便更好地适应生存和发展的需要的策略，也可称为品牌重新定位策略、品牌再定位策略。一般来讲，品牌定位可在以下三个层次上展开，因此也就可从以下三个层次出发进行定位修正：

1. 基于产品属性对品牌进行定位，这是品牌定位的最低层次。值得注意的是，产品属性很容易被竞争者模仿。而且更重要的是，客户对产品属性本身并不感兴趣，他们关心的是这些产品属性能够为自己带来什么利益。

2. 将品牌名称与某种客户渴求的利益联系起来进行品牌定位。

3. 超越产品属性或产品利益，从信念和价值的层面进行更强有力的品牌定位，在更高的情感层次上锁定客户。这是最高层次的品牌定位。

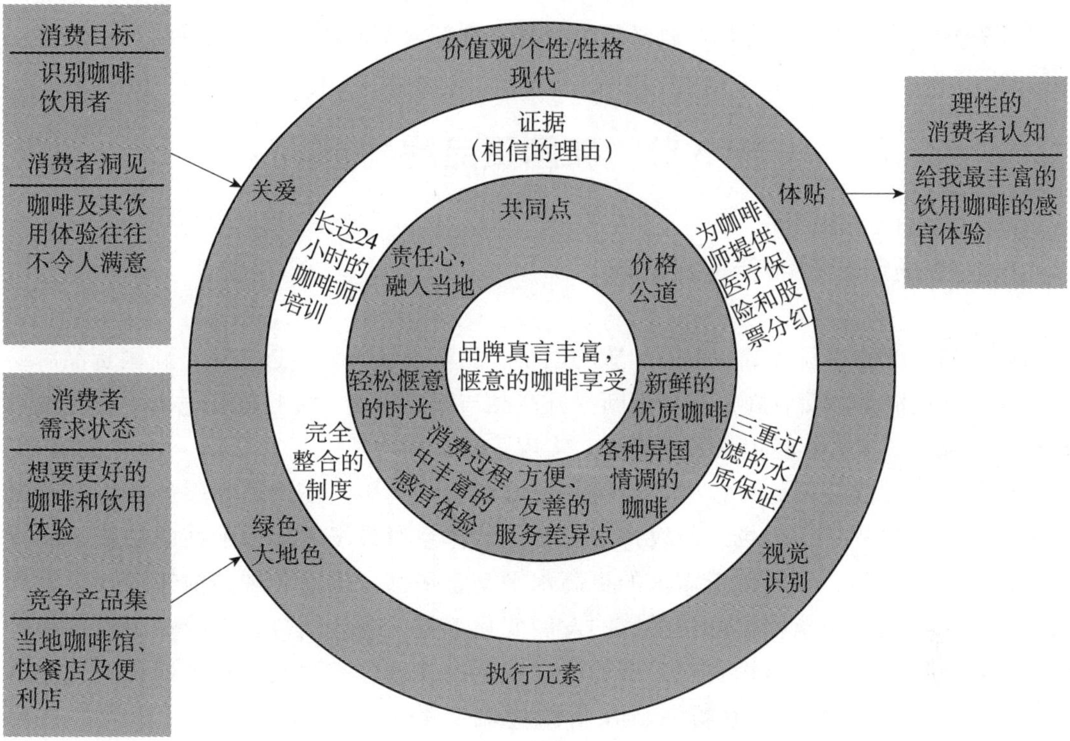

图 10－8　某咖啡品牌的形象更新策略

（三）品牌强化策略

品牌强化策略是指两家或两家以上品牌地位相当的企业为了扩大消费群体，提高现有消费群体的品牌忠诚度和品牌美誉度，保持目前各自市场地位的一种品牌合作策略。品牌强化策略分为巩固型品牌强化策略和创新型品牌强化策略两类。巩固型品牌强化策略是指以企业原有的或传承下来的品牌资产为基础，持续不断地朝着正确的方向进行正面宣传，不断巩固并强化原有的品牌优势的策略。创新型品牌强化策略是指根据品牌资产增值与扩容的需要，通过技术创新、产品创新和市场创新等手段，进一步赋能和强化品牌资产的策略。

（四）品牌活化策略

当营销环境发生变化，出现新的竞争者和革命性技术变革时，消费者需求偏好也会发生变化，品牌资产所依赖的原有根基就会发生动摇。此时，就需要实施品牌活化策略。品牌活化策略是指企业借助消费者对品牌的信任和忠诚，充分利用集体怀旧的氛围，通过寻根的方式重新唤回失去的品牌资产，重构新的品牌认知与品牌联想，给老品牌赋予新的生命力的策略。

习近平指出，“大数据、云计算、移动互联网等新一代信息技术同机器人和智能制造技术相互融合步伐加快，科技创新链条更加灵巧，技术更新和成果转化更加快捷，产业更新换代不断加快，使社会生产和消费从工业化向自动化、智能化转变”①。企业品牌要想在竞争中处于不败之地，就必须重视技术创新，不断赋予品牌新的活力和价值。

第 3 节　新国货品牌崛起

一、市场创新赋能新国货崛起

人们通常把数字经济赋能中国制造的创新产品称为新国货。近年来，新国货品牌纷纷借助大数据洞察消费者新需求，不断提升产品与服务质量，并且依托电商平台完成内核转变，赢得了广大年轻消费者的青睐，实现了爆发式增长。

在新国货的强势崛起过程中，市场创新可谓功莫大焉。在产品和服务从生产者流转到消费者的过程中，市场创新发挥着提升供给体系对市场需求适配性的功能，促进形成需求牵引供给、供给创造需求的更高水平动态平衡，进而实现助推经济社会发展的目标。市场创新是指根据营销环境的发展变化趋势，企业结合自身的资源条件和经营实力，在市场理念、营销实践、市场模式和营销技术等方面实施一系列突破或变革的努力。大量案例表明，市场创新在新国货崛起的进程中起到了不可替代的重要作用。

（一）深度挖掘市场需求，注重场景沉浸式购物体验

市场消费主力中，“80 后”比较注重质量和价格，“90 后”注重产品实用性，而“00 后”呈现出更加个性化、包容化、自主化的消费需求新特点。一是一部分“00 后”热切向往和追随偶像的消费行为，特别留意品牌和偶像背后的故事，愿意为自己的兴趣付费，因此，企业要正确引导青少年消费者的价值观，树立正面的偶像榜样，更要谨慎选择品牌代言人。二是“00 后”渴望与同龄人更多的交流互动，往往将内容作为重要的社交手段，以其激发互动，并展示自己所长。三是“00 后”坚信国产品牌不比国外品牌差，不少人嘴里吃着大白兔雪糕，身上穿着李宁服装，充满了自信，支持国货成为青年关心国家的一种方式，消费新国货成为一种为人称道的时尚潮流。正是因为善于回应市场需求新趋势，新国货才成为资本市场最大的风口之一。新国货品牌普遍重视对购物场景的塑造，以提升消费者场景沉浸式购物体验。许多传统企业也在积极开拓数字营销新领域，通过网络直播等更具互动性的营销模式来吸引新世代的消费者，让消费者在场景式购物中获得更佳体验。当前，我国已进入高质量发展阶段，社会主要矛盾已经转化为人民日益增长的美好生活需要和不平衡不充分的发展之间的矛盾，内需潜力将不断释放。深度挖掘市场需求，增强企业对市场需求变化的反应能力和调整能力将成为新国货稳步前行的关键所在。

---

① 习近平：为建设世界科技强国而奋斗．人民日报，2016－06－01.

（二）掌握消费行为新特征，精准匹配消费者个性化需求

我国人均 GDP 超过 1 万美元，城镇化率超过 60%，中等收入群体超过 4 亿人，市场需求和消费行为特征有了重大变化，人民对美好生活的需要与日俱增。中国人口基数大，消费升级和正在形成的强大国内市场，为新国货崛起提供了有利的环境条件。从消费行为看，我国消费者过去具有明显的模仿型排浪式特征，消费是一浪接一浪地增长。现在，“羊群效应”消逝，模仿型排浪式消费阶段基本结束，消费拉开档次，个性化、多样化消费渐成主流。市场新消费群体更看重社会安全、人际遵从、友善、自主，具有坚定的文化自信和强烈的民族自豪感，高度认可本土品牌，认为国货具有更高的性价比，国货包装越来越符合其审美。新群体的消费行为也深刻影响了全体国民的消费行为，相对简约、谨慎与直截了当的消费意识逐步普及，新国货崛起势如破竹。而随着个性化消费浪潮的到来，市场消费诉求已经从单纯的商品购买提升至体验式消费、全业态服务、全渠道分销，消费者的注意力正从品牌认可转为互动参与，希望借助消费品牌的市场定位和购物场景来表达“我是谁”。在此时代背景下，通过创新供给激活需求的重要性更加显著，新国货品牌营销已经由产品导向转变为客户导向，广泛应用跨界营销、交叉销售，精准匹配消费者个性化需求。

（三）推动传统产品创新升级，贴近各细分市场需求

新国货品牌大量涌现，渗透到消费者日常生活的方方面面。新国货品牌瞄准消费者日益增长的美好生活需要，深刻把握年轻人的消费诉求，推动传统产品创新升级，生产适销对路的产品，创造了不少成功案例。新国货应聚焦各细分市场的特色需求，着力开发新的特色产品。以年龄细分为例，相较于一般市场细分的泛分类方式，“00 后”主导的消费市场尚需进行二次细分。例如，单在“古风”这个需求领域，便可进一步细分为汉服圈、古文圈、古典音乐圈等。消费者群体及其需求的新变化，给产品创新带来了更多的机遇和挑战。在新国货潮流的形成和崛起中，国家情怀固然发挥了重要的背书效用，但是真正支撑新国货长久发展的还是产品本身，尤其是产品质量。新国货要持续发展，就必须注重产品创新，提高科技含量，在品牌、价格、品质之间求得最佳组合和动态平衡。

（四）注重品牌建设，重视企业社会责任

不少企业善于运用品牌活化和品牌人格化运营，为新国货崛起注入了强劲动能。品牌活化是市场营销领域的新话题、新理念和新策略。它是指企业借助消费者对老品牌的信任和忠诚，充分利用集体怀旧的氛围，通过寻根的方式重新唤回失去的品牌资产，重构新的品牌认知与品牌联想，给老品牌赋予新的生命力的过程。目前，我国许多具有深厚历史底蕴的老字号正面临巨大挑战和激烈竞争，故步自封只会被市场迅速淘汰。不断给品牌注入新概念、新审美、新创意，革故鼎新，才能跟上时代脚步，让老字号重焕生机与活力。比如，诞生于清末的北京稻香村借鉴“网红”食品的营销理念，努力扩大品牌传播力和影响力；华熙生物与故宫博物院联合推出的“润百颜·故宫口红”，一经问

世就刷爆社交平台……老字号活化焕新不仅直击年轻消费群体的需求，还带来代际对话，取得了良好的品牌效应。新国货品牌在新媒体时代受到客户追捧，其中还有一个重要的成功因素就是与客户产生社交层面的深层情感联结。而实现社交情感联结的前提就是品牌人格化，即品牌以人格展现的形式与客户在特定场景产生持续互动，让客户愿意为购买产品和服务支付更高的溢价。同时，在品牌建设不断取得成效的过程中，越来越多的新国货品牌企业创新经营理念，不仅仅关注客户需求，还兼顾道德、伦理和社会的责任，积极承担起实现社会长远目标和增进人类福祉的义务。企业对社会责任的承担也为其扩展用户群体、增加用户黏性、增强品牌吸引力拓展了空间。

二、数字经济推动营销模式创新

数字经济的发展给营销渠道建设和营销模式重构带来了更多机会。近年来，线上平台的快速发展不断冲击传统的营销渠道系统，但也催生出众多创新营销模式。许多新国货品牌致力于加强渠道再造和运营变革，以线上促销和线上购买带动线下体验，构建多元购物场景，开展精准化、数字化、个性化全渠道运营。新国货依托淘宝、小红书、抖音、微博、B站、快手等平台，积极开创直播带货、短视频广告、内容营销等新营销模式，有效抢占消费者心智和市场制高点。

（一）打造数实共生的购物场景

以淘宝、京东、天猫和拼多多等传统电商为代表的数字平台，直接连接买家和卖家，买家通过网络搜索就可以迅速找到自己心仪的商品，越来越多的新国货品牌在这些数字平台上直播，引发消费者关注。此外，智能设备的广泛应用将人们的时间碎片化分割，购物场景也更趋于碎片化。地铁、办公楼、电梯、停车场甚至路边的广告牌，都为实体场景数字化提供了丰富的切入点，可以有效对接市场需求，形成新的消费和购买刺激。新国货品牌大量涌现并全面渗透消费者的家庭、职场和社交等生活场景，给消费者带来了更加丰富的品质选择，满足了人民对美好生活的向往，逐渐形成了与传统品牌不同的营销模式。新国货的营销模式创新和营销渠道建设密切关注购物场景数实结合的新变化，努力打造新场景。

（二）建设线上线下相结合的渠道体系

新国货为了节约成本，往往借助新媒体，选择客户集中的几个重点渠道，以内容营销为主要手段进行促销传播。众多新国货品牌选择小红书、抖音、快手、B站等新媒体渠道，以“图片＋文字＋短视频＋直播”的形式彰显品牌价值，强化市场定位。毋庸置疑，线上渠道和线下渠道有机融合是营销模式创新的必然趋势。一些新国货品牌兴起于线上，之后便开始在线下开店，并引入粉丝经营模式。线下门店已经不再仅仅是产品销售场所，而已成为传统门店、电商和社群的结合体。一旦社群形成规模，线上线下流量互动将会成为新的业务增长点。

（三）注重大数据营销技术的应用

大数据营销是在大数据分析的基础上，描述、预测、分析、引导消费者行为，帮助企业制定有针对性的营销战略战术的过程。以企业促销实践为例，企业以往是选择知名度高、浏览量大的媒体进行广告投放。如今，大数据技术可以让企业了解目标受众身处何方，关注什么位置的什么屏幕等详细信息。因此，大数据营销可以做到当不同客户关注同一媒体的相同界面时，向其呈现不同的广告内容，做到“千人千面”。大数据营销的核心是数据管理平台。该平台包括辅助决策系统、内容管理系统、客户互动策略系统、效果评估与优化系统、客户聆听和客户服务系统、在线支付管理系统等。数据管理平台把分散的多方数据进行整合纳入统一的技术平台，并对这些数据进行标准化和细分，处理后的数据用于现有的互动营销环境。随着新国货品牌客户规模不断扩大，一些新国货品牌开始应用大数据营销，以提高营销的精准性、有效性。

（四）强化贯穿客户全生命周期的体验管理

新国货企业要根据客户获取、客户提升、客户成熟、客户衰退等客户生命周期各阶段的特点，有针对性地推送内容或者推荐产品，在注重客户体验的同时提高转化率，并且可对市场环境、营销实情、消费过程进行跟踪，从而不断优化营销策略，提高营销效果。企业可以通过搭建计算能力超群的系统，如社交媒体，利用更加开放的系统，在不妨碍平台利益和尊重客户隐私的前提下，获取每个客户的行为轨迹并存储于服务器，形成一个庞大的数据库。在此基础上，对数据进行过滤处理，彻底解决行为噪声、重复数据、非目标客户数据等问题，从而为精准营销奠定基础。

三、优化新国货持续发展的市场环境

（一）构建全链路的物流运营保障

新国货品牌的电子商务、社交商务能否高效运转，取决于依托的物流体系是否完备可靠。2023 年，全国社会物流总额 352.4 万亿元，按可比价格计算，同比增长 5.2%；社会物流总费用 18.2 万亿元，同比增长 2.3%；社会物流总费用与 GDP 的比率为 14.4%；快递业务量累计完成 1 320.7 亿件。物流站点覆盖率以及商品运送效率，都关系到能否及时、精准满足市场需求。产品创意再好、主播带货能力再强，但如果物流所需时间长、物流覆盖率低、偏僻地区运费贵，那么客户网购意愿也必然会大打折扣。可以说，新国货的崛起在很大程度上也得益于物流人员的辛苦付出。未来必须持续推进物流体系创新，规范物流行业标准，促进物流行业的整合，提升数字化运营水平，为电商平台、网络直播等营销模式创新提供强力支撑和保障。

（二）建立和健全消费者权益保护体系

依托数字平台，新国货得以与消费者亲密接触，企业可以借此掌握大量用户数据，并结合人工智能、大数据分析等技术为消费者提供个性化的服务。目前，一些企业在通过数据掌握了消费者的经济状况、消费习惯等个人信息后，实行消费价格等方面的歧视性差别待遇，俗称“大数据杀熟”，严重侵犯了消费者权益，造成了不良社会影响。于2021年8月20日通过的《中华人民共和国个人信息保护法》明确禁止“大数据杀熟”行为。新国货企业在善用大数据等新一代信息技术提升营销业绩的同时，也应时刻将保护消费者个人信息安全作为提升客户体验的一部分，坚决避免“算法歧视”“大数据杀熟”“强制扫码”等严重侵犯消费者权益的行为。

（三）不断完善社会责任管理体系

新国货的兴起代表着中国从制造大国向制造强国的转变，其背后的关键是中国产品质量的显著提升。新国货企业应不断强化社会责任，把企业发展同国家繁荣、民族兴盛、人民幸福紧密结合在一起，主动为国担当、为国分忧，开拓创新，努力打造享誉世界的中国品牌，致力于实现国货的民族复兴。要积极履行诚信经营、绿色发展、和谐劳动关系等社会责任，在稳就业、保民生中发挥重要作用。同时，不断提升企业经营业绩，积极参与三次分配，为创造人民美好生活、促进全社会共同富裕贡献力量，为全面建成社会主义现代化强国、实现中华民族伟大复兴中国梦不断作出新的贡献。

（四）持续推进市场创新

新国货之新，根本在于供给体系的创新与升级。新国货行稳致远的关键，就是要准确把握市场需求特征，强化社会责任意识，全方位推进市场营销创新，更好地满足人民日益增长的美好生活需要。国货当自强，未来亦可期。更加自信的新一代消费群体正在成长壮大，年轻人对美好生活的追求和向往，将成为新国货崛起的不竭动力。

新国货的市场地位和品牌价值不断提升，从侧面反映了包括经济、文化、科技在内的中国力量的全面崛起。这与新国货品牌市场营销创新的努力密不可分。新国货品牌精准匹配客户个性化需求，注重场景沉浸式购物体验，善于掌握消费行为新特征，借力数字经济打造数实共生的购物场景，强化大数据营销技术应用和客户全生命周期的体验管理，造就了无数营销创新的成功案例。展望未来，新国货应构建全链路的物流运营保障，建立和健全消费者权益保护体系，不断完善社会责任管理体系。

重要概念

消费升级	商标专用权	品牌建设	商标保护
品牌	品牌定位	品牌资产	品牌价值
品牌知识	品牌知名度	品牌美誉度	品牌忠诚度
品牌动力模型	品牌强化	品牌活化	品牌联想
品牌态度	多品牌策略	合作品牌策略	品牌承诺
品牌扩展策略	品牌属性联想	品牌利益联想	品牌价值链

复习题

1. 加强中国品牌建设需要从哪些方面持续发力？

2. 商标等知识产权保护在中国取得了哪些重大进展？
3. 如何理解品牌资产和品牌价值链？
4. 市场创新如何赋能新国货崛起？

案例分析

海澜之家的品牌策略

海澜之家以工业化和信息化的创新探索，构建了海澜智慧服装体系，囊括服务端个性化服装智慧生态体系“海澜致＋”，生产端智能制造生产专家“海澜云服智慧工厂”以及研发端前沿智慧大脑“云服实验室”三大特色板块。到 2024 年初，三大板块相互协同、共同赋能，实现了消费端与制造端的全流程智能化，也为传统纺织服装产业从“先产后销的高库存模式”向“先销后产的零库存模式”转变提供了参考，数字化能力已经基本覆盖全产业链的运营和管理，不断推动纺织服装这一传统产业跃升为更有竞争力的朝阳产业。在确定了年轻化的市场战略后，海澜之家的品牌策略也开始发生变革。

在挑选代言人方面，海澜之家始终坚持“1＋1＞2”的策略，将品牌形象、目标消费人群以及自身的战略方向，通过代言人传递出去。从代言人的更替，足以看出海澜之家在市场推广方面的倾向，而年轻偶像加入代言人之列，更加凸显了其年轻化的战略方针。海澜之家官宣代言人总能喜提热搜，可见消费者对于海澜之家代言人的关注度之高。作为国民品牌，海澜之家每一次选择代言人，都是在向消费者透露品牌建设方面的前瞻性信息。就像 2020 年海澜之家选择足球运动员作为代言人，宣传海澜之家的轻运动系列服饰，改变了海澜之家此前在消费者心目中的形象，将产品由商务开始向运动方面转型。而选择与海澜之家的“国民品牌”形象完美匹配的“全民巨星”代言，则实现了市场推广的价值，且极具标志性。随着偶像群体加入海澜之家的代言人队伍，品牌更加符合 Z 世代的消费风格以及营销倾向。从财报来看，自代言人的风格转换后，海澜之家营收逐年提升，消费群体也开始呈现出年轻化的趋势。

海澜之家及时推出时尚子品牌，如着眼都市新青年的“黑鲸”，高端女装品牌“OVV”，以及登上 2020 年伦敦时装周的男装品牌“AEX”。除此之外，还有对标无印良品的家居品牌“海澜优选”。

在市场推广方面，海澜之家旗下 OVV 女装在小红书平台精准投放，获得了市场的认可和广泛的好评。而在蜜芽平台上的推广则主要是针对宝妈群体，对男生女生、英氏等品牌的产品进行详细介绍，让宝妈学会如何挑选母婴用品。在微博方面的推广则是针对全部消费群体，在发布相关内容时主要是体现出全面性。而面向年轻消费群体的推广则主要集中在抖音、快手平台，让更多的年轻消费者既能够直接消费，也能从当前的流行趋势中获得有效资讯。究其原因，海澜之家选择这一市场推广方式主要是消费转型时代下的必然结果。市场逐渐呈现出细分化，而市场推广策略也需要作出相应的调整，由此符合市场发展趋势，并形成符合海澜之家的消费矩阵。

2024 年 1 月 11 日，由海澜之家冠名的“引力一号（遥一）”海澜之家号运载火箭在海阳附近海域成功发射，这是国内首个捆绑式构型的民商火箭，也是国内航天商业化的里程碑，海澜之家也借此进行了品牌推广。

资料来源：冠名火箭？海澜之家更适合《繁花》. 英才杂志，2024 - 01 - 15；全球最大固体运载火箭，引力一号遥一（海澜之家号）商业运载火箭首飞发射成功.（2024 - 01 - 11）. IT 之家.

思考题

海澜之家的品牌策略有哪些独到之处？

第11章

公平理性的价格

本章要点

- 马克思主义价值论和价格观
- 党中央关于定价问题的重要论述
- 中国价格管理的改革历程
- 维护市场价格秩序的法律法规
- 企业主要的定价方法

价格直接关系市场对产品的接受程度，影响市场需求和企业利润的多少，涉及生产者、经营者、消费者等多方面的利益。营销组合其他因素创造的客户价值，需要通过定价给企业带来回报。在激烈竞争和快速变化的市场环境中，追求价值的客户给企业定价带来的压力日益增大，经济的波动和互联网比价的流行进一步加大了定价的难度。企业定价必须遵循马克思主义价值论和价格观，贯彻党中央关于定价问题的重要论述，在坚持劳动创造价值、价值决定价格的前提下，充分考虑供求对价格的影响。中国价格管理的改革历程，为企业定价提供了可资借鉴的经验。在定价实践中，企业必须遵守维护市场价格秩序的法律法规，充分考虑定价目标、产品成本、需求价格弹性、竞争者的产品质量和价格、企业整体营销战略及外部因素，借助成本导向定价法、需求导向定价法、竞争导向定价法制定产品价格，并结合市场需求和市场竞争实际情况采取灵活适当的定价策略。

第1节　制定价格的基础理论与实践

一、马克思主义价值论和价格观

马克思在《资本论》中阐发了劳动力的价值和剩余价值的理论。劳动力价值取决于生产某商品所必需的社会平均必要劳动时间。马克思从劳动价值论入手，发现了价值规律，从而在价值规律的基础上建立了科学的政治经济学体系。

（一）劳动创造价值

马克思主义劳动价值论把生产商品的劳动区分为具体劳动和抽象劳动，具体劳动形成商品的使用价值，抽象劳动形成商品的价值。具体劳动有重复性劳动和创新性劳动的区别，创新性劳动促使具体劳动在使用价值上创新，为价值的增值开辟新的空间，成为新时代产业结构升级的必然要求。

马克思把交换价值归根到底理解为实现产品使用价值的社会历史形式。人们为了获得或让渡产品的使用价值，必须进行社会交换；交换的尺度并非由使用价值决定，而是由生产该产品的社会劳动决定。这样，政治经济学中的交换价值和价值，作为社会关系的一种历史性的内容和尺度，它们本身就具有哲学意义上的一种特殊价值，即保证产品的使用价值得以实现。

马克思通过对经济利益、经济价值的具体分析，在广泛的意义上考察了人类社会生活中的价值现象和价值关系。他对生活与消费、分配与交换、需求与供给、费用与成本，乃至经济与道德、经济与艺术、经济与政治等关系的论述，构成了马克思主义劳动价值理论和价值学说的丰富内容。

（二）价值决定价格

价格是商品价值的货币表现。商品的价值是凝结在商品中的抽象人类劳动。商品的价值量是由生产商品的社会必要劳动时间决定的。商品按照价值量进行等价交换。按照等价交换的原则，要求价格符合价值。价格波动受价值规律的支配，马克思指出，“不同商品的价格不管最初用什么方式来互相确定或调节，它们的变动总是受价值规律的支配”①，“如果用来生产某种物品的社会劳动的数量，和要满足的社会需要的规模相适应……那么这种商品就会按照它的市场价值来出售。商品按照它们的价值来出售是理所当然的，是商品平衡的自然规律”②。价格符合价值，是以商品的供求平衡为条件的。

（三）供求影响价格

价格是商品价值的货币表现，价值决定价格。然而，在每一次具体交换过程中，两者并非都能达到一致。商品价格受到多种因素影响，特别是受到供求关系的影响。在市场竞争规律支配下，商品的供求关系处于经常的变化中。因而，价格与价值是经常不一致的。供过于求时，价格低于价值，求过于供时，价格又高于价值。价格以价值为中心而上下波动。马克思指出，商品的需求和供给调节着商品的价格，如果供求一致，供给与需求这“两种社会动力”就势均力敌，它们就会停止发生作用，此时，市场价格就会同市场价值相一致；如果供求不一致，市场价格就会同市场价值相背离，“供求的变动

---

① 马克思，恩格斯．马克思恩格斯全集：第46卷．2版．北京：人民出版社，2003：197.

② 同①209.

使市场价格围绕着这个中心发生波动”①。

二、党中央关于定价问题的重要论述

以习近平同志为核心的党中央历来重视价格机制的市场化改革，提出必须牢牢抓住价格这一市场经济条件下资源配置效率的“牛鼻子”。国家发展改革委发布的《关于“十四五”时期深化价格机制改革行动方案的通知》（以下简称《行动方案》）提出，“十四五”时期继续深化重点领域价格机制改革。

市场机制包括供求、价格、竞争、风险机制等，市场机制的核心机制是价格机制，市场经济发展的巨大动力是竞争机制，市场经济运行的基础是供求机制，这三个机制都是围绕价格来调节市场的。因此，价格机制是市场机制的核心，市场决定价格是市场在资源配置中起决定性作用的关键。在改革开放推动下，我国商品市场发育较为充分，商品和服务价格已由原来的 97%以上由政府定价，转变为 97%以上由市场定价。习近平总书记在治国理政重要论断中多次提到定价问题。

（一）完善价格机制

党的十八大以来，坚持统筹谋划价格机制改革工作。2015 年 10 月，中共中央、国务院印发《关于推进价格机制改革的若干意见》，全面谋划部署“十三五”时期推进价格机制改革的工作。

为了加快价格市场化改革，健全价格监管体系，使价格灵活反映市场供求、价格机制真正引导资源配置、价格行为规范有序，国家发展改革委 2017 年 11 月发布了《关于全面深化价格机制改革的意见》。

2021 年推出的《行动方案》明确了“十四五”时期深化价格机制改革的总体目标，提出到 2025 年，竞争性领域和环节价格主要由市场决定，网络型自然垄断环节科学定价机制全面确立，能源资源价格形成机制进一步完善，重要民生商品价格调控机制更加健全，公共服务价格政策基本完善，适应高质量发展要求的价格政策体系基本建立。

《行动方案》从强化价格调控着手，推进能源、水资源和公共服务价格改革等，其中能源领域的价格机制改革是重点。例如，深入推进能源价格改革，继续推进输配电价改革，持续深化上网电价市场化改革，完善风电、光伏发电、抽水蓄能价格形成机制，建立新型储能价格机制。

针对高耗能、高排放行业，完善差别电价、阶梯电价等绿色电价政策，促进节能减碳。稳步推进石油天然气价格改革，适应“全国一张网”发展方向，完善天然气管道运输价格形成机制。“十四五”时期应该发挥价格机制的激励、约束作用，能源价格改革深化应紧紧围绕碳达峰碳中和目标，在充分考虑相关方面承受能力的基础上，促进经济社会发展全面绿色转型。习近平总书记针对碳定价问题明确指出，“要充分发挥市场机

① 马克思，恩格斯．马克思恩格斯全集：第 25 卷．北京：人民出版社，1974：202.

制作用，完善碳定价机制，加强碳排放权交易、用能权交易、电力交易衔接协调”①。

《行动方案》提出，健全价格监测预测预警系统，增强保供稳价工作的前瞻性；加强重要民生商品价格调控，完善突发应急调控机制；坚持稻谷、小麦最低收购价政策框架不动摇，守住粮食安全底线等重点举措。

医疗服务价格是人民群众最关心最直接最现实的利益问题。进入新时代以来，党中央部署推动一系列改革，通过取消药品加成、带量集中招采和加强成本控制，降低了药品耗材价格，减轻了老百姓负担，也为调整医疗服务价格创造了条件。党中央强调，要深化医疗服务价格改革，规范管理医疗服务价格项目，建立目标导向的价格项目管理机制，使医疗服务价格项目更好计价、更好执行、更好评价，更能适应临床诊疗和价格管理需要。要加强医疗服务价格宏观管理，平衡好医疗事业发展需要和各方承受能力，在总量范围内突出重点、有升有降。要结合医疗服务特性加强分类管理，对普遍开展的通用项目，政府要把价格基准管住管好；对于技术难度大的复杂项目，政府要发挥好作用，尊重医院和医生的专业性意见建议，更好体现技术劳务价值。要建立灵敏有度的价格动态调整机制，明确调价的启动条件和约束条件。要搞好价格监测评估和监督检查，确保价格机制稳定运行。②

习近平总书记非常重视运用价格政策有效支持美丽中国建设保障体系，提出要汇聚各方面力量，打好法治、市场、科技、政策“组合拳”。“要完善绿色低碳发展经济政策，强化财政支持、税收政策支持、金融支持、价格政策支持。”③

（二）价格“天花板”和成本“地板”

习近平总书记在中央经济工作会议上就价格“天花板”和成本“地板”作出重要论述。价格“天花板”、成本“地板”挤压和补贴“黄线”、资源环境“红灯”约束，很可能是今后一个时期农业发展面临的重要瓶颈。出路只有一个，就是坚定不移加快转变农业发展方式，走产出高效、产品安全、资源节约、环境友好的现代农业发展道路。④

为了建设农业强国，调动农民种粮积极性，习近平总书记非常重视农产品价格政策，提出要完善价格、补贴、保险“三位一体”的政策体系，完善农资保供稳价应对机制，稳定农民预期、降低生产风险。⑤

（三）价格要听市场的

价格是由政府定还是由市场定？如何处理好政府和市场的关系？这是市场经济体制改革的核心问题。数十年间，中国经济体系一步步从“计划”走向“市场”，向着构建

---

① 深入分析推进碳达峰碳中和工作面临的形势任务 扎扎实实把党中央决策部署落到实处．人民日报，2022-01-26.

② 完善科技成果评价机制深化医疗服务价格改革 减轻义务教育阶段学生作业负担和校外培训负担．人民日报，2021-05-22.

③ 全面推进美丽中国建设 加快推进人与自然和谐共生的现代化．人民日报，2023-07-19.

④ 习近平同志《论“三农”工作》主要篇目介绍．人民日报，2022-06-07.

⑤ 习近平．加快建设农业强国 推进农业农村现代化．求是，2023（6）.

现代化经济体系迈进。

习近平 2017 年 10 月 19 日参加党的十九大贵州省代表团讨论。贵州省代表团讨论气氛热烈。代表发言时说，村里面通过发展村集体经济，走共同富裕的道路，2013 年办了一个酒厂，一瓶酒卖 99 元。习近平说，99 元的价格也不便宜，酒的价格不在于贵，太贵的酒不一定卖得好，要按市场定价。

加快要素化市场配置改革，健全适应高质量发展的要素市场化配置。习近平总书记多次指出：发挥市场在资源配置中的决定性作用，更好发挥政府作用，建立完善的宏观调控体系。居民、非居民天然气价格并轨之后，下一步要完善教育、医疗、养老等领域价格改革，围绕电力、石油、天然气等重点能源资源大力发展现货市场，逐步推动期货市场创新发展。党中央牢牢抓住价格这一市场经济条件下资源配置效率的“牛鼻子”，使价格灵活反映市场供求、价格机制真正引导资源配置、价格行为规范有序。习近平总书记强调，“要反垄断、反暴利、反天价、反恶意炒作、反不正当竞争”①。

三、中国价格管理的改革历程

1978 年改革开放大幕拉开后，计划经济体制首先受到挑战。虽然当时社会主义市场经济的改革方向还没有明确，但朝着一个新的适合中国国情的经济体制转型，已经成了社会的共识。

计划经济体制下，几乎一切商品的价格都由国家说了算。改革开放撬开了计划经济严丝合缝的外壳，企业对原材料的渴求显现，被掩盖的资源配置问题也暴露出来，其核心问题是：价格不合理。理顺价格，为经济发展营造市场环境迫在眉睫。价格，这个最灵敏的经济信号、最有效的经济杠杆、经济体制改革中最要害的环节，成为中国经济转型路上的始发站。

在此背景下，价格双轨制应运而生。所谓价格双轨制，就是在原有的计划内价格外增加一轨：计划外自主定价。一种商品有计划价和市场价两种价格，计划内价格由国家确定，计划外价格由市场决定。之后逐步实现并轨，变成单独的市场价格。

价格双轨制给非国有经济发展带来了有利的机会。资源配置向生产效率更高、产品更适销对路的企业倾斜，乡镇企业能够通过计划外市场合法买到生产资料，开始快速成长。价格双轨制引领了中国经济体制改革，此后，国家有次序地逐渐放开不同领域商品价格。

从价格双轨制开始的中国式价格改革，不仅仅是商品从计划价到市场价的过渡，其本质是从计划经济体制向市场经济体制的转型。价格双轨制为中国引入了市场机制，提高了产品质量和经济效率，促使社会生产逐渐摆脱了短缺局面，逐渐将社会生产的绝大部分领域纳入市场经济。

1992—1995 年，放开一般商品价格；1998 年，施行《中华人民共和国价格法》；2000—2005 年，解决生产资料与民生领域的价格双轨制，石油、煤炭领域探索价格改

---

① 习近平．正确认识和把握我国发展重大理论和实践问题．求是，2022（10）．

革。价格改革自由化的进程，为市场的发育、市场主体的自主经营创造了前提，促进了一系列财税制度和企业制度的改革，为进一步市场化改革开辟了重要道路。

在价格改革的带动下，我国经济体制改革向纵深推进。在国家宏观调控下，市场在资源配置上日渐发挥基础性作用和决定性作用。现在，中国经济已经由高速增长阶段转向高质量发展阶段，社会主义市场经济体制更加完善。党的二十大报告指出，坚持社会主义市场经济改革方向，构建高水平社会主义市场经济体制，完善支持绿色发展的财税、金融、投资、价格政策和标准体系，发展绿色低碳产业，健全资源环境要素市场化配置体系。党的二十届三中全会进一步指出，要“推进水、能源、交通等领域价格改革，优化居民阶梯水价、电价、气价制度，完善成品油定价机制”。

四、维护市场价格秩序的法律法规

（一）加强价格监管

市场经济的发展伴随着信息不对称问题，消费者在购买商品和服务时常常处于信息劣势地位。不法商家往往利用信息不对称，通过不正当手段抬高价格，欺骗消费者。长期以来，政府致力于建立完善的消费者维权体系，强化消费者权益保护法律法规的制定和执行，加强对商家价格行为的监管，保障消费者的合法权益。《消费者权益保护法》第二十条规定：经营者向消费者提供有关商品或者服务的质量、性能、用途、有效期限等信息，应当真实、全面，不得作虚假或者引人误解的宣传。经营者对消费者就其提供的商品或者服务的质量和使用方法等问题提出的询问，应当作出真实、明确的答复。经营者提供商品或者服务应当明码标价。第五十五条规定：经营者提供商品或者服务有欺诈行为的，应当按照消费者的要求增加赔偿其受到的损失，增加赔偿的金额为消费者购买商品的价款或者接受服务的费用的三倍；增加赔偿的金额不足五百元的，为五百元。

（二）规范明码标价和禁止价格欺诈

为了进一步提升价格监管工作法治化、规范化水平，规范经营者明码标价行为，预防和制止价格欺诈，维护市场价格秩序，保护消费者、经营者合法权益和社会公共利益，根据《中华人民共和国价格法》《价格违法行为行政处罚规定》等法律、行政法规，2022 年 4 月 14 日国家市场监督管理总局公布了《明码标价和禁止价格欺诈规定》（以下简称《规定》），自 2022 年 7 月 1 日起施行。

《规定》指出，经营者应当遵循公开、公平、诚实信用的原则，不得利用价格手段侵犯消费者和其他经营者的合法权益、扰乱市场价格秩序。《规定》明确了经营者在销售商品或者提供服务时，应当标示的主要价格要素和遵循的标价原则，并对通过网络等方式销售商品或者提供服务的明码标价形式作了比较灵活的规定。明码标价，是指经营者在销售、收购商品和提供服务过程中，依法公开标示价格等信息的行为。价格欺诈，是指经营者利用虚假的或者使人误解的价格手段，诱骗消费者或者其他经营者与其进行交易的行为。

《规定》在价格欺诈认定方面，明确了经营者在进行价格比较、折价、减价等活动时的具体要求，列举了予以禁止的典型价格欺诈行为，强调在认定价格欺诈行为时应当将当事人的主观恶意作为重要考量因素，并对网络交易经营者的标价行为提出明确要求。同时，对价格欺诈和非价格欺诈进行合理区分，明确有证据足以证明没有主观故意、实际成交价格能够使消费者或者与其进行交易的其他经营者获得更大价格优惠等情形不属于价格欺诈。

2024 年 6 月 18 日，国家市场监管总局法规司提出修订《规定》《网络交易监督管理办法》，明令禁止“价格刺客”“自动续费陷阱”等侵害消费者合法权益的违法行为。①

五、《中华人民共和国价格法》主要内容

《中华人民共和国价格法》（以下简称《价格法》）所称价格包括商品价格和服务价格。商品价格是指各类有形产品和无形资产的价格。服务价格是指各类有偿服务的收费。

《价格法》规定，国家实行并逐步完善宏观经济调控下主要由市场形成价格的机制。价格的制定应当符合价值规律，大多数商品和服务价格实行市场调节价，极少数商品和服务价格实行政府指导价或者政府定价。市场调节价，是指由经营者自主制定，通过市场竞争形成的价格。经营者是指从事生产、经营商品或者提供有偿服务的法人、其他组织和个人。政府指导价，是指依照本法规定，由政府价格主管部门或者其他有关部门，按照定价权限和范围规定基准价及其浮动幅度，指导经营者制定的价格。政府定价，是指由政府价格主管部门或者其他有关部门，按照定价权限和范围制定的价格。

《价格法》规定，经营者不得在标价之外加价出售商品，不得收取任何未予标明的费用。经营者不得有下列不正当价格行为：（1）相互串通，操纵市场价格，损害其他经营者或者消费者的合法权益；（2）在依法降价处理鲜活商品、季节性商品、积压商品等商品外，为了排挤竞争对手或者独占市场，以低于成本的价格倾销，扰乱正常的生产经营秩序，损害国家利益或者其他经营者的合法权益；（3）捏造、散布涨价信息，哄抬价格，推动商品价格过高上涨的；（4）利用虚假的或者使人误解的价格手段，诱骗消费者或者其他经营者与其进行交易；（5）提供相同商品或者服务，对具有同等交易条件的其他经营者实行价格歧视；（6）采取抬高等级或者压低等级等手段收购、销售商品或者提供服务，变相提高或者压低价格；（7）违反法律、法规的规定牟取暴利；（8）法律、行政法规禁止的其他不正当价格行为。

第 2 节　影响定价的因素

价格是客户为获得、拥有和使用某种产品或服务的利益而支付的货币总额，是决定

---

① 市场监管总局：整治“霸王条款”督促网络经营者落实七日无理由退货．法制日报，2024－06－26.

企业市场份额和盈利水平的最重要的因素之一。价格是营销组合中唯一与收益直接相关的要素，也是最灵活的营销要素之一。定价是创造和获取客户价值的重要工具。很小比例的价格上升也可能带来盈利的大幅度增加。作为企业整体价值主张的一分子，价格在创造客户价值、建立与维系客户关系中发挥着关键作用。然而，任何企业都不能孤立地制定价格，必须考虑以下因素来定价。

一、定价目标

企业管理人员在企业经营中要制定一些具体的经营目标，如利润额、销售额、市场份额等，这些经营目标对企业定价目标具有重要影响。根据具体的经营目标，企业定价目标主要有维持生存、当期利润最大化、市场份额最大化、产品质量最优化等，这些定价目标势必会影响定价。

二、产品成本

任何企业都不能随心所欲地制定价格。产品的最高价格取决于消费者对价值的感知，最低价格取决于产品成本（见图 11－1）。从长远看，产品的销售价格必须高于产品成本，只有这样，才能以销售收入来补偿生产成本和经营费用，否则就无法持续经营。因此，企业定价时必须估算产品成本。

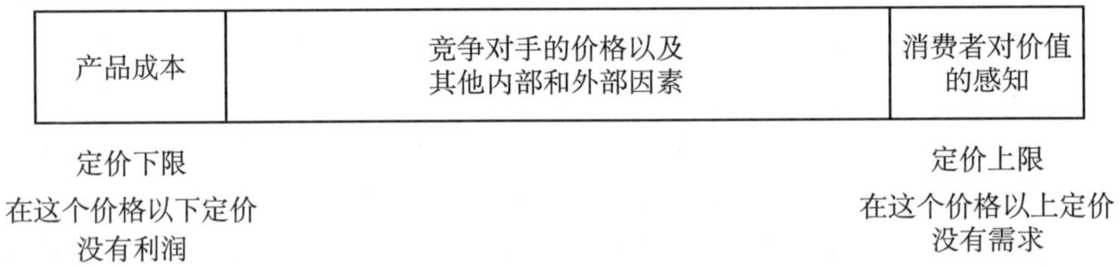

图 11－1　定价的上限和下限

产品成本可以从短期和长期考虑。短期成本是指是在相对较短的时期内，企业不能自由调整生产要素的投入和组合，不能选择各种可能的生产规模的情况下的成本。长期成本是指在相对较长的一个时间周期内，企业可以自由调整生产要素的投入和组合，选择最有利的生产规模的情况下的成本。企业在定价时，必须考虑时间周期的因素，对已有产品或新产品在生产、销售等经营过程中涉及的各种直接成本和间接成本进行合理的分配和规划，以实现企业利润最大化。

三、需求价格弹性

市场需求对企业定价有着重要影响，而需求又受价格和收入变动的影响。因价格或收入等因素变动而引起的需求的相应变动率，叫作需求价格弹性。需求价格弹性反映了需求对价格的敏感程度，以需求量变动的百分比与价格变动的百分比之比值来计算。企业定价高低会影响企业产品的销售，从而会影响企业营销目标的实现。在以下情况下，产品可能缺乏需求价格弹性：(1) 市场上没有替代品或者没有竞争者。(2) 购买者对较高价格并不在意。(3) 购买者改变购买习惯较慢，也不积极寻找更便宜的替代品。(4) 购买者认为产品质量有所提高，或者认为存在通货膨胀等，价格较高是应该的。如果产品具备上述条件，则企业调整定价对需求的影响较小。如果某种产品不具备上述条件，那么这种产品就有一定的需求价格弹性。在这种情况下，企业高层管理者可以考虑适当降价，以刺激需求，促进销售，增加销售收入。

需求弹性还包括需求收入弹性和需求交叉价格弹性，企业在为产品定价的时候还要考虑消费者货币收入情况和各产品项目之间的相互影响。

需要注意的是，在市场实践中，相对于价格的绝对值，消费者对价格变动百分比更敏感，企业在定价时应关注这个问题。假如隔壁的小卖部一袋米卖 100 元，5 公里外的超市一袋米卖 50 元，那么你很可能愿意多跑 5 公里去买米。然而，假如隔壁的家电城一台电视机卖 5 000 元，5 公里外的商店同一台电视机卖 4 950 元，那么你可能就不愿意多跑这 5 公里了。同样是多跑 5 公里节省 50 元，消费者却会作出不同的购买决策，原因就在于价格变动百分比不同。

四、竞争者的产品质量和价格

在价格上限和价格下限之间，企业能把价格定得多高，取决于竞争者同种产品的质量和价格。企业必须采取适当方式了解竞争者所提供的产品质量和价格，通过比质比价，更准确地制定本企业产品的价格。如果二者产品质量基本一致，则定价也应一致，否则本企业产品可能卖不出去；如果本企业产品质量较高，则产品价格也可以定得较高；如果本企业产品质量较低，那么产品价格就应定得低一些。竞争者也可能随机应变，针对本企业的产品价格而调整其定价；也可能不调整价格，而调整营销组合中的其他变量，与企业争夺客户。当然，对于竞争者定价的变动，企业要及时掌握有关信息，并做出明智的反应。

五、企业整体营销战略及外部因素

价格只是企业众多营销战略要素之一，企业定价时必须考虑是否与企业整体营销战略相一致。

（一）目标市场与市场定位

不同的客户群体对产品包括价格有不同的偏好和要求，所以，企业定价策略的制定必须适应目标市场的特点和需求。市场定位往往借助价格来体现产品的特色、差异和优势，因此，定价策略如同其他营销组合策略一样，必须与产品的市场定位协调一致。例如，当产品被定位为高端产品时，就必须制定相应的高价格来弥补生产、营销过程中产生的高成本。

（二）营销目标

营销目标是指企业在分析营销现状并预测未来的机会和威胁的基础上确定的各种目标，如利润额、销售额、市场份额、投资收益率、分销网覆盖面、产品创新等。不同的营销目标需要相应的定价策略来配合才能顺利实现。定价策略在实现企业各种不同层次的目标的过程中，发挥着十分重要的作用。尤其表现在如下方面：（1）以新颖的定价吸引新客户，留住现有客户。（2）以较低价格阻止竞争者进入市场。（3）以跟随竞争者定价即随行就市定价，来稳定市场，避免价格战。（4）以适当的定价获得中间商的支持和忠诚。（5）以短暂降价赢得某品牌的热销。（6）以灵活的定价实现企业产品线中其他产品的畅销。

（三）其他营销组合因素

企业定价策略应与产品设计开发、分销和促销策略保持协调一致，以便形成统一高效的整体营销方案。实际上，营销组合中的其他因素也会影响定价决策。例如，高质量、高档次的产品，必须有相应的高价格来弥补生产、营销过程中的高成本。再如，当需要激励中间商积极支持、大力分销产品时，企业必须在定价时为中间商留下足够的利润空间。

总之，企业制定定价策略时，必须考虑到整体营销战略和营销组合策略。然而，企业也应清醒地意识到，即使价格再吸引人，客户并不是仅仅根据价格来选择品牌，实施购买。实际上，他们往往要对所付出的价格与所获得的利益进行权衡比较，寻求那些能够给他们带来最大价值的产品。

（四）定价主体

管理层必须决定企业的定价事务由谁来负责。小企业的定价一般由最高管理层来实施，而不是由营销部、促销部或销售部负责。大企业的定价往往由区域经理、分部经理或产品经理负责。在组织市场的营销实践中，销售人员有权在一定的价格幅度内与客户协商价格。许多企业在定价决策方面通常是自下而上和自上而下相结合，也就是说，高层管理者要制定明确的定价目标和定价政策，同时，也接受基层管理人员和一线销售人员的价格建议。

在航空、航天、钢铁、铁路、石油、电力等行业，定价对于企业成长发展来说是一个非常关键的因素，企业往往设立专门的定价部（或定价委员会）来负责制定最佳价格，或者帮助其他部门制定价格。定价部要向营销部和管理高层汇报。销售经理、生产经理、财务经理和会计等也会对定价工作具有影响，甚至参与定价工作。

（五）宏观经济形势

宏观经济形势对于企业定价策略具有重要影响，经济的繁荣或衰退、通货膨胀率和利率等经济因素既会影响产品成本，又会影响消费者对价值的感知，因而也会影响企业的定价策略及相关决策。在经济下行的环境下，消费者会紧缩开支，更加强化价值意识，关注产品价值，力求物有所值。即使经济复苏，消费者也很可能在一段时间内保持节俭。这就要求企业定价时要充分彰显货真价实、物有所值的优势。

经济下行时期，企业常用的定价策略就是打折、降价，以刺激短期销售。然而，低价格也意味着低利润。大幅度的打折降价会贬损品牌在消费者心目中的价值。而且，企业一旦降价，待经济复苏也很难再调回原来的价位。鉴于此，不少企业不选择打折降价，而是聚焦产品组合中消费者愿意负担的更加实惠的产品项目，增加价廉物美的低价项目。

（六）其他外部环境因素

企业定价还需考虑除市场和经济之外的其他因素，了解企业的产品价格可能对其他环境力量产生的影响。例如，政府政策法规、社会舆论关注等对企业定价也具有重要影响。

第 3 节　基础定价方法

定价对于企业而言是一项很复杂的工作，必须全面考虑各个方面的因素，采取一系列步骤和措施。一般来说，要采取六个步骤：选择定价目标，测定需求价格弹性，估算成本，分析竞争对手的产品与价格，选择适当的定价方法，确定最后价格。本节仅就具体的定价方法加以阐述。

企业产品价格的高低要受市场需求、成本费用及竞争情况等因素的影响和制约。企业制定价格可以基于市场波动程度、成本、竞争产品价格、客户期望和感知价值等。在数字时代，企业还可以基于行情适应和行情协作制定价格。大体上，企业定价有三种导向，即成本导向、需求导向和竞争导向。

一、成本导向定价法

成本导向定价法是一种主要以成本为依据的定价方法，特点是简便、易用，包括成本加成定价法和目标回报定价法两种具体方法。

（一）成本加成定价法

成本加成定价法是指给单位成本加上一定比率的加成来制定产品销售价格的方法。加成的含义就是一定比率的利润。成本加成定价法的公式为：

$$P=C(1+R)$$

式中，P 为单位产品售价；C 为单位产品成本；R 为成本加成率。

需求价格弹性总是处在不断变化中，最适加成率也应随之调整。最适加成率与需求价格弹性成反比。如果某品牌的需求价格弹性高，最适加成率就应相对低些；如果某品牌的需求价格弹性低，最适加成率则应相对高些。当需求价格弹性保持不变时，加成率也应保持相对稳定，以制定出最适价格。

成本加成定价法之所以受到企业欢迎，主要是由于：（1）成本的不确定性一般比需求小，将价格钉住单位成本，可以大大简化企业定价程序，而不必根据瞬息万变的需求情况频繁做调整。（2）如果行业中所有企业都采取这种定价方法，则价格在成本与加成率相似的情况下也大致相似，价格竞争会因此降至最低限度。（3）总体上，成本加成定价法对买方和卖方都比较公平，当买方需求强烈时，卖方不利用这一有利条件仍能获得公平的投资回报。

（二）目标回报定价法

目标回报定价法，又称盈亏平衡定价法、损益平衡定价法，是指根据估计的销售总额和估计的产量（销售量）来制定价格的一种方法。目标回报定价法需要借助损益平衡图。损益平衡图描述了在不同销售水平上的预期总成本和总收入。图 11-2 是损益平衡图的示例。不论销售量为多少，固定成本都是 600 万元。

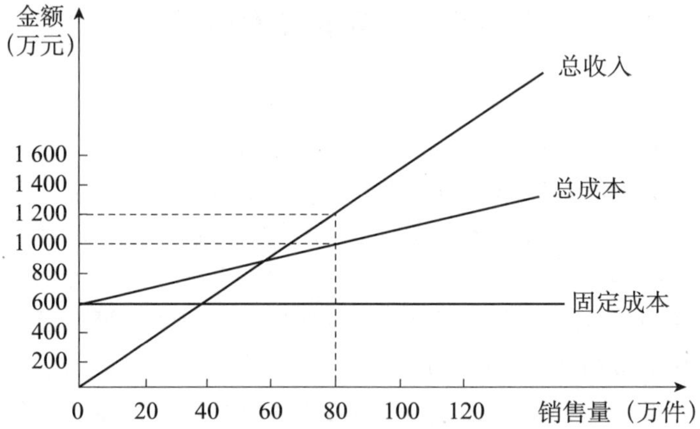

图 11-2　目标回报定价法与损益平衡图

应用目标回报定价法时，管理人员的任务是：

1. 估计各种不同销售量下的总成本。总成本曲线按固定速率上升，直到最大产能。

2. 估计未来一期的产量水平。假设企业预期产能为 80%，即产量为 100 万件时预期销售量为 80 万件，则生产这一产量的总成本为 1 000 万元。

3. 确定目标报酬率。假设企业希望利润为成本的 20%，则目标利润为 200 万元。因此，在产量为 80 万件时总收入必须为 1 200 万元才能实现目标利润。总收入曲线的斜率就是要制定的价格。本例中斜率 $k=15$。如果企业定价为每件 15 元，且售出 80 万件，则按此价格可实现 20%的报酬率，赚得 200 万元。

目标回报定价法有一个严重的缺陷，即企业基于估计的销售量得出应制定的价格，而价格恰恰是影响销售量的重要因素。要实现 80 万件的销售量，15 元/件的价格可能偏高或偏低。上述分析忽略了需求函数，即不同价格下企业可售出的数量。为了向客户提供比竞争者更高的价值，在采用目标回报定价法时，企业要力求成本定价和价值定价有机结合（见图 11-3），更多地关注客户价值。一些企业采用价值定价法，致力于降低成本，以较低的价格提供高质量产品或服务，吸引关注产品价值的大量客户，进而赢得客户忠诚。

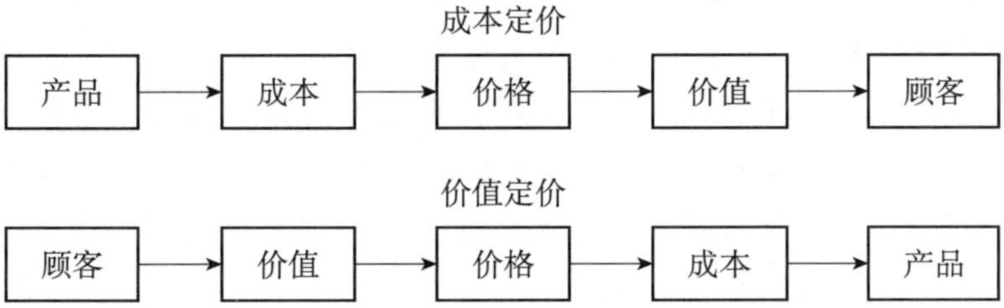

图 11-3　成本定价和价值定价

二、需求导向定价法

需求导向定价法是一种以市场需求强度及消费者感知价值为主要依据的定价方法，包括感知价值定价法、反向定价法、阶梯定价法和差别定价法四种形式。其中差别定价法将在本章第 4 节论述。

（一）感知价值定价法

感知价值定价法是指企业根据消费者对产品的感知价值来制定价格的一种方法。感知价值定价与现代市场定位观念相一致。企业在为其目标市场开发新产品时，在质量、价格、服务等各方面都需要体现特定的市场定位观念。因此，首先要决定提供的价值及价格；之后，企业要估计在此价格下能销售的数量，再根据这一销售量决定所需要的产量、投资及单位成本；接着，营销人员还要计算在此价格和成本下能否获得满意的利润，若能，则继续开发这一新产品，否则就放弃。

当一个人拥有某产品后，他对该产品价值的估计要高于未拥有之时。一个经典的实验是：将学生分成同样的 A、B 两组，分别给两组同样的马克杯。告诉两组这个马克杯价值 50 元，问他们准备以什么价格出售。差别仅在于告诉 A 组马克杯归其所有。结果是 A 组的预期售价往往比 B 组高。

感知价值定价的关键在于准确地计算产品提供的全部市场感知价值。企业如果过高地估计感知价值，便会定价偏高；如果过低地估计感知价值，则会定价偏低。为准确把握市场感知价值企业必须进行营销调研，示例如下。

假设 A、B、C 三家企业均生产同一种开关，现抽取一组产业用户作样本，要求它们分别就三家企业的产品进行评比，有三种方法可供使用。

1. 直接价格评比法。直接价格评比法要求产业用户为三家企业的产品确定能代表其价值的价格。例如，它们可能将 A、B、C 三家企业的产品分别定价为 2.55 元、2 元和 1.52 元。

2. 直接感知价值评比法。直接感知价值评比法要求产业用户根据它们对三家企业所生产开关的价值的认知，将 100 分在三者之间进行分配，假设分配结果为 42、33、25。如果这种开关的平均市场价格为 2 元，则可得到三个反映其感知价值的价格：2.55

元、2 元和 1.52 元。

3. 诊断法。诊断法要求产业用户就三种产品的属性（假定有产品耐用性、产品可靠性、交货可靠性、服务质量四种属性）分别进行评分。对于每一种属性，将 100 分分配给三家企业相应权重，同时根据四种属性重要程度的不同，将 100 分分配给四种属性，假设结果如表 11 - 1 所示。把每个企业各个属性的评分乘以权重后加总，可以发现，A 企业提供的产品的感知价值（42）高于平均水平；B 企业提供的产品的感知价值（33）相当于平均水平；C 企业提供的产品的感知价值（25）低于平均水平。A 企业能为其开关制定一个较高的价格，因为它被认为能提供较多的价值。企业如果想根据产品的感知价值定价，则可以将价格定为 2.55 元左右，因为平均质量的开关价格为 2.55 元（2×42÷33）。

表 11 - 1　诊断法定价

属性	权重	A 企业	B 企业	C 企业
产品耐用性	25	40	40	20
产品可靠性	30	33	33	33
交货可靠性	30	50	25	25
服务质量	15	45	35	20
感知价值	100	42	33	25

假如三家企业都按感知价值定价，则每家企业都可得到一定的市场份额，因为它们提供的价值与价格之比均相等。

如果某一家企业的定价低于其感知价值，则它将得到一个高于平均水平的市场份额，因为当消费者与该企业打交道时，其支付同样量的货币可换回更多的价值，如图 11 - 4 所示。

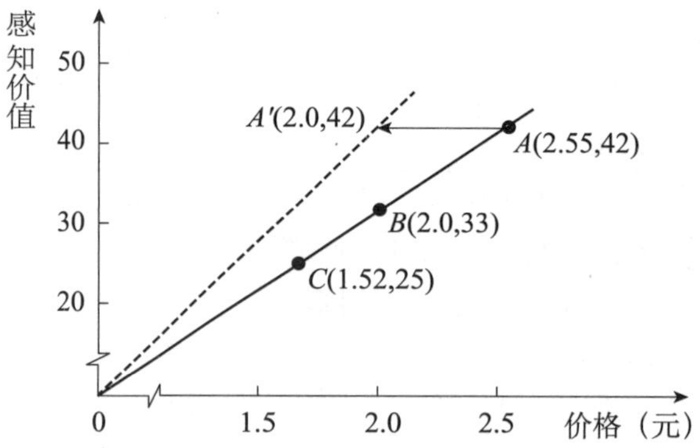

图 11 - 4　感知价值定价

由图 11 - 4 可知，A、B、C 三家企业最初位于相同的感知价值/价格线上，其各自的市场份额取决于围绕这三个定点的理想点（未标出）的相对密集度。现在，假设 A 企业将其价格由 A（2.55，42）降至 A′（2.0，42），其感知价值/价格将是一条较高的线段（以虚线表示），它将冲击 B 和 C 两家企业的市场份额，尤其是 B 企业，因为按照与B企业相同的价格，A企业提供的感知价值更多。B企业将被迫降价或提高感知价值。提高感知价值的主要措施包括增加服务项目、提高服务质量和产品质量、进行更有效的沟通传播等。如果这样做的成本低于因降价而引起的收入损失，则B企业很可能增加投资来提高其感知价值。

（二）反向定价法

反向定价法是指企业依据消费者能够接受的最终销售价格，计算自己从事经营的成本和利润后，逆向推算出产品的批发价和零售价。这种定价方法不以实际成本为主要依据，而是以市场需求为出发点定价，力求使价格为消费者所接受。分销渠道中的批发商和零售商多采取这种定价方法。

当企业以价格来进行市场定位时，需要借助目标成本定价法来支持价格定位。目标成本定价法是指先确定一个以客户感知价值为基础的理想售价，再确定一个与价格相匹配的成本作为目标成本。

（三）阶梯定价法

阶梯定价法是对场景效应的应用。场景效应是指已有经验对当前知觉具有影响。

来看以下两种场景：

场景一：超市里有两种保温杯，价格分别是169元和239元。

场景二：超市里有三种保温杯，价格分别是169元、239元和469元。

营销调研发现，239元款的保温杯在场景二中的销售量相对场景一大幅提升。这种常见的三种梯度定价策略即“好-更好-最好”策略。

汽车定价也经常使用阶梯定价法。顶配价格的汽车一般是销量最少的，但是顶配价格的存在，一方面拓宽了整个产品的价格区间，让产品显得更“贵”，另一方面其实也增加了中间价格汽车的销量。

三、竞争导向定价法

（一）随行就市定价法

随行就市定价法是指企业按照行业的现行价格平均水平来定价。在以下情况下往往采取这种定价方法：（1）难以估算成本。（2）企业打算与同行和平共处。（3）如果另行定价，则很难了解消费者和竞争者对本企业价格的反应。

（二）投标定价法

投标定价法是指采购方在报刊上登广告或发出函件，说明拟采购商品的品种、规格、数量等具体要求，邀请供应商在规定的期限内投标，并在规定的日期内开标，选择报价最低、最有优势的供应商成交，签订采购合同。某供应商如果想做这笔生意，就要在规定的期限内填写标单，注明可供应商品的名称、品种、规格、价格、数量、交货日期等，密封后送给招标人，这就是投标。其中，价格是供应商根据对竞争者报价的估计制定的，而不是按照供应商自己的成本费用或市场需求制定的。供应商竞标的目的在于赢得合同，所以它的报价应低于竞争对手。

然而，企业不能无限制降低报价。确切地讲，企业不会将报价定得低于边际成本，否则其经营状况就可能恶化。

第 4 节　灵活定价策略

前述基础定价方法是依据成本、需求和竞争等因素决定产品基础价格（即牌价、目录价）的方法。基础价格是单位产品在生产地点或者经销地点的价格，尚未考虑折扣、运费等对价格的影响。在营销实践中，企业还需利用灵活多变的定价策略，修正或调整产品的基础价格。

一、折扣定价策略

企业为了鼓励客户及早付清货款、大量购买、在淡季购买，可以酌情降低基础价格。这种价格调整策略叫作折扣定价策略。折扣定价策略包括以下几种形式：(1) 数量折扣。这是企业给予那些大量购买某种产品的客户的一种减价，以鼓励客户购买更多的产品。(2) 功能折扣。这是生产者给某些批发商或零售商的一种额外折扣，促使它们执行某种营销功能（如推销、储存、服务），也叫贸易折扣。(3) 季节折扣。这是企业给那些购买过季产品或服务的客户的一种减价，目的是使企业的生产和销售一年四季保持相对稳定。

二、地区定价策略

一般来说，一个企业的产品不仅卖给当地客户，也卖给外地客户。而卖给外地客户，要把产品从产地运到客户所在地，需要考虑运费。地区定价策略是指企业要决定是否制定地区差价，即对于卖给不同地区（包括当地和外地不同地区）客户的某种产品，是分别制定不同的价格，还是制定相同的价格。

三、心理定价策略

心理定价策略是指企业在制定产品价格时，运用心理学原理，根据不同类型消费者的消费心理来制定价格的策略。价格会传递产品质量、性能、档次等方面的信息，给消费者以不同的心理感受。消费者看到某个产品时，会在心中设定一个参照价格。参照价格是指消费者通过考察目前现行价格、回忆过去的价格或评估当时的购买情境而设定的价格。

表 11－2 说明了不同定价带来的销售效果。面包的价格从初始售价 8.30 元打折降

价为 6.30 元时，价格下降了 24%，销量增长了 194%；若采用尾数定价，价格由 8.30 元下降到 5.90 元，价格下降了 28.9%，销量增长了 17%。而打折降价与尾数定价在价格上只差 0.40 元，但对销量的影响却有很大差距。

表 11-2　不同心理定价策略的销售效果

	价格（元）	销量（个）
初始售价	8.30	2 817
打折降价	6.30（−24%）	8 283（+194%）
尾数定价	5.90（−28.9%）	14 567（+17%）

四、差别定价策略

差别定价策略是指企业按照两种或两种以上不反映成本费用的比例差异的价格销售某种产品或服务的策略。

以麦当劳早餐咖啡的差别定价策略为例。麦当劳早餐咖啡有小杯 9 元和大杯 10.5 元两种价格，而且可以续杯。问题是，既然能续杯为什么还单设大杯价格呢？原来这是专为不同客户群设计的：一种客户群时间充裕，可以在店里喝完再续杯，买小杯咖啡划算，价格低；另一种客户群时间紧，没有时间在店里喝完咖啡并续杯，于是多花 1.5 元就能买到比小杯多出不少的咖啡，也认为划算。

五、新产品定价策略

一般来讲，新产品定价策略有以下两种。

（一）撇脂定价策略

撇脂定价策略是指在产品生命周期的最初阶段，把产品的价格定得很高，以攫取最大利润的策略。企业之所以能这样做，是因为有些消费者主观认为某些商品具有很高的价值。在以下条件下企业可以采取撇脂定价策略：（1）市场有足够的消费者，他们的需求缺乏弹性，即使把价格定得很高，市场需求也不会大量减少。（2）高价使需求减少一些，因而产量减少一些，单位成本增加一些，但这不致抵消高价所带来的收益。（3）在高价情况下，企业仍然独家经营，无竞争者。有专利保护的产品即是如此。（4）某种产品的价格定得很高，使人们产生这种产品是高档产品的印象。

（二）渗透定价策略

渗透定价策略是指企业将其创新产品的价格定得相对较低，以吸引大量客户，提高市场份额的策略。企业采取渗透定价策略需具备以下条件：（1）市场需求对价格极为敏感，低价会刺激市场需求迅速增长。（2）企业的生产成本和经营费用会随着生产经营经验的增加而下降。（3）低价不会引起实际和潜在的竞争。

六、产品组合定价策略

当产品只是某一产品组合的一部分时，企业必须调整定价策略。企业要研究出一系列价格，使整个产品组合的利润实现最大化。因为各种产品之间存在需求和成本的内在关联性，而且会带来不同程度的竞争，所以产品组合定价十分困难。

（一）产品大类定价策略

通常企业开发出来的是产品大类或产品线，而不是单一产品。当企业生产的系列产品存在需求和成本的内在关联性时，为了充分发挥这种内在关联性的积极效应，需要采用产品大类定价策略。在定价时，首先，确定产品大类中价格最低的某种产品，由它在产品大类中充当价格领袖，以吸引消费者购买产品大类中的其他产品；其次，确定产品大类中价格最高的某种产品，由它在产品大类中充当宣扬品牌质量和收回投资的角色；最后，产品大类中的其他产品分别依据其在产品大类中的角色而制定不同的价格。

（二）备选产品定价策略

备选产品是指企业在提供主要产品的同时附带的与主要产品相关的可选择性产品。例如，对于汽车用户来说，GPS 装置、电子开窗控制器、扫雾器和减光器等就是备选产品，对于电脑用户来说，处理器、硬盘、内存系统、软件等就是备选产品。备选产品定价是一件棘手的事。企业必须确定哪些产品可作为选择备选产品，应如何为备选产品定价。例如，酒店的酒水饮料可作为备选产品，且可对其定价较高。许多酒店的酒水价格很高，而餐食的价格相对较低。餐食收入可以弥补餐食的成本和酒店其他的成本，而酒水则可以带来利润；也有酒店会将酒水价格定得较低，而对餐食制定高价，以吸引爱饮酒的消费者。

（三）附属产品定价策略

附属产品是指消费者使用主要产品时必须配套使用的关联产品。生产者经常为主要产品（如剃须刀、电子游戏机和打印机）制定较低的价格，而为附属产品（如剃须刀片、游戏软件和打印墨盒）制定较高的价格。但需要注意的是，如果附属产品的定价过高，则可能引起客户不满，导致客户流失。

（四）分部定价策略

分部定价策略是指企业先收取一笔固定费用，在此基础上加上可变的使用费的定价策略。服务企业经常采用分部定价策略。例如，电话用户每月都要支付一笔固定的套餐使用费，如果使用次数超过套餐规定，则还要再交费。游乐园一般先收门票，玩特殊项目还要再交费。分部定价策略与附属产品定价策略面临同样的问题，即应收取多少基本服务费和使用费。

（五）副产品定价策略

副产品是指企业在生产主要产品的同时，从同一种原材料中，通过同一生产过程附带生产或利用生产中的废料进一步加工生产出来的非主要产品。在生产加工肉类、石油产品和其他化工产品的过程中，经常有副产品。如果副产品价值很低，处理费用昂贵，就会影响主要产品的定价。企业确定的价格必须能够弥补副产品的处理费用。如果副产品对某一客户群有价值，就应该按其价值定价。如果副产品能带来收入，那么企业在竞争压力下就能为主要产品制定较低的价格。

（六）产品捆绑定价策略

产品捆绑定价策略也称一揽子定价或套餐定价，它指将两种或两种以上的相关产品组合起来，捆绑打包，并以较低的合理价格出售的策略。企业以某一价格出售一组产品，如智能手机、平板电脑、台式电脑、旅游套餐等。这一组产品的价格低于单独购买其中每一产品的费用总和。因为客户可能并不打算购买其中所有的产品，所以这一产品组合的价格必须有较大的降幅，以此来促进客户购买。

第 5 节　发起变价与应对变价

企业处在不断变化的环境之中，为了生存和发展，有时需主动发起降价或提价，有时又需对竞争者变价做出适当的反应。企业的变价行动会引起多方反应。

一、企业发起变价

（一）企业降价

企业降价的主要原因有：(1) 企业的生产能力过剩，需要扩大销售，但是企业又不能通过改进产品和加强销售工作等来扩大销售。在这种情况下，企业就需考虑降价。(2) 在强大竞争者的压力之下，企业的市场份额下降。(3) 企业的成本费用比竞争者低，企图通过降价来掌握市场或提高市场份额，从而扩大生产和销售量，降低成本费用。在这种情况下，企业也往往发动降价攻势。

（二）企业提价

虽然提价会引起消费者、经销商和企业推销人员的不满，但是一次成功的提价可以使企业的利润大大增加。企业提价的主要原因有：

1. 由于通货膨胀，物价上涨，企业的成本费用提高，企业不得不提高产品价格。企业往往采取多种方法来调整价格，应对通货膨胀。例如：(1) 采取推迟报价的定价策略，即企业决定暂时不规定最后价格，等到产品制成或交货时才规定最后价格。工业建筑和重型设备制造等行业一般采取这种定价策略。(2) 企业在合同上规定在一定时期内(一般到交货时为止)可按某种价格指数来调整价格。(3) 采取不包括某些产品和服务的定价策略，即在通货膨胀、物价上涨的条件下，企业决定产品价格不变，但原来提供的某些服务要计价，这样原来提供的产品的价格实际上提高了。(4) 降低价格折扣，即企业决定削减正常的现金和数量折扣，并限制销售人员以低于价目表的价格来拓展客户。(5) 取消低利产品。(6) 降低产品质量，减少产品特色和服务。企业采取这种策略可保持一定的利润，但会影响其声誉和形象，失去忠诚客户。

2. 企业的产品供不应求，不能满足其所有客户的需要。在这种情况下，企业必须提价。提价方式包括：取消价格折扣，在产品大类中增加价格较高的项目，或者直接提价。为了减少客户不满，企业提价时应当向客户说明提价的原因，并帮助客户寻找省钱的途径。

二、各方对企业变价的反应

无论降价还是提价，企业的这种行动都必然影响到客户、竞争者、经销商和供应商，而且会引起政府的关注。这里主要分析客户对企业变价的反应以及企业和竞争者之间对变价的反应。

(一) 客户对企业变价的反应

1. 客户对企业降价的反应。客户对于企业的某种产品降价可能会有如下反应：(1) 认为这种产品过时了，将被新型产品替代。(2) 认为这种产品有某些缺点，销售不畅。(3) 认为企业财务困难，难以继续经营下去。(4) 认为价格还会进一步下跌。(5) 认为这种产品的质量下降了。

2. 客户对企业提价的反应。企业提价通常会影响销售，客户对企业的某种产品提价可能会有如下反应：(1) 认为这种产品很畅销，不赶快买就买不到了。(2) 认为这种产品很有价值。

一般来说，客户对于价值高低不同的产品的变价反应有所不同。对于那些价值高、经常购买的产品的价格变动较敏感；而对于那些价值低、不经常购买的产品，即使单位价格较高，客户也不大在意。此外，客户虽然关心产品价格变动，但是通常更关心获得、使用和维修产品的总费用。因此，企业如果能使客户相信某种产品的获得、使用和维修的总费用较低，就可以把这种产品的价格定得比竞争者高，以取得更多的利润。

(二) 竞争者对企业变价的反应

企业发起变价时，不仅要考虑客户的反应，而且必须考虑竞争者的反应。当某一行业中企业数目很少，提供同质的产品，产品信息、价格信息比较透明而客户具有较强辨别力时，竞争者最有可能对企业变价做出反应。竞争者会因企业规模、市场份额、价格政策的不同，对企业发起的变价采取不同的对策。

（三）企业对竞争者变价的反应

企业经常会面临竞争者变价的挑战。如何对竞争者变价做出及时、正确的反应，是企业定价策略的一项重要内容。

1. 不同市场环境下，企业对竞争者变价有不同反应。

在同质产品市场上，如果竞争者降价，企业必须随之降价，否则客户就会购买竞争者的产品，而不购买该企业的产品；如果某个企业提价，且提价对整个行业有利，那么其他企业也会随之提价，但是如果某个企业不随之提价，那么最先发动提价的企业和其他企业将不得不取消提价。

在异质产品市场上，企业对竞争者价格变动的反应有更多的选择余地。因为在这种市场上，客户选择卖主时不仅考虑产品价格因素，而且考虑产品的质量、服务、性能、外观、可靠性等多方面的因素。因而在这种产品市场上，客户对于较小的价格差异并不在意。

面对竞争者变价，企业必须认真调查研究如下问题：（1）竞争者为什么变价？（2）竞争者打算暂时变价还是永久变价？（3）如果对竞争者变价置之不理，将对企业的市场份额和利润有何影响？（4）其他企业是否会做出反应？（5）竞争者和其他企业对于本企业的每一个可能的反应又会有什么反应？

2. 市场主导者对竞争者变价可能有以下反应。

市场主导者经常遭到一些小企业的进攻。这些小企业的产品可与市场主导者的产品相媲美，它们往往通过进攻性的降价来争夺市场主导者的市场份额。在这种情况下，市场主导者有以下几种策略可供选择。

第一，维持价格不变。市场主导者认为，降价会减少利润收入，而维持价格不变尽管对市场份额有一定影响，但以后还能夺回市场份额。当然，在维持价格不变的同时，还要改进产品质量、提高服务水平、加强促销沟通等，运用非价格手段来反击竞争者。企业的营销实践证明，采取这种策略比降价和低利经营更划算。

第二，降价。市场主导者之所以采取这种策略，主要是因为：（1）降价可以使销售量和产量增加，从而使成本费用下降；（2）市场对价格很敏感，不降价就会使市场份额下降；（3）市场份额下降之后很难恢复。但是，企业降价以后，仍应保持产品质量和服务水平。

第三，提价。企业在提价的同时，还要致力于提高产品质量，或推出新品牌，与竞争对手争夺市场份额。

3. 企业应对变价需考虑以下因素。（1）产品在其生命周期中所处的阶段及其在企业产品投资组合中的重要程度。（2）竞争者意图及其资源。（3）市场对价格和价值的敏感程度。（4）成本费用随着销量和产量的变化而变化的情况。

图11－5展示了企业评估和应对竞争者变价的决策程序。

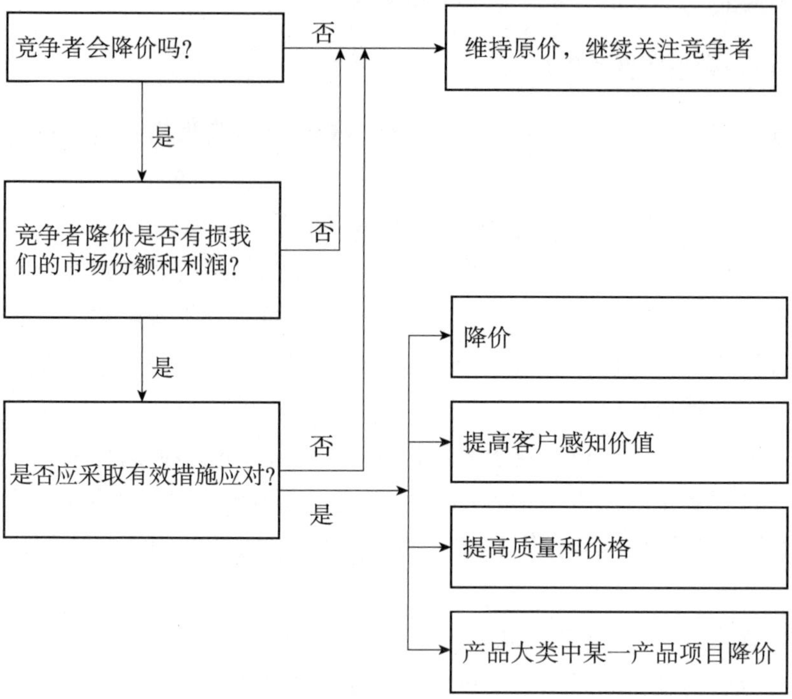

图 11－5　企业应对变价

重要概念

价格双轨制	明码标价	价格欺诈	营销目标
成本加成定价法	目标回报定价法	感知价值定价法	反向定价法
随行就市定价法	投标定价法	场景效应	折扣定价策略
地区定价策略	心理定价策略	参照价格	差别定价策略
目标成本定价法	撇脂定价策略	渗透定价策略	备选产品定价策略
附属产品定价策略	分部定价策略	副产品定价策略	产品捆绑定价策略

复习题

1. 如何理解马克思主义价值论和价格观?
2. 如何理解中国价格管理的改革历程?
3. 维护市场价格秩序的法律法规有哪些?
4. 企业在定价时应该考虑哪些因素? 怎样对这些因素进行分析?
5. 企业主要的定价方法有哪些?

案例分析

华为不打价格战

华为是中国服务型企业的一个成功案例，它以优质的产品和服务取胜，避免了价格战。早在 2005 年，任正非就已经认识到低价倾销产品的策略给企业和行业带来的危害，并写了一篇《华为与对手做朋友，海外不打价格战》的文章，明确提出不打价格战的口号。他在文章中指出："在海外市场拓展上，我们强调不打价格战，要与友商共存双赢，不扰乱市场，以免西方公司群起而攻之。我们要通过自己的努力，通过提供高质量的产品和优质的服务来获取客户认可，不能由于我们的一点点销售来损害整个行业的利润，我们决不能做市场规则的破坏者。"华为之所以不用依赖价格战就能够脱颖而出，取得巨大的成功，离不开以下几个关键因素。

首先，华为一直致力于技术创新和研发投入。作为通信设备和信息技术领域的领军企业，华为不断进行技术创新，并投入大量资金用于研发，以推出全球领先的产品和解决方案。根据华为公布的财务报告，2023 年，华为的研发费用总额达到 1 647 亿元，占其营业收入的 23.4%，这一数字显示出华为对于推动技术创新的承诺和投入。这使得华为在服务质量上有着明显的优势，能够满足客户的高要求。

其次，华为非常重视客户导向和需求响应。华为通过深入了解客户的需求，并运用自身的专业能力和经验，为客户量身定制解决方案，提供持续的日常维护和支持服务。这种高度个性化和专业化的服务质量，使得客户在使用华为产品和服务时得到了极佳的体验，提高了客户的满意度。根据市场调研公司启迪在 2020 年发布的中国智能手机用户满意度调查报告，华为在所有智能手机品牌中排名第一。

再次，华为还非常注重品质管理和持续改进。华为将品质放在至高无上的位置，从产品设计到生产制造的全过程都严格控制质量，并通过 ISO 质量管理体系的认证来确保产品的稳定性和可靠性。华为还不断改进产品和服务，从客户反馈和市场需求中汲取经验，不断提高质量，以满足客户更高的期待。

最后，在全球化布局和本土化服务方面，华为也取得了巨大的成功。华为在国际市场上广泛覆盖，具备强大的运营能力，并依托本地化的业务和服务部署，为客户提供与当地市场紧密结合的解决方案。据研究公司 Dell'Oro Group 的数据，在 2020 年第二季度，华为在全球 5G 基站市场的份额超过了 30%。华为拥有全球领先的供应链管理体系，能够高效地为全球客户提供产品和服务交付，使得客户可以享受到高效、定制化的服务，提高了客户的满意度。

华为凭借其持续的技术创新、客户导向和品质管理，以及全球化布局和本土化服务的战略优势，无须借助价格战，仍取得了巨大的市场份额和较高的用户忠诚度。华为的成功经验为其他企业提升自我能力、避免价格战提供了宝贵的借鉴和启示。

思考题

华为的案例给企业正确对待价格战带来了哪些启示？

第12章

便捷畅通的渠道

本章要点

- 流通渠道的重要性
- 建设现代流通体系的主要任务
- 渠道系统的新发展
- 新零售的特点与未来发展趋势

党的二十大报告指出，“建设高效顺畅的流通体系，降低物流成本”①。客观上，生产者与消费者之间在时间、地点、数量、品种、信息、估价和所有权等方面存在差异与矛盾。企业生产出来的产品，只有通过一定的市场渠道，才能在适当的时间、地点，以适当的价格供应给广大消费者或用户，从而克服生产者与消费者之间的差异和矛盾，满足市场需要，实现企业的营销目标。企业在为客户创造价值、建立可获利的客户关系方面，很少孤军奋战，而是与供应链和渠道系统中的其他成员密切配合，共同努力。企业的成功不仅取决于其自身的表现，还取决于整个渠道系统与竞争者相比是否更具综合优势。高效畅通的流通渠道还有助于解决地区差距、收入差距等问题，推动实现共同富裕和中国式现代化。

第 1 节　产业链、供应链与流通渠道

一、流通渠道的重要性

习近平在改革开放之初就指出，要使广大干部认识到信息就是财富，信息可以指导

---

① 习近平．高举中国特色社会主义伟大旗帜 为全面建设社会主义现代化国家而团结奋斗：在中国共产党第二十次全国代表大会上的报告．北京：人民出版社，2022：30.

商品生产、引导农民致富。他在担任正定县委书记时力主通过多种渠道，扩大和争取市场，主攻城市，冲向全国；要抓住发达地区的外贸加工，搞好对发达地区的产品输出，有条件的要力争打入港澳和国际市场；要千方百计使正定县商品流通渠道处于纵横交错、四通八达、常流不枯、常注不溢的良好状态。

2021 年 2 月 4 日，习近平在贵阳市考察调研，来到观山湖区合力惠民生鲜超市，察看春节前市场供应、年货供销、物价运行等情况。惠民生鲜连锁超市由贵阳市政府和农产品流通企业合作建设，打造具有公益性的商品平价零售终端，解决老百姓“买菜难、买菜贵”问题。习近平仔细察看商品价格，了解当地“菜篮子”“米袋子”“果盘子”等供应保障情况。他指出，合力惠民生鲜超市的运营模式很有特色，以政府为主导，政府和企业联合，一头连着田间地头的农民，一头连着千家万户的市民，坚持保本微利经营，让农民和市民两头都得实惠，体现了合力惠民，这种模式和经营理念值得推广。①

数字经济的迅速发展为农产品上行带来了千载难逢的好机会。所谓农产品上行，是指利用互联网技术把农产品从农村生产地销售到全国各地，特别是城市（镇）市场。它是全方位的农产品生产营销方式变革，包括为农户提供信息服务、农产品生产加工、农产品线上销售、网上支付以及品牌促销、农产品物流供应链管理及售后服务等。加快补齐乡村商业短板，高质量发展农村电商，构建设施完善、双向顺畅的农村流通网络，深入实施“数商兴农”，便利工业品“下乡”和农产品“进城”，将释放乡村消费潜力。

二、推进制造业补链强链

要想生产一件产品或提供一项服务，并让客户轻松愉快地获得，企业不仅需要建立良好的客户关系，而且需要与供应链上的关键供应商和分销商建立强有力的合作关系。近年来，我国坚持以高水平开放促进高质量发展，持续打造市场化、法治化、国际化营商环境，稳步扩大规则、规制、管理、标准等制度型开放，着力提升产业链供应链韧性和安全水平。②

（一）供应链与需求链的内涵

1. 供应链。供应链是指围绕核心企业，从配套零件开始，制成中间产品以及最终产品，最后由供应商、制造商、分销商直到最终用户连成一个整体的功能网链结构。供应链这一术语强调的就是制造与营销，认为原材料、生产性投入以及工厂产能应作为营销计划的起点。习近平指出，“要继续深化供给侧结构性改革，持续推动科技创新、制度创新，突破供给约束堵点、卡点、脆弱点，增强产业链供应链的竞争力和安全性，以自主可控、高质量的供给适应满足现有需求，创造引领新的需求”③。

---

① 向全国各族人民致以美好的新春祝福 祝各族人民幸福吉祥祝伟大祖国繁荣富强．人民日报，2021-02-06.

② 推动长三角一体化发展取得新的重大突破 在中国式现代化中更好发挥引领示范作用．人民日报，2023-12-01.

③ 习近平．加快构建新发展格局 把握未来发展主动权．求是，2023（8）．

2. 需求链。需求链是指从制造商到最终用户的交易网络，它比供应链更强调用户或控制需求的一方。需求链这一术语侧重反映市场感知与回应的真实过程。从需求链来看，营销计划开始于识别目标客户的需求，通过配置资源和行动链来响应这些需求，最终实现创造客户价值的目标。

许多大型企业都在建立和管理一个复杂的、持续改善的价值递送网络（value delivery network）。价值递送网络是指由企业、供应商、分销商和最终用户组成的互为合作伙伴的系统，有关各方共同致力于改进和提升该系统的绩效。

（二）维护产业链运行

产业链是指一系列相关企业及其产品之间的生产合作关系，以及由此形成的从原材料采购、生产制造、市场营销到最终消费的产业链条。近年来，我国积极实施产业基础再造工程，健全产业基础支撑体系，加强产业技术标准体系建设；巩固拓展与周边国家产业链供应链合作，共同维护国际产业链供应链稳定运行；实施制造业供应链提升工程，构建制造业供应链生态体系；围绕重点行业产业链供应链关键原材料、技术、产品，增强供应链灵活性可靠性。

（三）保障产业链安全

党的二十大报告指出，“着力提升产业链供应链韧性和安全水平”①。必须保障事关国计民生的基础产业安全稳定运行。聚焦保障煤电油气运安全稳定运行，强化关键仪器设备、关键基础软件、大型工业软件、行业应用软件和工业控制系统、重要零部件的稳定供应，保证核心系统运行安全。保障居民基本生活必需品产业链安全，实现极端情况下群众基本生活不受大的影响。

三、建设现代流通体系

（一）优化现代商贸体系

在社会再生产过程中，流通效率和生产效率同等重要，是提高国民经济总体运行效率的重要方面。古人云：“轻关易道，通商宽农。”高效流通体系和现代商贸体系能够在更大范围把生产和消费联系起来，扩大营销范围，推动分工深化，提高生产效率，促进财富创造。国内循环和国际循环都离不开高效的现代流通体系。党中央一直强调提升城市商业水平，发展智慧商圈，提升传统商贸企业数字化水平。支持健全县乡村三级物流配送体系，建设改造县级物流配送中心和乡镇快递站点，降低农村物流成本。支持传统批发零售企业数字化转型，整合线上线下营销网络，向社区和村镇延伸服务。加快物联网、人工智能等技术与商贸流通业态融合创新，同时注意防范垄断和安全风险。

---

① 习近平．高举中国特色社会主义伟大旗帜 为全面建设社会主义现代化国家而团结奋斗：在中国共产党第二十次全国代表大会上的报告．北京：人民出版社，2022：28.

（二）发展现代物流体系

党的二十届三中全会指出，“完善流通体制，加快发展物联网，健全一体衔接的流通规则和标准，降低全社会物流成本”。现代物流体系，一头连着生产，一头连着消费，高度集成并融合运输、仓储、分拨、配送、信息等服务功能，是延伸产业链、提升价值链、打造供应链的重要支撑，在推动高质量发展、建设现代化产业体系中起着先导性、基础性、战略性作用。近年来，党和国家致力于做优服务链条、做强服务功能、做好供应链协同，不断完善集约高效的现代物流服务体系，有力地促进了现代物流业与农业、制造、商贸等融合发展。首先，致力于建设现代综合运输体系，形成统一开放的交通运输市场，优化完善综合运输通道布局，加强高铁货运和国际航空货运能力建设，加快形成内外联通、安全高效的物流网络。其次，持续提升现代物流体系的数字化水平。借助大数据分析预测，可以大幅提升货物调度精准度；借助云计算平台，可以合理分配运力资源；应用物联网技术，可以实时追踪货品状态。数字技术的应用让物流体系的运作变得既快又省，从而间接减轻消费者负担并刺激市场需求。再次，推动物流业提质增效降本。不断加强公铁水空等各类交通设施衔接、信息共享、标准协同、安检互认、平台服务，促进物流各环节高效衔接，加快形成内外联通、安全高效的物流网络，提升现代物流体系与全国统一大市场的适配性。借助多式联运推动大宗货物和集装箱中长距离运输“公转铁”“公转水”，大力发展共同配送、仓配一体、冷链物流等新业态新模式，推动有效降低运输、仓储和管理成本。最后，探索建立城市群物流统筹协调机制，培育有机协同的物流集群。优化国际海运航线，强化国际航空货运网络，巩固提升中欧班列等国际铁路运输组织，推动跨境公路运输发展，支持优化海外仓全球布局，加快构建高效畅通的多元化国际物流干线通道，形成内外联通、安全高效的物流网络。

（三）加强流通渠道监管

习近平总书记指出，要“加强和优化公共服务，保障公平竞争，加强市场监管，维护市场秩序，推动可持续发展，促进共同富裕，弥补市场失灵”①。为了持续释放服务消费潜力，对于产业链、供应链与流通渠道必须实施宽进严管，对可以依靠市场充分竞争提升供给质量的服务消费领域取消准入限制。对于电力、油气等行业中具有自然垄断属性的服务领域，根据不同行业特点实行网运分开，放宽上下游竞争相对充分服务业的准入门槛。要加强消费者权益保护，建立健全适应消费新业态新模式发展特点的新型监管机制，建立假冒伪劣产品惩罚性巨额赔偿制度，健全缺陷产品召回、产品伤害监测、产品质量担保等制度，完善多元化消费维权机制和纠纷解决机制。在《消费者权益保护法》实施 30 周年之际，与之配套的行政法规《消费者权益保护法实施条例》于 2024 年 7 月 1 日起正式实施。该条例针对消费场景、消费方式、侵权问题、维权需求等新变

---

① 习近平．习近平著作选读：第一卷．北京：人民出版社，2023：165.

化，在强化消费安全、治理维权难点等方面作出了更加细化、更具操作性的规定，特别是对直播电商等新业态新问题进行了针对性规定，及时回应了社会关切，为新业态规范发展和经济社会可持续发展提供了有力法制保障。

四、《中华人民共和国商品流通法（草案征求意见稿）》主要内容

为了破解制约国内贸易流通体制改革的障碍因素，解决流通环节人民群众关切的问题，商务部启动了《商品流通法》起草工作，围绕在商品流通领域“处理好政府和市场关系”这一核心，就合理布局流通设施、维护流通安全、保障流通秩序、促进流通产业发展以及相应的监管体制和法律责任作出规定。

《商品流通法（草案征求意见稿）》规定，商品流通是指商品批发、零售、物流及其他相关服务等贸易活动。

商品流通经营者是指从事商品流通的法人、其他组织或者个人，包括直接进行商品交易的经营者、开办者和物流服务提供者等从事贸易活动的经营者。商品流通经营者应建立并完善商品采购、储存、运输、销售、支付、结算、追溯、应急及相关服务等管理制度，防范风险，保障商品流通安全。商品流通经营者应具备与所从事商品流通活动相适应的商品流通设施和专业人员。

《商品流通法（草案征求意见稿）》规定，国家实行商品流通追溯管理，建立关系人身健康、生命财产安全的重要商品的流通追溯体系，建设统一的商品流通追溯数据平台。商品流通经营者应当建立信息安全保障制度，合法、正当地收集、使用必要信息，采取技术措施和其他措施，防止泄露、丢失在经营活动中知悉的个人信息和商业秘密，并在发生信息泄露、丢失的情况时及时采取补救措施。

《商品流通法（草案征求意见稿）》规定，零售商与供应商从事商品流通经营活动时，不得在相互间的交易行为中滥用市场优势地位，妨碍公平竞争，损害交易对方的合法权益。零售商是指直接面向消费者销售商品的商品流通经营者。供应商是指直接向零售商提供商品的商品流通经营者，包括制造商、经销商和其他中介商。市场优势地位是指交易一方因交易对方在经济上对其形成依赖性而在交易中享有优势，并且这种依赖性导致交易一方在交易对象、交易内容和交易条件的选择上受到限制。

第 2 节　分销渠道与渠道系统

一、分销渠道与市场渠道

（一）分销渠道与市场渠道的关系

有两个与渠道有关的术语经常不加区分地交替使用，即分销渠道和市场渠道。

分销渠道是指产品和服务在从生产者向消费者转移的过程中，取得产品和服务的所有权或帮助所有权转移的所有企业和个人。因此，分销渠道包括经销商（因为它们取得所有权）和代理商（因为它们帮助转移所有权），以及处于渠道起点和终点的生产者与最终消费者或用户，但是不包括供应商和辅助商。

市场渠道是指配合或参与生产、分销和消费某一生产者提供的产品和服务的所有企业及个人。也就是说，市场渠道包括产品供产销过程中的所有相关企业和个人，如供应商、生产者、经销商、代理商、辅助商以及最终消费者或用户等。分销商的存在，可使交易次数减少，从而提高交易效率（如图 12－1 所示）。

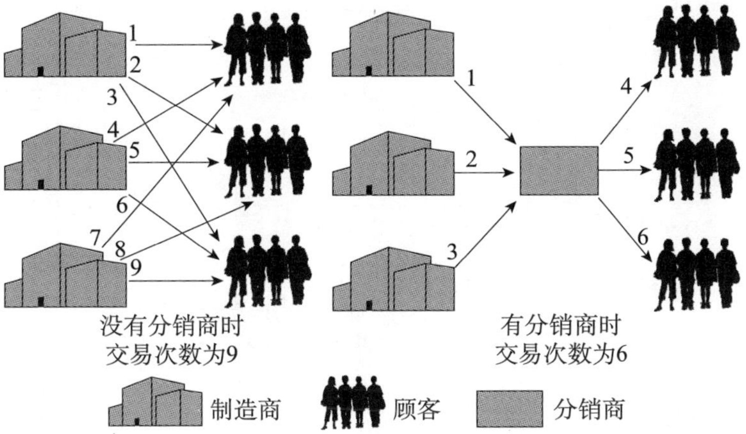

图 12－1　分销商减少交易次数

全渠道营销是指企业以技术和数据能力为基础，借助人工智能技术打通线上线下数据，全方位识别目标用户，并帮助品牌与消费者建立一对一的高效互动，进而有效地将产品或服务送达最终用户。

（二）分销渠道的职能

分销渠道对产品从生产者转移到消费者所必须完成的工作加以组织，目的在于消除产品（或服务）与使用者之间的隔断。分销渠道的主要职能有如下几种。

第一，调研。即收集制订计划和进行交换所必需的信息。

第二，促销。即对中间商或消费者进行关于所供产品的说服性、教育性沟通。

第三，接洽。即寻找潜在中间商或购买者并与其进行有效的沟通，同时向供应商预订下游所需要的产品。

第四，配合。即使所供产品符合购买者需要，包括制造、分类、分等、装配、包装等活动。

第五，谈判。即为了转移所供产品的所有权，而就其价格、物流、交付及有关条件达成最后协议。

第六，物流。即从事产品的运输、储存、配送，将产品从分销渠道上游流通到下游的过程。

第七，融资。即为补偿分销成本而取得并支付相关资金，通常从第三方金融机构获得。

第八，风险承担。即承担与渠道工作有关的全部风险。

（三）分销渠道的层次

在产品从生产者转移到消费者的过程中，任何一个对产品拥有所有权或承担销售职能的机构，都称作一个渠道层次。由于生产者和消费者都参与了将产品及其所有权转移到消费地点的工作，因此，它们都被列入每一渠道。中间机构层次的数目可用来描述渠道长度。分销渠道的层次如图 12－2 所示。

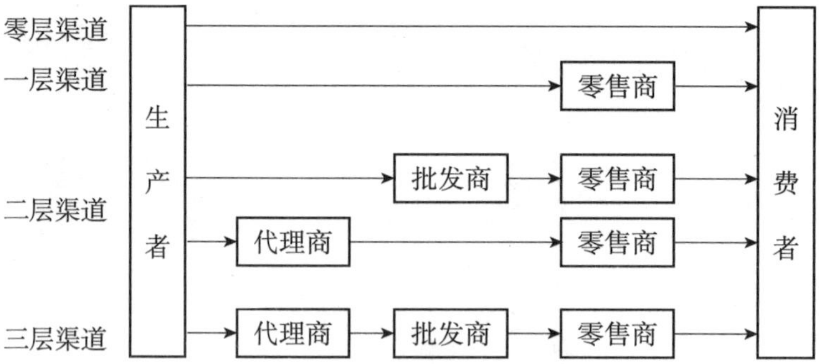

图 12－2　分销渠道的层次

（四）分销渠道宽度

渠道宽度是指渠道的每个层次拥有同种类型中间商数目的多少。它与企业的分销策略密切相关。而企业的分销策略通常可分为三种，即密集分销、选择分销和独家分销。

密集分销是指生产者尽可能地通过许多负责任的、适当的批发商、零售商推销其产品。采用密集分销的企业的分销渠道宽度最宽，消费品中的便利品和产业用品中的供应品通常采取密集分销，以随时随地满足广大消费者和用户的需要。

选择分销是指生产者在某一地区仅仅通过少数几个精心挑选的、最合适的中间商推销其产品。采用选择分销的企业的分销渠道宽度中等，选择分销适用于所有产品，但相对而言，消费品中的选购品和特殊品最适合采取选择分销。

独家分销是指生产者在某一地区仅选择一家中间商推销其产品。通常双方协商签订独家经销合同，规定中间商不得经营竞争者的产品，以便控制经销商的业务经营，调动其经营积极性，占领市场。采用独家分销的企业的分销渠道宽度最窄。

二、渠道系统的新发展

构成分销渠道的不同环节的企业和个人是渠道成员。按渠道成员结合的紧密程度，分销渠道系统可以分为传统渠道系统和整合渠道系统（如图 12－3 所示）。

（一）传统渠道系统

传统渠道系统是指由各自独立的生产者、批发商、零售商和消费者组成的分销渠

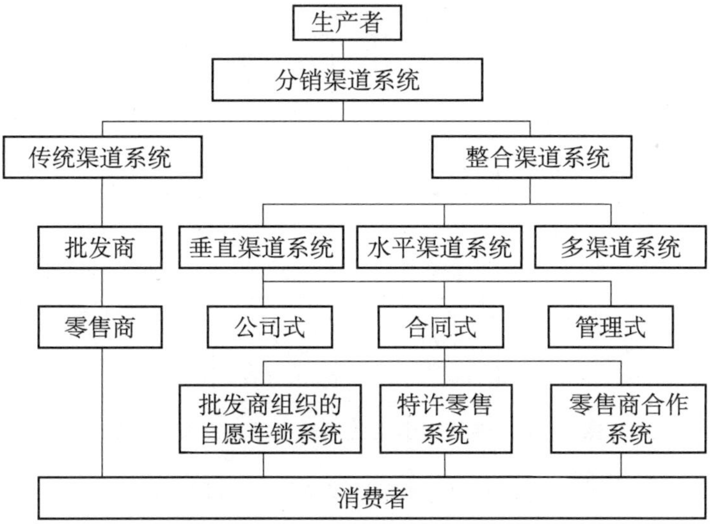

图 12－3　分销渠道系统的构成

道。传统渠道成员之间的系统结构是松散的。由于这种渠道的每一个成员均是独立的，它们往往各自为政，各行其是，几乎没有一个成员能完全控制其他成员。随着市场环境的变迁，传统渠道系统面临严峻挑战。

（二）整合渠道系统

整合渠道系统是指渠道成员通过一体化整合形成的分销渠道系统。主要包括：

1. 垂直渠道系统。由生产者、批发商和零售商纵向整合组成，其成员或属于同一家企业，或为专卖特许权授予成员，或被有足够控制能力的企业左右。该系统有三种主要形式：（1）公司式渠道系统，即由一家公司拥有和管理若干工厂、批发机构和零售机构，控制渠道的若干层次，甚至整个分销渠道，综合经营生产、批发和零售业务。（2）合同式渠道系统，即不同层次的独立的生产者和中间商，以合同为基础建立的联合渠道系统。如批发商组织的自愿连锁系统、特许零售系统、零售商合作系统等。（3）管理式渠道系统，即通过渠道中某个有实力的成员来协调整个产销通路的渠道系统。如名牌产品生产者以其品牌、规模和管理经验优势出面协调批发商、零售商的经营业务和政策，共同采取一致的行动。

《商品流通法（草案征求意见稿）》规定，商品流通经营者作为特许人从事商业特许经营活动应当拥有成熟的经营模式，具备为被特许人提供经营指导、技术支持和业务培训等服务的能力。特许人应及时向商品流通主管部门备案，建立并实行完备的信息披露制度。国家鼓励和支持商品流通经营者通过直营连锁、特许连锁和自愿连锁等方式发展连锁经营，实现流通网点的规模化、规范化经营，提高流通网络便利化程度和信息化水平。

传统渠道系统与垂直渠道系统的差异如图 12－4 所示。

2. 水平渠道系统。即两个或两个以上同一层次的企业为了抓住新的市场机会，在财务、产能及营销资源等方面集成整合起来，以便取得独自行动难以达成的目标。这种

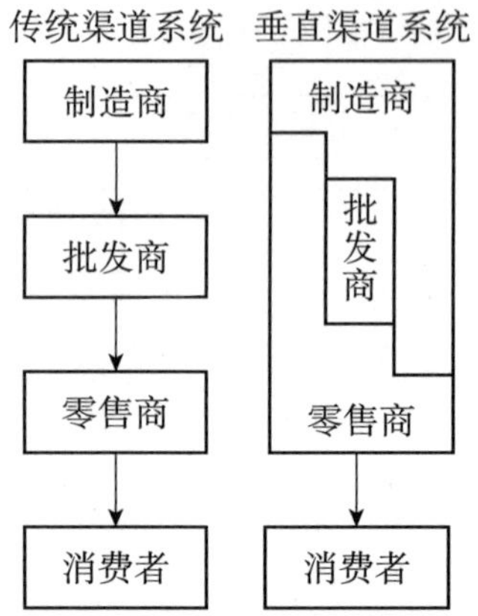

图 12-4　传统渠道系统与垂直渠道系统的差异

联合或合作，既可以是暂时的，也可以是长久的，还可以成立一家新的联合公司。例如，沃尔玛和麦当劳就构成了水平渠道系统，在沃尔玛超市内开设麦当劳餐厅，麦当劳从沃尔玛的客流量中获益，而沃尔玛也留住了在购物过程中感到饥饿需要就餐的客户，避免了这些人因去别处就餐而损失客流。

3. 多渠道系统。即对同一或不同的细分市场，采用多条渠道的分销体系。习近平总书记指出，“要切实解决扶贫农畜牧产品滞销问题，组织好产销对接，开展消费扶贫行动，利用互联网拓宽销售渠道，多渠道解决农产品卖难问题”①。在市场实践中，多渠道系统大致有如下形式：（1）生产者通过两条以上的竞争性分销渠道销售同一商标的产品；（2）生产者通过多条分销渠道销售不同商标的差异性产品；（3）生产者通过同一产品在销售过程中的服务内容与方式的差异，形成多条渠道以满足不同客户的需求。多渠道系统为生产者提供了三方面利益：（1）扩大产品的市场覆盖面；（2）降低渠道成本；（3）更好地适应客户要求。但是，多渠道系统也容易造成渠道之间的冲突，给渠道控制和管理工作带来了更大难度。

（三）数字时代的渠道系统——O2O 模式

习近平总书记指出，“要大力发展数字经济，提升常态化监管水平，支持平台企业在引领发展、创造就业、国际竞争中大显身手”②。他在考察陕西秦岭天下电子商务有限公司直播间时还指出，“电商作为新兴业态，既可以推销农副产品、帮助群众脱贫致富，又可以推动乡村振兴，是大有可为的”③。线上平台的快速发展不断冲击着传统的分销渠道系统，也带来了新的分销渠道模式。O2O 模式是指线上促销和线上购买与线下经营和线下消费相互带动的营销模式。例如，通过促销打折、提供信息、服务预订等方式，把线下商店的消息推送给互联网用户，从而将他们转换为自己的线下客户。这种模式特别适合必须到店消费的产品和服务，比如餐饮、健身、电影和演出、美容美发、

① 习近平：在决战决胜脱贫攻坚座谈会上的讲话．人民日报，2020-03-07.

② 中央经济工作会议在北京举行．人民日报，2022-12-17.

③ 直与天地争春回：记习近平总书记在陕西考察．陕西日报，2020-04-27.

摄影等。

O2O 业务模式主要有以下四种：

1. 线上—线下（online to offline）模式：线上交易到线下消费体验产品或服务。

2. 线下—线上（offline to online）模式：线下营销到线上完成产品交易。随着智能手机的日渐普及、二维码的兴起，很多企业通过在线下做促销，在线上实现交易。

3. 线下—线上—线下（offline to online to offline）模式：线下促销到线上产品交易，再到线下消费体验产品或服务。运营商可以在任何时间段针对手机客户开展促销，而且很多营销活动在线下触发，在线上完成交易，然后客户在线下消费体验。例如，在情人节开展"办情侣套餐送电影票"等活动。这种业务模式是在线下触发，然后在线上完成交易，运营商把营销的产品或服务通过线上发给手机客户，手机客户再到线下完成消费体验。

4. 线上—线下—线上（online to offline to online）模式：线上交易或促销到线下消费体验产品或服务再到线上交易或促销。例如，某消费者玩一款网游，该游戏的道具需要通过购买麦当劳某套餐获得，他在游戏中买了这款麦当劳套餐，该游戏提示他到线下的麦当劳实体店取套餐核验，然后回到线上游戏中兑换道具。

近年来，党和国家适应新经济发展趋势，既加强对平台经济的监管，又鼓励平台经济创新，培育出不少具有一流国际竞争力的平台企业。

三、多渠道分销与去中介化

以往企业采用单一渠道在一个或多个细分市场上分销产品。如今，随着消费者细分市场的多样化、客户群体的不断扩散和渠道形式的发展创新，越来越多的企业采用多渠道分销系统（multichannel distribution system）。多渠道分销系统是指企业为进入一个或多个客户细分市场分销产品，而采用的两个或多个市场渠道的组合（如图 12－5 所示）。当企业面对规模大而且日趋复杂的市场时，采用多渠道分销系统具有多种优势：可以增加销售，提高市场份额，并且争取机会调整自己的产品组合以满足不同细分市场的特定需求等。企业应根据不同的分销任务，选择不同的分销渠道（如表 12－1 所示）。然而，多渠道分销系统不容易控制，易出现中间商抢夺客户和资源，引起渠道冲突的情况。

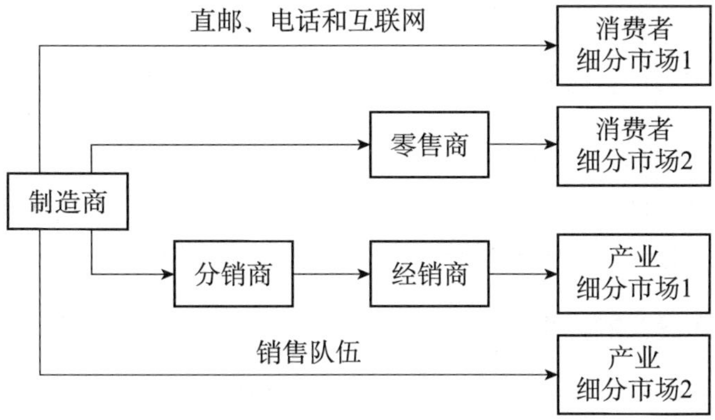

图 12－5　多渠道分销系统

表 12-1 分销渠道的选择

分销任务	互联网	全国性客户管理	直销	电话销售	直邮	零售店	分销商	增值中间商
收集相关信息								
沟通和传播								
达成价格协议								
下订单								
为存货筹款								
承担风险								
促成产品存放和转移								
促成支付								
监督所有权转移								

现代信息技术的不断创新和营销渠道的迅猛发展，给分销渠道的管理和设计带来了深远的影响。其中一个主要趋势就是去中介化（disintermediation）。它是指产品生产者和服务提供商摒弃中间商直接面对终端用户，或者用全新的渠道中介取代传统的渠道中介。网络营销的迅速崛起，逐步代替了传统的实体零售商。在线音乐下载服务 iTunes 和亚马逊 MP3 严重冲击了传统的音像制品零售店。去中介化对生产者和中间商来说，既是机遇也是挑战。积极的创新者能找到给渠道增加价值的新方法，从而挤走传统的中间商以赚取利润。传统的中间商必须不断创新，以免被时代淘汰。同样，为了保持和提升市场竞争力，产品和服务的提供商也必须致力于开发新的分销渠道，如互联网营销、直复营销（direct response marketing）等。但也要关注新渠道与已有渠道直接竞争造成的渠道冲突问题。

第 3 节 渠道设计与管理

一、渠道设计

渠道设计是指企业为实现分销目标，对各种备选渠道进行评估和选择，进而开发新型渠道或改进现有渠道的过程。有效的分销渠道设计，应以确定企业所要到达的市场为起点。有利的市场加上有利的分销渠道，才可能使企业获得利润，持续发展。

（一）影响渠道设计的因素

1. 客户特性。渠道设计深受客户人数、地理分布、购买频率、平均购买数量以及对不同营销方式的敏感性等因素的影响。

2. 产品特性。易腐坏的产品为了避免拖延及重复处理增加腐坏的风险，通常需要直接营销。那些与其价值相比体积较大的产品（如建筑材料、软性材料等），需要通过生产者到最终用户搬运距离最短、搬运次数最少的渠道来销售。

3. 中间商特性。中间商在物流配送、宣传促销、信用条件、退货特权、人员训练和送货频率方面，有不同的特点和要求，这也会影响渠道设计。

4. 竞争特性。某些行业的生产者希望在与竞争者相同或相近的经销处与竞争者的产品抗衡。但有时竞争者使用的市场渠道反倒会成为生产者尽量避免使用的渠道。

5. 企业特性。企业的总体规模、财务能力、产品组合、渠道经验和现行的营销政策也会影响渠道设计。

6. 环境特性。例如，当经济萧条时，生产者希望采用能使最终用户低价购买的方式将其产品送到市场。

（二）渠道设计步骤

企业在设计分销渠道时，需要考虑繁多因素。分销渠道对于企业的营销效果有很大影响，故渠道设计是企业的重要任务。企业在设计渠道时一般要经过以下步骤。

1. 确定渠道目标。渠道设计的核心目标，是确定到达目标市场的最佳途径。生产者必须在客户、产品、中间商、竞争者、企业政策和环境等方面的限制条件下，确定渠道目标。

2. 明确渠道方案。渠道方案需要考虑以下四个基本因素：(1) 中间商的基本类型；(2) 每一分销层次使用的中间商数目；(3) 各中间商的特定营销任务；(4) 生产者与中间商的交易条件以及相互责任。

3. 渠道方案评估。企业可根据经济性、控制性和适应性三项标准对各种可能的渠道方案进行评估。

(1) 经济性。每一种渠道方案都会产生不同的销售额和成本（如图 12－6 所示）。渠道方案的经济分析主要涉及企业应使用自己的推销员还是使用生产者的销售代理商。假设某企业希望其产品在某一地区取得大批零售商的支持，现有两种方案可供选择：一是向该地区的营业处派出 10 名推销员，除了付给他们基本工资，还采取根据推销业绩支付佣金的鼓励措施；二是利用该地区制造商的销售代理商（该销售代理商已和零售店建立起密切的联系），销售代理商可派出 30 名推销员，推销员的报酬按佣金制支付。这两种方案的销售额和成本如图 12－7 所示。利用销售代理商的固定成本比利用自己的推销员要低，但是前者成本的增加速度要比后者快，这是因为销售代理商的佣金比推销员报酬要高。而两种渠道方案的成本在销售额达到某一水平（S_B）时是相同的。当销售额小于 S_B 时，利用销售代理商是明智之举；当销售额大于 S_B 时，利用企业自己的推销员则更为合适。因此，企业无论规模大小，在某一销售额很低的小区域，都会倾向于使用销售代理商。判别一个渠道方案好坏的标准，不是其能否实现较高的销售额和较低的成本，而是其能否取得最大利润。

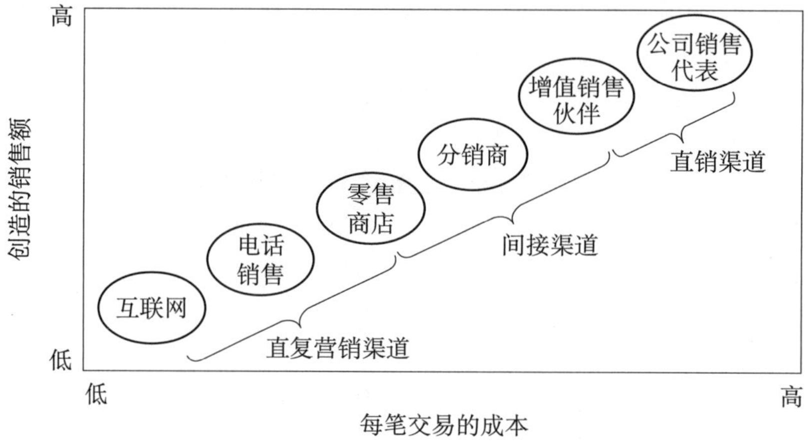

图 12-6　不同渠道方案的比较：销售额和成本

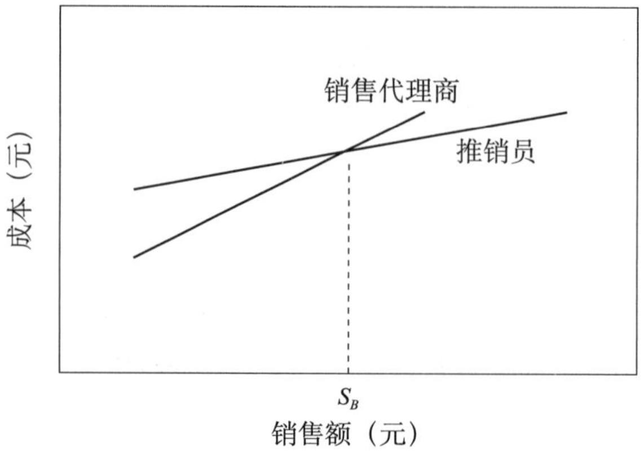

图 12-7　推销员与销售代理商的渠道方案选择

（2）控制性。使用代理商无疑会增加控制的难度。代理商是一个独立的企业，它关心的是自己如何取得最大利润。它可能不愿与相邻地区同一委托人的代理商合作，也可能只注重访问那些与其推销产品有关的客户，而忽略对委托人很重要的客户。

（3）适应性。在评估各渠道方案时，还要考虑生产者和中间商是否具有适应环境变化的能力，即适应性如何。每个渠道方案都可能因某些特定期间的承诺而失去弹性。生产者决定利用销售代理商推销产品时，在签订的合同有效期内，即使有了更好的销售方式也不便终止合同。涉及长期承诺的渠道方案，只有在具备很好的经济性和控制性时才会被采纳。此外，中间商的技术水平、网点布局、服务能力以及人力物力财力等资源能否跟上生产者业务拓展、技术升级转型的步伐，能否与生产者共同成长，也是需要考虑的与适应性相关的重要因素。

二、渠道成员管理

营销管理者在进行渠道设计之后，还必须对具体的中间商进行选择、激励与定期评估，并构建良好的中间商关系。这就涉及渠道成员管理问题。

（一）选择渠道成员

一般来讲，生产者要评估中间商经营时间的长短及其成长记录、清偿能力、合作态度、信誉声望等。当中间商是销售代理商时，生产者还须评估其经营的其他产品大类的数量与性质、推销人员的素质与数量。当中间商打算授予某家百货公司独家分销权时，生产者还需评估商店的位置、未来发展潜力以及经常光顾的客户类型等。

（二）激励渠道成员

一般来讲，对中间商的基本激励水平应以交易关系组合为基础。如果对中间商的激励仍不足，则生产者可采取两项措施：（1）提高中间商可得的毛利率，放宽信用条件，或改变交易关系组合使之更有利于中间商。（2）采取人为方法来激励中间商，使之付出更大努力。例如，举办中间商销售竞赛，加强对客户与中间商的广告活动等。不论上述方法是否真正与交易关系组合有直接或间接关系，生产者都必须小心观察中间商如何从自身利益出发来看待、理解这些措施，因为在渠道关系中存在许多潜在的矛盾，拥有控制权的生产者很容易无意中损害中间商的利益。

（三）评估渠道成员

生产者除了选择和激励渠道成员，还必须定期评估它们的绩效。如果某一渠道成员的绩效远低于既定标准，则需找出主要原因，同时还应考虑可能的补救方法。当放弃或更换中间商将导致更坏的结果时，生产者只能容忍这种令人不满的局面；当不致出现更坏的结果时，生产者应要求工作绩效欠佳的中间商在一定时期内有所改进，否则就会中止合作。

生产者如果一开始就与中间商签订了有关绩效标准与奖惩条件的契约，就可避免种种不愉快。生产商应在契约中明确经销商的责任，包括销售强度、绩效与覆盖率，平均存货水平，送货时间，次品与遗失品的处理方法，对企业促销与训练方案的合作程度，中间商须对客户提供的服务等方面。

除了针对中间商绩效责任签订契约，生产者还需定期发布销售配额，以确定预期绩效。生产者可以在一定时期内列出各中间商的销售额，并依销售额大小排名。这样可促使后进中间商为了自己的荣誉而奋力上进，也可激励领先的中间商努力保持已有的荣誉，百尺竿头，更进一步。

需要注意的是，在排名时不仅要看各中间商销售水平的绝对值，还需考虑其各自面临的环境变化的可控制程度，以及生产者的产品大类在各中间商的全部产品组合中的相对重要程度。

三、渠道冲突管理

渠道冲突是指渠道系统中某些成员因从事妨碍企业实现目标的活动而发生各种矛盾和纠纷的现象。在营销实践中，分销渠道设计很难兼顾渠道成员不同角度、不同层面和不同形式的利益，因此，不可避免地会出现渠道冲突。

（一）渠道冲突的原因

一般来讲，产生渠道冲突的原因主要有：

1. 目标差异。主要表现在渠道成员的个体目标不同且与整体目标存在差异。例如，企业希望以低价政策获得市场的快速成长，而经销商则重视以尽可能的高价来支持其短期获利目标。

2. 归属差异。这是指渠道成员的角色和权力划分不清而引致冲突。例如，目标客户归属不清引发争夺客户的冲突，销售区域归属差异引发区域市场争夺冲突或窜货，渠道分工差异产生争执和冲突，对技术理解、掌握和运用存在差异从而带来矛盾冲突等。

3. 认知差异。它是指各成员对渠道事件、状态和形势的看法存在分歧，从而引起冲突。例如，制造商对经济形势持乐观态度，要求经销商更多存货，而后者持悲观看法，不愿冒风险。

4. 过度依赖。例如，汽车经销商的利益高度依赖于制造商，受产品设计和制造商价格政策影响甚大，因此它们之间发生潜在冲突的可能性很大。

（二）渠道冲突的类型

总体来看渠道冲突一般是为了维持市场份额、保持竞争优势、争夺渠道控制权而展开的利益纷争。在渠道设计存在缺陷、渠道成员之间缺乏信息沟通的情况下，渠道冲突很难避免。一般来讲，渠道冲突有以下三种类型：

1. 水平渠道冲突。水平渠道冲突是指由于生产者没有对目标市场的中间商数量及其分管区域进行合理的规划，在同一渠道系统中同一层次中间商之间产生的冲突。生产者确定了目标市场后，中间商为了获取更多的利益必然要争取更多的市场份额，扩大势力范围。例如，经营某品牌产品的某中间商，可能认为同一地区经营该产品的另一家中间商在定价、促销和售后服务等方面做得太过分，咄咄逼人，抢了它的生意。发生这种类型的渠道冲突时，生产者应及时采取有效措施，缓和并协调矛盾，防止类似情况再度出现。渠道成员要坚持互利共赢、共同发展，“既要让自己过得好，也要让别人过得好。只有义利兼顾才能义利兼得，只有义利平衡才能义利共赢”①。否则，渠道成员的合作及企业产品的销售都会受到影响。

2. 垂直渠道冲突。垂直渠道冲突是指在同一渠道系统中不同层次企业之间的冲突，即渠道上下游的冲突。例如，某些批发商可能抱怨生产者在价格方面控制太紧，留给自己的利润空间太小，而提供的广告、公关、促销等服务太少。零售商对批发商或生产者可能也存在类似的不满。一方面，越来越多的中间商从自身利益出发，采取直销与分销相结合的方式销售商品，这就不可避免要同下游中间商争夺客户，大大挫伤了下游渠道成员的积极性。另一方面，下游中间商的实力增强以后，不甘心目前所处的地位，希望在渠道系统中有更大的权力，就会向上游渠道成员发起挑战。在某些情况下，生产者为

---

① 习近平在韩国国立首尔大学发表重要演讲．（2014－07－04）．新华网．

了增加产品销售，往往会越过一级中间商直接向二级中间商供货，致使上下游渠道成员之间产生矛盾。

3. 多渠道冲突。多渠道冲突是指同一制造商通过两条以上渠道向同一市场分销产品而引起的冲突。例如，康柏公司曾在某地区新设邮购和超市两条渠道分销电脑产品，结果引起了传统经销商的不满和抵制。

（三）渠道冲突水平及化解对策

对于渠道冲突问题，管理者既不可能安全杜绝其发生，也不可视而不见，听之任之，应该积极做好应对工作，预防和化解各种冲突，确保渠道健康、高效运作。依据冲突强度、冲突频度和冲突问题的重要程度，渠道冲突可划分为高、中、低三种水平（如图 12－8 所示）。

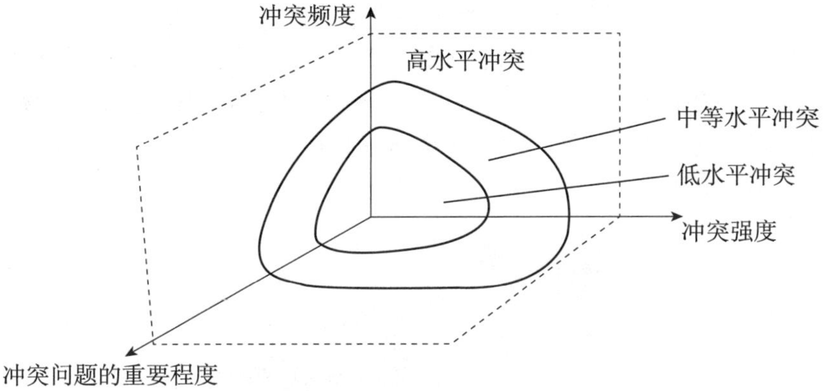

图 12－8　渠道冲突水平

渠道冲突水平不同，对渠道效率的影响是不一样的，如图 12－9 所示。0～C_1 的渠道冲突水平对渠道效率没有影响。该水平的渠道冲突一般表现为不满和抱怨，各方较少发生争执，没有行为上的对抗。在 C_1～C_2 范围内，渠道冲突水平越高，渠道效率也越高。该水平的渠道冲突是为消除渠道成员之间潜在的矛盾和病态对抗而发生的，属于功能性或建设性渠道冲突。但当冲突水平超过 C_2 时，渠道冲突行为表现为渠道成员之间相互对抗和报复。这种水平的渠道冲突对渠道效率有破坏性，水平越高，破坏性越强，渠道效率越低。

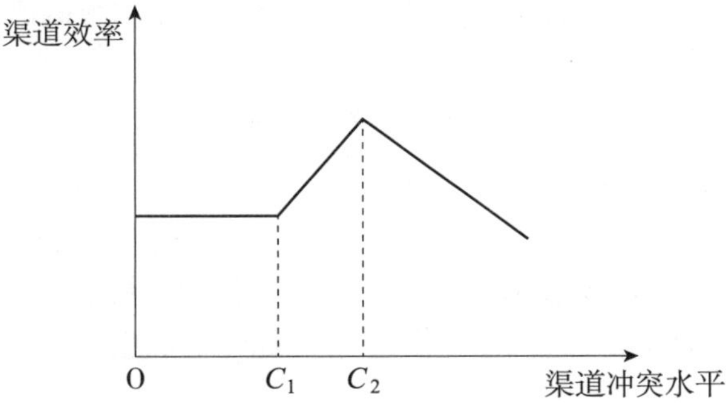

图 12－9　渠道冲突水平和渠道效率之间的关系

营销管理者应深入分析渠道冲突的表现、类型、水平及其对渠道效率产生的影响，重点确认哪些渠道冲突是对渠道效率产生不利影响的高水平渠道冲突，并将其列入重点管理目标，努力将渠道冲突控制在适当的水平。

第4节　供应链管理与物流管理

一、供应链管理

习近平总书记指出，“要加快构建新发展格局，实现内部可循环，并依托我国超大规模市场优势吸引全球资源要素，增强国内国际两个市场两种资源联动效应。维护好经济安全特别是粮食安全、能源安全、产业链供应链安全”①。供应链是围绕核心企业，将供应商、制造商、分销商、零售商直到最终用户连成一个整体的功能网链结构模式。它是一个范围更广的企业结构模式，不仅是一条连接供应商到最终用户的物料链、信息链、资金链，而且是一条增值链，物料等资源在供应链上经过加工、包装、运输等过程而增加价值，从而给相关企业带来收益（如图12-10所示）。

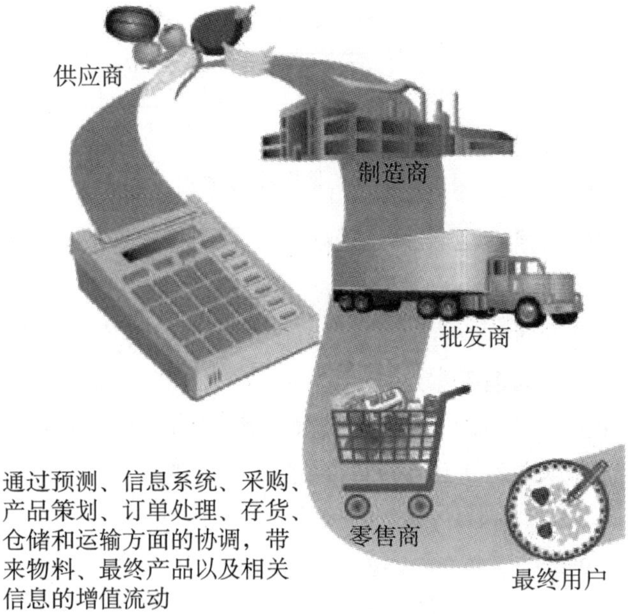

图12-10　供应链的增值

供应链主要具有以下特征：（1）复杂性。因为供应链节点企业组成的跨度（层次）不同，供应链往往由多个、多类型甚至多国企业构成，所以供应链结构模式比单个企业的结构模式更为复杂。（2）动态性。因企业战略和适应市场需求变化的需要，供应链中的节点企业需要动态地更新，这就使得供应链具有明显的动态性。（3）面向用户需求。

① 习近平．推进中国式现代化需要处理好若干重大关系．求是，2023（19）．

供应链的形成、存在、重构都是基于一定的市场需求而发生的，并且在供应链的运作过程中，用户的需求拉动是供应链中信息流、产品/服务流、资金流运作的动力源。（4）交叉性。节点企业可以是这个供应链的成员，同时又是另一个供应链的成员，众多的供应链形成交叉结构，增加了协调管理的难度。

在经济全球化浪潮的冲击下，供应链管理（supply chain management，SCM）已经发展成为一种先进的管理模式，并成为提升企业核心竞争力的重要途径。SCM 提供了集成和管理企业之间功能与资源的机遇，是一种新的面向整个业务流程的经营管理业务模式和供应链成员之间的联系方式。SCM 实质上是一种从渠道管理角度形成的概念模型，可以理解为：在一个组织内集成不同功能领域，加强从直接战略供应商到生产制造商与分销商再到最终用户物流流动过程管理的体系。利用直接战略供应商的能力与技术，尤其是其在产品设计阶段的早期参与，已经成为提高生产制造商效率和竞争力的新的经济效益增长点。

二、物流管理

（一）营销物流

企业必须决定储存、加工、配送的最佳方式，以确保客户在适当的时间和地点得到自己需要的产品或服务。营销物流（marketing logistics）是指企业为了满足客户需求、取得利润收入而规划、实施和控制产品、服务以及其他相关信息从起运点到达消费地的实体流程。简而言之，就是将正确的产品在适当的时间和地点配送给正确的客户。

客户导向的营销物流从市场开始，反向延伸至工厂甚至供应商。营销物流不仅包括外向物流（即将产品从工厂运送到中间商和最终用户），还涉及内向物流（即将产品和原材料从供应商运送至工厂）以及反向物流（即将消费者或经销商退回的破损、滞销或多余的产品运回工厂）。也就是说，它涉及供应商的整个供应链管理，管理那些在供应商、企业、中间商、最终用户之间流动的涉及上下游渠道增值的原材料、最终产品及相关信息。物流管理涉及协调供应商、采购代理商、营销者、渠道成员和客户的各种活动，包括预测、采购、制订生产计划、处理订单、管理库存、制订仓储和运输计划等。

（二）营销物流的目标

近年来，我国持续推动物流降本增效，2023 年社会物流总费用 18.2 万亿元，比上年下降 0.3 个百分点，呈现稳步下降态势。但与发达国家相比，物流成本高、效率低的问题仍较突出。一些企业将自己的物流目标描述为以最低的成本提供最优质的客户服务。这虽然听起来很美好，但几乎所有的物流系统都不可能在最大限度提高客户服务质量的同时使物流成本最小化。优质的客户服务意味着交货迅速及时、库存合理、产品种类搭配灵活、退货政策自由等，为满足这些要求就很难实现物流成本最小化。

营销物流的目标应该是以最低的成本提供既定水平的客户服务。首先，企业必须分析各种物流服务对客户的相对重要程度，然后，为每项服务内容、服务项目设定客户期望的服务水平。正确的目标是利润最大化，而不是销售额最大化。因此，企业必须权衡提供更高水平服务所带来的收益和由此产生的成本。企业既可以比竞争对手提供更少的服务，收取更低的价格；也可以提供更多的服务，但要收取更高的价格以弥补更高的成本。

（三）营销物流管理

一旦确定了营销物流目标，企业就可以基于以最小成本实现营销物流目标进行物流管理。物流管理主要涉及仓储管理、存货管理、运输管理和物流信息管理。

1. 仓储管理。生产周期和消费周期很难完全匹配，所以企业在很多情况下必须将待售的产品储存起来。仓储管理能够克服生产和需求在商品数量和购买时间上的差异与矛盾，确保企业在客户打算购买时能够及时提供产品。企业必须决定仓库的数量、类型及地理位置。储存仓库（storage warehouses）和配送中心（distribution centers）是企业经常采用的仓储方式。前者是指用于中长期货物储存的仓库设施。后者是指为了配送产品而设立的高度自动化的大型仓库，用以接收来自各个工厂和供应商的货物，接受订单，高效率地供货，并尽快将货物交付给客户。在物联网、大数据、云计算、人工智能、机器人等现代技术的推动下，仓储管理技术也发生了翻天覆地的变化，过时的物资处理方式逐渐被需要更少员工的计算机系统取代，仓储管理朝着更加精细化、智能化的方向发展。

2. 存货管理。存货管理会影响客户满意度。管理者必须保持精准的平衡，确保存货恰好够用。存货不足，就会面临当客户需要产品时缺货断档的风险。为避免这种情况出现，企业需要以极高的代价建立应急运输和生产机制。而存货过量又会导致不必要的存货成本和损耗。因此，许多企业借助即时物流系统，大大降低了存货水平以及由此引起的成本费用。即时物流系统是指通过准确预测需求以及快速、频繁、灵活的货物递送，确保在有新的需求时所需货物及时送到，从而大大降低存货成本和经营费用的物流系统。借助即时物流系统，生产者和零售商得以更精确地进行存货管理，可以只储存几天运营所需的少量的零部件或商品。新货物恰好在需要的时候准时到达，而不是一直储存在仓库里。

数字技术的应用推动存货管理实现完全自动化。智能标签技术是指将智能芯片嵌入或放置在产品或包装内，以实现产品监控自动化和智能化的技术。射频识别技术是一种在阅读器与标签之间进行非接触式的数据通信从而识别目标的技术。使用射频识别技术的企业能够随时随地精确地跟踪产品在供应链中的位置。智能货架不仅可以让企业知晓何时需要下订单，还可以自动地直接向供应商下单。数字技术的应用不仅有利于存货管理，还将彻底变革现有的营销物流系统。

3. 运输管理。运输管理会影响产品定价、递送效率、交货速度和货物交接状况，进而影响客户满意度。在将产品运送至仓库、经销商和客户的时候，可供企业选择的运输方式有：公路运输、铁路运输、水运、管道运输、空运。数字产品的交付要借助互联网，互联网通过人造卫星、电缆、电话线路、无线信号将数字产品从生产者传输至客户。软件企业、媒体、音频和视频企业、教育培训机构等都通过互联网传输数字产品。互联网在降低物流成本上极具潜力。

不同的运输方式适合运送不同的产品，企业做好运输管理具有以下好处：(1) 节省物流成本；(2) 保障产品交付时效；(3) 保证产品质量；(4) 提高客户满足度。

近年来，我国多式联运“一单制”“一箱制”发展取得了一定的成效。托运人一次委托、费用一次结算、货物一次保险、多式联运经营人全程负责的“一单制”服务模式和集装箱运输“不换箱、不开箱、一箱到底”的“一箱制”服务模式得到推广。

4. 物流信息管理。企业对供应链的管理要靠信息技术来实现。渠道成员之间通常会互相沟通，共享信息，以便制定更好的联合物流决策。客户交易、结算账单、装运量、存货水平、客户数据等信息组成的信息流，和营销物流的效率密切相关。企业需要建立一个简单、方便、快捷、准确的流程来进行物流信息管理。信息可以通过多种方式共享和管理，但大多数共享是通过基于互联网的电子数据交换（electronic data interchange，EDI）实现的。

不少企业具备了整合物流管理（integrated logistics management）理念，即无论在企业内部还是在所有渠道成员之间都需要团队合作，以提供更好的客户服务，有效地降低物流成本。就企业内部而言，各部门之间要密切配合，以最大限度地提升企业整体的物流绩效。就企业外部而言，企业必须整合自己的、供应商的和客户的物流系统，以实现整个分销网络的绩效最大化。

（四）物流管理的重要作用

企业越来越重视物流管理，主要是由于：

1. 通过改进物流管理可以提升物流水平，从而为客户提供更好的服务和以更低的价格获得强大的竞争优势。

2. 通过物流管理可以降低物流成本，从而节约企业和客户的成本。只要降低一小部分物流成本就能给企业带来极大的成本节约。

3. 物流管理可以使企业更好地应对产品种类的激增。信息技术的进步为改善分销效率和物流管理创造了条件。企业可以使用完善的供应链管理软件、基于互联网的物流系统、自动销售扫描系统、无线射频识别标签、卫星追踪以及订单和支付数据的电子传输，快速高效地通过供应链来管理产品流、信息流和资金流。

4. 物流管理能使企业更好地承担社会责任。物流对自然环境的影响较大，物流管理能影响企业为环境可持续发展所付出的努力。运输、仓储、包装等物流环节对自然环境影响较大，同时，它们也是最能节约成本的供应链环节。换言之，发展绿色供应链不仅是对环境负责，对企业来说也是有利润空间的。

第 5 节 批发商与零售商

正确选择中间商，需要掌握各类中间商（主要是批发商与零售商）的特点与作用，了解现代商业形式的新发展。

一、批发商

批发是指将产品或服务销售给为了转卖或者其他商业用途而进行购买的个人或组织的活动。一般用批发商来描述那些主要从事批发业务的公司。批发商一词的内涵排除了制造商和农场主，因为它们主要从事生产，同时也排除了零售商。

（一）批发商的职能

批发商可以有效地执行如下职能：(1) 销售与促销职能。批发商通过其销售人员的业务活动，可以有效地接触众多的小客户，从而促进销售。(2) 采购与搭配产品职能。批发商代替客户选购产品，并根据客户需要，将各种产品进行有效的搭配，从而为客户节省时间。(3) 整买零卖职能。批发商可以整批地买进产品，再根据零售商的需要批发出去，从而降低零售商的进货成本。(4) 仓储服务职能。批发商可将产品储存到出售为止，从而降低供应商及客户的存货成本和风险。(5) 运输职能。批发商一般距零售商较近，可以很快地将产品送到客户手中。(6) 融资职能。批发商可以向客户提供信用条件，提供融资服务；如果批发商能够提前订货或准时付款，则也等于为供应商提供了融资服务。(7) 承担风险职能。批发商在分销过程中由于拥有产品所有权，可承担产品失窃、损坏或过时等风险。(8) 提供信息职能。批发商可向其供应商提供有关买主的市场信息，诸如竞争者的活动、新产品的出现、价格的剧烈波动等。(9) 管理咨询服务职能。批发商可帮助零售商培训推销人员、布置商店以及建立会计系统和存货控制系统，从而提高零售商的经营效益。

（二）批发商的类型

批发商主要有三种类型：经销批发商、代理批发商、制造商及零售商的分店和销售办事处。

1. 经销批发商。经销批发商是指自己进货，取得产品所有权后再批发出售产品的商业企业，也就是人们通常所说的独立批发商。商人批发商是经销批发商的最主要类型。

2. 代理批发商。代理批发商是指从事购买或销售或二者兼有的洽商工作，但不取得产品所有权的商业单位。代理批发商对经营的产品没有所有权，所提供的服务比有限服务批发商还少，其主要职能在于促成产品的交易，从中赚取佣金作为报酬。

3. 制造商及零售商的分店和销售办事处。生产者往往设立自己的分店和销售办事处，以改进其存货控制、销售和促销业务。

党中央历来重视对批发环节的管理。习近平总书记指出，“批发市场既要在拓展货源、丰富品种、保证质量上下功夫，也要在加强食品检测和市场管理上下功夫”[①]，让

---

① 向全国各族人民致以新春的美好祝福 祝各族人民幸福安康 祝愿伟大祖国繁荣昌盛．人民日报，2023-01-19.

消费者吃得放心、吃得舒心。

二、零售商

零售是指向最终用户直接销售产品和服务，用于个人及非商业性用途的活动。任何从事这种销售活动的机构，不论这些产品和服务是如何（经由互联网、电商平台、邮寄、电话或自动售货机等）销售或者是在何处（商店、街头或消费者家中）销售的，都属于此范畴。零售商是指那些销售量主要来自零售的商业企业。零售商类型繁多，下面将作简要介绍。

（一）零售商店

最主要的零售商店类型有以下七种。

1. 专用品商店。专用品商店经营的产品线较窄，品种较齐全，如服装店、体育用品商店、家具店、花店和书店等。根据产品线的狭窄程度，可将专用品商店再分为：单一产品线商店，如服装商店；有限产品线商店，如男士服装店；超级专用品商店，如男士定制衬衫店。其中，超级专用品商店发展最为迅速，因为它们可以利用的细分市场、目标市场和产品专业化的机会越来越多。

2. 百货商店。百货商店一般销售几条产品线的产品，尤其是服装、家具和家庭用品等，每条产品线都作为一个独立部门，由专门的采购员和营业员管理。还有一些专门销售服装、鞋子、美容化妆品、礼品和皮箱的专用品百货商店。由于百货商店之间竞争激烈，还有来自其他零售商特别是折扣商店、专用品连锁商店、仓储零售商店的激烈竞争，再加上交通拥挤、停车困难和中心商业区的衰落，百货商店逐渐失去往日魅力。

3. 超级市场。超级市场是指规模巨大、成本低廉、薄利多销、自我服务的经营机构，主要经营各种食品、洗涤剂和家庭日用品等。超级市场的主要竞争对手是便利店、折扣商店和超级商店。

4. 便利店。便利店是设在居民区附近的小型商店，营业时间长，销售品种有限、周转率高的方便产品。便利店商品价格相对高一些，但是，消费者主要利用它们进行补充性采购，它们能满足消费者一些重要的需求，因此人们愿意为这些便利品付高价。

5. 超级商店、联合商店和特级商场。超级商店比传统的超级市场更大，主要销售各种食品和日用品，通常提供干洗、修鞋、支票付现、代付账单和餐饮等服务。联合商店面积比超级商店更大，呈现经营业务多元化趋势，主要向医药和处方药领域发展。特级商场比联合商店还大，综合了超级市场、折扣商店和仓储零售的经营方针，其品种超出了日用品，包括家具、大型和小型家用器具、服装以及其他许多品种。

6. 折扣商店。折扣商店具有下列特点：（1）经常以低价销售产品；（2）突出销售全国性品牌，因此价格低廉并不代表质量低下；（3）在自助式、设备最少的基础上经营；（4）店址趋向于选在租金低的地区，要能吸引较远处的顾客。折扣商店经营的基本方法是原装产品陈列，尽量减少商店人员搬运次数，同时向愿意自行搬运大型家用器具和家具的顾客提供折扣。

7. 仓储商店。仓储商店是一种以大批量、低成本、低售价和微利多销方式经营的连锁式零售企业，一般具有以下特点：（1）以工薪阶层和机关团体为主要服务对象；（2）价格低廉；（3）精选正牌畅销产品；（4）会员制；（5）经营成本低；（6）使用先进的计算机管理系统。

（二）无门市零售

虽然大多数产品和服务是由商店销售的，但是无门市零售比零售商店发展得更快。下面介绍无门市零售的几种形式。

1. 直复营销。直复营销是一种为了在任何地方产生可度量的反应和达成交易而使用一种或多种广告媒体的市场营销系统。直复营销者利用广告介绍产品，顾客可写信或电话订货。订购物品一般通过邮寄交货，信用卡付款。直复营销者可在一定广告费用开支允许的情况下，选择可获得最大订货量的传播媒体，使用这种媒体的直接目的是扩大销售，而不是像普通广告那样刺激偏好和树立品牌形象。

2. 直接销售。直接销售主要有挨门挨户推销、逐个办公室推销和举办家庭销售会等形式。推销人员可以直接到顾客家中或办公室进行销售，也可以邀请几位朋友和邻居到某人家中聚会，在那里展示并销售产品。直接销售成本高昂（销售人员的佣金占20％～50％），而且还需支付雇用、训练、管理和激励销售人员的费用。

3. 电话营销。电话营销是指市场营销者拨打电话直接向顾客和企业销售。设计得当、定位准确的电话营销会带来很多好处，包括方便购买过程以及提供更丰富的产品和服务信息。

4. 自动售货。自动售货设备向顾客提供24小时售货、自我服务和无须搬运产品等便利条件。由于要经常给相当分散的设备补充存货、设备常遭破坏、失窃率高等，自动售货成本很高，因此其销售的产品价格一般要高15％～20％。对顾客来说，设备损坏、库存告罄以及无法退货等问题也非常令人头痛。

5. 购物服务公司。购物服务公司不设店堂，专为某些特定顾客，通常是学校、医院、工会和政府机关等大型组织提供服务。这些组织可成为购物服务公司会员，被授权从一批经过挑选、愿意以折扣价售货的零售商处购货。例如，一位顾客想买录像机，可从购物服务公司领取表格，到经过批准的零售商那里以折扣价购买。该零售商要向购物服务公司支付一笔费用。

6. 电视购物与网上商店。从形式上看，电视购物通过电视媒体向潜在的顾客传递产品信息，达到产品销售目的。网上商店是通过互联网向潜在的顾客展示产品信息，并通过网上订购、网上结算和及时配送，达到产品销售的目的。从消费者角度看，电视购物和网上购物就是足不出户买东西。从全球视角看，包括电视购物和网上商店在内的“在家购物”是零售业增长最快的部分之一。

（三）新零售

新零售是指企业以互联网为依托，通过运用大数据、云计算、移动通信、物联网、人工智能等技术手段，对产品的生产、流通与销售过程进行升级改造，并对线上服务、线下体验以及现代物流进行深度融合。总而言之，新零售就是以大数据为驱动，改造零售业形态，以发展和提升用户体验的零售模式。

1. 新零售的特点。新零售是零售本质的回归，是以消费者需求为核心的消费体验升级，是通过数据驱动和技术革新，以泛零售和全渠道的形态，为消费者提供集购物、娱乐、社交多维于一体的综合零售业态（见图 12－11）。其主要特点是：（1）以消费者为核心，强调消费者需求在零售业各个环节的重要性，通过技术革新及数据联通，实现消费体验升级；（2）新零售的转型升级是数字技术驱动的行业重构，通过技术创新及对大数据的挖掘利用，实现多渠道、全供应链的优化，提升零售效率；（3）全渠道深度融合，通过线上、线下及物流的深度融合，提升物流、客流、资金流效率，为消费者提供更全面、实时、周到的服务。

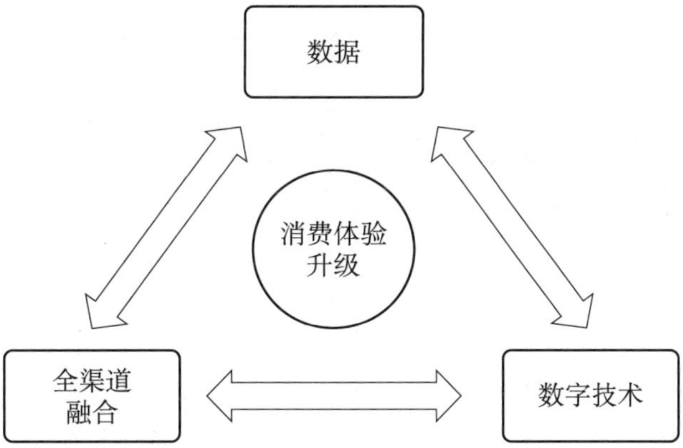

图 12－11　新零售的内涵

2. 新零售与传统零售的区别。新零售是在传统零售基础上发展而来的，是为解决传统零售中的各种问题而创新的零售业态。二者主要有以下区别：

第一，传统零售缺乏与消费者的有效互动，难以形成忠诚的消费群体；而新零售则是从消费者的需求出发，通过产品和购物场景的改进，提升消费者在购前、购中和购后的体验，从而与消费者建立长期稳定的联系。

第二，传统零售的物流配送系统大多是生产推动的供应链系统，产业链在应对多元的消费需求方面灵活性不足；而新零售借助云计算、大数据及物联网等技术，极大地提高了物流系统的效率，强调信息流与物流的结合，同时也使得供应链系统能够对消费者的需求做出更加迅速、及时的回应。

第三，新零售是以线上零售带动传统的线下零售，并且将互联网的发展思维融入实体零售的发展，实现线上和线下的有机融合，从而使整个零售业获得新的增长点的创新模式。

新零售与传统零售的区别如表 12－2 所示。

表 12－2　新零售与传统零售的区别

	新零售	传统零售
营销理念	客户需求导向	产品导向
渠道布局	全渠道：各个渠道协同运营	单一渠道、多渠道
购物场景	无界化、多样化	单一、同质化
消费方式	无时间和地点限制、个性化产品	时间限制、地点限制、大众化产品
技术作用	融入产品设计、营销、物流、交易、管理的全过程	提升经营效率的工具

3. 新零售重构产业链。互联网、物联网、大数据、云计算和人工智能技术可以有效实现供应链各个网点之间的数据联通，打破数据孤岛的状态，从而形成全产业链的数据共享，实现由消费到生产的逆向产业链运营方式（见图 12－12）。

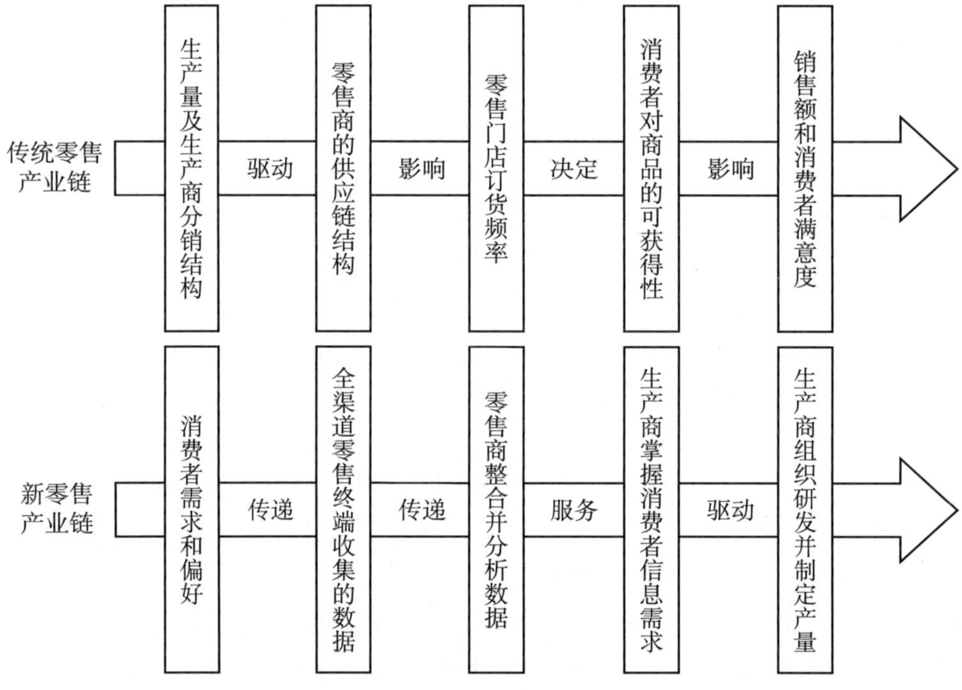

图 12－12　新零售重构产业链

4. 新零售重构零售场景。随着人工智能（AI）、虚拟现实（VR）等新技术在零售业的应用不断增加，零售业的消费场景也在进行智能化改造，从智能客服到智能机器人，在重构零售场景的同时提升了消费者的购物体验。同时，智能化改造也使得零售商的运营更加高效和标准化，降低了零售人员服务水平差异所带来的消费体验的不确定性，让服务质量更加可控。例如，店铺可以借助 AI 技术进行智能化改造，应用智能货架与智能硬件（如 VR 试衣镜等）延展店铺的空间，从而构建丰富多样的全新零售场景，在满足消费者购物需求的基础上，满足消费者对娱乐性体验的需求。

在新零售环境下，消费者与零售商的联系进一步增强，零售商可以通过多种渠道触及消费者，为消费者提供更周到的服务，同时，零售商也可以获得更加细致、全面的消费者用户画像。例如，借助人脸识别、体征识别等AI技术可以全方位挖掘用户线下、线上行为，精准定义目标客群特征、消费偏好、地域分布，从而为每一位用户提供个性化服务。

5. 新零售的未来发展趋势。新零售的产生本身是移动互联网、物联网和大数据等技术日益成熟的结果，随着自然语言处理（NLP）、AR/VR、生物识别、图像识别、机器人等技术更加完善、应用门槛大幅降低，零售企业将进一步通过数字化和智能化提升消费者体验。未来，新零售可能实现“全数据、全链路、全智能”的零售模式。

一是无人零售。目前我国零售业人工费和租金呈现不断上升趋势，而随着网络基础设施及移动支付的普及，尤其是人工智能及物联网技术的快速发展，无人零售已经具备加速发展的客观条件，加之政策及资本的支持，未来无人零售将进入高速扩张阶段。无人零售的发展将解决零售业中消费者在商品搜索、购物排队及最终支付环节的痛点，将消费者体验升级到新的高度。

二是数据赋能产业融合。新零售时代，产品和消费者行为实现了数字化，用户识别、用户服务、用户触达等也全部智能化。未来，新零售将通过AI和大数据技术进一步驱动产业链整合，优化产能配置和产品设计。随着技术与产业链的深度融合，市场细分、市场选择、市场定位可以更加精准、细致，甚至可以通过即时定制的形式满足消费者个性化的需求，以产品升级带动体验升级。

三是场景化设计提升消费者体验。未来新零售将通过智能化的场景来增强消费者的购物体验，满足消费者在购物过程中的娱乐性、社交性等多样的需求。零售商的产品会根据场景设计功能，强化消费者体验。当产品体验不足时，企业会应用先进的技术构建丰富、生动的服务场景来打动消费者。此外，企业还可以通过图像识别、特征分析等技术了解消费者的习惯及偏好，从而对消费场景进行不断的升级、优化，提升消费者体验，完成从产品端到消费者终端的体验升级。

四是社交与社群零售促进绩效提升。在互联网环境下，社群已经成为消费者购买行为的主要影响要素，零售具备了更多的社交属性。未来，企业可以围绕目标消费者打造生活场景，通过社群产生黏性，逐步放大消费者价值，从而有效助力营销绩效的提升。

重要概念

商品流通	商品流通经营者	市场优势地位	供应链
价值递送网络	分销渠道	全渠道营销	密集分销
选择分销	独家分销	垂直渠道系统	水平渠道系统
多渠道系统	供应链管理	营销物流	批发
零售	新零售		

复习题

1. 分销渠道对企业营销的重要性体现在哪些方面？
2. 渠道冲突的类型有哪些？渠道冲突是如何形成的？如何化解渠道冲突？

3. 物流管理对于企业营销的重要价值体现在哪些方面？

4. 新零售与传统零售有哪些不同？如何看待新零售的未来发展趋势？

案例分析

淘宝的分销创新

2024年1月14日，天猫年货节在杭州举办了一场“新年味”试吃游园会，周末两天时间吸引了近20万消费者现场打卡，试吃2024年天猫年货节的各式新品。活动现场发布了《天猫年货节2024年味新趋势》，介绍了龙年年夜饭的新流行。数据显示，在淘宝购买年货的用户中，“95后”占比已超过一半。“95后”正在成为家庭年货的决策人，从“逃避过年”逐步转向“愿意参与”甚至“主导年夜饭餐桌”。“95后”主导的年夜饭相对于“家乡味”，会有更多新品种，更多跨地域美食出现在了餐桌上。

淘宝作为中国最大的在线购物平台，成功地打造了一个全面而高效的流通体系，并通过创新的商业模式和技术手段，推动了中国电商行业的发展。

首先，淘宝通过引入C2C（消费者对消费者）模式，创造了一个开放的商业平台，让个体商家能够直接面向消费者销售商品。这一模式打破了传统的商业层级体系，使得市场更加活跃和有竞争力。在淘宝平台上，任何人都可以成为卖家，通过建立自己的店铺，自由选择商品，并通过淘宝提供的支付和物流服务，方便地将商品送到消费者手中。这种模式为卖家提供了更多的销售渠道和机会，同时也满足了消费者多样化、个性化的需求。

其次，淘宝积极引入互联网技术，改善和优化了物流配送系统。通过与物流公司合作，淘宝建立了自己的物流网络，实现了从商品拿货到快递送达的全程可追溯。同时，淘宝还推出了“菜鸟网络”项目，依托大数据和人工智能等技术，实现了智能化的仓储和配送管理，大幅提高了物流效率，缩短了物流时间，让消费者享受到了更好的购物体验。同时，淘宝还推出了“无人超市”等创新项目，通过科技手段实现了自动化销售和配送，进一步提高了物流效率和便利性。

最后，淘宝还通过推出支付宝等电子支付工具，解决了传统线下支付方式的不便和不安全问题。支付宝提供了安全、便捷的手机支付服务，为消费者和卖家提供了一种更简单、更高效的支付方式。这一创新迅速改变了人们的支付习惯，促进了更多的交易和流通。

通过以上分销创新，淘宝成功打造了一个现代流通体系，改变了传统的购物方式和商业模式。它为消费者提供了更多的选择和便利，为卖家提供了更多的机会和发展空间，同时也推动了中国电商行业的快速发展。淘宝的成功经验不仅影响了中国电商行业，也对全球电商行业产生了重要的启示和影响。

资料来源：天猫年货节发布2024新年味趋势：95后主导年夜饭餐桌，淘宝下单年货用户95后占比超一半．杭州日报，2024-01-14；天猫年货节发布2024新年味趋势：95后主导年夜饭餐桌，马云的“一米八”要来了！．证券时报，2024-01-14.

思考题

淘宝在分销创新方面有哪些重要举措？

第13章

双向互动的传播

本章要点

- 确定传播促销组合的考虑因素
- 大众传播促销、数字传播促销、人员传播促销的主要方式
- “广告宣传也要讲导向”的深刻含义

党的二十大报告指出，“加强全媒体传播体系建设”，“增强中华文明传播力影响力。坚守中华文化立场，提炼展示中华文明的精神标识和文化精髓，加快构建中国话语和中国叙事体系，讲好中国故事、传播好中国声音，展现可信、可爱、可敬的中国形象”。[①]提升企业市场竞争力，不仅要求企业生产适销对路的产品，制定吸引人的价格，使目标客户易于获得所需要的产品，还要求企业管理其在市场上的形象，设计并传播有关产品外观、特色、购买条件以及能给目标客户带来的利益等方面的信息。因此，企业必须高度重视与中间商、客户等公众进行沟通，通过多种媒体进行有效的信息沟通，创造消费和使用其产品的社会氛围及市场条件，从而促进销售提升。企业还要善于通过公益广告促进社会和谐进步，履行社会责任。

第1节　传播促销组合

一、传播促销组合的含义

传播促销组合是指企业根据传播促销的需要，对广告、销售促进、事件体验、公共

① 习近平．高举中国特色社会主义伟大旗帜 为全面建设社会主义现代化国家而团结奋斗：在中国共产党第二十次全国代表大会上的报告．北京：人民出版社，2022：44，45-46.

关系、在线营销、社交媒体营销、移动营销、直复营销、数据库营销、口碑营销、人员推销等各种传播促销方式进行的适当选择和综合编配（如图 13－1 所示）。企业运用传播促销组合来接触中间商、消费者及其他公众；中间商也可运用一套传播促销组合来接触消费者及其他公众；消费者彼此之间、消费者与其他公众之间则进行口碑传播；同时，某一群体也与其他群体进行沟通和反馈。

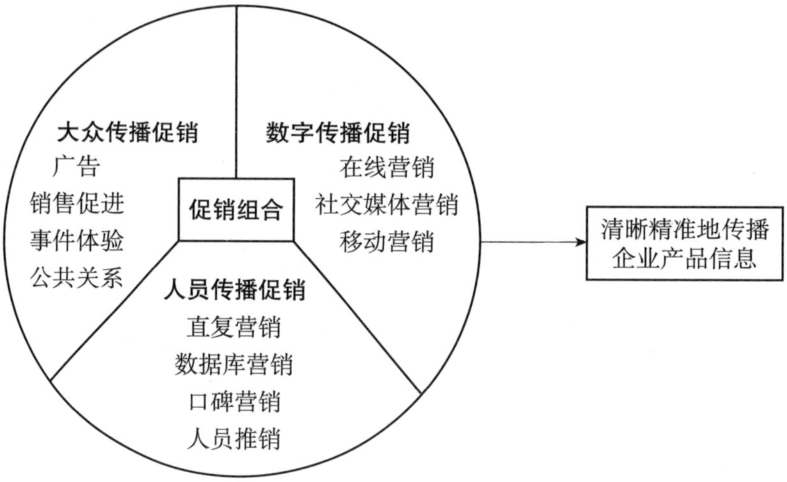

图 13－1　传播促销组合

二、确定传播促销组合的考虑因素

确定传播促销组合实质上也是企业在各传播促销工具之间合理分配预算的问题。一般来讲，企业在将预算分配到各种传播促销工具或在确定传播促销组合时，需考虑如下因素。

（一）产品类型

产品类型主要是指产品是消费品还是产业用品。广告一般是消费品的主要传播促销工具，而人员推销则是产业用品的主要传播促销工具。不过，广告对于产业用品，人员推销对于消费品也有一定的作用。

1. 广告在产业用品传播促销中也能发挥一定作用。广告在产业用品传播促销中发挥如建立知晓、强化理解、有效提醒、提供线索、佐证效果、再度保证等十分重要的作用。主要表现为：（1）广告在树立企业声誉的前提下，将有助于推销员的工作。（2）广告在产品复杂、风险大以及购买者所受专业训练少的情况下，一般具有较强的影响力。

2. 推销员在消费品传播促销中也能发挥一定作用。一个训练有素的推销员可为消费品传播促销作出如下重要贡献：（1）增加货位。具有较强说服力的推销员可以说服代理商储存更多的企业产品，或为本企业产品提供更多的货位空间。（2）培养热情。具有较强说服力的推销员能够借助有计划的广告以及对代理商的销售促进，使代理商对本企业产品产生满腔热情。（3）劝导推销。训练有素的推销员能够不辞辛苦、循循善诱地劝导更多的代理商努力经营本企业产品。

（二）推式策略与拉式策略的选择

企业选择推式策略还是选择拉式策略来促进销售，对传播促销组合具有重要影响。推式策略是指利用推销员与中间商的传播活动将产品推入渠道，即生产者将产品积极推给批发商，批发商又积极地将产品推给零售商，零售商再将产品推向消费者。拉式策略是指企业针对最终消费者，花费大量的资金从事广告及消费者促销活动，以增加产品需求。如果传播促销活动有效，消费者就会向零售商要求购买该产品，零售商会向批发商要求购买该产品，而批发商又会向生产者要求购买该产品，从而拉动整个渠道系统。企业对推式策略和拉式策略的选择显然会影响各种传播促销工具的资金分配（如图 13－2 所示）。

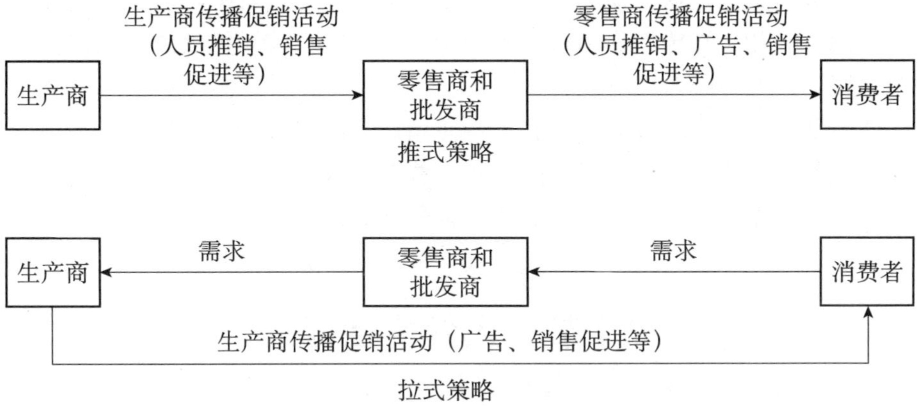

图 13－2　推式策略与拉式策略的选择对传播促销组合的影响

（三）传播促销目标

传播促销目标是指企业开展传播促销活动所要达到的目的。相同的传播促销工具用于不同的传播促销目标，其成本效益会有所不同。在建立消费者知晓方面，广告、销售促进、公共关系比人员推销的效果要好得多。在促进消费者对企业及其产品的了解方面，广告的成本效益最好，人员推销次之。消费者对企业及其产品的信任，在很大程度上受人员推销的影响，其次才是广告。消费者购买与否以及购买多少主要受人员推销的影响，销售促进则起协调作用。

（四）产品生命周期阶段

在产品生命周期的不同阶段，传播促销组合的效果也有所不同。在产品生命周期的导入期至成熟期，传播促销组合十分重要。企业需要根据产品生命周期不同阶段的特点，调整传播促销组合。

1. 在导入期，广告与销售促进的配合使用能促进消费者认识、了解企业产品。

2. 在成长期，社交媒体营销开始产生明显效果，口碑传播越来越重要。企业如果想继续提高市场份额，就必须加强原来的促销工作。企业如果想取得更多利润，则宜用人员推销取代广告和销售促进的主导地位，以降低成本费用。

3. 在成熟期，竞争对手日益增多，为了与竞争对手相抗衡，维持已有的市场份额，企业必须增加传播促销费用。在这一阶段企业可能会发现现有产品的新用途或推出改良产品，在这种情况下，加强传播促销能促使消费者了解产品，产生购买兴趣。运用赠品等传播促销工具比单纯的广告更为有效，因为对于这时的消费者只需用提醒式广告。

4. 在衰退期，企业应把传播促销规模降到最低限度，以保证足够的利润。只用少量广告来保持消费者的记忆即可，销售促进活动可以全面停止，人员推销也可减至最小规模。

（五）经济前景

企业应随着经济前景的变化，及时改变传播促销组合。例如，在通货膨胀时期，消费者对价格十分敏感。在这种情况下，企业至少可采取如下对策：(1) 提高销售促进相对于广告的地位。(2) 在传播促销中特别强调产品价值。(3) 提供信息咨询，帮助消费者明智地购买。

值得注意的是，广告的效果会随其大量使用而降低。广告越来越被视为单向的、片面的、有偏差的和企业导向的沟通手段，而消费者寻求的却是值得信任的、没有偏见的客户导向的信息。作为新的更有潜力的选项，公共关系逐渐兴起。

第 2 节　大众传播促销

大众传播促销是指企业借助广告、销售促进、事件体验、公共关系等大众传播手段传播产品信息，吸引消费者购买，促进和扩大销售的活动。

一、广告

依据《广告法》，广告主是指为推销商品或者服务，自行或者委托他人设计、制作、发布广告的自然人、法人或者其他组织。广告经营者是指接受委托提供广告设计、制作、代理服务的自然人、法人或者其他组织。广告发布者是指为广告主或者广告主委托的广告经营者发布广告的自然人、法人或者其他组织。广告代言人是指广告主以外的，在广告中以自己的名义或者形象对商品、服务作推荐、证明的自然人、法人或者其他组织。

《广告法》明确规定，广告应当真实、合法，以健康的表现形式表达广告内容，符合社会主义精神文明建设和弘扬中华民族优秀传统文化的要求。广告不得含有虚假或者引人误解的内容，不得欺骗、误导消费者。广告主应当对广告内容的真实性负责。广告主、广告经营者、广告发布者从事广告活动，应当遵守法律、法规，诚实信用，公平竞争。广告中对商品的性能、功能、产地、用途、质量、成分、价格、生产者、有效期限、允诺等或者对服务的内容、提供者、形式、质量、价格、允诺等有表示的，应当准确、清楚、明白。广告中表明推销的商品或者服务附带赠送的，应当明示所附带赠送商品或者服务的品种、规格、数量、期限和方式。法律、行政法规规定广告中应当明示的内容，应当显著、清晰表示。

市场学认为，广告是由明确的发起者以公开支付费用的做法，以非人员的任何形式，对产品、服务或某项行动的意见和想法等的推广、介绍和传播。广告具有传播普遍性、艺术化呈现、便于控制等优势。习近平总书记指出，"广告宣传也要讲导向"①。广告宣传虽然是企业的微观行为，但也是媒体宣传的重要组成部分，因而也有导向问题。好的广告，能够传播正能量，弘扬社会正气，倡导正确的价值观，引导健康的消费观。不良的广告甚至虚假广告，可能误导消费者，助长奢靡之风，败坏社会风气，甚至给消费者带来财产损失，最终也会损害媒体的公信力。因此，企业制定广告决策必须注意导向问题，坚守市场道德，坚持客观真实，守住《广告法》这个底线。一般来讲，企业广告决策的主要内容如图 13－3 所示。

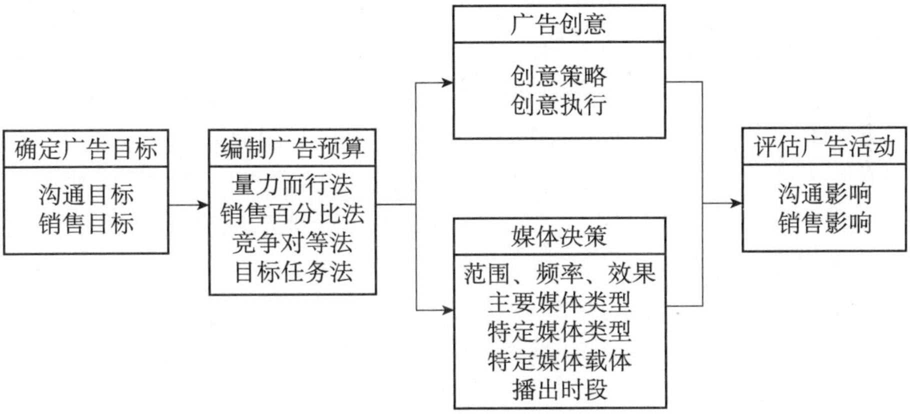

图 13－3　广告决策

（一）广告目标和广告预算

广告目标是指企业通过广告活动要达到的目的，即在特定时间对特定受众完成特定内容的信息沟通任务，主要有提供信息、诱导购买、提醒使用等。确定广告目标后，企业就可编制广告预算，即确定在广告活动上应花费多少资金。一般来讲，企业编制广告预算的方法主要有四种。

1. 量力而行法。即按照企业财力情况来决定广告预算的方法。

2. 销售百分比法。即企业按照销售额或单位产品售价的一定百分比来计算和决定广告预算。

3. 竞争对等法。即企业比照竞争者的广告预算来决定本企业广告预算的多少，以保持竞争优势的方法。在营销管理实践中，不少企业喜欢根据竞争者的广告预算来确定自己的广告预算，造成与竞争者旗鼓相当、势均力敌的对等局势。

---

① 习近平．习近平著作选读：第一卷．北京：人民出版社，2023：455．

4. 目标任务法。即企业把实现广告目标所必须完成的工作任务的各项费用计算出来，将其总和作为广告预算的方法。其步骤是：(1) 明确广告目标。(2) 确定为达到这种目标所必须执行的工作任务。(3) 估算执行这种工作任务所需的各种费用，加总这些费用得出广告预算。

(二) 广告媒体

企业的媒体计划人员还必须评估各种主要媒体到达特定目标沟通对象的能力，以便决定采用何种媒体。广告媒体是指企业用于向公众发布产品或服务广告的各种传播载体和技术手段。习近平指出："移动互联网已经成为信息传播主渠道。随着5G、大数据、云计算、物联网、人工智能等技术不断发展，移动媒体将进入加速发展新阶段。"① 目前，企业用于促销的主要广告媒体有互联网、微信群、电视、报纸、杂志、直邮、广播、户外广告等。

近年来，网络广告、社交媒体广告和移动广告的发展为广告行业创造了丰富的机会，也为广告媒体选择带来了更大的挑战。例如，传统的电视、报纸、广播和杂志等大众媒体，受众较多，能够实现较高的到达率和曝光频次，但无法衡量具体用户是否接触相关媒体。网络广告则可以通过点击数据判断具体用户的接触情况，甚至可以通过销售数据计算广告转化率。此外，随着社交媒体和智能手机的发展，很多企业也开始在社交媒体和手机应用上投放大量的广告。企业不仅要选择不同的媒体投放广告，甚至也要在同一媒体的不同渠道间进行选择，如同一企业的产品可能在不同网站投放不同的广告。这些变化使得企业的广告媒体决策更为复杂。

基本的广告媒体决策模型可以用如下公式表示：

确定 X_i，使得

$$\text{Max (Reach)} = 1 - f(X)$$

约束条件

$$0 \leqslant X_i \leqslant k_i \qquad \text{(媒体约束)}$$

$$\sum c_i X_i \leqslant B \qquad \text{(预算约束)}$$

式中，X_i 表示媒体 i 被选择的次数，X 代表 X_i 的变量组；k_i 代表媒体 i 被选择次数的上限；c_i 代表媒体 i 的单位成本，B 代表预算约束。

该模型的基本思想是在一定的约束条件下寻找到使广告到达率最大的 X_i。根据实际情况，广告到达率也可以替换成其他指标，如总接触次数、加权接触次数。广告媒体决策模型的重点在于函数 $f(X)$ 的确定，学者们针对不同的场景开展了很多研究，感兴趣的读者可以参考相关文献。接下来介绍广告媒体决策模型的一个简单应用。

【例 13-1】 REL公司正在开发一个环湖社区，目标市场主要是社区附近所有中上等收入的家庭。REL公司聘请BP&J公司设计宣传活动。考虑到可能的广告媒体和要覆盖的市场，BP&J公司选择了5个媒体，计划先将广告投在5个媒体上，一个月之

---

① 习近平．加快推动媒体融合发展 构建全媒体传播格局．求是，2019 (6)．

后再进行评估调整。BP&J 公司收集了相关数据。其中宣传质量单位用于衡量各媒体中一次广告的相对价值，衡量的依据是 BP&J 公司在广告行业中的经验。综合考虑各方面因素后，REL 公司给 BP&J 公司第一个月的预算是 30 000 元；要求覆盖的受众人数达到 50 000 人；至少要用 10 次电视广告，并且电视广告的预算不得超过 18 000 元。各种类型广告的相关信息如表 13－1 所示，那么 BP&J 公司应该选择哪些媒体刊登广告？

表 13－1　广告媒体决策的信息表

广告媒体	潜在受众人数	广告单价（元）	每月最多可用次数	宣传质量单位
日间电视	1 000	1 500	15	65
晚间电视	2 000	3 000	10	90
日报	1 500	400	25	40
周日报纸杂志	2 500	1 000	4	60
广播	300	100	30	20

假设 BP&J 公司在 5 家媒体日间电视、晚间电视、日报、周日报纸杂志、广播投放的广告量分别为 X_1、X_2、X_3、X_4 和 X_5，根据 BP&J 公司的要求，可以列出规划模型：

$$\text{Max(Reach)}=65X_1+90X_2+40X_3+60X_4+20X_5$$

约束条件：$1\,500X_1+3\,000X_2+400X_3+1\,000X_4+100X_5\leqslant 30\,000$

$$1\,000X_1+2\,000X_2+1\,500X_3+2\,500X_4+300X_5\geqslant 50\,000$$

$$1\,500X_1+3\,000X_2\leqslant 18\,000$$

$$0\leqslant X_1\leqslant 15$$

$$0\leqslant X_2\leqslant 10$$

$$0\leqslant X_3\leqslant 25$$

$$0\leqslant X_4\leqslant 4$$

$$0\leqslant X_5\leqslant 30$$

X_1、X_2、X_3、X_4 和 X_5 为整数

用 EXCEL 工具对上述线性规划模型求解得到：$X_1=8$、$X_2=0$、$X_3=25$、$X_4=4$、$X_5=30$。因此日间电视投放 8 单位，不投放晚间电视，日报投放 25 单位，周日报纸杂志投放 4 单位，广播投放 30 单位。在这样的条件下，广告宣传质量为 2 360 单位，广告支出为 29 000 元，受众覆盖 64 500 人。

（三）程序化广告

鉴于广告管理成本和时间成本高昂，程序化广告（programmatic advertising）逐渐成为热门选择。程序化广告是一种借助人工智能技术，根据定位算法购买、投放广告的过程。程序化广告为广告主和媒体提供高效、智能、精准的营销机会，带来营销效率和广告效果的双提升；超越了网络空间，还可以用于购买和销售各种媒体广告资源，其中包括展示广告和户外广告。

程序化广告和传统广告之间的关键区别在于媒体资源配置程序化，而且广告信息可以实时更新，广告发布和制作的广告商能有更大的可控性。即使是中小卖家也可以利用

程序化广告来最大化投资报酬率。程序化广告依赖于自动化、大数据、媒体技术和营销知识的结合，这虽然需要投入一定的人力成本，但也为提升广告效果奠定了坚实基础。

二、销售促进

（一）销售促进的含义

销售促进是指人员推销、广告、公共关系以外的刺激消费者购买和经销商销售的各种促销活动，如陈列、演出、展览会、抽奖、秒杀、积分、预售、团购、打折、优惠券、满减满赠、示范表演等。销售促进具有引人关注、激励诱导、邀请参与等特点。一般来讲，销售促进被理解为零售企业刺激客户购买的方法，常被视为促销的同义词。

一般来讲，销售促进策略的实施步骤包括确定销售促进目标、选择销售促进工具、制订销售促进方案、预试销售促进方案、实施和控制销售促进方案以及评估销售促进效果等。

（二）选择销售促进工具

销售促进的工具多种多样，各有特点和适用范围。选择合适的销售促进工具需要考虑以下因素：

1. 销售促进对象。销售促进工具按照销售促进对象可以分为以消费者或产业用户为对象的销售促进方式、以中间商为对象的销售促进方式及以零售商为对象的销售促进方式。图 13－4 展示了各种类型的销售促进工具及流程图。不同类型的对象对销售促进工具有着不同的要求，企业必须根据对象特点选择合适的销售促进工具。

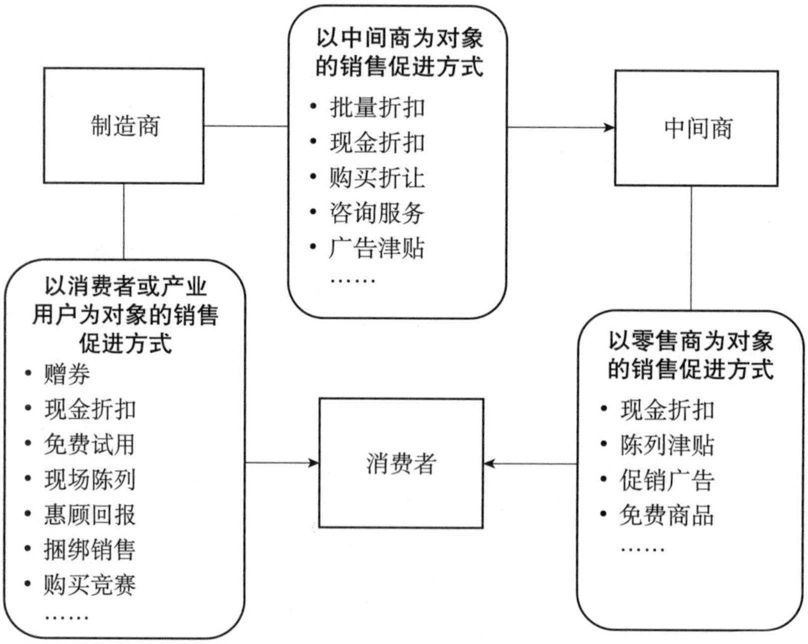

图 13－4　销售促进工具及流程图

2. 销售促进目标。不同的销售促进工具能够满足不同目的。有些销售促进工具（如免费试用样品）能够提高非用户的使用率，有些销售促进工具（如包装内优惠券）则可以提高现有用户的重复购买率。图 13－5 列出了不同销售促进工具在满足消费者功能性需要和享乐性需要方面的优劣势。① 企业需要根据销售促进目标选择合适的销售促进工具。

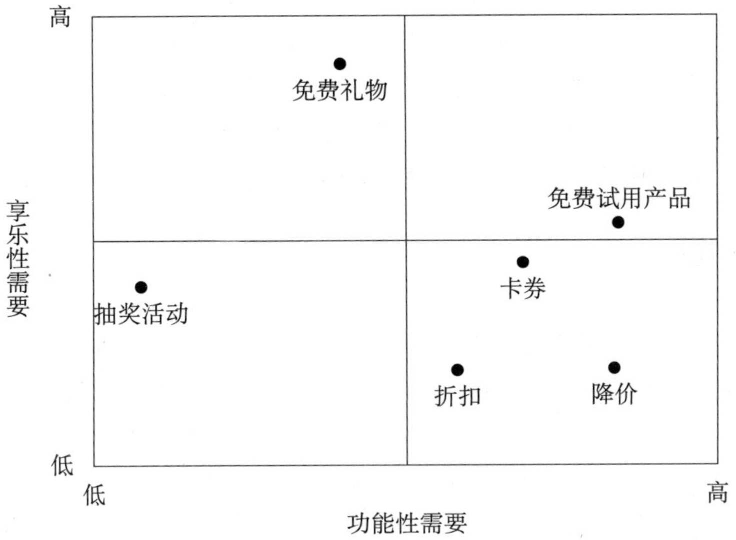

图 13－5　不同销售促进工具的利益矩阵

3. 竞争情况。企业需要考虑自身的条件、实力、竞争优势及外部环境中竞争对手的能力、竞争策略、销售促进工具等因素，选择适合自己的销售促进工具。

4. 促销预算。企业销售促进预算的制定可以参考广告媒体预算决策的相关模型和方法。不同的销售促进工具费用不同，企业需要根据促销预算选择合适的、有效的销售促进工具。

（三）评估销售促进效果

在销售促进方面投入大量的时间和金钱后，企业需要进一步评估销售促进的效果。企业可以采用定期调研的方式，评估销售促进是否改善了消费者对品牌的态度和情感，如分析销售促进对顾客忠诚和品牌资产的影响。企业往往需要评估销售促进对企业利润的影响，即分析不同销售促进工具的弹性。学者们在销售促进效果方面开展了大量的研究，但目前很难找到有普适性的模型。一般来说，构建销售促进效果评估模型需要考虑以下因素：

1. 数据结构。销售促进可能在消费者个体层次上影响他们的选择购买，也可能在店铺层次上影响产品销售量，甚至可能在企业层次上影响企业利润。数据结构不同，评估销售促进效果的模型也不一样。例如，通过消费者个体层次数据可以构建品牌选择模

① Chandon P, Wansink B, Laurent G. A benefit congruency framework of sales promotion effectiveness. Journal of Marketing, 2000, 64 (4): 65－81.

型，同时需要考虑消费者的异质性；而通过店铺层次数据可以构建面板数据计量模型。

2. 结果变量。不同的结果变量也会影响评估模型的选择。销售促进可能影响消费者购买选择或者促进产品销售量。例如，销售促进有可能提高消费者对大类产品的购买需求，有可能促使消费者购买同品牌的其他产品，有可能抑制消费者购买竞争对手的产品。除此以外，销售促进还有可能影响消费者的参考价格，促使竞争对手做出反应。因此，企业需要根据销售促进目标，从不同角度评估销售促进的影响。

3. 短期和长期效应。销售促进有可能为企业产品带来短期激励，但长期来看销售促进既有可能强化消费者对品牌的偏好，提高消费者的重复购买，也有可能促使消费者囤货，影响消费者的后续购买行为。因此评估销售促进效果时还需要考虑销售促进的短期和长期效应，综合评估销售促进的效果。

三、事件体验

事件体验是指企业通过策划、组织和利用具有名人效应、新闻价值以及社会影响的人物或事件促进产品或服务销售的传播促销工具，具有关联客户、现场参与、间接促销等特点。事件包括企业公益活动、厂庆店庆、成功应对突发事件、企业或员工获得奖励荣誉、企业通过标准认证等典型、稀缺、可能引起公众关注、具有正面新闻价值的各种事情。体验是指通过看、听、用、参与等手段，充分刺激和调动公众的感官、情感、思考、行动等感性因素和理性因素，促使公众产生内在反应或心理感受的过程。体验通常是由于对事件的直接观察或是参与而形成的，无论事件是真实的还是虚拟的。只有那些能真正刺激公众产生反应，并且进一步融入其生活的体验才能使公众从内心深处支持和认可企业，从而建立起长期持续发展的客户关系。

事件体验通过制造新闻事件，吸引媒体注意，集新闻效应、广告效应、形象传播、客户关系于一体，并为新产品推介、品牌展示创造机会，能够快速提升品牌知名度与美誉度。

四、公共关系

（一）公共关系的含义

公共关系是指使企业改善与社会公众的关系，增进公众对其的认识、理解及支持，树立良好形象，实现与公众的共同利益与目标的管理活动。公共关系具有高度可信、消除戒备、戏剧呈现等特点。

公共关系的主体可以是组织，也可以是个人。公共关系的客体也很广泛，既包括组织内部公众，如股东、员工等，也包括外部公众，如客户、新闻媒体、金融机构、政府、业务伙伴、竞争者等。

企业的公共关系形象包括产品形象、服务形象、员工形象和环保形象等。良好的公共关系形象是企业的无形资产，可有效促进企业与客户及合作伙伴的沟通，增强企业的核心竞争力。

（二）公共关系的职能

公共关系作为一门经营管理艺术，其职能主要表现在信息监测、舆论宣传、沟通协调、危机处理四个方面。公关人员的重要任务之一就是发掘或创造对企业及其产品有利的新闻。因此，公关人员需时刻关注社会公众对企业或其产品的舆论，争取获得较多较好的有关本企业的新闻报道。

（三）公关公司

1. 公关公司的优势。企业既可以自己开展公共关系活动，也可以寻求外部公关公司的支持。公关公司的传播促销具有较强针对性、具体可控性和系统全面性，能够借助有效的营销调研及时捕捉客户需求，精准确定促销目标及预期 KPI，并做好舆论导向监测及总结报告等，实现从促销到执行及监测的全面负责。公关公司从客户需求出发量身定制公关传播方案并能够很好地贯彻实施。公关公司还可依据 KPI 付费，降低客户企业的风险。企业可以在较短时间内用较少的成本达到较好的促销传播效果。

2. 公关公司的选择。企业在选择公关公司时，应根据具体需要，选择口碑好、在行业有一定建树、收费合理并且能够提供财经公关、路演、发布会等传统公关服务的公司。企业要选择能通过整合业务，引入数字营销技术，提供广告投放、品牌形象管理、市场维护及危机管理等综合性解决方案及服务的公关公司，以获得更大的传播价值。

第 3 节　数字传播促销

数字传播促销是指企业借助在线营销、社交媒体营销、移动营销等数字工具传播产品信息，吸引客户积极购买，促进和扩大销售的活动。习近平总书记指出，“加强网络文明建设，促进优质网络文化产品生产传播，充分展示人类优秀文明成果，积极推动文明传承发展，共同建设网上精神家园”①。这为企业开展数字传播促销提供了根本遵循。

一、在线营销

在线营销是指企业借助数字网络媒体以及数字化、网络化、智能化技术，传播产品信息，以改变客户态度和行为、刺激消费购买、促进和扩大销售的活动。

（一）在线营销的特点

互联网是企业开展在线营销的基础，现代数字技术极大地降低了沟通成本，使得企业和消费者之间的信息交流更加便捷。在线营销具有如下特点：

---

① 习近平向 2023 年世界互联网大会乌镇峰会开幕式发表视频致辞．人民日报，2023-11-09.

1. 跨时空性。互联网的跨越时空进行信息沟通的特点使得在线营销也具备了不受时空限制的特点，可以在全球范围内获取客户、传播信息、促进销售。

2. 形式多样。互联网为信息沟通传播提供了包括音频、图像和视频在内的多种形式，而不仅仅局限于文本信息。例如，社交平台、微博、微信等允许用户发布文字信息，分享图片和视频，将多种形式的信息进行有机结合，从而提高企业传播促销效率。

3. 高成长性。现代数字技术的发展和消费者收入的增加使得越来越多的人进入互联网，在线营销也朝着客户、受众持续增加的方向发展。在线营销的高成长性吸引了众多企业的注意力，而在线营销也逐渐为日益增多的消费者所熟悉和认可。

4. 信息新颖。互联网的实时性确保企业可以及时更改产品和服务信息，从而提高传播促销效果。

5. 成本低廉。音乐、电影和软件等特殊产品可以在互联网上完成交易，企业和个人可以借助互联网免费发布信息并进行沟通交流，提供相关服务，这就有力地降低了在线营销的交易成本、宣传成本和促销成本。

6. 技术性强。企业实施在线营销必须有一定的技术投入和技术支持，改变传统的组织形态，提升信息管理部门的能力。

（二）在线营销的功能

1. 信息发布。依托互联网的在线营销具备强大的信息发布功能，具有传统促销方式所不具有的优势。企业通过在线营销跨越时空把产品或服务信息发布到全球任何地点。

2. 网络营销调研。企业利用互联网交互式信息沟通渠道开展营销调研，具有方法多样、调查周期短和成本低的特点。企业可以主动获取市场信息，研究需求变化趋势，分析消费者心理和行为，预测竞争对手的促销目标和策略，从而更有效地开展促销活动。

3. 开拓促销渠道。企业可以建立具有网上交易功能的网站、电子商务综合平台、网店等，以开展品牌推广和个性化促销活动。

（三）网络社区和网络礼仪

网络社区和网络礼仪是在线营销的两个重要概念。网络社区是指包括网络/论坛、贴吧、公告栏、群组讨论、在线聊天、交友、个人空间、无线增值服务等形式在内的网上交流空间，同一主题的网络社区集中了具有共同兴趣的访问者。网络社区具备良好的私密性，网络社区成员可以隐藏自己的真实身份，这为在网络社区中敞开心扉提供了机会。企业营销人员可以利用网络社区成员之间的紧密关系来开展促销活动，实现盈利。

现实世界中，人与人之间的社交活动有不少约定促成的礼仪，在互联网虚拟世界中，同样也有一套在实践中逐渐形成并不断完善的不成文的网络行为规范即网络礼仪，如不使用电子公告牌张贴私人的电子邮件，不进行销售活动，不在网上随意传递带有欺诈性质的邮件等，以约束互联网用户。

(四) 在线营销过程

如图 13-6 所示，在线营销一般包括七个阶段：选定市场机会、制定营销战略、设计客户体验、构思客户界面、设计营销计划、利用客户信息以及评估营销计划。

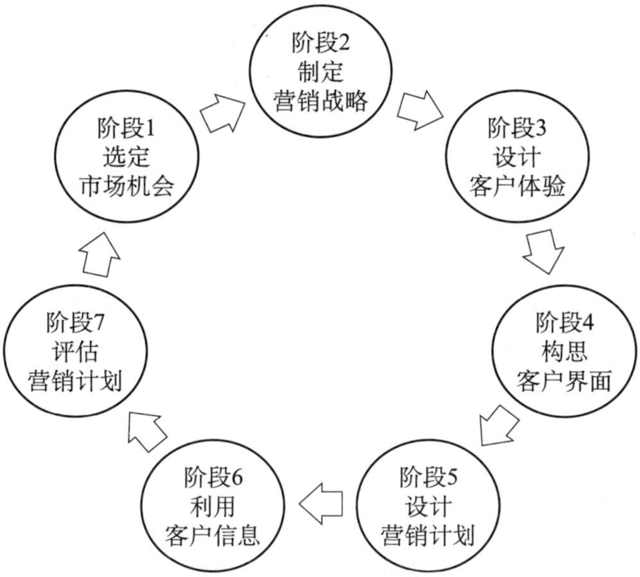

图 13-6 在线营销过程

二、社交媒体营销

数字经济的发展催生了一系列社交媒体，给消费者提供了一个聚集、社交及交流意见和信息的网络空间。兼具社交属性和移动互联网便利性的社交媒体给企业带来了不同于以往的机遇和挑战。很多企业借助社交媒体展示信息，开展口碑传播和品牌沟通活动，为消费者提供了更多的价值。成功的社交媒体营销能发挥重要的促销作用，能给企业带来成本更低的大流量互动效果，从而扩大品牌影响力，提升销售量和品牌价值。

(一) 社交媒体及其特点

社交媒体又称社会化媒体，是指互联网上基于用户关系的内容生产与交换平台，具有参与性、公开性、互动性、社区化、连通性的特点，赋予每个人创造并传播内容的能力，人们可借此平台分享经验和观点。

随着互联网技术的兴起，社交媒体平台从最初的博客、播客、论坛发展到微博、微信、快手、视频号、抖音、公众号、小红书等，越来越多的媒体——不仅是新媒体还有传统媒体——接入社交功能，同时催生出更多细分的社交形态。社交媒体具有如下特点：

1. 受众广泛。基于用户数据不断积累、算法不断优化、内容形式与吸引力不断完善，社交媒体在人们的生活中发挥着越来越重要的作用。因此社交媒体的受众具有广泛性。

2. 自发传播。许多人认为，自己认识的朋友在社交媒体上分享的信息比广告更真实可信、更具有说服力。社交媒体打破了生产、消费、传播的界限，用户既可以充当消费者，又可以充当内容生产者，同时积极扮演自发传播者的角色。用户在社交媒体平台上可以深度参与内容的制作生产，并利用自己的人际关系广泛传播。

3. 人际互动。社交媒体重视打造以人际关系网络为核心的传播路径。微博、微信等社交媒体善于利用现实世界中的人际关系来建立虚拟关系网络。同时，基于网络用户间的分享文化，社交媒体还设计出许多功能及应用，来增强朋友之间的互动性。例如，点赞功能、评论功能和微信小程序等能推动产生更多的联系与关注，培养用户互动习惯，并与线下活动紧密相连。因此，虚拟的社交圈也成了维持现实社交关系的重要一环。

4. 内容个性化。社交媒体倡导“人人都能成为内容生产者”，一些关注度极高的社交媒体的很重要的一个特点便是内容高度个性化。内容个性化体现在独特的观点和视角上，这在很大程度上迎合了用户求新求异的心理，并显著区别于传统媒体。在自媒体时代，每个用户都可以为自己发声，这也有助于更多意见和多元价值观的形成。

（二）社交媒体营销的特点

社交媒体营销是指企业借助社交媒体开展信息传播、品牌推广、公共关系、客户维系、促进销售等活动的过程。每个社交媒体平台都有不同的特征和功能，企业在开展社交媒体营销活动时应当考虑不同社交媒体的特点。社交媒体营销具有以下特点：

1. 直接性。企业或组织能够在社交媒体上通过直接发布以及推广链接的方式来获取关注，能够在任何时间、任何地点为客户提供关于品牌事件和活动的及时且相关的内容。企业可以利用先进的互联网技术，通过文字、图片、视频等不同方式对产品进行陈列和介绍，使客户充分接受企业传播的信息，以提高产品的知名度与影响力。与客户的直接沟通为企业更好地了解客户需求、实现产品开发的有效性提供了保障。

2. 投资低。越来越多的企业以及个人加入社交媒体营销的行列，从而促进了社交媒体营销的发展。尽管创建和管理社交媒体内容可能需要投入较大精力，但是很多社交媒体可以免费或低价使用。因此，与电视、印刷品等昂贵的传统媒体相比，社交媒体营销活动的投资报酬率往往较高，适合无法承受巨额营销预算活动的中小企业。此外，社交媒体上的推广多数是由用户主导的非强迫性的促销方式，推广成本很低。譬如，近年来兴起的微商，以微信平台为依托，以微信朋友圈为基点，以极低的投资成本便可达到促销的目的。

3. 影响大。社交媒体营销的优势体现在用户的参与性和社交分享能力上。社交媒体特别适合创建用户参与的社区，使用户能够与品牌和其他用户互动。随着社交媒体的使用人数迅速增长且分布范围不断扩大，社交媒体营销的影响也越来越大。以发展迅猛的拼多多为例，其销售模式在很大程度上利用了用户的交友圈，以一人发起拼团参与者均享受优惠的形式销售商品，很快打开了销路、扩大了知名度、增加了用户人数，并以很快的速度增长。

4. 整合性。企业有各式各样不同的营销方式及营销手段，这些营销活动可以通过社交媒体这个交互式平台来进行统一规划，继而进行协调、实施，由此可以向消费者传达一致的信息和内容，同时也可以避免因不同渠道的信息不一致而产生的消极影响。实际上，许多大公司正在设计全面的社交媒体营销，将其纳入品牌的营销战略。

（三）信息流广告及其效果

信息流广告是指融于社交媒体用户的好友动态、资讯媒体和视听媒体内容流中，以符合用户使用原页面行为习惯的方式，将产品信息作为“内容”融入用户社交生活的广告。信息流广告具有如下特征：

1. 广告融入内容。信息流广告最大的特点就是将广告融入内容，为用户提供沉浸式体验，提高信息流广告与用户之间的相关度，达到“广告即内容”的效果。这种广告形式与社交媒体中的用户动态形式一致，引人注意，既能产生较好的促销效果，又不会招致用户反感。

2. 精准投放。实现个性化、差异化的精准投放是信息流广告的一大特征。利用大数据分析，依据历史浏览记录、消费行为充分挖掘用户的喜好，并将用户进行分类，达到用户标签化的效果，以此实现信息流广告的精准投放，使广告投放效果最大化。

3. 海量用户。承载信息流广告的载体是各类社交媒体，而社交媒体拥有海量的用户。在庞大数量用户群体的基础上，精准的广告投放具有效果倍增的巨大潜力。

信息流广告效果受到如下因素的影响：

1. 媒介因素。首先，媒介本身的服务质量，包括操作是否便利、是否安全可靠等，会影响信息流广告的投放效果。其次，媒介本身的知名度会影响广告效果，知名度高的媒介能在改变用户对信息流广告的认知和行为中起到积极作用。

2. 受众因素。若信息流广告能够引起很多好友参与，则用户会增强对广告的注意力，因此提高用户的参与度会提高广告效果。用户创新性也会对广告效果产生显著影响，一般而言，用户创新性越强，信息流广告的效果会越好；不过，用户若感知自己的隐私受到侵犯，就会对广告产生负面的态度。

3. 广告因素。这与用户对广告图像、文案、声音、时间等的偏好有关。人们对广告因素的偏好不同，信息流广告的效果也就有所不同。

三、移动营销

移动营销指面向移动终端（手机或平板电脑）用户，在移动终端上直接向目标受众定向、精确地传递个性化即时信息，通过与目标受众的信息互动实现营销目标的行为。移动营销具有传播及时、影响力强和覆盖面广等特点。

移动营销在强大的云端服务支持下，利用移动终端获取云端营销内容，把个性化即时信息精确有效地传递给客户个人，实现“一对一”的互动营销。

移动营销不同于短信群发。移动营销可以借助短信回执、短信网址、彩铃、彩信、声讯、流媒体等多种形式，开展营销或促销活动。而短信群发只是移动营销的手段之一，是移动营销整体解决方案的一个环节。

移动营销在促销方面具有独特功能：（1）提高产品或服务品牌的知名度和美誉度；（2）随时随地收集客户资料，不断充实完善数据库；（3）吸引客户参加促销活动，增加来店购物、消费的机会；（4）提升客户满意度、信任度和忠诚度，增加企业产品或服务的销售收入。

第 4 节　人员传播促销

人员传播促销是指企业借助直复营销、数据库营销、口碑营销和人员推销等信息沟通手段，传播产品信息，说服或吸引客户购买，促进和扩大销售的活动。

一、直复营销

（一）直复营销的含义

直复营销，又称直接营销，是指为了随时随地产生可测量的反应或达成交易而交互使用多种广告媒体的促销方式。“直”的意思便是舍弃中间分销渠道，直接通过媒体接触企业和客户。“复”则是针对企业与客户之间的互动而言的，企业可以对客户的最终决策进行收集，通过数据分析来调整营销策略。换句话说，直复营销就是在没有中间商的情况下，利用直接渠道来接触及传送货品和服务给客户，其最大特色为直接与客户沟通或不经过分销商而进行促销活动。

利用多种媒体，理论上企业可到达任何目标对象所在区域，且可以测量回应或交易结果。直复营销通常使用的传播促销工具与大众媒体工具如电视购物不同，它以小众或非定众的传播促销媒体为主，如电话推销、网络销售等。

（二）网络直复营销

网络直复营销是指企业借助在互联网背景下与客户的互动体验、订单记录以及反馈数据等，开展促销或营销的各种活动。

网络直复营销有如下特点：（1）目标客户选择更精确；（2）客户关系更受关注；（3）激励客户即时反馈；（4）客户终身价值和长期沟通更受重视。

（三）直复营销的特点

互联网作为一种交互式的可以双向沟通的渠道和媒体，可以很方便地为企业与客户之间架起桥梁，客户可以直接通过网络订货和付款，企业可以通过网络接收订单、安排生产，直接将产品送达客户。直复营销具有如下特点：

1. 双向沟通。直复营销作为一种交互作用的体系，特别强调直复营销者与目标客户之间的双向信息沟通，以克服传统促销单向信息传播方式下营销者与客户之间无法沟通的弱点。互联网作为开放、自由的双向式信息沟通网络，可以实现企业与客户之间直接的一对一的信息交流和沟通，企业可以根据目标客户的需求制定生产和营销决策，在最大限度满足客户需求的同时，提高促销的效率和效用。

2. 精准促销。直复营销活动的关键是为每个目标客户提供直接向企业反馈的渠道，营销者可以通过客户反馈找出不足，为下一次直复营销活动作好准备。互联网的方便、快捷使得客户通过互联网可以方便地直接向企业提出建议和购买需求，也可以直接获取售后服务。企业也可以从客户的建议和需求中，发现自己的不足，有针对性地改善促销活动，减少促销费用。

3. 突破时空。在直复营销活动中，企业在任何时间、任何地点都可以实现与客户的信息双向沟通。互联网的全球性和持续性，使得客户可以在任何时间、任何地点直接向企业提出要求和反映问题，使得企业也可以低成本突破时空限制实现与客户的双向沟通，这是因为企业利用互联网可以自动地全天候提供网上信息沟通交流工具，客户可以根据自己的时间安排上网获取信息。

4. 效果可测。直复营销活动最重要的一个特性是效果可测。互联网为企业与客户进行交易提供了沟通支持和交易平台。借助数据库技术和网络控制技术，企业可以很方便地处理每一个客户的订单和需求，从而提高促销的效率和效用。

二、数据库营销

（一）数据库营销的含义

数据库营销是指企业通过整理分析营销过程中收集的各种客户数据，为支持营销策略的制定提供依据，有效地保持现有客户资源，有力地促进销售的重要手段。

大数据、云计算、区块链、人工智能等现代信息技术的快速发展，为企业以个性化、持续性、低成本的营销方式发现客户、满足需求、促进销售提供了绝佳的机会。企业借助管理信息系统（MIS）建立客户数据库，开展数据库营销，可以很好地强化长期稳定的客户关系，为应对市场竞争、实现可持续发展奠定坚实基础。

（二）数据库营销的作用

数据库营销是一种全新的、行之有效的传播促销工具。其作用主要体现在六个方面：（1）更充分地了解客户的需求；（2）为客户提供更好的服务；（3）了解客户价值；（4）对客户价值进行评估；（5）分析客户需求行为；（6）辅助营销调研和需求预测。

（三）数据库营销的过程

作为一种传播促销工具，数据库营销过程一般经历采集数据、存储数据、处理数据、寻找理想客户、使用数据、完善数据库等步骤。

1. 采集数据。企业可以通过客户消费记录以及促销活动记录收集有价值的数据，也可以在遵守法律的前提下充分利用来自公共记录的数据，如人口统计数据、医院新生儿出生记录、信用卡记录等，及时准确地将客户信息纳入数据库。

2. 存储数据。以客户为基本单元，将收集的数据输入计算机，建立起客户数据库。

3. 处理数据。运用先进统计技术和计算机技术将各种不同的数据集成为有条理的数据库，然后在各种强有力的软件支持下，输出研发部、营销部、广告部、公关部等职能部门需要的数据。

4. 寻找理想客户。企业可借助计算机识别某类产品或品牌的客户的共同点，如职业、收入、兴趣、消费习惯、品牌偏好等方面的共同点，以此为基础确定理想客户，开展有针对性的促销活动。

5. 使用数据。使用数据库数据可开展以下工作：（1）确定购物优惠券目标客户；（2）根据客户特性，开展卓有成效的广告促销；（3）根据消费记录，准确判断客户的消费档次和品牌忠诚度。充分掌握、及时更新、有效利用客户数据，为提升促销效果奠定了坚实基础。

6. 完善数据库。在促销实践中，随着优惠券使用情况反馈、抽奖销售活动记录及其他促销活动信息的不断增加，客户数据也在不断积累、更新，从而更加及时准确地显示出消费者购买行为新趋势，为企业开展促销活动提供有力支持。

三、口碑营销

进入数字经济时代，许多消费者不再轻易信任传统促销广告。当他们需要了解某个品牌或决定购买某种产品时，他们会咨询懂行的或有过使用经历的朋友，或者通过互联网在专业的论坛上寻找建议，总之，他们认为口碑是值得信任的信息来源。因此，广告、公共关系、人员推销等传统的传播促销手段对消费者的影响正在逐渐减弱。

（一）口碑与口碑传播

口碑是指个人对某产品、服务、品牌、信息的观点、评论或意见。口碑传播是指由生产者以外的个人通过明示或暗示的方法，不经过第三方处理、加工，传递关于特定产品、品牌、销售者，以及能够使人联想到上述对象的任何企业或个人的信息，从而导致受众获得信息、改变态度，甚至被影响购买行为的一种双向互动的传播促销工具。大数据、互联网和人工智能等数字技术为企业介入口碑传播提供了极其有利的条件。企业应考虑不同类型网络口碑的特点（见表 13－2），开展网络口碑营销。

表 13－2　网络口碑的类型

网络口碑	释义	信息流动方向	互动时间	互动对象
网上布告 （posted review）	包括厂商张贴在网站上的消费者意见，商业站点贴出的消费者意见，以及消费者在自己的网站上发布的产品意见等	单向	无	无
帖子列表 （mailbag）	包括那些在厂商的网站上发布的消费者对产品的意见，以及阅读该帖子的其他消费者的评论及反馈意见等	双向	延迟的	企业

续表

网络口碑	释义	信息流动方向	互动时间	互动对象
论坛（discussion forum）	包括网上布告栏、新闻组和主题讨论区等	双向	延迟的	消费者
私人电子邮件（personal e-mail）	由一个人直接发送给另一个人（或另一组人）的电子邮件	双向	延迟的	消费者
聊天室（chat room）	几组人就某个特定主题，通过互联网进行的实时对话	双向	即时的	消费者
即时信息（instant messaging）	通过互联网进行的一对一的实时对话	双向	即时的	消费者

（二）口碑营销及其特点

口碑营销是指企业为实现刺激客户购买、促进产品销售等既定目标而借助口碑传播开展的营销活动，其过程如图 13-7 所示。口碑营销有不同的表现形式，包括：（1）蜂鸣营销，是指企业运用特色鲜明的短视频、娱乐活动或新闻报道来吸引消费者谈论品牌或产品，以正面口碑传播聚集人气、扩大产品知名度和美誉度、增进消费者信任、促进产品销售的活动。（2）病毒营销，是指企业通过电子邮件、视频号、公众号、抖音、知乎、微信、快手等数字技术手段，借助消费者感兴趣、口碑传播的内在动力将产品信息像病毒一样不断传播、复制、扩散开来，从而扩大产品知名度和美誉度，促进产品销售的活动。（3）社区营销，是指企业通过建立分享品牌体验的社区，如爱好者俱乐部、讨论区、微信群等，并为社区提供内容和信息等方面的支持，激励社区成员自愿进行口碑传播，促进产品销售的活动。（4）草根营销，是指企业动员、组织志愿者对本地居民以口碑传播形式传递产品信息，鼓励人们讲述身边的产品故事，靠普通人口口相传扩大产品影响力，促进产品销售的活动。（5）倡导营销，是指企业通过培养倡导者或志愿者，鼓励他们扮演意见领袖的角色，进行口碑传播的营销活动。

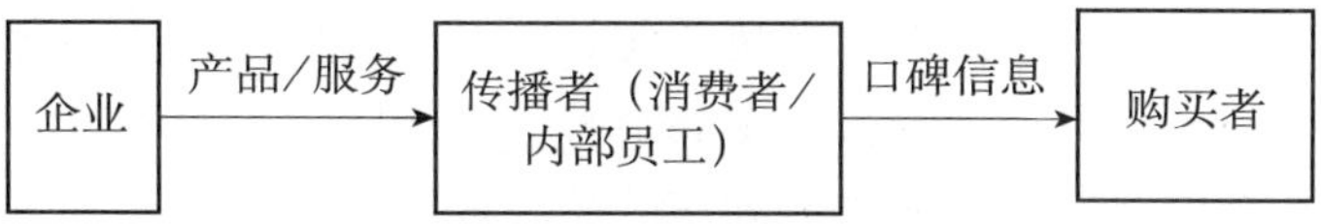

图 13-7　口碑营销过程

口碑营销有以下几个特点：

1. 有意识的传播行为。口碑营销不能仅仅依赖公众自发的信息传播，企业还应该有意识地设计传播要素，对传播进行管理和追踪，强化和促进正面口碑传播，抑制和扭转负面口碑传播。

2. 目标导向的营销行为。企业实施口碑营销的目标十分明确，即满足客户需求、实现商品交易、与客户建立良好的关系、赢得客户满意和忠诚、提升企业品牌形象。

3. 营销成本费用较低。口碑营销是比较经济的信息传播工具，企业不需要像广告宣传一样高投入，一旦正面口碑形成，传播者就会自行宣传企业的产品和服务，企业很容易形成稳定的忠实客户。

4. 群体成员积极互动。同一消费群体内部具有相近的消费取向和品牌偏好，只要影响了其中的一部分人，群体成员之间就会积极地相互影响、相互促进，使信息以极快的速度传播开来。

四、人员推销

（一）人员推销及其特点

人员推销是指企业派出销售人员与一个或一个以上可能成为购买者的人交谈，作口头陈述，说服购买者积极购买某种产品或服务的过程（如图 13－8 所示）。在这一过程中，销售人员要确认购买者的需求，并通过自己的努力去满足购买者的各种需求，使双方都能从公平交易中获利。由此来看，人员推销也是一种生产性活动。

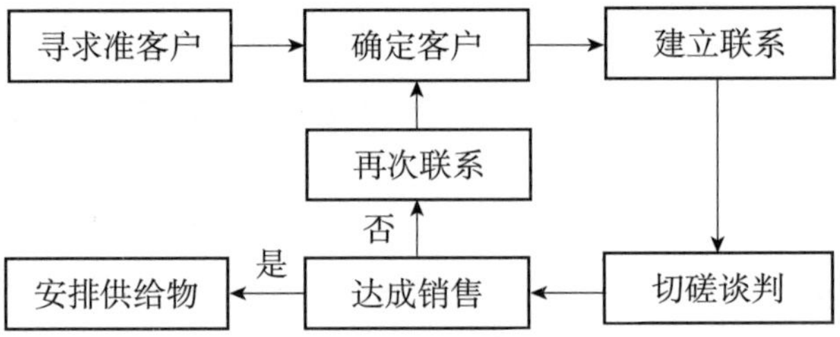

图 13－8　人员推销的业务流程

人员推销具有广告等其他促销形式无法比拟的优点，主要包括：（1）关系导向，注重人际关系，有利于客户同销售人员之间建立友谊。（2）灵活应对，销售人员能针对潜在客户疑虑及时解答。（3）成功率高，在大多数情况下能实现潜在交换。（4）掌握信息，便于及时了解客户需求偏好，优化促销决策。（5）重点突破，一般适用于推销那些价格昂贵、性能复杂、竞争激烈的产品。

（二）销售队伍管理

销售队伍管理是指企业根据外部环境变化和内部资源条件设计并管理销售队伍的过程。如图 13－9 所示，人员推销的目标影响销售队伍规模，而销售队伍规模又会限制其目标。同时，销售规模还制约资源和时间在产品、客户、销售区域等方面的分配。销售队伍规模直接影响企业的组织和控制等。销售人员是企业最有生产价值、投入最多的资产之一。销售人员过少，不利于企业拓展市场；而销售人员过多，又会增加企业的经营成本。企业设计销售队伍规模通常有三种方法：

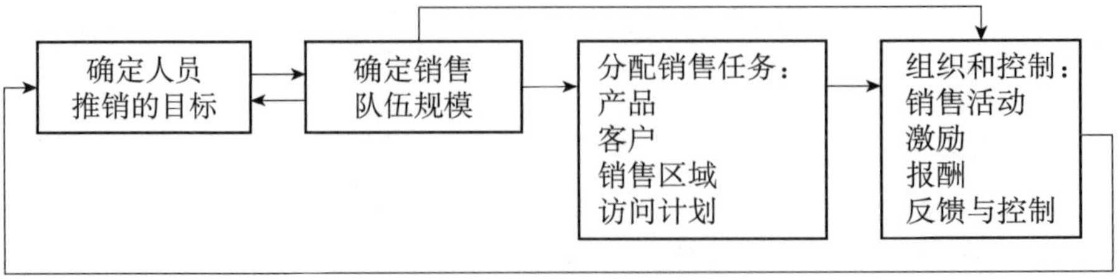

图 13－9　销售队伍管理

1. 销售额百分比法。企业根据历史数据计算销售队伍的各种花费占销售额的百分比以及销售人员的平均成本，然后对未来销售额进行预测，从而确定销售人员的数量。例如，企业希望明年销售额达到 5 000 万元，根据经验判断销售队伍的花费占销售额的 20%。假设一个销售人员的平均成本（包括工资、激励、差旅费用等）为每年 100 万元，那么该企业销售队伍规模应该为 10 人。

2. 销售能力法。企业测量每个销售人员在不同区域的销售能力，计算不同销售队伍规模下的销售额和投资报酬率，从而确定销售队伍规模。例如，企业分别估计了不同销售队伍规模下的一年利润和三年折现利润（如图 13－10 所示）。① 如果企业追求长期利润，则可以确定销售队伍规模为 100 人；如果企业希望获得短期利润，那么可以确定销售队伍规模为 82 人。

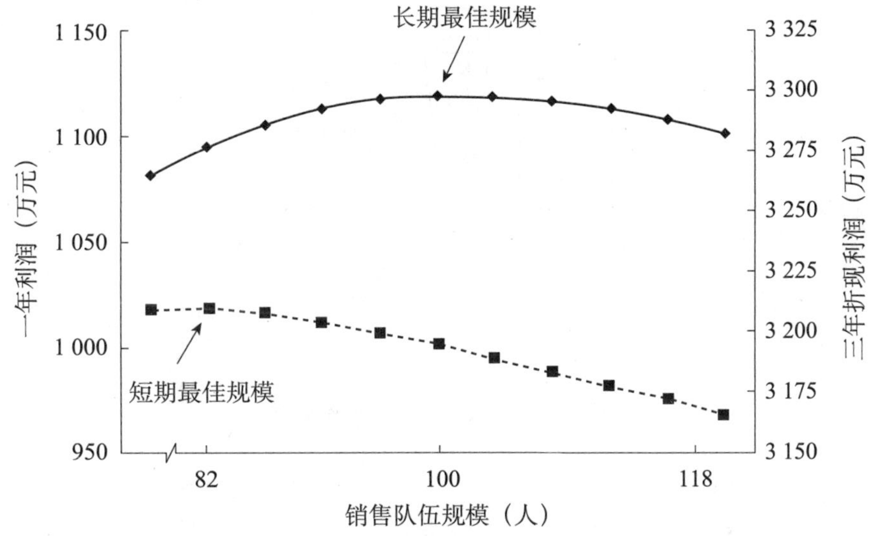

图 13－10　不同销售队伍规模下的企业利润

3. 工作量法。企业根据不同客户的需要确定总的工作量，进而确定销售队伍规模。例如，假设某企业每年需要拜访不同类型的客户总计 4 200 次。如果每个销售人员一年能够平均访问 700 次，那么该企业的销售队伍规模就是 6 人。

也可以建立销售队伍规模和企业利润的函数关系，然后估计利润最大化时的销售队伍规模。基本公式如下：

$$\mathrm{Max}(Z)=PQ(X)-C_1(Q)-C_2(X)$$

式中，Z 代表利润，X 代表销售队伍规模，P 代表产品的销售价格，$Q(X)$ 代表销售反应函数，$C_1(Q)$ 和 $C_2(X)$ 分别代表产品的生产成本函数和销售队伍成本函数。应用该公式估计销售队伍规模的关键在于销售反应函数 $Q(X)$，一般可以通过历史数据或区域实验来构建。

销售队伍规模确定后，还需要进行销售资源配置。所谓销售资源配置，是指对销售

---

① Sinha P，Zoltners A A. Sales-force decision models：insights from 25 years of implementation. Interfaces，2001，31 (3)：8－44.

队伍进行分配，即在销售队伍规模既定的条件下，销售人员如何在产品、客户和销售区域方面分配时间和资源。

1. 面向产品的资源分配。一支销售队伍通常要推销一系列产品，所以，销售人员必须寻求一种在各个产品间配置推销资源（时间）的最为经济的方式。对于新产品的推销有时需要几年才能使销售额达到最高水平。因此，企业在决策时不能仅看近期的销售额和利润，还必须着眼于长远的利益，从战略角度来分配资源和时间，设计营销组合。

2. 面向客户的时间安排。图 13－11 呈现的是某位推销员 2023 年的时间安排。大多数市场的客户是不相同的，因而每位推销员在安排销售时间时要考虑三个问题：（1）在潜在客户身上要花费多少时间；（2）在现有客户身上要花费多少时间；（3）如何在现有客户和潜在客户之间合理地分配时间。

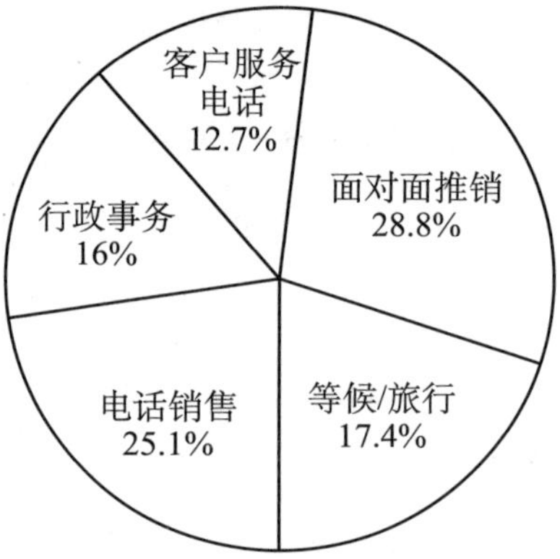

图 13－11　某推销员的时间安排

（三）销售区域设计

企业委派销售代表常驻一些地区负责产品销售，这些地区通常称为销售区域。销售区域设计是人员推销策略的重要内容之一。无论是设计新的区域系统，还是调整现有的区域构成，都要尽量符合下列条件：（1）区域要易于管理。（2）各区域的销售潜量容易估计。（3）能够严格控制推销旅途的时间花费。（4）对于推销员来说，每个区域的工作量和销售潜量都是相等的，而且足够大。

企业可以运用同等销售潜量法划分销售区域，这样，能给每个推销员提供相同的收入机会，有利于企业衡量推销员的工作绩效。由于各销售区域间长期存在的销售额差异能反映出推销员能力与努力程度的差异，可以促使销售代表互相竞争，尽最大努力工作。

重要概念

传播促销组合	推式策略	拉式策略	广告
程序化广告	销售促进	事件体验	公共关系
在线营销	社交媒体营销	移动营销	直复营销
数据库营销	口碑营销	人员推销	销售队伍管理
销售区域设计			

复习题

1. 确定广告预算的主要方法有哪些？
2. 影响信息流广告效果的主要因素有哪些？
3. 移动营销在促销方面有哪些功能？
4. 人员推销有哪些优势？

案例分析

全聚德的促销策略

2024 年春节前夕，中华老字号餐饮企业全聚德集团旗下各品牌餐饮门店的年夜饭预订早已启动，部分餐厅的预订热潮更是提前到来。除夕当晚的年夜饭预订火爆，单间预订甚至出现“一厢难求”的情况。2024 年元旦，多家门店就出现堂食排队等位情况，用餐高峰时段可谓“一座难求”。餐饮营业额较 2023 年同比增长 87.8%，接待人次同比增长 107%，堂食和美团、饿了么外卖双平台销售额均实现了“开门红”。全聚德的营销佳绩，得益于其长期以来行之有效的促销策略。

2023 年 7 月 23 日，是全聚德创建 159 周年的日子，全聚德举办了“传承之火向新而生——庆祝全聚德创建 159 周年”庆典活动。为迎接全聚德品牌 159 周年庆，《中国范国际范儿》全聚德 2023 年新版宣传片震撼首发。过去的三年，全聚德锤炼内功、常态化开展技术练兵；重新对用户进行画像，定位做“本地人的餐厅”；克服重重困难，倾力打造了三个主力门店的全新升级。在市场强劲复苏的背景下，全聚德把新场景、新菜品、新服务、新形象、新食品全面呈现给消费者。中华一绝·空中四合院、中轴食礼、光影餐厅、宫囍·龙凤呈祥主题餐厅、环球城市大道店，多元化增强消费体验；逐年迭代的新版菜单，更好地满足年轻人的饮食需求；以顾客的舒适体验为核心，改善服务方式，提升服务温度；持续丰富萌宝鸭 IP 的衍生品和传播矩阵，触达年轻化、数字化的消费群体；手工片制烤鸭 3.0 版和各品牌预制菜产品全新亮相，为百姓餐桌提供更多选择。

新版烤鸭纪念卡也在全聚德 159 岁生日当天与广大消费者见面，金红色调和金线描绘的前门起源店牌楼和金色鸭杆挑着的金色烤鸭等全聚德品牌元素，充分展现了全聚德品牌悠久的历史传承与厚重的文化积淀。卡片右下方的 AR 视频技术，在线实时介绍全聚德的品牌和饮食理念，使顾客能零距离感受数字化创新成效。每张纪念卡上唯一的烤鸭编号是顾客永久而独特的纪念，以美食为媒，加强了全聚德和顾客更深层次的情感交流与文化交流，数字化助力品牌文化“活”了起来。

随着数字经济的蓬勃发展，布局品牌年轻化成为全聚德集团的必然选择。全聚德集团与北京重力聿画影视文化有限公司正式启动战略合作。二者将围绕“全聚德百年传承”“中华美食”主题开展漫画创作，新老整合，相互赋能，结合全聚德萌宝鸭 IP 形象，吸引顾客了解全聚德，了解北京烤鸭。

全聚德通过跨界促销新策略，触达链接更多年轻人，面向年轻群体讲好品牌故事，用实际行动发出年轻的呼唤。产品包装风格延续年轻人喜爱的国潮风，兼具环保再利用理念。环保外箱选取彩色EPP保温箱材质，升级保温层礼盒包装，可再次利用，平日可用于家庭外出、露营野餐等场景，满足现代人对品质生活的更高需求。此外，全聚德龙年家宴还提供了多种礼盒包装选择，适合多元化场景和需求，无论是家庭聚餐还是走亲访友，都是恰当的选择。

资料来源：全聚德2024年元旦再现开门红 多款龙年年夜饭火热抢订．证券日报，2024-01-08；159岁的全聚德：创新发展离不开技艺传承．（2023-07-25）．中国网；北京年货节启动，“2024年北京人喜爱的年夜饭”评选开始．新京报，2023-12-29.

思考题

全聚德促销策略给老字号企业带来了哪些启示?

第14章

市场道德与企业社会责任

本章要点

- 市场道德的含义和作用
- 中华优秀传统文化中的市场道德
- 营销实践中的市场道德问题
- 中国企业社会责任的理论与实践

市场道德关乎人民美好生活和社会经济高质量发展。中华优秀传统文化源远流长、博大精深，是中华文明的智慧结晶，其中蕴含的中国人民在长期生产生活中积累的宇宙观、天下观、社会观、道德观，同市场道德、企业社会责任等价值观主张高度契合。习近平总书记指出，“社会是企业家施展才华的舞台。只有真诚回报社会、切实履行社会责任的企业家，才能真正得到社会认可，才是符合时代要求的企业家。”① 这为中国企业加强市场道德建设和提升企业社会责任意识指明了方向，企业应自觉践行以人民为中心的发展思想，切实履行社会责任，继承和弘扬中华民族传统美德，积极参与和兴办社会公益慈善事业，做到富而有责、富而有义、富而有爱。② 应不断完善环境、社会和公司治理（ESG）评价体系，弘扬优秀企业家精神，鼓励企业做爱国敬业、守法经营、创业创新、回报社会的典范，更好造福人民。

第1节　市场道德

一、道德的含义和作用

（一）道德的含义

道德是一种社会意识形态，是一定社会调整人与人之间以及个人和社会之间关系的

① 习近平在企业家座谈会上的讲话．人民日报，2020-07-22.

② 正确引导民营经济健康发展高质量发展．人民日报，2023-03-07.

行为规范的总和。道德是由一定社会的经济基础决定，并为一定社会经济基础服务的，任何道德都具有历史性。在不同的社会制度下和不同的历史时期，道德的评判标准可能有所差异。不过，在研究和认定道德时，应有明确的是非、善恶观念。道德最根本的准则，旨在维护和增进全社会的长远利益。凡有悖于此者，皆属非道德的不正当行为。

（二）西方学术界的道德观

西方学术界在道德问题上主要有三种代表性观点。

1. 功利论。这种理论最有影响力的代表人物是英国的杰里米·边沁（Jeremy Bentham）和约翰·斯图亚特·穆勒（John Stuart Mill）。功利论是一种以行为后果来判断行为的道德合理性的观念，如果某一行为给大多数人带来最大幸福，那么该行为就是道德的，否则就是不道德的。

一般认为，功利是指事物的内在价值或者内在的善，而不是外在价值或外在（道德上）的善。内在的善是指健康、快乐等非道德意义上的内在价值。外在的善是一种手段的善。按照边沁和穆勒的观点，功利完全等于幸福和快乐。而且，幸福和快乐是可以衡量和比较的。总计所有快乐和痛苦的全部价值，然后加以比较，如果余额在快乐的方面，则表明行为总体上表现为善的倾向；反之，则表现为恶的倾向。现在许多功利主义者倾向于把内在的善扩大到知识、友谊、爱情、美等方面，而不只理解为幸福和快乐。

功利论强调行为的后果，并以此判断行为的善恶。一种行为在善恶相抵后，只有存在净善，才是符合道德的。功利论对行为后果的看法，主要有两种典型代表：一种是利己功利主义，它以人性自私为出发点，但它并不意味着在道德生活中为了自身利益去损害他人和集体的利益。因为利己功利主义者深知，自身利益有赖于集体和社会利益的增进，一味追求自身利益而不顾他人利益，最终会损害自己的利益。另一种是普遍功利主义，它抛弃了利己主义原则，认为行为道德与否取决于行为是否普遍为大多数人带来最大幸福，同时认为为了整体的最大利益，必要时个体应不惜牺牲个人利益。当代功利论者大多倾向于采用普遍功利主义原则来判断行为的道德性。

2. 道义论。道义论的代表人物是哲学家伊曼努尔·康德（Immanuel Kant）。道义论是一种强调行为正当性的道德理念，主张从处理事物的动机即行为本身的内在特性来审查行为是否道德，而不是从行动的后果来判断，并且从直觉和经验中归纳出某些人们应当履行的道德责任和义务，以是否履行这些责任和义务来判断行为的道德性。也就是说，某一行为符合义务原则的要求时便是道德的。例如，企业之间签订经济合同，它们必须履行合同义务，否则经营活动便是不道德的。

道义论还强调行为的动机和行为的善恶的道德价值。例如，有三个企业对同一工程（如乡村振兴工程）进行投资，甲企业的动机是树立良好形象以便今后更好地经营；乙企业的动机是获取政治资本；丙企业的动机是履行社会责任。很显然，丙企业的投资行为来自尽义务的动机，因而更具有道德性。

道义论从人们在生活中应履行责任与义务的角度出发，根据一些普遍接受的道德义务规则判断行为的正确性，具有现实意义。事实上，诚实信用、公正公平、不偷窃、不作恶和知恩图报等品行被大多数人视为一种基本的道德义务并付诸行动，而且这些道德义务已经被广泛应用于许多国家的法律、公司政策及商业惯例等方面。

3. 相对主义论。相对主义论的代表人物有古希腊的克拉底鲁（Cratylus）、奥地利的恩斯特·马赫（Ernst Mach）等。相对主义论认为，事物对与错以及行为恶与善的判断标准，因不同的社会文化背景而异。在某一国家适用的道德及道德标准不一定适用于其他国家。道德相对主义论往往是由文化相对主义作支撑的。道德观的广泛不同来源于各国文化之间的差异，包括语言、法律、宗教、政治、技术、教育、社会组织、一般价值及道德标准等方面的差异。当然，在不同国家，也存在一些共同的道德观，如关心社会福利、保护儿童、严惩犯罪分子等，这些既是法律的要求，也是道德的反映。

二、市场道德问题

市场道德可以界定为调整企业与所有利益相关者之间关系的行为规范的总和，是客观经济规律及法制以外制约企业行为的另一要素。

（一）学术界对市场道德问题的研究

西方学者对市场道德的研究始于 20 世纪 60 年代。第二次世界大战后，美国在恢复战后经济的同时出现了一系列违背道德的市场行为。社会腐败、生态失衡、环境污染等引起了保护消费者权益活动。当时许多人士呼吁重视对市场道德的研究，提出企业应当承担社会责任，倡导企业之间竞争要以德为本。

20 世纪 70 年代以后，市场道德的研究重点在于对营销社会责任的探讨，并由此引发了“利润先于伦理”与“伦理先于利润”两个命题之争。20 世纪 80 年代以来，这一问题成为学术界的热点之一，不少学者开始论证经济活动与道德活动的本质统一，并试图建立市场道德问题研究的理论框架。在世界各国，道德已成为可以转化的一种特殊社会资本。进入 20 世纪 90 年代以后，国际学术界对市场道德的研究，从发达国家延伸到发展中国家，从原来对某地区、某国家市场道德的研究，扩展到对不同地区、不同国家的比较研究。学者们综合应用社会学、经济学、法学、管理学、心理学、信息沟通学等学科中的新方法，使市场道德学成为一门综合性的边缘学科。

弗兰西斯·福山（Francis Fukuyama）在其《信任——社会道德与繁荣的创造》一书中，通过对欧美、日本和一些东南亚国家的社会信任度差异的实证研究和分析，揭示了诸如诚信等社会道德在这些国家或地区的现代化经济生活中产生的不同作用和效果。人们虽然还不能精确地证实道德能够令市场经济增加什么，但至少已经可以证明道德能够令市场经济活动减少什么，例如，普遍的社会道德信任可以降低市场的交易成本或额外交易成本。道德的这种“减少”效应，实际上也是一种经济的“增长”效益。

（二）市场道德的重要性

市场道德关乎人民美好生活。加强公民道德建设、提高全社会道德水平，是全面建成小康社会、全面建设社会主义现代化强国的战略任务，是适应社会主要矛盾变化、满足人民对美好生活向往的迫切需要，是促进社会全面进步、人的全面发展的必然要求。

美好生活就是人们在物质需求基本满足之后进一步追求的一种人生幸福、精神充实、体现自由情怀、富有意义的实践生活。美好生活具有多样性、层次性和递增性，实现美好生活的过程，就是一个人及其周边环境不断向上向善的过程。在此过程中，市场道德建设至关重要。改革开放 40 多年，我国符合市场经济要求的新的价值观念正在形成，学术界也十分重视对市场道德的研究，但研究尚缺乏深度和系统性，而在现实生活中，假冒伪劣现象屡禁不止，引发了市场道德问题和信任问题。

道德虽然没有法律的强制性，但它是一种无形的力量，从某种意义上讲，它的调节范围及影响力远大于法律，道德的标准高于法律。人类社会需要用道德来维系，企业的营销活动也应该在一定的市场道德氛围中进行，并遵循一定的商业道德标准，否则，可能严重损害企业的公众形象，甚至使企业走向消亡。因此，无论是从理论上还是从实践上来讲，都应重视市场道德的研究，对营销实践中的义与利、公平与效率、关系与契约等重新做出规范，建立并完善满足人民日益增长的美好生活需要的市场道德体系。要把正确的道德认知、自觉的道德养成、积极的道德实践紧密结合起来，自觉树立和践行社会主义核心价值观，带头倡导良好社会风气，积极倡导社会公德、职业道德、家庭美德。

三、市场道德判断

不论是西方早期的功利论与道义论之争，还是我国古代“君子爱财，取之有道”的义利观，实质上都是市场道德观念的反映，市场道德的理论探讨应是建立在西方伦理体系与东方价值观念基础上的一种整合研究。

如何界定市场道德？判定某一营销行为是否符合道德，在很多情况下并不像人们想象的那么容易。固然，有些违反市场道德的行为是一目了然的，如虚假广告，合谋定价，贩卖假烟、假酒、假种子等行为。然而对某些营销行为，如儿童广告、以顾客身份从竞争对手处获得营销情报、对购买大户实行价格优惠等行为，由于个人价值观及生活经历不同，不同企业的文化及经营哲学具有差异，人们对其道德性会存在不同的见解。以下是三种带有“道义偏向”的西方道德理论。

（一）显见义务理论

英国牛津大学教授威廉·戴维·罗斯（William David Ross）首次系统提出了“显见义务”（prima facie duty）的观念，并将其归纳为六项基本内容。

1. 诚实。要求企业在营销中信守诺言，履行合约，避免欺骗和误导性宣传，对过失予以补救，使产品或服务适合消费者的预期要求。

2. 感恩。要求企业以知恩图报的方式，处理好与建立了长期友好合作关系的供应商、中间商、客户及其他利益相关者的关系，在它们遇到困难时给予适当的支持和帮助。

3. 公正。要求企业在相同条件下不厚此薄彼，在招标、签约等活动中不以主观好恶或回扣多少作出决定。

4. 行善。要求企业助人为乐，热心社会公益事业；当企业利益和公众利益发生矛盾时，企业应以后者为重，拒绝做出损害社会公众的行为。

5. 自我完善。企业应尽己所能生产符合社会需要的产品，使自身潜力和美德得到最大限度的发挥，实现自身价值。

6. 不作恶。企业在营销活动中要坚决避免欺行霸市、强买强卖等不道德行为。

罗斯将上述六项显见义务解释为在一定时间、一定环境中人们自认为合适的行为，即在多数场合无须仔细推敲，人们便明白自己应当做什么和怎样做。倘若六项显见义务之间发生冲突，人们凭借正确的直觉，也会做出优先履行何种显见义务的选择。显见义务理论对于市场道德建设的意义在于，它鼓励营销人员如实履行凭借直觉意识所应承担的责任和义务，并强调这些责任和义务贯穿营销活动全过程，从而避免了单纯功利观点的只看结果、不问过程的片面性。但是，这种理论将高层营销中的道德责任和义务完全归结为正常人的直觉和意识的反映，带有主观色彩。在肯定显见义务理论积极意义的同时，不应忽视它的这一理论缺陷。

（二）相称理论

美国哲学教授托马斯·加勒特（Thomas J. Garrett）提出的相称理论（the proportionality framework）认为，应从目的、手段和后果来判断某一行为是否符合道德。作为行为背后动机与意图的目的，本身构成道德的一部分，目的的纯正与否是判断营销行为是否道德的重要因素。例如，市场调研的目的究竟是决策前为获得真实、准确的市场信息，还是决策后为已经制订出来的营销方案提供佐证，本身就存在目的是否纯正的问题。作为使目的得以实现所运用的方式、方法、手段本身也存在道德与否的问题，例如，以回扣或贿赂方式获取订单，则所用手段是不道德的。作为行为结果的后果，加勒特认为不能简单地根据后果来判断行为，例如，不能用后果的合理性来证明手段的可取性，而只能借助行为后果的分析来了解行为本身的内在性质，这是该理论和功利论的显著区别。

相称理论还提出了“大恶”、“小恶”和“相称理由”的概念，借以对某一行为的道德合理性做出评价。“大恶”是指导致组织或个人丧失某些重要能力的行为；“小恶”是指虽对他人物质利益造成损害，但一般不会导致被害方丧失某些重要能力的行为；“相称理由”则指行为人意欲的善的效果超过可能发生的但不为行为人所希望的恶的效果。该理论认为，作为行为的目的和手段，倘若旨在给他人造成“大恶”或“小恶”，则均是不道德的；即使目的和手段均无可挑剔，但如果预见行为将导致“大恶”或“小恶”之类的副作用，则行为人应当有足够的“相称理由”来解释这类副作用的发生，否则，行为将是不道德的。

相称理论对市场道德建设有着现实的指导意义。首先，围绕目的、手段、后果的综合考察方式为判断营销行为的道德合理性提供了一个全方位的思考框架；其次，提出了具有普遍意义的原则，即要求营销人员不从事那些会给他人造成利益损害且又提不出正当理由的营销活动；最后，将利益损害区分为“大恶”“小恶”，有助于提醒营销人员将市场道德建设的重点放在那些有可能发生严重不道德行为的活动领域。但是，相称理论在某些方面仍带有主观臆想的含糊不清的色彩，如“大恶”和“小恶”的边界怎样划分，对具有道德合理性的“相称理由”怎样准确把握。这在实际判断中并非易事，而相称理论并没有提供一套标准的市场道德判断答案。

（三）社会公正理论

美国哲学家约翰·罗尔斯（John Rawls）是20世纪最具影响力的政治哲学家之一，以其著作《正义论》和《政治自由主义》蜚声世界。他所提出的社会公正理论试图从一种被称作“起始位置”（original position）的状态出发，构建一个理想的社会公正系统。起始位置是指具体到一个社会，社会中的每个人并不知道自己将来在社会上居于哪一层次、处于什么地位，只有在不清楚自己是扮演富翁还是贫民的角色时，才能对社会成员的权利与义务做出一种合理安排。这一合理安排应遵循两条基本原则，即自由原则和差异原则。自由原则是指在保持社会和谐、稳定的条件下，最大限度地使人们行使同样平等的权利，尽可能让每一成员享受更多的自由。差异原则是对自由原则的一种修正和补充，它要求任何社会的制度安排一方面应普遍适合社会成员，另一方面又要使社会底层的人们获得最大的利益，不应出现强者剥夺弱者而使弱者更弱的状况。

社会公正理论对市场道德建设具有现实的指导意义。自由原则强调了人的权利与责任，任何一个消费者都有权选择安全、可靠的产品和相应的服务，企业的营销活动应充分尊重和维护消费者的这些权利。差异原则要求树立道德公正的营销观念，重视处于弱者地位的消费者的需求，尤其不能以强欺弱，以牺牲小部分群体的利益来换取整个社会或大多数人的利益。但这一理论中的自由原则和差异原则有时会相互矛盾，社会公正理论依然不能解决营销活动中的所有道德冲突。

上述三种理论从不同的角度，为企业的市场道德判断提供了基本线索，但任何一种理论都不能成为解决市场道德冲突的万能钥匙。在企业营销实践中，必须在道义论和功利论相互融合的基础上，把行为的目的、手段和结果结合起来，以此判断企业市场营销策略的道德性。

第2节　中华优秀传统文化中的市场道德

党的二十大报告指出，“中华优秀传统文化源远流长、博大精深，是中华文明的智慧结晶”，“我们必须坚定历史自信、文化自信，坚持古为今用、推陈出新”。[①] 习近平总书记指出，“中华优秀传统文化有很多重要元素，比如，天下为公、天下大同的社会理想，民为邦本、为政以德的治理思想，九州共贯、多元一体的大一统传统，修齐治平、兴亡有责的家国情怀，厚德载物、明德弘道的精神追求，富民厚生、义利兼顾的经济伦理，天人合一、万物并育的生态理念，实事求是、知行合一的哲学思想，执两用

① 习近平．高举中国特色社会主义伟大旗帜 为全面建设社会主义现代化国家而团结奋斗：在中国共产党第二十次全国代表大会上的报告．北京：人民出版社，2022：18.

中、守中致和的思维方法，讲信修睦、亲仁善邻的交往之道等，共同塑造出中华文明的突出特性”①。在中华优秀传统文化中，作为传统道德根基的儒家伦理，其核心思想与现代营销观念有许多相通之处。传统儒商作为我国早期企业家的雏形，他们的经营活动体现着儒家伦理，“守信用，重诺言”“童叟无欺”“诚招天下客，义纳八方财”等经营格言明显体现了儒家伦理思想，“以信为本，以义生利，以和为贵”等伦理观念也是这一思想的重要表现。儒家伦理的核心“仁、义、礼、智、信”不仅是伦理之德，而且是营销之道。

一、“仁”与营销理念

习近平主席出席国际企业家对话会时指出，中国古人称，“通商者，相仁之道也，两利之道也”②。儒家伦理中的“仁”体现了人与人之间的关系，具体到营销活动，使消费者满意就是企业最大的仁，正所谓“仁者，爱人”。关心消费者需求及其满足情况和满意程度，就是仁的体现。企业只有对消费者仁，即充分满足消费者需求，才能得到消费者以仁的回报，即成为企业的长期顾客。应该从营销理念的高度来认识儒家伦理与营销间的关系。百年老店同仁堂的大堂对联“同声同气，济世济人；仁心仁术，医国医民”的营销理念就充分体现出传统儒家思想中仁的精华。

二、“义”与营销规则

党的二十大报告指出，“秉持真实亲诚理念和正确义利观”③。义是儒家重要的道德规范，要求人自觉地做合理之事，在行为规则上，儒家并不排斥人对自身利益的追逐，但应以义为前提。在义与利的关系方面，儒家伦理主张见利思义、先义后利、以义求利、义然后取，即把义作为人的行为的重要精神支柱。孔子在倡导以德治天下的同时，也常常以“利己固利人”假说来判断事物发展的后果。

孔子强调，“君子义以为上”；孟子主张，“生亦我所欲也，义亦我所欲也；二者不可得兼，舍生而取义者也”；等等。这些观点，既突出以义为先，又注重义利平衡。可以说，重义轻利、先义后利、取利有道，是中华民族千百年来一以贯之的道德准则和行为规范。

习近平主席在许多外交场合提及“坚持正确义利观”：“坚持正确义利观，永远做发展中国家的可靠朋友和真诚伙伴”，“坚持正确义利观，义利并举、以义为先”，“坚持正确义利观，做到义利兼顾，要讲信义、重情义、扬正义、树道义”。④ 这些重要论述，

---

① 习近平．在文化传承发展座谈会上的讲话．求是，2023（17）．

② 中美元首共同出席中美企业家对话会闭幕式．人民日报，2017－11－10.

③ 习近平．高举中国特色社会主义伟大旗帜 为全面建设社会主义现代化国家而团结奋斗：在中国共产党第二十次全国代表大会上的报告．北京：人民出版社，2022：61.

④ 习近平治国理政关键词 中国外交的一面旗帜：正确义利观．人民日报海外版，2016－08－11.

体现了中国作为一个社会主义国家、一个负责任大国的理念和风范。利，就是要恪守互利共赢原则，实现双赢。只有义利兼顾才能义利兼得，只有义利平衡才能义利共赢。

习近平总书记指出，“衡量发展质量和效益，就是投资有回报、产品有市场、企业有利润、员工有收入、政府有税收、环境有改善”①。企业市场营销活动天然地要求“利”，不但要追求正常的利润，有时也不排除对超额利润的追求，但必须要有以“义”为基础的行为规范，坚决反对那种不仁不义、重利轻义、见利忘义甚至唯利是图的不义之举，要在“义利合一”基础上，既重经济效益，又重社会效益。

三、“礼”与营销手段

在儒家伦理道德体系内，相对于内在的感情或思想的“仁”而言，“礼”是外在的伦理行为。讲究礼尚往来，遵从礼制规范，对待消费者及其他合作伙伴彬彬有礼，是礼的重要体现。儒家之所以重视礼，是因为礼是协调人际关系的行为手段。激烈的市场竞争有时难以避免残酷的商战，即使在商战中企业也应遵守礼，杜绝非礼行为，如恶语中伤竞争对手、以谎言欺骗消费者或合作伙伴、通过行贿收买相关人员等，均是不守礼的行为。营销手段的使用应遵守社会的法律规范和人们普遍信仰的道德规范，不应为一时的利益而不择手段。习近平总书记指出，“要加强战略谋划，对外既要展现中华民族五千多年的悠久文明，又要传播当代中国蓬勃发展的多彩文化，以德服人，以礼服人，以文服人，加强情感认同”②。

四、“智”与营销策略

儒家伦理中的“智”是人的聪明才智和专业技能。“待物为智”表明对万物的认识依赖于智，由此可见知识和技能的重要性。事实上，整个市场营销活动过程都贯穿着智，预测市场需求、细分目标市场、制定营销组合策略，无处不需要智。

党的二十大报告对人才问题给予了高度重视，指出，“建成教育强国、科技强国、人才强国、文化强国”，“扎实推动乡村产业、人才、文化、生态、组织振兴”，“必须坚持科技是第一生产力、人才是第一资源、创新是第一动力，深入实施科教兴国战略、人才强国战略、创新驱动发展战略”，“培养造就大批德才兼备的高素质人才，是国家和民族长远发展大计。功以才成，业由才广”，“坚持尊重劳动、尊重知识、尊重人才、尊重创造，实施更加积极、更加开放、更加有效的人才政策，引导广大人才爱党报国、敬业奉献、服务人民。完善人才战略布局，坚持各方面人才一起抓，建设规模宏大、结构合理、素质优良的人才队伍。加快建设世界重要人才中心和创新高地，促进人才区域合理布局和协调发展，着力形成人才国际竞争的比较优势。加快建设国家战略人才力量，努

① 习近平：推进供给侧结构性改革是一场硬仗．(2017-06-21)．人民网．

② 习近平：让全世界都能听到并听清中国声音．(2019-01-10)．人民网．

力培养造就更多大师、战略科学家、一流科技领军人才和创新团队、青年科技人才、卓越工程师、大国工匠、高技能人才。加强人才国际交流，用好用活各类人才。深化人才发展体制机制改革，真心爱才、悉心育才、倾心引才、精心用才，求贤若渴，不拘一格，把各方面优秀人才集聚到党和人民事业中来”。

面对中华民族伟大复兴战略全局和世界百年未有之大变，智的重要地位更加突出。智离不开人才，重视智力投资，也就是重视人才的培养和管理技能的培训。在市场营销实践中，管理者和企业家要认真学习贯彻落实党的二十大精神，不仅要爱才、惜才、识才，广揽人才，而且要信才、容才、用才，做到以人为本，人尽其才。

五、“信”与营销效果

“信”是仁、义、礼、智的必然结果，儒家伦理对信的评价极高。孔子在《阳货》中指出，如能把恭、宽、信、敏、惠这五种品德推行于天下，便是仁了。他在对学生的教学中，把信作为“四教”（文、行、忠、信）的内容之一，居于重要的地位。“言必信，行必果”既是人的处世原则，也是企业求生存、求发展的基本保证。

习近平总书记指出，“人无信不立，企业和企业家更是如此。社会主义市场经济是信用经济、法治经济。企业家要同方方面面打交道，调动人、财、物等各种资源，没有诚信寸步难行。由于种种原因，一些企业在经营活动中还存在不少不讲诚信甚至违规违法的现象。法治意识、契约精神、守约观念是现代经济活动的重要意识规范，也是信用经济、法治经济的重要要求。企业家要做诚信守法的表率，带动全社会道德素质和文明程度提升”①。

企业在营销活动中必须守信。“客户至上，信誉第一”的口号要求企业向客户提供全面满意的服务，以此赢得客户的信任，树立企业形象和提高企业信誉。在竞争日趋激烈的现代营销活动中，企业的信誉和形象比产品和价格更重要，只有取信于客户，企业才能获得经营的成功，求得可持续发展。

第 3 节　营销实践中的市场道德问题

企业的营销实践活动始于市场调研与预测，终于对消费者的售后服务，市场道德问题贯穿始终，以下从营销组合出发分析营销实践中的市场道德问题。

一、产品策略中的市场道德问题

产品是企业营销重要的可控因素。为消费者提供货真价实的优质产品是企业基本的社会责任，如果违反这一原则便会产生市场道德问题。产品策略违背市场道德的主要表

① 习近平在企业家座谈会上的讲话．人民日报，2020－07－22.

现，可从功利论与道义论相结合的角度来考察。

例如，从企业设计和生产产品的目的来看，是否存心欺骗消费者，以伪充真、以次充好；与目的相联系，从手段来看，是否操纵消费者需要，过度刺激消费者欲望，并导致社会经济成本的增加；从后果来看，消费者从企业购买的产品能否给自己带来最大的幸福。

产品策略中的市场道德问题还可从企业应承担的社会责任来考察。企业在产品的生产过程中，对员工的工作条件及工作时间能否做出恰当及合理安排，能否保证员工的人身安全及身心健康；企业在生产产品的过程中，是否造成环境污染及影响附近居民的正常生活；产品的包装及标签是否提供真实的信息，产品是否过度包装进而造成社会资源的浪费及环境的污染等。

（一）产品策略中的市场不道德行为

产品策略中的市场不道德行为主要表现为以下几点：

1. 产品没有达到应有的质量标准，产品实际提供的利益较少。

2. 企业出于自身利益的考虑，未向消费者披露与产品相关的价值、功能、用途或安全问题，例如，儿童玩具中含有有害化学物质或者家用电器在使用时存在安全隐患等。

3. 产品包装不能提供真实信息，包装注明的内容与包装内物品不相符，或过度包装造成社会资源的浪费。

4. 出于竞争目的，企业采用劣质材料或配件冒充优质材料或配件，或者是企业使用廉价代用品而未告知消费者产品质量已改变等。

（二）产品策略中市场不道德行为的判断

在有些情形下，产品策略中的市场不道德行为并非一目了然。对某一产品策略，人们从不同的角度去分析，可能得出不同的看法和认识。例如，对于产品的更新换代，从企业角度来看，根据产品生命周期理论，企业开发新产品，淘汰旧产品，有利于保持可持续竞争力，这一点无疑是合理的；但从消费者的角度来看，新产品开发的过度竞争会加速产品过时，致使消费者在产品尚可使用时就将其丢弃，这无疑造成了产品的人为淘汰。人类能投入生产过程的石油、天然气、煤等都属于不可再生资源，新产品开发过度会导致资源枯竭，也就是说，一代人需求的满足是以剥夺今后几代人的需求为代价的。因此，从整个社会的可持续发展来看，这种行为是不道德的。习近平指出，“生态环境没有替代品，用之不觉、失之难存，不仅关系经济发展质量，而且攸关每个人的生活品质。只有人人动手、人人尽责，激发起全社会共同呵护生态环境的内生动力，才能让中华大地蓝天永驻、青山常在、绿水长流”①。所以，应把正常状态下产品的更新换代与产品的人为淘汰两种情况区分开，把企业的新产品开发引导到节约资源、提高质量、改善性能的轨道上。

---

① 习近平．推进生态文明建设需要处理好几个重大关系．求是，2023（22）．

二、定价策略中的市场道德问题

为消费者提供货真价实的产品，是企业应履行的社会责任。“价实”要求企业必须依据产品成本、消费者的承受能力和竞争对手状况来制定价格，并把真实的价格信息提供给消费者。定价策略关系到共同富裕的实现。习近平总书记指出，“要完善联农带农机制，注重把产业增值收益更多留给农民，让农民挑上‘金扁担’”①，“我们的目标不是少数人的富裕，而是全体人民共同富裕。就业、教育、医疗、托幼、养老、住房、环境，这些老百姓的身边事、贴心事、具体事正不断融入中国国家发展的顶层设计，不断变成老百姓的获得感、幸福感、安全感。我们将继续推动高质量发展，让现代化成果惠及全体人民”②。但在实际的定价活动中，经常出现虚假打折降价、歧视定价、垄断定价、数据歧视、大数据杀熟等违反道德标准的定价行为。

定价策略中的市场道德问题可从功利论与道义论相结合的角度来考察。从目的来看，企业为牟取暴利而欺骗消费者，通过如变相涨价、哄抬物价等掠夺消费者的利益；为了压垮竞争对手而实行差异性歧视定价或垄断价格。与目的相联系，从手段来看，采取欺骗、诱惑及强制方法迫使消费者购买产品。从后果来看，消费者购买产品后造成严重的经济损失。定价策略中的市场道德问题还可从企业应承担的社会责任来考察。企业未按照价值规律进行公平交易，损害了其他企业及消费者的合法权益；企业未能全面披露真实价格信息妨碍了消费者对产品或服务价值的判断，不利于消费者科学决策、明智购买。

（一）定价策略中的市场不道德行为

定价策略中的市场不道德行为具体表现为：

1. 某些企业为追求利润而变相涨价或漫天要价，损害消费者利益。

2. 差异性定价不一定违法，但如果企业是为了挤垮竞争对手而实行差异性歧视定价。

3. 有些企业为了抢夺消费者及打击竞争对手而实行垄断定价，有些垄断性行业对产品实行超额加成定价。

4. 有些企业为利用自己在信息不对称中的优势而不披露真实价格，目的是欺骗及诱惑消费者购买其产品。

5. 数字经济下，个别企业出现了不公平定价、限定交易、大数据杀熟、先降价逼走对手再提价、不合理搭售等。

（二）定价策略中市场不道德行为的判断

上述定价策略中的市场不道德问题是比较明显的，而有些定价行为的道德性是较模

① 习近平．加快建设农业强国 推进农业农村现代化．求是，2023（6）．

② 汇聚两国人民力量 推进中美友好事业．人民日报，2023－11－17．

糊的，需认真分析。例如，企业经常利用数量折扣或现金折扣的折扣定价策略来吸引消费者大量购买或提前付款，但低收入人群只能负担得起多次少量购买，因此相对于那些能大量购买或购买大包装商品的高收入人群来讲，低收入人群付出了更高的成本费用。所以，这一定价策略有利于高收入人群却不利于低收入人群，也同样存在市场道德问题。

三、渠道策略中的市场道德问题

分销渠道主要涉及生产者、中间商、消费者之间的购销关系，渠道成员要根据各自的利益和条件相互选择，并以合约形式规定双方的权利和义务，如果违背合约规定，损害一方的利益，便会产生市场道德问题，因此，渠道策略中的市场道德问题主要源于企业与中间商之间的关系。

（一）渠道策略中的市场不道德行为

渠道策略中的市场不道德行为具体表现为：

1. 合约中规定中间商只能销售某企业的产品，但中间商出于自身利益的考虑，只要是畅销商品就去经营。

2. 按合约规定，中间商在货到后要及时付款给生产者，并及时反馈其库存需求，但中间商未及时付款，影响了生产者正常的资金营运。

3. 某些零售商避开合法的生产者和批发商，另从非法渠道进货，损害了生产者、批发商和顾客的利益。

4. 生产者凭借自身的产品优势或经营性垄断地位，采用减少或停止供货的手段来迫使中间商屈服于自己，对中间商的销售活动施加种种干预。

因此，无论是生产者对中间商的胁迫，还是中间商对生产者利益的背离，一旦企业与中间商之间的关系处理不当，就可能出现市场不道德行为。

（二）渠道策略中市场不道德行为的判断

在营销实践中，有些渠道策略从企业角度来看是有利的，但从社会角度来看并不一定有利，隐含着一定的市场不道德因素。例如，一些电商平台的导流规则是竞价排名，以致价格战频发，出现了劣币驱逐良币的现象，影响了客户的消费信心。又如，垂直整合营销渠道系统是由生产者、批发商和零售商组成的一体化整合营销渠道系统，在该系统中，可能某个成员拥有其他成员的产权，即公司式渠道系统；或者渠道成员之间有一种特约的经营关系，即合同式渠道系统；或者由于某个成员拥有相当的实力，其他成员愿意与之合作，即管理式渠道系统。垂直整合营销渠道系统的形成固然有利于降低产品分销费用，提高营销渠道系统效率，但这种渠道系统在把生产环节和营销环节连为一体的同时，也加剧了市场垄断程度，削弱了竞争力度，从而把那些未参加整合营销渠道系统的生产者和中间商排挤在市场之外，或者使它们在市场上处于很不利的地位，整合营销渠道系统的成员便可通过控制产量和垄断价格来谋取自身利润最大化，也就有可能引发损害消费者利益的市场不道德行为。

四、传播促销策略中的市场道德问题

习近平总书记指出，“当今世界变乱交织，百年变局加速演进……互联网日益成为推动发展的新动能、维护安全的新疆域、文明互鉴的新平台，构建网络空间命运共同体既是回答时代课题的必然选择，也是国际社会的共同呼声”①。企业在借助互联网开展传播促销活动的过程中，要不断强化构建网络空间命运共同体意识。传播促销活动的社会责任是将产品或服务的真实信息传递给用户，如果违背此原则，就会产生市场道德问题。

（一）广告中的市场不道德行为

广告是促销组合中的重要因素。广告中的市场不道德行为具体表现为：

1. 为搞垮竞争对手，借助针对竞争者的攻击性广告，含沙射影地诋毁同行业竞争者来提高本企业和产品的地位。

2. 为诱惑消费者购买自己的产品而采用过度夸大产品功效或隐瞒产品缺陷的广告。这种市场不道德行为在药品和保健品广告中表现得尤为明显。

3. 在广告宣传中使用含糊其词、模棱两可的词句，引起消费者对广告真实含义的误解，使消费者作出错误的购买决策。

（二）人员推销中的市场不道德行为

人员推销中也暴露出许多违背市场道德的行为，具体表现为：

1. 推销员诱导消费者购买那些他们既不需要也不想买的产品或服务，这些产品或服务常常是靠推销员推销出去的，而不是消费者主动购买的。

2. 推销员通过操纵或强迫手段向消费者推销伪劣产品或积压滞销产品。

3. 推销员通过向对方送礼甚至行贿的手段来获取销售订单，这种行为存在严重的市场道德问题甚至法律问题。从表面看，小恩小惠、请客送礼等似乎给个人或企业带来了好处，但它会损害个人或企业的长远利益及根本利益。因此，许多公司为约束员工行为，纷纷制定了市场道德标准，其中包括对贿赂行为的界定及限制。

五、市场调研中的市场不道德行为

市场调研往往涉及三方面的道德责任，即调研人员对委托者、调研人员对受访者、委托者对调研人员的关系。各方均承担一定的权利与义务，只有履行对彼此的市场道德责任，方能保证市场调研任务的顺利完成及保证调研资料的真实性和可靠性。

首先，从调研人员对委托者的道德责任来看，委托者有权要求调研人员保守业务秘密，未经委托者许可不能泄密，否则是市场不道德行为；调研人员必须根据委托者的要

---

① 习近平向 2023 年世界互联网大会乌镇峰会开幕式发表视频致辞．人民日报，2023－11－09.

求，保证调研工作质量，如问卷设计要认真，访谈调研不能弄虚作假，调研人员要严格培训，否则不仅浪费了委托者支付的调研费，而且往往使所收集的资料失真而误导委托者的决策；调研人员要向委托者真实反映其调研方法、调研时间、调研对象、调研地点、访问方式及问卷反馈率等，使委托者据此推断调研所得的资料是否可靠。如果调研人员违背与委托者签订的合约，那么必然会引起市场道德问题。

其次，从调研人员对受访者的道德责任来看，调研人员要尊重受访者的权利，如受访者可拒绝接受调研人员的访问；调研人员要尊重受访者的隐私权；调研人员不应在受访者繁忙或不便时去访问，应对受访者身份进行保密；未经受访者许可，调研人员不能随意公布受访者提供的资料。

最后，从委托者对调研人员的道德责任看，委托者必须依约支付调研费；委托者要公正、全面地发表调研成果，不能断章取义从而对广大受众产生误导。

六、营销实践中的市场道德维护

通过对营销组合和市场调研中市场不道德行为的分析，可以看出两个问题：一是在整个营销活动过程中，每一个环节都有可能出现市场道德问题；二是对市场道德的判断必须兼顾企业和社会两个方面，对企业有利的营销活动对整个社会来说不一定有利。

企业在制定产品决策时，应该以真实、准确的方式呈现产品和服务，避免虚假宣传和夸大承诺。对于消费者的问题和疑虑，应提供真实的解答和建议，避免误导和欺骗消费者。

在服务消费者的过程中，企业应尊重消费者的隐私权，严格遵守相关隐私法规和政策。应明确告知消费者数据收集和使用的目的，并保护消费者个人信息的安全。未经消费者同意不得将个人信息泄露给第三方，同时应采取合理的安全措施防止数据泄露和滥用。

在促销实践中，企业应了解并遵守《广告法》《消费者权益保护法》《反不正当竞争法》《数据安全法》等相关法规，并确保广告内容、促销活动和营销策略的合法性与合规性，确保宣传信息是真实的，不会误导或欺骗消费者。

在很多情况下，企业营销活动的开展与社会的文明进步是一致的，营销活动是一种既有利于企业微观经济利益又有利于社会宏观经济利益的活动。企业利益和社会整体利益存在小差异是合理的，企业要避免的是蓄意损害社会利益。

第 4 节　市场行为与企业社会责任

市场行为是指企业在充分考虑市场供求、市场竞争和市场环境的基础上，为实现既定目标而采取的不断调整战略和策略的行为，包括定价行为、促销行为、合同行为、并购行为、创新行为等。任何企业均具有双重身份。首先，企业是“经济人”。作为经济人的企业，势必以利润为标准衡量自己的经营成果及决定自身的价值取向。其次，企业又是社会经济细胞，是社会财富基本的创造者，企业的这种社会性决定了它是“社会人”。企业生存与发展所需的各种资源（包括人、财、物等）及所生产产品的实现条件都有赖于社会提供，因而企业应当承担一定的社会责任，其市场行为应当受到社会的约束和限制。

一、企业社会责任

企业社会责任可概括为三大类：保护消费者权益，保护社会利益及社会发展，保护自然环境及社会生态平衡。

（一）保护消费者权益

1962 年，美国总统约翰·肯尼迪在给国会的咨文中提出，消费者有安全权、知情权、选择权和表示意见权。之后，消费者至上主义在世界各国逐渐兴起，各种有关消费者权益保护的法律纷纷出台，并且日臻完善，政府及民间的相关组织也应运而生。消费者至上主义是公民和政府有组织的活动，其目的是增加买方对卖方的权利。消费者至上主义团体期望通过对公司的劝说和立法，使消费者获得更多的信息、更多的商品知识和更多的保护。有些消费者至上主义者还要求企业遴选消费者代表参加企业的董事会会议，促使企业在作出决策时充分考虑消费者权益。越来越多的企业已经认同消费者至上主义，力求在满足消费者需要的前提下实现利润增长。

保护消费者权益是企业的主要社会责任。具体来说，企业应为广大消费者提供品种多样的、优质的产品和服务，以满足各种不同的需求。为此，企业应树立消费者导向、以人为本的经营哲学，并根据市场需求的变化，不断调整营销策略，以满足消费者不断变化的需要。

为了保护社会及广大消费者的权益，许多国家的消费者自发开展了保护消费者权益运动，迫使企业保护消费者权益。在我国，各级消费者协会等机构有组织地开展保护消费者权益活动，推动企业承担有关方面的社会责任。在保护消费者权益运动中，社会重点要求企业承担以下社会责任。

1. 使消费者获得安全产品与服务的权利，即要求企业保证购入产品或服务的消费者的身体健康及生命安全。为此，要求生产者及经营者对其生产和出售的产品或服务所产生的后果负责。

2. 使消费者获得有关产品充分信息的权利，即要求企业向消费者提供充分的关于产品优劣、构成成分、使用方法及使用效果等真实信息，以避免误导消费者作出错误的购买决策。

3. 使消费者具有自由选择产品的权利，即要求企业在任何时候让消费者自由选择自己需要和喜爱的产品，反对企业对消费者采取高压推销及垄断政策，反对企业诱导消费者购买其并不需要的产品。

4. 使消费者具有申诉的权利。对于消费者因对购入的产品或服务不满意而向有关部门投诉，企业应持欢迎和支持态度，并对消费者的损失进行赔偿。

（二）保护社会利益及社会发展

保护社会利益及社会发展是企业义不容辞的社会责任。一方面，企业为社会创造日益丰富的物质财富；另一方面，企业缴纳一定的税款，为国家财政作贡献，促进国家各项建设事业的迅速发展。此外，企业还应当支持文化教育、防灾减灾、敬老助残等社会公益事业。

（三）保护自然环境及社会生态平衡

保护自然环境免遭污染，实现社会生态平衡是企业重要的社会责任。在市场竞争中，一些企业在为社会创造巨大财富、给广大消费者提供物质福利的同时，污染了环境，破坏了自然生态平衡，不利于人类生存环境的良性循环。因此，保护自然环境，治理环境污染，实施社会可持续发展战略势在必行。通过绿色营销在微观方面实施可持续发展战略是企业的社会责任，通过绿色营销来保证消费者的绿色消费也成为企业的社会责任。保护自然环境及社会生态平衡要求企业把注意力集中在现代营销对环境的影响及在满足消费者需求过程中所带来的成本上。营销与消费应符合生态平衡的原则，营销系统不应追求消费者选择或消费者满足的最大化，而应追求最佳的生活质量。可通过采取以下措施促使生产者及消费者把环境代价纳入决策范围，例如，对恶化环境的行为课税并征收实际社会费用；要求企业投资安装防污染设备；对不可回收的包装物课税，禁止使用高含磷量的洗涤剂和含铅汽油等。更重要的是，“要建立健全以绿色发展为导向的科学考核评价体系，完善生态保护补偿制度和生态产品价值实现机制，真正让保护者、贡献者得到实惠。要进一步健全资源环境要素市场化配置体系，用好绿色财税金融政策，让经营主体在保护生态环境中获得合理回报。要弘扬生态文明理念，培育生态文化，让绿色低碳生活方式成风化俗”①。

二、中国企业社会责任的理论与实践

（一）习近平总书记关于企业社会责任的重要论述

习近平总书记指出，“中国式现代化是全体人民共同富裕的现代化。无论是国有企业还是民营企业，都是促进共同富裕的重要力量，都必须担负促进共同富裕的社会责任。民营企业家要增强家国情怀，自觉践行以人民为中心的发展思想，增强先富带后富、促进共同富裕的责任感和使命感。民营企业要在企业内部积极构建和谐劳动关系，推动构建全体员工利益共同体，让企业发展成果更公平惠及全体员工。民营企业和民营企业家要筑牢依法合规经营底线，弘扬优秀企业家精神，做爱国敬业、守法经营、创业创新、回报社会的典范。要继承和弘扬中华民族传统美德，积极参与和兴办社会公益慈

① 习近平．推进生态文明建设需要处理好几个重大关系．求是，2023（22）．

善事业，做到富而有责、富而有义、富而有爱”[①]。

在谈到企业社会责任时，习近平总书记指出，“企业既有经济责任、法律责任，也有社会责任、道德责任。任何企业存在于社会之中，都是社会的企业。社会是企业家施展才华的舞台。只有真诚回报社会、切实履行社会责任的企业家，才能真正得到社会认可，才是符合时代要求的企业家”。

（二）中国企业的社会责任

国务院国资委发布的《关于国有企业更好履行社会责任的指导意见》要求，国有企业带头执行国家政策，依法经营，诚实守信，公平参与竞争，维护消费者、合作伙伴和各类投资者合法权益。坚持绿色发展，模范推进节能减排，高效利用自然资源，大力发展循环经济，积极保护生态环境。保护员工合法权益，促进员工全面发展，加强安全生产，维护企业稳定。积极参与社区发展，主动投身公益事业。

越来越多的国有企业坚持以可持续发展为核心，增强社会责任意识，强化社会责任管理，推动社会责任融入企业运营，成为履行社会责任的表率，推动经济社会更高质量、更有效率、更加公平、更可持续发展。

在增强社会责任意识方面，中国企业立足全球视野，充分认识社会责任对推动经济社会可持续发展的重要意义。立足企业发展，充分认识社会责任对引领创新、促进管理、做强做优的重要作用，营造崇德向善、见贤思齐的社会氛围。正确理解和把握企业社会责任的内涵、内容、落实机制和实践方式，使履行社会责任成为企业的思想自觉和行动自觉。

在塑造社会责任理念方面，中国企业致力于从社会责任角度重新审视企业的愿景、使命和价值观，梳理形成富有企业特色的社会责任理念和经营哲学，将其融入企业战略和重大决策。在战略和决策的制定、实施、评估全流程中，不仅要考虑企业自身发展，还要综合考虑利益相关者诉求，全面分析对社会和环境的影响，实现综合价值最大化。在日常经营管理中，将社会责任融入企业的研发、设计、采购、生产、销售和服务等业务环节，融入人力资源管理、财务管理、物资管理、信息管理、风险管理等职能体系，对现有环节、职能进行全面优化，实现负责任的经营管理。在供应链管理过程中，善于把企业社会责任理念传导到供应链，对供应商、中间商、合作伙伴的守法合规、安全环保、员工权益、透明运营等方面实施系统管理，实现共同履责。

中国企业致力于将企业社会责任融入国际化经营。习近平总书记强调，在“一带一路”建设过程中，我国企业“既要重视投资利益，更要赢得好名声、好口碑，遵守驻在国法律，承担更多社会责任”，要“坚持正确义利观，以义为先、义利并举，不急功近利，不搞短期行为”。[②] 能走出国门主动服务国际市场的企业往往是中国企业界的优秀代表，这些企业能够遵循有关国际规范，遵守所在国家和地区法律法规，尊重当地民族

---

① 习近平在看望参加政协会议的民建工商联界委员时强调 正确引导民营经济健康发展高质量发展．人民日报，2023-03-07.

② 习近平在中共中央政治局第三十一次集体学习时强调 借鉴历史经验创新合作理念 让“一带一路”建设推动各国共同发展．人民日报，2016-05-01.

文化和宗教习俗，保护生态环境，促进当地就业，维护员工合法权益，支持社区发展，参与公益事业，为当地经济社会发展作出积极贡献。

三、企业社会责任行为

（一）市场道德与企业社会责任行为

市场道德与社会责任两个概念虽然经常互换使用，但二者存在区别。道德与个人哲学观（或价值观念）相联系，用以在特定的决策环境中判断是非。社会责任是指企业或组织有责任扩大其对社会的积极影响和减少对社会的消极作用。因此，社会责任是营销策略对社会的整体影响。企业既要履行社会责任，又要坚守市场道德。

实践证明，社会责任与企业利润二者之间不但不矛盾，而且企业的社会责任意识能为其带来长期利益。企业社会责任会改变人们对企业的看法，间接地改善企业的声誉、形象以及销售等。美国一项对不同行业的公司的调查表明：企业的社会形象与资产、销售额、投资报酬率均有着不同程度的正比关系。

判断某一市场行为是否支持市场道德及负有社会责任，主要视企业根据这两种因素及有关条件制定的营销策略是否获得广大消费者的拥护、是否合法、是否符合行业的习惯。如果回答是肯定的，那么该策略是支持市场道德并负有社会责任的。企业履行社会责任，可以促使企业营销策略不仅以顾客需求为出发点，而且以社会责任为出发点，从而使企业经营目标将企业利益同消费者利益及社会利益三者有机地结合，使企业短期利益同长期利益更好地结合。企业通过承担社会责任，可以赢得声誉和组织认同，同时也可以更好地体现自己的文化取向和价值观念，为自身发展营造更佳的社会氛围，保持生命力，实现长期可持续的发展。

但是，企业履行社会责任也会面临诸多困难。例如，社会存在各种不同的群体，各个群体具有不同的利益诉求，企业要确认并满足整个社会的需求是有一定困难的。企业在满足某一群体需求的同时，往往很难满足另一群体的需求，即对某一群体履行了社会责任，对另一群体则未能履行社会责任。而且，满足整个社会需求及满足某一群体需求，均需付出成本。例如，社会要求保护野生动植物及生态环境，这就需要企业支出大量费用，从而使产品成本提高，企业往往以价格提高的形式转嫁给消费者；但消费者要求的则是低价高质产品。这种企业利益同消费者利益的矛盾，必然会影响企业履行社会责任。因此，企业需要权衡各种利益，作出最佳的社会责任决策。

（二）企业社会责任行为的相关理论

归因理论（attribution theory）是关于个人阐释他人或自己行为原因的社会认知理论，旨在通过分析和推测行为的因果关系，控制环境及其影响下人们的行为。这是一个跨学科的概念，最初提出是在心理学研究领域，表明人们不仅关注他人做了什么，而且关注行为背后的动机。对于企业社会责任行为的动机归因主要有以下方法：（1）两分法，即将消费者对企业社会责任行为的动机感知分为利己归因和利他归因两种；（2）三分法，即将企业社会责任行为的动机由利己归因和利他归因进一步细分为战略动机、利益相关者动机和利他动机；(3) 四分法，即将企业社会责任行为的动机归因于企业自身利益的驱动、以自身利益为主兼顾他人利益的驱动、以他人利益为主兼顾自身利益的驱动以及完全以他人利益驱动四种。实践表明，企业社会责任行为的动机更多的是自身利益和社会利益的结合。

动机归因三分法的具体解释如下：(1) 战略动机，是指企业通过开展社会责任行为来获取短期的利润增长，将社会责任活动作为业务扩张和市场扩展的助力，获取长期的经济利益，如提高销售额或其他战略要求。(2) 利益相关者动机，是指企业由于受到直接或间接的利益相关者的影响，如受到股东、公益组织以及社会公众的压力而开展社会责任行为。(3) 利他动机，是指企业出于他人、社会和环境的利益，通过开展社会责任行为来帮助他人、回馈社会、保护环境。实践证明，当消费者将企业社会责任更多地看作社会利益驱动的结果时，其消费态度和行为会表现得更加积极；当消费者更多地将企业社会责任行为看作战略动机或者利益相关者动机时，其会将社会责任行为视为企业宣传的噱头，视为企业的自利动机，这时企业社会责任行为对消费者购买意愿的促进作用并不显著。

(三) 基本的企业社会责任行为

从全球视野看，世界各国在支持企业社会责任的时代潮流中，形成了四种基本的企业社会责任行为。

1. 承担道德责任。对企业而言是成为好公民和做正确的事情的责任。

2. 重视可持续性。强调企业对环境和社会的影响。在某种程度上，这也反映出企业对自身利益的重视，例如，麦当劳通过改变包装减少了 30%的固体垃圾。

3. 获得许可经营。企业需要从政府、社会和其他利益相关者那里得到默许或明确的许可。

4. 秉持声誉至上。企业要注重声誉，讲求信誉，提升形象，而提升企业形象的市场行为可强化品牌，提高企业士气，甚至提升企业股价。

四、提升企业社会责任意识

(一) 影响企业市场道德水准和社会责任意识的因素

企业在营销实践中能否注重市场道德、增强社会责任意识、作出符合道德规范的营销决策，主要受制于如下因素：

1. 个人道德观。个人道德观是指用来指导个人行为的原则或规则。个人道德观尤其是高层管理者的个人道德观，必然会渗入企业营销策略。个人道德观正确与否及其水平的高低，必然会影响企业营销策略是否符合道德标准及营销策略道德水平的高低。

2. 企业价值观。企业价值观是指企业员工拥有的共同的价值观念。它在企业经营哲学指导下构成企业文化的基础与核心，决定企业的经营目标、管理风格及行为规范。因此，企业价值观是决定营销策略是否符合道德标准的关键。例如，当企业价值观是“实现利润最大化”时，企业的营销策略往往会忽略甚至无视消费者及社会的利益。反之，如果企业价值观是“为客户提供最优质的产品和服务”，企业的营销策略就会以消费者利益为立足点。

3. 组织关系。组织关系是指在企业中，领导与员工、上级与下级、同事之间的关系。各方之间要保持相互信任、履行相互的责任及义务等。一般来说，高层管理者设计整个营销策略的道德基调，中下层管理者则根据高层管理者的决策指示，结合自己的个人道德哲学，去影响营销策略的实施。员工在实施营销策略的过程中相互影响。员工在营销策略中的能动作用程度取决于个人受道德行为与不道德行为影响的程度。员工面临的市场不道德行为越多，就越可能做出不道德的行为；反之，员工面临的市场道德行为越多，就越可能效仿做出市场道德行为。

4. 报酬制度。报酬制度是影响企业营销策略的重要因素。它通过给予员工一些有利条件，如减少障碍或提供报酬，从而影响营销策略的道德性。报酬包括内部报酬和外部报酬。内部报酬是指为他人做某事后的良好感觉。外部报酬是指在等价交换基础上从他人那里获得的自己想得到的有价值的东西，如获得职位提升和加薪、同事的赞扬等。但如果某员工采用欺骗手段增加了销售额进而增加了个人提成，且获得了领导的奖励，则表明领导肯定了其非道德行为，从而为员工指明了非道德的努力方向。可见，企业领导为员工提供的报酬或机遇对企业员工的市场道德行为起着十分重要的作用。

（二）提升企业道德水准和社会责任意识的对策

1. 优化市场环境。一是创造各种有利条件，迅速发展社会生产力，为企业文明营销奠定物质基础；二是政府积极作为，通过宏观间接调控模式引导企业营销沿着法治及道德的轨迹运行；三是不断完善立法及强化执法力度，既要打击非法营销行为，又要保护和鼓励合法营销行为。

2. 塑造优秀企业文化。企业在不断发展中逐步形成了自己的经营管理哲学及精神文化即企业文化，主要体现为企业经营哲学思想、价值观念、群体意识、管理方式、道德规范及行为标准等。企业应致力于塑造具有创造力、影响力、凝聚力、鲜明个性的高水平的企业文化，推动企业管理者及广大员工树立正确的价值观，提高营销策略的道德性。

3. 制定市场道德标准。企业应自觉地建立市场道德标准，并将道德标准实施融入控制系统。国外企业对市场道德标准的建立及实施，为我国企业的市场道德建设提供了有益的借鉴。自 20 世纪 80 年代以来，许多世界著名的非营利组织或大企业建立了道德决策及执行机构，并制定了用来约束员工经营行为的道德标准，例如，美国市场营销协会（AMA）制定出协会成员必须遵守的职业道德条例，并规定了相应的惩处办法；华为、IBM、通用电气及麦当劳等均制定出各具特色的市场道德标准，有力地规范了企业的市场行为。

4. 奉行社会营销观念。企业要自觉树立社会营销观念，真正地将企业利益、消费者利益及社会利益结合起来，确保企业营销策略的道德性。

（三）建立完善 ESG 评价体系

ESG 评价体系又称 ESG 评级，是由商业和非营利组织创建的，以评估企业的承诺、业绩、商业模式和结构如何与可持续发展目标相一致。ESG 评价体系，从环境、社会和公司治理三个维度评估企业经营的可持续性与对社会价值观念的影响。环境包括气候变化、生物多样性、水资源有效利用、能源利用、碳排放强度、环境治理体系等议题。社会包括机会平等、结社自由、健康和安全、人类权利、客户及产品责任、童工等议题。公司治理包括商业道德、合规、董事会独立性、高管薪酬、股东民主等议题。ESG 评价体系首先被投资公司用来筛选或评估其各种基金和投资组合中的公司。求职者、客户和其他人在评估商业关系时也可以使用 ESG 评价体系，而被评价的公司也可以据此更好地了解自己的优势、劣势、风险和机会。

五、推进可持续营销

（一）可持续营销的含义

可持续营销是指在要求企业满足消费者当前需求的同时，保护和加强满足后代需求能力的、具有社会和环境责任的行为理念。

图 14－1 按照消费者需求和企业需求的当前和未来的对应关系，充分彰显了可持续营销理念与营销理念、社会营销理念和战略计划理念的差异。营销理念是指企业管理者应致力于比竞争者更有效地了解并满足目标客户当前的需求和欲望，以此为基础来满足企业短期的销售成长和利润需求的理念。但是，满足消费者当前的需求和欲望，并不总是符合消费者和企业未来的最佳利益。与社会营销理念注重消费者未来的福利、战略计划理念注重企业未来的需求不同，可持续营销理念兼顾两者。可持续营销理念是指企业管理者应承担对社会和环境的责任，既满足消费者和企业的当前需求，也满足其未来需求的理念。

		企业需求	
		当前	未来
消费者需求	当前	营销理念	战略计划理念
	未来	社会营销理念	可持续营销理念

图 14－1　可持续营销的相关理念

真正的可持续营销需要一个运行顺畅的营销系统，需要管理者以全局观念和系统思维谋划营销战略，更需要消费者、企业、公共政策的制定者以及其他各方齐心协力，确保营销行为符合社会利益和环境可持续发展要求。人的一切幸福都需要靠辛勤的劳动来创造。可持续营销带来的美好生活也需要社会各界为之付出努力和辛劳。

（二）可持续营销的基本原则

1. 消费者导向营销原则。是指企业应该从消费者的视角看待并开展营销活动，应努力感知、服务和满足特定消费者当前和未来的需求。只有善于站在消费者立场上看问题，将心比心，换位思考，企业才能与消费者建立起牢固的可获利的关系。

2. 客户价值营销原则。是指企业应该将大部分资源投入为客户创造和递送价值的活动，切实为客户提供更多价值。包括单次促销、包装美化、直复营销广告等在内的许多营销活动也许在短期内能够增加销售，但与切实地改善产品质量、特色与便利性相比，为客户增加的价值并不多。营销者应致力于提升客户从企业产品和服务中获得的价值，进而建立长期的客户忠诚和互利交换关系。通过为客户创造价值，企业反过来也可以从中获得回报。

3. 创新营销原则。是指企业应不断追求真正的科技创新、产业创新、企业创新、市场创新、产品创新、业态创新、管理创新和营销改善。创新是企业经营最重要的品质。① 企业持续发展之基、市场制胜之道就在于创新，企业必须把创新牢牢抓住，守正创新、开拓创新，大胆探索自己未来发展之路，不断增加创新研发投入，加强创新平台建设，培养创新人才队伍，促进创新链、产业链、市场需求有机衔接，加快形成以创新为主要引领和支撑的发展模式。否则，企业在与那些善于创新的企业较量时就会遭遇失败，就会在激烈的市场竞争中失去客户。

4. 使命感营销原则。是指企业应该以更广泛的社会视角而非狭隘的产品视角来定义自己的使命担当，切实增强责任感、使命感、紧迫感。当企业定义了社会使命时，员工会对自己的工作感觉良好，未来的发展方向会更加清晰。如果品牌能够与更广泛的社会使命相联系，则将有利于企业和消费者双方的长期利益最大化。因此，管理者一定要有使命、有视野、有情怀、有格局。

5. 社会营销原则。是指企业制定营销决策时，必须考虑消费者需求、企业需求、消费者和社会的长期利益。企业应明白，忽略消费者利益和社会长期利益会给消费者和社会造成损害，进而损害企业自己。企业应将社会问题视为市场机会。我国社会结构正在发生深刻变化，互联网深刻改变了人类交往方式，社会观念、社会心理、社会行为也随之发生了深刻变化。企业营销要善于适应这些变化，将消费者、企业和社会三方利益有机统一起来，统筹兼顾，切实尽到企业社会责任。

（三）可持续营销与产品分类

可持续营销要求企业不仅提供令人满意、愉悦的产品，还致力于生产为消费者和社会带来利益的产品，积极作为、主动担当，在经济发展、环境保护、诚信经营、社区服务、创造就业、员工成长、公益慈善等方面勇担社会责任。承担社会责任也是企业孕育机会、推动创新和创造竞争优势的重要来源。承担社会责任能够显著增加企业社会资本，有助于推动企业可持续发展。可以说，只有切实履行社会责任的企业和企业家，才符合时代要求，才能真正得到社会认可。一个热心慈善公益的企业，更有可能树立良好的公众形象；一个对消费者负责的企业，更有可能赢得客户与市场；一个诚实守信、保护环境的企业，更容易得到政府、投资者及消费者的支持。

根据消费者目前满意和消费者长期利益两个维度，可将产品分为四类，针对这四类

---

① 习近平：创新是企业经营最重要的品质．(2020－09－18)．新华网．

产品，企业可持续营销策略也有所不同。

1. 缺陷产品。是指既不能使消费者目前满意也不能给消费者带来长期利益的产品，如难吃且无效的药品。缺陷产品浪费企业资源，影响企业形象，应坚决杜绝这类产品。

2. 取悦产品。是指短期内能给消费者带来高度的满足感，取悦于消费者，但从长期看可能损害消费者利益的产品，如香烟和垃圾食品等。取悦产品存在的问题是，虽然目前畅销，短期内能让消费者满意，但最终可能损害消费者的长远利益。对于取悦产品，企业应在不降低其令人满意的品质的同时，增加其长期利益。

3. 有益产品。是指当前对消费者缺乏吸引力，但长期对消费者有利益、有价值的产品，如自行车头盔、保险产品等。对于有益产品，企业应努力增加一些令人愉快的品质特征，使其符合消费者的预期，赢得消费者的好感。

4. 理想产品。是指既能够很好地满足消费者目前需要又能给消费者带来长期利益的产品，如美味且营养丰富的早餐食品等。企业应该尽力将产品转变为理想产品。

为确保可持续营销落到实处，营销管理者要树立正确的历史观、全局观、业绩观。历史观就是从对历史负责的高度，来看待自己从事的营销活动是否继承了企业优秀的历史并发扬光大，是否在前任的基础上开拓进取而没有朝令夕改，是否经得起历史的检验。全局观就是站在全局、战略的高度研判市场竞争形势，不断优化营销决策，正确处理全局与局部、战略与策略、当前与长远的关系。业绩观就是维护和发展人民群众的根本利益，不以损害长远利益、牺牲企业形象和信誉、损毁生态环境为代价追求一时的营销业绩，不以维护客户利益为借口而忽视全局部署。

重要概念

市场道德	社会责任	功利论	道义论
相对主义论	显见义务	相称理论	社会公正理论
归因理论	个人道德观	企业价值观	组织关系
报酬制度	营销理念	可持续营销理念	消费者导向营销原则
客户价值营销原则	创新营销原则	使命感营销原则	社会营销原则
缺陷产品	取悦产品	有益产品	理想产品

复习题

1. 西方学术界在道德问题上有哪些代表性的观点？
2. 中华优秀传统文化中有哪些关于市场道德的论述？
3. 企业营销实践中会涉及哪些市场道德问题？
4. 如何深刻理解习近平总书记关于企业社会责任的重要论述？
5. 如何提升企业道德水准和社会责任意识？

案例分析

南方航空健全ESG管理体系

中国南方航空股份有限公司（以下简称“南方航空”），总部设在广州，是中国运输飞机最多、航线网络最发达、年客运量最大的航空公司。南方航空以“阳光南航”为文化品格，以“连通世界各地、创造美好生活”为企业使命，以“顾客至上、尊重人才、追求卓越、持续创新、爱心回报”为核心价值观，大力弘扬“勤奋、务实、包容、创新”的南方航空精神，致力于建设具有全球竞争力的世界一流航空运输企业。

南方航空保持着中国航空公司最好的安全纪录，安全管理水平处于国际领先地位。2018年6月，南方航空荣获中国民航飞行安全最高奖“飞行安全钻石二星奖”，是中国国内安全星级最高的航空公司之一。

2007年，南方航空率先发布中国民航业首份社会责任报告，开启了南方航空的系统化履责之路。至今，南方航空已连续16年发布了16份社会责任报告，是中国民航业发布社会责任报告数量最多的企业。每年的4月22日是世界地球日，2018年开始南方航空将每年4月22日设立为“南方航空社会责任日”，深化企业履行社会责任理念，进一步履行负责任的企业公民使命，推动社会文明进步和环境可持续发展。南方航空积极倡导ESG管理理念与实践，持续改善可持续发展表现，探索出一条具有南方航空特色的系统化履责之路。

一是建立健全ESG管理体系。南方航空不断强化社会责任理念，健全社会责任组织体系，指导社会责任工作有序高效开展，在履责“质”和“量”上都实现了提升。高层管理者大力支持社会责任工作，设立由公司董事长、总经理担任主任的社会责任指导委员会，决定公司社会责任管理策略、社会责任报告审批等。下设社会责任工作小组，成员涵盖总部职能部门和下属单位主要负责人，负责社会责任管理、实践及信息披露工作。扎实开展社会责任制度建设，制定公司级《社会责任管理手册总册》《社会责任管理手册分册》，上线《社会责任示范基地管理办法》，提升社会责任示范基地建设和管理水平。不断提高履行社会责任工作与公司业务融合程度，将社会责任理念深度融入航空运输业务全流程，促进履责工作在更高层次、更广领域展开。

二是积极主动发挥行业优势履责。南方航空主动发挥自身在航空运输领域的专业优势、资源优势、人才优势等，以服务国家战略为主线，积极践行央企担当。高度重视旅客安全，全面启动安全七大体系建设，严格管控安全风险，通过提升飞行员资质能力、常态化开展运行管控、不断革新飞行技术保障旅客旅途安全。做好员工职业健康安全风险的识别与处理，及时开展员工心理问题疏导，保障员工身心健康。南方航空积极应对气候变化，认真开展打赢“蓝天保卫战”专项行动，在新能源车引进、尾气改进、桥载电源替代使用等方面发力并取得明显效果，荣获中国民航局“蓝天保卫战工作先进单位”荣誉称号。通过机队优化、单发滑入等技术优化和航路优化、航油管理等管理提升举措，减少燃油消耗、提高使用效率。为减少餐食浪费，南方航空积极响应“节约粮食”号召，通过“按需用餐”等创新产品和服务模式，开展“绿色飞行”服务，在不断提升服务品质的同时减少“舌尖上的浪费”，获得媒体、旅客广泛好评。积极开展碳监测、碳交易行动，2020 年按时完成首次民航飞行活动二氧化碳排放数据的监测、报告和核查，完成欧盟碳交易、广东省碳交易履约工作，为我国实现碳达峰碳中和贡献力量。

三是深入创新 ESG 信息披露。南方航空积极加强与利益相关者沟通交流，深入研究各方的合理需求和期望，将其转化为企业发展的行动目标和方案，拓宽沟通方式，创新沟通渠道，及时有效地传播公司的社会责任理念和履责动态。加强社会责任报告的编制和发布制度，建立有效运行的社会责任报告编制小组，各个部门共同参与，在报告中系统梳理公司经营管理工作的方方面面，全面反映社会责任各项议题实施情况，这不仅有利于推动社会责任理念和要求与央企日常运营和管理体系的全面融合，还有利于及时发现日常管理中的缺陷与不足，明确改进重点及方向，并采取有效措施实施改进。不断完善官网、微信公众号等多种媒体渠道社会责任板块内容运营与管理工作，由专人负责定期更新公司最新履责动态，便于利益相关者及时了解。

资料来源：2024 春运“海岛游”“冰雪游”持续升温 南航在吉林进出港计划加班 787 班次．(2024-01-15)．北青网；2024 年民航业发展态势进一步向好 旅客运输量持续攀升．(2024-01-04)．信网.

思考题

南方航空健全 ESG 管理体系对于加强市场道德建设和克尽企业社会责任具有哪些重要意义？

参考文献

[1] 国家主席习近平发表二〇二四年新年贺词．人民日报，2024－01－01.

[2] 习近平．以美丽中国建设全面推进人与自然和谐共生的现代化．求是，2024(1).

[3] 习近平．习近平著作选读：第一卷．北京：人民出版社，2023.

[4] 习近平．习近平著作选读：第二卷．北京：人民出版社，2023.

[5] 习近平．习近平谈治国理政：第四卷．北京：外文出版社，2022.

[6] 习近平．高举中国特色社会主义伟大旗帜为全面建设社会主义现代化国家而团结奋斗：在中国共产党第二十次全国代表大会上的报告．北京：人民出版社，2022.

[7] 习近平．论把握新发展阶段、贯彻新发展理念、构建新发展格局．北京：中央文献出版社，2021.

[8] Kotler P，Armstrong G. Principles of marketing. 18th ed. Harlow：Pearson Education Limited，2021.

[9] 科特勒，卡塔加雅，许丁宦．营销制胜．北京：中国人民大学出版社，2019.

[10] 邝鸿．现代市场营销大全．北京：经济管理出版社，1990.

[11] 邝鸿．现代市场学．北京：中国人民大学出版社，1989.

[12] 邝鸿．市场学概论．北京：中央广播电视大学出版社，1986.

[13] 邝鸿，郭国庆．市场学原理．北京：中国展望出版社，1987.

[14] 符国群，费显政．市场营销学．北京：清华大学出版社，2023.

[15] 王永贵．市场营销．北京：中国人民大学出版社，2019.

[16] 华迎，马双．大数据营销．北京：中国人民大学出版社，2022.

[17] 郭国庆．市场营销管理：理论与模型．北京：中国人民大学出版社，1995.

[18] 郭国庆．市场营销学．武汉：武汉大学出版社，1996.

[19] 郭国庆．市场营销学概论．3 版．北京：高等教育出版社，2018.

[20] 郭国庆．市场营销学．3 版．北京：中国人民大学出版社，2018.

[21] 郭国庆，陈凤超．国际营销．北京：高等教育出版社，2017.

[22] 郭国庆．营销思想史论．北京：高等教育出版社，2019.

[23] 郭国庆，王霞，梁栋．营销决策模型．北京：高等教育出版社，2019.

[24] 郭国庆，等．服务营销学．2 版．北京：高等教育出版社，2019.

[25] 郭国庆．市场营销：数字教材版．4 版．北京：中国人民大学出版社，2021.

［26］郭国庆．服务营销．5 版．北京：中国人民大学出版社，2021.

［27］郭国庆，陈凯．市场营销学：数字教材版．7 版．北京：中国人民大学出版社，2022.

［28］郭国庆．市场营销学通论：数字教材版．9 版．北京：中国人民大学出版社，2022.

［29］郭国庆．中国市场营销学科发展史．北京：中国人民大学出版社，2023.

［30］顾雷雷．中国品牌管理理论研究．北京：经济科学出版社，2018.

［31］李飞．中国营销学史．北京：经济科学出版社，2013.

［32］郑锐洪．中国营销理论与学派．北京：首都经济贸易大学出版社，2010.

中国人民大学出版社　管理分社

教师教学服务说明

中国人民大学出版社管理分社以出版工商管理和公共管理类精品图书为宗旨。为更好地服务一线教师，我们着力建设了一批数字化、立体化的网络教学资源。教师可以通过以下方式获得免费下载教学资源的权限：

- 在中国人民大学出版社网站 www.crup.com.cn 进行注册，注册后进入“会员中心”，在左侧点击“我的教师认证”，填写相关信息，提交后等待审核。我们将在一个工作日内为您开通相关资源的下载权限。

- 如您急需教学资源或需要其他帮助，请加入教师 QQ 群或在工作时间与我们联络。

中国人民大学出版社　管理分社

教师 QQ 群： 648333426(工商管理)　114970332(财会)　648117133(公共管理)
教师群仅限教师加入，入群请备注（学校+姓名）

联系电话： 010-62515735，62515987，62515782，82501048，62514760

电子邮箱： glcbfs@crup.com.cn

通讯地址： 北京市海淀区中关村大街甲 59 号文化大厦 1501 室（100872）

管理书社　　人大社财会　　公共管理与政治学悦读坊